ANTIMANUEL D'ÉCONOMIE

CW01619953

“Ainsi donc l’auteur de ces essais, malgré tous ses coassements, continue d’espérer et de croire que le jour n’est pas éloigné où le Problème Économique sera refoulé à la place qui lui revient : l’arrière-plan.”

John Maynard Keynes, *Essays in Persuasion*

“Le libéralisme, c’est l’extension du domaine de la lutte.”

Michel Houellebecq, *Extension du domaine de la lutte*

DU MÊME AUTEUR

Essais

DES ÉCONOMISTES AU-DESSUS DE TOUT SOUPÇON
OU LA GRANDE MASCARADE DES PRÉDICTIONS
Albin Michel, 1990.

KEYNES OU L'ÉCONOMISTE CITOYEN
Presses de Sciences Po, 1999.

LETTRE OUVERTE AUX GOUROUS DE L'ÉCONOMIE QUI NOUS
PRENNENT POUR DES IMBÉCILES
Albin Michel, 2000 et Points Seuil, 2003.

AH ! DIEU QUE LA GUERRE ÉCONOMIQUE EST JOLIE
(en collaboration avec Philippe Labarde), Albin Michel, 1999.

LA BOURSE OU LA VIE
Albin Michel, 2002.

Romans

PERTINENTES QUESTIONS MORALES ET SEXUELLES
DANS LE DAKOTA DU NORD
Albin Michel, 1995.

L'ENFANT QUI VOULAIT ÊTRE MUET
Albin Michel, 2003.

BERNARD MARIS

Antimanuel d'économie

Éditions Bréal

1, rue de Rome - 93561 Rosny Cedex

Édition : Nolwenn Tréhondart, Julie Cabanne
Couverture : Sophie Martinet
Maquette : Joëlle Parreau
Mise en page : Grégoire Bourdin, Catherine de Trégomain
Illustrations : Jochen Gerner
Iconographie : Laurent Georges

© Bréal, Rosny, 2003
ISBN : 2 7495 0078 8

DANGER
LE PHOTOCOPILLAGE TUE LE LIVRE

À l'économiste inconnu, mort pour la guerre économique,
qui toute sa vie expliqua magnifiquement le lendemain
pourquoi il s'était trompé la veille,
à tous ceux, bien vivants, qui savourent le mot gratuité.

S O M M

PARTIE 1

PRINCIPES DE SCOLASTIQUE ÉCONOMIQUE

PARTIE 2

LA GUERRE ÉCONOMIQUE

A I R E

PARTIE 3
LE NERF DE LA GUERRE

PARTIE 4
LE BUTIN

Introduction

Faut-il rire des économistes ?

“Nous nous sommes mis à rire, en nous rappelant les prédictions des économistes en 1914 : la guerre pas plus de quelques mois, les États n'ayant pas les moyens pour plus longtemps...”

PAUL LÉAUTAUD, *JOURNAL*, 27/01/1932

Faut-il en rire ? Oh non ! Ils sont bien trop sérieux ! Tellement sérieux que « l'économie, moi je n'y comprends rien », avouent la plupart des gens. « Je n'y comprends rien »... N'est-ce point la phrase que l'on entend sans cesse lorsqu'on est confronté à un problème économique ? Suivie aussitôt de : « Au fait, la Bourse... Vous pensez que ça va continuer à baisser ? »

Eh bien, nous allons chercher à comprendre.

Que l'économie soit très compliquée paraît un gage de sérieux. Et si les économistes se cachaient derrière un jargon ? Car de quoi parlent-ils au juste ? Les physiciens débattent, entre autres, de la chute des corps et de l'expansion de l'univers, les chimistes des explosifs, les biologistes des mutations génétiques, des OGM qu'ils fabriquent, du clonage et du sida... Mais les économistes ? Sont-ils tellement différents des sociologues, des psychologues, des philosophes ? « Et comment donc ! » crient-ils alors, arguant des nouveaux quartiers de noblesse de leur discipline, sanctifiée par un prix Nobel. En vérité, ce prix est offert par la banque de Suède en l'honneur d'Alfred Nobel et n'est pas un vrai prix, décerné par la Fondation Nobel. Mais cela n'y change rien ! Ils ont des Nobel[1]. Les économistes – des professeurs d'université ou du Collège de France, des experts, analystes, des journalistes économiques qui font des pages économiques et des suppléments – aimeraient beaucoup ressembler aux physiciens. Sont-ils pour autant de vrais savants ? En tout cas, il s'agit d'hommes très importants, on le voit bien au moment des discussions du budget, des lois sur l'allongement du travail des actifs ou de la baisse des impôts pour certains, des élections, des grèves, des crises. Ils sont même de plus en plus influents, si l'on en juge par l'explosion des suppléments et des émissions économiques. Même un hebdomadaire comme *Charlie Hebdo* possède sa page économique !

Théories économiques et café du commerce

> *« Les milliers de petits bassets tournebroches de la rôtisserie de la science. »*
>
> JOSÉ ORTEGA Y GASSET

Alors, de quoi parlent les économistes ? « Oikos Nomos » : de la gestion de la maison. De la « ménagère », d'où vient le « manager » des Anglo-Saxons. Pour mémoire, Sully était le « bon mesnager » du doux royaume de France...

Mon ami Alain, directeur d'une grande revue très appréciée des professeurs d'économie, grand amateur d'économie, dit toujours que rien ne l'amuse autant que les « théories » économiques, qui consistent

[1] Mais il est vrai qu'il n'existe pas de prix Nobel de mathématiques, ce qui est dû à d'obscures raisons de jalousie ou d'adultère, Alfred Nobel détestant un certain mathématicien célèbre...

à dire, avec quelques kilos d'équations et un jargon incompréhensible pour 99 % des économistes professionnels eux-mêmes d'ailleurs, ce qu'on raconte entre deux bourrades au café du commerce : « demain ça ira mieux, à condition que ça n'aille pas plus mal, si la confiance revient, et si les gens ont envie de consommer et de travailler, pas vrai mon gars, remets-moi un canon. » L'une des grandes excroissances de la casuistique économique de ces dernières années est la « théorie des incitations »[2]. Elle a dû remplir quelques bibliothèques d'articles impénétrables et laborieux autant que sublimes, qu'on pourrait résumer ainsi : pour produire mieux, il faut de la confiance et de la transparence. Chapeau ! Au Moyen Âge et jusqu'aux Lumières, la casuistique a fait vivre pendant des générations des milliers de clercs dévoués à une « science » qui a fini par disparaître, tout comme il se peut que l'économie disparaisse un jour. D'ailleurs, n'a-t-elle pas déjà disparu ? Le meilleur économiste n'est-il pas le chef d'un État quand il désarme un conflit social et rétablit la « confiance » de ses concitoyens dans l'avenir ? Le général de Gaulle menait sa politique sans prêter beaucoup d'attention aux coassements de Cassandre des économistes et disait : « Rétablissons la confiance et l'intendance suivra ! »

Jacques Attali, grand économiste s'il en est, définit un économiste comme « celui qui est toujours capable d'expliquer magistralement le lendemain pourquoi il s'est trompé la veille ». Keynes disait à peu près la même chose et recommandait à ses pairs une place modeste, subalterne, comparable à celle des dentistes, capables de soigner avec des instruments, des médicaments et des méthodes qu'ils n'ont pas inventés. Il affirmait que demain « simplement, on ne sait pas »[3]. L'économiste se heurte et se heurtera à jamais au mur d'airain de l'incertain. D'ailleurs, s'il savait, s'il anticipait le futur économique mieux que d'autres, il serait milliardaire. Mais regardons-le s'agiter, entre deux heures supplémentaires à l'université, dans les journaux ou à la radio, lorsqu'on lui demande « oui, d'accord, mais demain ? Ça s'arrange ? » On comprend alors qu'il ne peut pas grand-chose pour nous. D'autres

---

[2] La « théorie des contrats », en particulier, se propose de faire révéler à des dissimulateurs leur information. Elle reprend de façon savante de vieilles pratiques assurantielles fondées sur la perception qu'ont les assureurs des catégories à risques (les jeunes qui ont plus d'accidents de voiture que les autres, par exemple).

[3] « Théorie générale de l'emploi », in *Quartely journal of Economy*, 1936, repris dans *La Pauvreté dans l'abondance*, Gallimard, coll. « Tel », Paris, 2002, p. 240-260.

économistes (Kondratieff, Schumpeter, Marx ou encore l'historien Braudel) croyaient en de grandes « pulsations » économiques, de grandes phases d'expansion et de récession. Mais il s'agit aussi plus de croyances que de vraies lois car il n'y a pas de lois économiques.

Fernand Léger, illustration (têtes de clowns) pour l'album *Le Cirque*.

Prégnance de l'économie

> ***“L'argent est un instrument qui permet de mesurer la quantité de douleur et de plaisir.”***
>
> JEREMY BENTHAM

Pourtant, peut-on échapper à l'économie ? Existe-t-il un seul domaine social qui ne soit imprégné d'économie ? Le sport ? Le sexe ? La guerre ? « Combien coûterait une guerre avec l'Irak ? » titrait en une *Le Monde* du 4 janvier 2003. Quand on parle de sport ou de sexe, surgissent illico les aspects économiques du problème : salaires, ventes, marchandisation de la vie. Tout aspect de la vie des hommes en société a toujours un aspect monétaire et quantitatif ; mais désormais cet aspect est essentiel et tend à expliquer ou impliquer tous les autres. Il existe toujours une « raison économique » des choses. Le pétrole pour l'Irak, l'argent pour l'édition, le marché de la pub pour la télé... Les deux grands systèmes de pensée dont a accouché le capitalisme, à savoir le socialisme et le libéralisme, colorent tout des couleurs de la raison et de la quantité. L'un et l'autre s'abreuvent à la source utilitariste[4]. La « rationalisation » du monde et sa « quantification » portées par les Lumières, puis l'expansion de la science, de la recherche et de l'expérimentation, voguent de concert avec sa marchandisation. Notre économiste, quantificateur et rationnel, se tient, faraud, à la proue du « progrès » de l'humanité. Il explique, rationalise et calcule, et d'ailleurs explique en termes de calcul rationnel. Est-il plus ou moins rentable d'être un criminel qu'un honnête homme, nous demande le prix Nobel 1991 Gary Becker. Plus ou moins rentable, pour un ménage, d'avoir un enfant de bonne qualité que deux de mauvaise. Est-il plus ou moins rentable, pour un homme politique, d'être corrompu qu'honnête, questionne le prix Nobel 1986 James Buchanan. L'ouverture des frontières de tel pays était-elle plus ou moins rentable pour ce pays, étant donné ses pesanteurs politiques et culturelles, analyse magnifiquement *a posteriori* le prix Nobel 1993 Douglass North. Comment expliquer rationnellement, en termes de coûts-avantages, l'autarcie de la Chine et l'expansion de l'Europe ? Nul doute qu'on puisse toujours rationnellement et économiquement expliquer le retard de l'Afrique, l'avance des États-Unis ou la stabilité de la demande de camembert, « étant donné le contexte » ou « toutes choses égales par ailleurs ».

Mais la raison raisonnante des économistes est en train d'en prendre un sacré coup. Il y a deux signes qui ne trompent pas. Le premier est l'aveu du prix Nobel 2001 Joseph Stiglitz concernant son passage à la Banque mondiale, et la politique économique orthodoxe d'icelle et du FMI[5]. Le second concerne l'attribution du prix Nobel d'économie 2002 à un psychologue, Daniel Kahneman, qui raconte ce que mon copain Alain et son idole Keynes savaient depuis toujours : à savoir que les hommes ne sont pas, mais alors pas du tout, « économiquement rationnels ».

---

[4] Jeremy Bentham (1748-1832) fut le père de l'école « utilitariste » à l'origine de la théorie économique dite néo-classique (la seule enseignée aujourd'hui). En bref : un individu est rationnel et il acquiert, dans la limite de ses revenus, les biens qui lui apportent le plus d'utilité possible afin de satisfaire des besoins. D'où sortent les besoins, le revenu ? Mystère. On remarque que c'est un principe de rareté qui fonde l'économie : revenu limité, besoins théoriquement infinis.

[5] Lire *La Grande Désillusion*, Fayard, Paris, 2002. Pour la première fois, un économiste sort de sa tour d'ivoire et avoue qu'il peut être à l'origine... d'émeutes. Il raconte que les experts sont d'une ignorance crasse, manipulés par les politiques, ou le plus souvent, par des idéologues primaires.

Que faut-il enseigner ?

Ces pensées nous conduisent aux programmes de sciences économiques et sociales. On me reproche souvent : « Mais, vous, totalement critique, qui n'arrêtez pas de fustiger l'économie et les économistes, que pouvez-vous bien enseigner ? » Je réponds « d'abord, l'histoire économique ». Et avec quel plaisir ! Les faits économiques. On peut raconter l'affaire Enron (voir chapitre 6) de deux façons :

1) comme une affreuse histoire de malhonnêteté, de transparence non respectée, de dissimulation, d'asymétrie d'information, et envoyer à la face des ignorants une volée d'équations de la théorie de l'information. On peut geindre sur l'« éthique des affaires », sans se rendre compte qu'on pleurniche sur un oxymore ;

2) on peut aussi raconter l'histoire d'Enron – et elle devient passionnante – comme celle de la politique énergétique des États-Unis et des relations du Parti républicain avec certains milieux d'affaires ; également comme l'histoire des pratiques des banques d'affaires, des analystes, des agences de notation, et même des journalistes ! Il y a de quoi faire !

Ensuite, un économiste doit raconter l'histoire sociale. Évoquer l'économie indépendamment de la sociologie, de la psychologie, de l'anthropologie est un leurre pour laisser croire que l'économie est la matrice, la science supérieure, le moule explicatif dans lequel doit se dissoudre la complexité sociale. Heureusement les programmes du secondaire font (encore) beaucoup de place aux disciplines analysant la société. Le secondaire enseigne les « sciences économiques et sociales » : on démarre avec Max Weber, on n'oublie pas Marx et on consacre beaucoup de temps à ce que l'on appelle le lien social, avec ses conflits, ses inégalités. On réfléchit sur le travail, la richesse. Dans l'enseignement supérieur, tous ces mots disparaissent et sont remplacés par des signes, des graphiques, des équations. Il ne s'agit plus de dire ce qui est, mais ce qui doit être : l'économie de marché. À l'esprit de finesse, lié à la pluridisciplinarité du champ secondaire, succède l'esprit de géométrie, qui ne prétend plus comprendre le monde, mais le métrer, le formater selon le calcul économique et l'idéologie du calcul. Pourquoi ? Pour fabriquer de bons petits soldats de la « guerre économique », cette guerre de tous contre tous qui vous occupera de longues années avant une maigre retraite. Certes, de jeunes professeurs dénoncent (enfin !)

cet « autisme » de l'enseignement universitaire[6]. Mais « la tendance est lourde », comme dirait l'autre (économètre) ! En 2003, un changement de programme, le douzième en 10 ans, prévoit de privilégier, en supprimant certains auteurs du programme, comme Pierre Bourdieu, « une approche normative des objets d'études au détriment des questionnements »[7]. L'économie dit ce qui doit être, et non ce qui est. Alors, ojo ! Ouvrons l'œil. Dans le monde des comptes, il ne faut pas s'en laisser conter ; et inversement.

Mais de quoi parle l'économie ?

Ah, vous êtes têtu ! Les belles analyses ne vous suffisent pas ! Les équations ! Les modèles ! Vous voudriez savoir ce qu'il y a derrière...

De quoi parle l'économie ? Du partage. Du partage de la richesse. Qui regarde le gâteau, qui tient le couteau ? C'était le but octroyé à l'économie politique par le grand Ricardo, dans son ouvrage *Des principes de l'économie politique et de l'impôt*[8], et depuis on n'a pas dit mieux. L'économie, c'est fondamentalement la question de la répartition. Pourquoi ? Parce que la question du partage est liée à celle de la rareté et que, sans rareté, il n'y a pas de problème économique. Dans les sociétés d'abondance décrites par Marshall Sahlins[9], véritables sociétés pré-économiques où l'homme, comme les autres, n'est qu'un parasite et une toute petite partie du cycle de la Nature, il n'y a pas de problème de rareté ni de partage. Certes, « comment fabrique-t-on le gâteau ? » est aussi une belle question que peuvent accaparer les

Gordana Jerosimic, *Birthday*.

[6] De jeunes normaliens ont fondé le mouvement « Autisme et économie », en 2000.

[7] *APSES*, mai 2003.

[8] Garnier-Flammarion, Paris, 1993 (première édition 1817). David Ricardo (1772-1823) est considéré comme le père de l'économie « déductive » ou « analytique ».

[9] *Âge de pierre, âge d'abondance*, Gallimard, Paris, 1969.

économistes. Quels sont les ingrédients du gâteau ? Des voitures, de la pollution, des médicaments, des logiciels, des livres ? De la terre ? Des paysages ? Nous nous y intéresserons à la fin de cet *Antimanuel*. Avec quelles énergies fabrique-t-on ce gâteau ? Du travail, du capital, de l'argent, des techniques, du savoir…

Les économistes ont occulté la question du partage. Ils parlent de marché, de besoins, de services, d'offre et de demande, sans se demander d'où viennent ces biens, ces services, ces besoins, ces marchés, ni pour qui ils ont été créés. Ils ont aussi occulté la question du pouvoir. Ils parlent de contrats quand ils évoquent le marché, et qui dit contrat dit réciprocité. Malheureusement, le monde est incertain. Très incertain. C'est pourquoi ceux qui ont quelques clés de l'avenir (les initiés, les fabricants d'informations, les diffuseurs de statistiques, les connaisseurs de la situation exacte des finances de l'entreprise) ont un pouvoir sur les autres. Ont un pouvoir sur les autres également ceux qui peuvent leur acheter leur temps à travers leur contrat de travail. Le livreur de postes de télé livre sa télé et repart, libre. Mais le livreur de travail, lui, reste à domicile, chez son employeur, à côté de son travail… Ce qui n'est pas sans poser quelques problèmes d'aliénation de liberté, surtout si ce travail occupe beaucoup l'esprit de celui qui le fournit… Pourquoi les économistes ont-ils occulté la question du partage ?[10]

En France, en mai-juin 2003, la question du partage a resurgi avec une extraordinaire acuité. Le gouvernement proposait une réforme des retraites. Se posait la question de l'allongement de la durée de cotisation des salariés. En vérité, il apparut au bout du compte que la question des retraites était celle du partage, «l'équation bien connue des choix de répartition entre travail et capital»[11]. Entre générations, certes, mais aussi entre salariés et capitalistes. Qui allait payer pour les vieux, sachant que les retraites allaient exiger 2 % de plus du PIB en 2020 et 4 % de plus en 2040 ? Bonne question, quand on sait que les salariés ont transféré aux capitalistes au sens large (les titulaires de revenus non salariaux, bénéfices, loyers, rentes, dividendes…) 10 % de ce même PIB en moins de 25 ans, depuis 1980. La réponse fut : les salariés.

---

[10] Pas tous, heureusement ! Thomas Piketty, par exemple, s'est spécialisé dans l'étude des inégalités des revenus, très bonne question liée au partage.

[11] Elie Cohen, Jean-Paul Fitoussi et Jean Pisani-Ferry, « L'illusoire taxation du capital », *Libération*, jeudi 12 juin 2003.

Ricardo (comme Malthus) avait une vision très pessimiste du combat pour le gâteau. Il anticipait une humanité surpeuplée, accablée, survivant plutôt que vivant. La plupart des économistes depuis Ricardo ont occulté le problème de la répartition et parlent du marché, de l'offre et de la demande, des prix, choses qu'ils sont incapables d'expliquer, mais ils ont le mérite aujourd'hui de le reconnaître[12], tout en continuant à bavarder, c'est-à-dire à ne pas parler d'économie. Keynes avait une position beaucoup plus optimiste. Il pensait qu'en 2030-2040 le problème économique serait résolu. Entendons : la satisfaction des besoins fondamentaux serait assurée, et l'homme pourrait s'adonner à l'activité que Keynes considérait comme supérieure : la culture. John Stuart Mill rêvait aussi d'une société stabilisée où les hommes ne chercheraient qu'une chose : être de plus en plus intelligents.

Keynes et Mill posaient la question que se posent aujourd'hui les « altermondialistes » : qu'est-ce que le gâteau à partager ? De quoi est-il fait ? Ces interrogations sont essentielles et totalement nouvelles[13]. Après on peut se demander qui a droit à quoi, entre les programmes de TF1 et les concerts de la salle Garnier. Nous allons découvrir comment les économistes ont « naturalisé » l'économie, l'ont soumise à de pseudo-lois naturelles ou immanentes, pour éviter les sujets clés : qui fabrique l'argent permettant aux gens de vivre ? Qui crée l'opacité sur les marchés ? Pourquoi occulter le rôle néfaste et l'inefficacité des marchés ? Pourquoi occulter le rôle majeur joué par l'altruisme et la gratuité dans le processus économique ? Qui a intérêt à ce que le problème économique (le problème de la rareté) ne soit jamais résolu, dépassé, remisé à l'arrière-plan, comme le souhaitait Keynes ?

---

[12] Lire, par exemple, Jacques Sapir, *Les Trous noirs de la science économique*, Albin Michel, 2000.

[13] Certes, de grands penseurs se sont posé la question du contenu de l'activité économique, Nicholas Georgescu-Roegen, par exemple, ou Jacques Duboin.

TEXTES

DAVID RICARDO

Le partage est le problème de l'économie politique

Le produit de la terre, c'est-à-dire tout ce que l'on retire de sa surface par l'utilisation conjointe du travail, des machines et du capital, est réparti entre trois classes de la communauté : les propriétaires de la terre, les détenteurs du fonds ou capital nécessaire à son exploitation, et les travailleurs qui la cultivent.

Pourtant, aux différentes étapes de la société, les parts du produit total de la terre respectivement allouées à chacune des classes sous les noms de rente, de profits et de salaires, seront fondamentalement différentes ; elles dépendront principalement de la fertilité effective du sol, du capital accumulé et de la population ainsi que du savoir-faire, de l'esprit d'invention et des instruments mis en œuvre dans l'agriculture.

Déterminer les lois qui gouvernent cette répartition constitue le principal problème en économie politique.

Des principes de l'économie politique et de l'impôt, Flammarion, Paris, 1992.

JOHN MAYNARD KEYNES

Demain, on ne sait pas

Nous n'avons, la plupart du temps, qu'une très vague idée des conséquences, si ce n'est des plus directes, de nos actes. (...) C'est pourquoi le fait que notre connaissance du futur soit fluctuante, vague et incertaine rend la méthode de la théorie économique classique particulièrement mal appropriée à l'analyse de la richesse. Cette théorie pourrait fonctionner parfaitement dans un monde où les biens économiques seraient obligatoirement consommés très peu de temps après avoir été produits. (...)

Je voudrais préciser que par connaissance « incertaine » je n'entends pas simplement distinguer ce que l'on considère comme certain, de ce qui est seulement probable. Le jeu de la roulette n'est pas, en ce sens, sujet à l'incertitude, pas plus que ne l'est la perspective de voir tel titre de l'emprunt de guerre tiré au sort. De la même manière, l'espérance de vie est seulement un peu incertaine. Les prévisions météorologiques elles-mêmes ne sont

Panneau publicitaire pour un cabinet de voyance,
Brighton, Royaume-Uni.

que modérément incertaines. Le sens que je donne à ce terme est celui qu'il revêt lorsque l'on qualifie d'incertains la perspective d'une guerre européenne, le niveau du prix du cuivre ou du taux d'intérêt dans vingt ans, l'obsolescence d'une invention récente ou la place des classes possédantes dans l'échelle sociale pendant les années soixante-dix. Pour toutes ces questions, il n'existe aucune base scientifique sur laquelle construire le moindre calcul de probabilité. Simplement : on ne sait pas.

« Théorie générale de l'emploi »,
trad. Nicolas Postel, *La Pauvreté dans l'abondance*,
Gallimard, coll. Tel, 2002.

MARTIN HEIDEGGER

L'inutile est aussi important que l'utile

Houi-Tsu s'adressa à Tchouang-Tseu et dit : « J'ai un grand arbre. Les gens l'appellent l'arbre des dieux. Son tronc est si noueux et difforme qu'on ne peut le scier au cordeau. Ses branches sont si tordues et contournées qu'on ne peut les travailler au compas et à l'équerre. Il se dresse au bord du chemin, mais aucun menuisier ne le regarde. Ainsi sont vos paroles, seigneur, grandes et inutilisables, et tous se détournent de vous d'un seul cœur. »

Tchouang-Tseu répondit : « N'avez-vous jamais vu une martre qui se tient aux aguets le corps ramassé et qui attend que quelque chose passe ? Elle va et vient en courant sur les poutres et ne craint pas de faire des sauts élevés, jusqu'à ce qu'un beau jour elle tombe

Giorgio de Chirico, *L'incertitude du poète*, 1913.

dans un piège ou périsse par un lacet. Et puis il y a aussi le yak. Il est grand comme une nuée d'orage ; il se dresse dans sa puissance. Mais attraper des souris, il ne le peut. Ainsi vous avez un grand arbre, et vous regrettez qu'il ne serve à rien. Pourquoi ne le plantez-vous pas sur une lande déserte ou dans un grand champ vide ? Là, vous pourriez sans rien faire vous promener dans sa proximité ou dormir à loisir sous ses branches. La hache et la cognée ne lui réservent pas une fin prématurée, et personne ne peut lui nuire.
Qu'une chose n'ait pas d'utilité, à quoi bon s'en soucier ! »
Deux textes semblables se trouvent avec quelques modifications dans un autre passage du Tchouang-Tseu.
Ils font comprendre qu'il ne faut pas se soucier de l'inutile. De par son inutilité, l'intangible et le durable lui appartiennent. Aussi est-ce commettre un contre-sens que d'appliquer à l'inutile la mesure de l'utilité. De ce qu'on ne peut rien en faire, l'inutile tient sa grandeur propre et sa puissance déterminante.

Langue de tradition et langue technique,
Lebeer-Hossmann, Bruxelles, 1990.

JOHN KENNETH GALBRAITH

La « confiance » fondée scientifiquement

Les optimistes officiels étaient nombreux et précis : ainsi en juin, Bernard Baruch déclara à Bruce Barton, dans une interview publiée dans *The American Magazine*, que « la situation économique du monde semble sur le seuil d'un grand bond en avant ». Il fit remarquer qu'aucun baissier n'avait de maison sur la Cinquième Avenue. De nombreux professeurs d'université débordaient d'une confiance fondée scientifiquement. À la lumière de développements ultérieurs, le dossier de l'Ivy League était particulièrement malheureux. Lawrence, de Princeton, dans une déclaration qui connut une petite célébrité, affirma que « le consensus du jugement de millions de gens dont les évaluations jouent sur cet admirable marché qu'est la Bourse, c'est que les actions ne sont pas surévaluées à l'heure actuelle ». Il ajouta : « Où est donc ce groupe d'hommes possédant une sagesse universelle qui leur donnerait le droit de mettre un veto sur le jugement de cette multitude intelligente ? »

Cet automne-là, le professeur Irving Fisher, de Yale, prononça son jugement immortel : « Le prix des actions a atteint ce qui paraît être un haut plateau permanent. »

La Crise de 29, Payot, 1970.

JOHN MAYNARD KEYNES

Qu'est-ce qu'un économiste ?

L'étude de l'économie ne semble pas exiger des dons particuliers d'un ordre spécialement élevé. L'économie n'est-elle pas considérée comme une discipline relativement facile, comparée aux plus hautes sphères de la philosophie ou de la science pure ? Il n'empêche qu'un économiste de qualité, ou simplement compétent, est un oiseau rare. Le paradoxe trouve peut-être son explication dans le fait que le maître en économie doit posséder une rare combinaison de qualités. Il doit atteindre un niveau élevé dans de nombreux domaines et combiner des talents qu'il est rare de trouver réunis. Il doit être mathématicien, historien, homme d'État, philosophe, dans une certaine mesure. Il doit comprendre les symboles et s'exprimer avec des mots. Il doit observer le particulier d'un point de vue général et atteindre le concret et l'abstrait du même élan de pensée. Il doit étudier le présent à la lumière du passé et dans la perspective du futur. Rien de la nature et des institutions de l'homme ne doit lui être étranger. Il doit être à la fois impliqué et désintéressé ; être aussi détaché et incorruptible qu'un artiste et avoir autant les pieds sur terre qu'un homme politique.

« Alfred Marshall », *Essays in Biography* (1933)
in *The Collected Writings of John Maynard Keynes*,
vol. X, Mac Millan Press, Londres, 1972.

ALFRED JARRY

Quand Alfred Jarry se moquait de Léon Walras et démontrait l'impossibilité de tester une loi économique

Voici une des formules de M. Walras : Les prix ou les rapports des valeurs d'échange sont égaux aux rapports inverses des quantités de marchandises échangées. Cette loi a été prouvée historiquement de façon très apparente : l'émission de 30 à 40 milliards d'assignats a abaissé de 100 à 2,50 ou 3 la valeur de l'intermédiaire d'échange. « On ne peut répéter cette magnifique expérience aussi souvent qu'il le faudrait, dit M. Walras, pour convaincre les adversaires de la loi de la quantité ; et c'est pourquoi il est fort heureux que l'économie soit une science où le raisonnement vient suppléer au défaut ou à l'incertitude de l'expérience. » Nous verrions volontiers, au contraire, un savant modeste éditer pour quelques millions de papier-monnaie, à seule fin d'en observer ensuite avec sérénité la réaction. Il ne fera que perfectionner la méthode des grands établissements financiers, lesquels ont ouvertement en circulation du papier pour une valeur triple (c'est le chiffre le plus usité) de leur encaisse métallique.

La Revue blanche, 1er janvier 1901,
Gallimard, 1969.

Page suivante :
Anonyme (monogrammé « JS »), *Die Hoelle* (L'Enfer),
peut-être d'après Jérôme Bosch, détail.

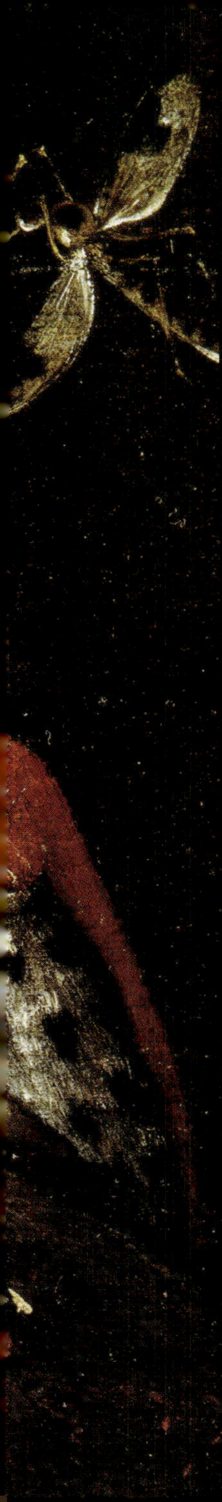

Principes de scolastique économique

Salvador Dali, *La persistance de la mémoire*, 1931.

1

Science dure, science molle, ou science nulle ?

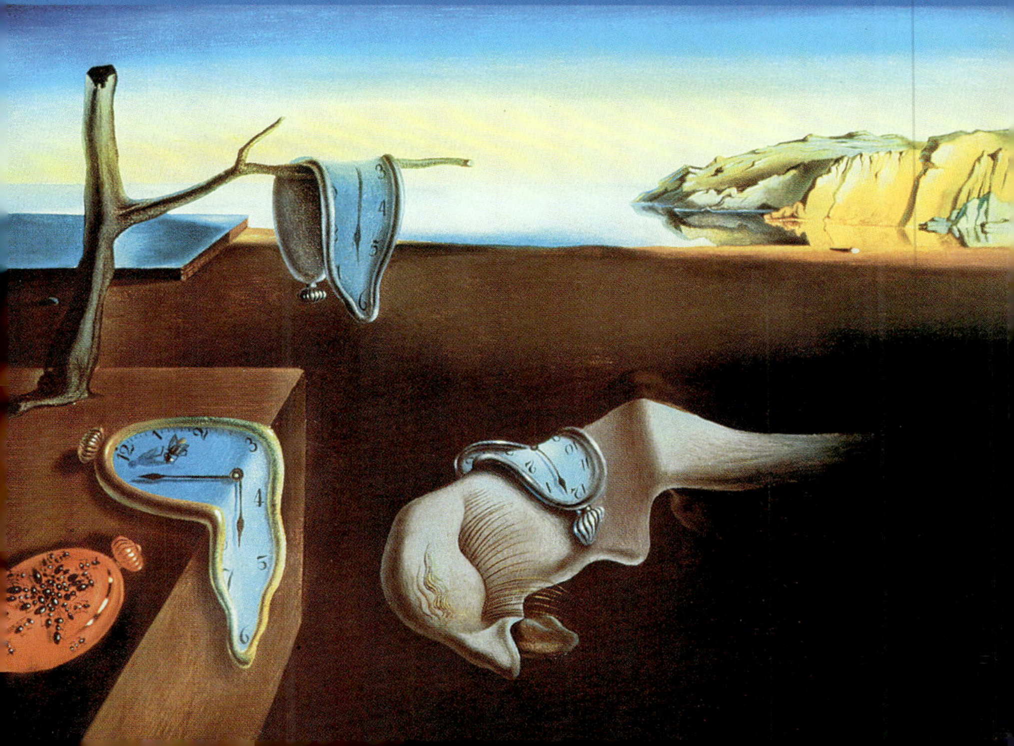

« À la fin du XXe siècle, les économistes étaient divisés entre les macroéconomistes, qui observaient ce qui ne pouvait pas être expliqué, et les microéconomistes, qui expliquaient ce qui ne pouvait pas être observé. »

PROVERBE ÉCONOMIQUE SUR INTERNET

« Une vérité est quelque chose qu'il est payant de croire. »

BERTRAND RUSSELL

L'économie devient-elle une science dure ?, tel était le titre d'un grand colloque organisé à Paris il y a une dizaine d'années[1], réunissant la fine fleur de l'économie mathématique française et quelques (éminents) Américains. Le colloque était introduit par Edmond Malinvaud, professeur au Collège de France, polytechnicien, ancien directeur de l'INSEE, économiste de notoriété internationale. Il disait en substance que l'économie se « durcissait », mais avait fini de

[1] Sous la direction d'Antoine d'Autume et de Jean Cartelier, Economica, Paris, 1995.

durcir. Elle s'était rapprochée de la physique et, hélas, s'était arrêtée entre le mou et le dur. Des phénomènes « subjectifs », « psychologiques », « moins permanents que la nature »[2] n'avaient pu être éliminés et même avaient repris le dessus. Et puis l'État intervenait en économie, polluant visiblement les honnêtes déterminismes qui, sans cet intrus, seraient à l'œuvre. Edmond Malinvaud y allait de son scepticisme. Il évoquait « l'abus de mathématiques, de mathématiques inutilement difficiles, de procédures économétriques beaucoup plus savantes qu'il ne conviendrait »[3]. Tous les intervenants hochaient la tête et s'accordaient à dire que l'économie était un peu trop mathématique.

La fascination pour la physique

« Tôt ou tard, tout finit par s'arranger.
Le plus souvent mal. »

PROVERBE

Que l'économie soit un peu, ou beaucoup mathématisée, n'a évidemment rien à voir avec son caractère scientifique. La mathématique, dit Bertrand Russell, consiste en tautologies et ne prétend pas prouver autre chose que : « un quadrupède est un animal à quatre pattes »[4]. Elle formalise un discours logique, qui peut recouvrir un délire total. La logique n'a jamais empêché de magnifiques constructions non scientifiques comme la scolastique[5]. À l'inverse, un discours littéraire peut être parfaitement logique.

[2] Malinvaud, *ibid.*, p. 13. L'idée que la nature est « permanente », « stable », autrement dit remplie de déterminismes et de causalités, est certes un rêve de physicien, mais de physicien pré-quantique. Beaucoup d'économistes sont hélas des sous-physiciens pré-quantiques.

[3] *Ibid.*, p. 15.

[4] « La renonciation à Pythagore », in *Histoire de mes idées philosophiques*, Gallimard, coll. « Tel », Paris, 1961, p. 265.

[5] La physique n'a pas échappé à des constructions parfaitement logiques mais non scientifiques, comme dans le domaine de l'hydraulique et de l'hydrodynamique, où les ingénieurs ont construit une pseudo-science parfaitement déductive, sans rapport avec la réalité. La casuistique des jésuites et la scolastique sont de bons exemples de discours parfaitement logiques ayant occupé l'esprit des savants pendant des siècles, sans qu'il n'en reste rien, sinon deux qualificatifs péjoratifs.

L'abus des mathématiques traduit d'abord la fascination des économistes pour la physique. Le rêve des ingénieurs-économistes pionniers, au premier rang desquels le Français Léon Walras (1834-1910)[6], est de construire une science sociale « pure » ayant les mêmes vertus que la toute puissante physique qui domine le XIXe siècle et son fantastique essor industriel. Francis-Ysidro Edgeworth (1845-1926), économiste littéraire et autodidacte converti aux mathématiques (les pires économistes), tuteur de Keynes, l'un des pères de l'économie moderne, écrira un « *Mathematical Psychics* »[7]. Clairement, Walras s'efforce à une « physique sociale ». Il est le co-découvreur, dans les années 1870, avec l'Anglais Stanley Jevons et l'Autrichien Karl Menger (un peu plus tard l'Américain Irving Fisher), du concept **d'utilité subjective** (c'est moi, roseau pensant, qui donne la valeur de toutes choses sur terre, du pain, des voitures, et du reste) et, surtout, du concept d'équilibre économique sur un ou plusieurs marchés. L'équilibre et son corollaire fondamental, la stabilité de l'équilibre, le retour à l'équilibre si l'on s'en éloigne (comme la bille revient toujours au fond du bol), sont empruntés aux premières formulations de la physique dans la « mécanique ». Walras dit en substance : « la loi de l'offre et de la demande tend vers l'équilibre de l'offre et de la demande. »

La « loi de l'offre et de la demande », c'est : « si c'est plus cher, j'en veux moins ; mais si c'est plus cher, j'en vends plus. » Et inversement, si le prix baisse. Sur un marché, les offreurs et les demandeurs sont tôt ou tard contents. **« Tôt ou tard »** est une expression essentielle de l'économie. C'est même l'expression majeure, générique, magique. « Tôt ou tard », ça s'équilibre. Les offreurs et les demandeurs de pain sont d'accord sur la quantité de pain à échanger sur le marché du pain et sur le prix du pain. Et ceci est vrai sur tous les marchés, celui des voitures, des logiciels, des maisons, de la choucroute et surtout du travail : supprimez le Smic et vous verrez que « tôt ou tard » il n'y aura plus de chômage. Et Walras de faire cette découverte : l'équilibre peut se réaliser sur tous les marchés simultanément.

---

6 Il publie en 1877 ses *Éléments d'économie politique pure*.

7 *Mathematical Psychics. An Essay on the Application of Mathematics to the Moral Sciences*, Kegan Paul, Londres, 1881.

Peu importe, pour l'instant, les motifs qui ont poussé Walras puis tous les économistes à rejeter le fondement « substanciel » de la valeur, la théorie de la valeur-travail chère à Karl Marx[8] (théorie qui dit en substance que la valeur d'un objet est liée au contenu en travail de cet objet). Retenons que des hommes comme Walras, fascinés par la physique, ont prétendu expliquer grâce à elle des phénomènes sociaux comme la richesse, le revenu, les prix, le partage et l'échange. Les qualifierait-on pour autant de révolutionnaires ou de plagiaires ? L'histoire veut qu'ils se soient appliqués à copier la grande physique. « William Stanley Jevons, Léon Walras, Vilfredo Pareto, Francis Edgeworth, Irving Fisher et bien d'autres ne s'en sont pas cachés : l'utilité telle qu'ils la concevaient était calquée sur l'énergie potentielle de la mécanique classique, de même que leur appareil mathématique favori les principes d'extrémum »[9]. Ils n'ont pas imité la physique de loin, non : « ils en ont pratiquement recopié le modèle terme à terme et symbole à

Albert Chereau, *Galilée devant l'Inquisition*, 1865.

[8] Chère à toute l'économie classique, Smith, Malthus, Ricardo, Mill, mais aussi – c'est très important – à Keynes. Dans sa *Théorie générale*, Keynes adopte la valeur-travail à la page 223 de l'édition Payot (1969).

[9] Philip Mirowski, *Plus de chaleur que de lumière, L'économie comme physique sociale, la physique comme économie de la nature,* Economica, Paris, 2001.

symbole. »[10] Voilà nos premiers économistes « scientifiques »... Des copistes, pour ne pas dire pire. Ils construisent une physique sociale, où la société est composée d'individus autonomes, rationnels, cherchant à maximiser l'« utilité » (plaisir lié à la consommation des biens et des services si l'on préfère). Hélas, hélas, hélas...

L'économie ignore-t-elle le temps ?

Les économistes adoptent la physique newtonienne et n'en sortent plus. Ils sont heureux de leur causalité, de leur déterminisme, ils utilisent le calcul différentiel et expriment la « tendance naturelle » (l'expression est de sir John Hicks, prix Nobel 1972, dans *Valeur et capital*, traduit en français en 1946) des marchés à aller vers l'équilibre. Ils racontent en mathématique le mythe du « marché autorégulateur ». Laissez faire, laissez passer, et tout finira par s'arranger. Les offreurs trouveront des demandeurs, et réciproquement. Tout le monde sera content et le monde ira en paix, comme on le constate évidemment depuis Walras. Oui, Walras croyait dur comme fer au marché autorégulateur et « pacificateur ». Il candidata sur la base de ses découvertes au prix Nobel de la Paix. Il se définissait plutôt comme socialiste.

L'équilibre de la mécanique classique est un équilibre du retour à l'équilibre, d'une science qui ignore le temps, où la « flèche » du temps n'existe pas, où « le passé a la même valeur que le futur », pour reprendre l'expression de Maxwell. Il existe une symétrie absolue de tous les phénomènes de la mécanique. Tout phénomène est réversible. Le temps n'existe pas. Un système débute dans un état particulier et y retourne par la suite, par quelque moyen que ce soit et après un temps plus ou moins long. L'énergie, après retour à l'équilibre, sera identique. Persistance, invariance, indépendance face au déroulement du temps. Essentiel « Tôt ou tard ». À plus ou moins long terme... Laissez faire, attendez, le système retrouvera son équilibre. N'intervenez pas, ou intervenez pour supprimer les interventions, les barrières. Tôt ou tard, le marché du travail retrouvera son équilibre.

Malheureusement, la plupart des phénomènes physiques, ceux qui mettent en jeu de la chaleur notamment, sont irréversibles. Les gens ne rajeunissent pas. Les forêts primitives ne repoussent pas. Les bûches consumées ne refont pas des arbres, et même ce brave soleil s'éteindra

[10] *Ibid.*, p. 8.

dans quelque cinq milliards d'années. On ne revient pas de la mort à la vie, et la flèche du temps n'est pas une simple convention dans l'univers pour ceux qui l'observent, comme le clamait Boltzman[11]. Bref, de l'énergie semble se perdre. Comment conserver, c'est le cas de le dire, le principe de conservation de l'énergie ? Le rêve de Laplace, d'un univers parfaitement déterministe ?

L'économie se fossilise, la physique continue

> ***“La superstition scientifique apporte avec elle des illusions si ridicules et des conceptions si infantiles que par comparaison la superstition religieuse elle-même en sort ennoblie.”***
>
> Antonio Gramsci

Les physiciens ont pulvérisé cette conception a-historique de leur science par le second principe de la thermodynamique, dit d'« entropie », principe de dégradation, où un système évolue vers une uniformité calorique. Le chaud se transmet au froid, et les deux sont tièdes. Les économistes ont-ils ignoré l'irréversibilité des phénomènes et la notion d'entropie ? Oui, presque tous. La grande exception est l'économiste roumain Nicholas Georgescu-Roegen[12]. Exception, vraiment... Il est tellement facile d'ignorer l'histoire, de proposer des raisonnements atemporels, valables aussi bien pour les Grecs du siècle de Périclès que pour les spéculateurs du marché aux grains de Chicago en 2000 ! Pas d'Histoire, pas d'histoires. Les économistes se lavent les mains, ils détiennent la Vérité Économique, transcendantale, éternelle.

« Pourquoi les économistes ne font plus de découvertes ? » songe Edmond Malinvaud, nostalgique[13]. Le problème est qu'ils n'en ont jamais fait. Ils ont piraté le début de la physique, espérant traduire mathématiquement la « main invisible » de Smith, et puis rien. À la question « Quoi de neuf ? » Milton Friedman, prix Nobel 1976, répond : « Rien. Adam Smith. » On n'a rien fait de mieux qu'Adam Smith. Certes, les économistes contemporains jouent avec la théorie des jeux,

---

[11] Philip Mirowski, *ibid.*

[12] Voir *La Science économique. Ses problèmes, ses difficultés,* Dunod, Paris, 1970. Sur la question de l'irréversiblité en économie, lire également *Les Figures de l'irréversibilité en économie,* EHESS, Paris, 1990.

[13] *Revue d'économie politique,* vol. 106, n° 6, 1996, p. 929-942.

tardivement inventée par von Neuman, Nash[14] et d'autres. Mais le bon vieil équilibre est toujours là, rebaptisé « équilibre de Nash », d'ailleurs. Comme le veut la main invisible du Père Adam Smith, il est le point fixe d'un système interdépendant, atemporel, éternel, conflit résolu d'antagonismes et d'égoïsmes, soyez égoïstes, chacun pour soi, laissez faire, et tout ira pour le mieux pour la société, comme si une main invisible vous conduisait vers l'harmonie, l'équilibre, le bonheur, les salariés trouvant du travail, les employeurs des salariés, et les marchands de caramel des mangeurs de caramel... mou.

La révérence pour la physique n'existerait pas sans une fascination pour les machines. Les automates, les horloges, la mécanique favorisent une conception déterministe dans un monde ordonné et auto-régulé. Le docteur Quesnay[15] matérialisa sa théorie du circuit sous la forme d'une pompe et de tubes métalliques. Aujourd'hui encore, lorsque l'on parle du budget, du déficit, de l'équilibre des dépenses et des recettes, c'est toute une **plomberie financière** que l'on met en œuvre, à base de vases communicants : si tu prends à l'éducation nationale, tu donnes à l'armée, et inversement. L'horloge fascinait Walras. William Stanley Jevons (son contemporain et « co-découvreur », disions-nous, de l'utilité marginale décroissante : plus je bois de lait, moins je suis content) comparait l'homme rationnel à une machine. « Jusque vers le milieu du siècle, il n'était pas rare qu'un théoricien de l'économie qui utilisait des techniques mathématiques commence par s'excuser et expliquer que cette approche ne voulait pas dire que l'être humain était un automate dépourvu de libre-arbitre »[16]. Traduction : « Hélas, les hommes pensent ». « Les hommes sont des hommes », songent tristement les économistes. En revanche, *l'homo œconomicus,* l'agent rationnel tel que l'imaginent les économistes, ce crétin fondamental dont nous reparle-

---

[14] Johan von Neuman (1903-1957), mathématicien et physicien de génie, fut l' inventeur de l'ordinateur. John Nash (1928-) reçut le prix Nobel d'économie en 1994.

[15] François Quesnay, médecin de la Pompadour, chef de file de la « secte » des physiocrates, première grande école d'économistes (à laquelle appartinrent Mirabeau père, Du Pont de Nemours, l'abbé Baudeau, Le Mercier de La Rivière – auteur des incomparables *Tableaux de Paris* – et Turgot). Le docteur Quesnay publie en 1758 le *Tableau de la circulation des richesses* qui contient, honneur lui soit rendu, le concept d'équilibre général de l'économie.

[16] William Baumol, cité par Mirowski, fut un célèbre économiste américain, auteur notamment de la « théorie des marchés contestables ».

rons souvent, est un chien de Pavlov à peine moins sommaire : le prix augmente ? Il salive et en veut plus ! Le prix baisse ? Il en veut moins. C'est tout. Tout dans la vie se ramène à cette dualité cher-bon marché, coût-bénéfice (qu'est-ce que ça me rapporte, qu'est-ce que ça me coûte ?), j'en veux – j'en veux pas, qu'il s'agisse des nouilles, du mariage, des voitures, des enfants, des attentats terroristes, des préliminaires de l'acte sexuel ou de la contemplation d'un beau paysage à la tombée du soir. « *Rational fools* », des imbéciles rationnels, des idiots raisonneurs, soupirait le prix Nobel d'économie 1998, Amartya Sen[17]. Des idiots tout court, bêtes, primaires, simplistes, machinaux.

Pas étonnant que l'ordinateur hypnotise l'économiste contemporain ! Le sujet économique de l'économiste moderne est un estomac à information. Il avale, traite et régurgite. L'économiste du XIXe siècle imaginait l'homme raisonnant en « information parfaite » (je sais tout sur tout jusqu'à la consommation des siècles), alors que les économistes modernes raisonnent en informations asymétriques (j'en sais plus que toi), informations imparfaites (je ne sais pas tout), rationalité limitée (je ne peux pas tout rationaliser), ou encore en anticipations rationnelles (je sais tout sur tout, et on ne me la fait pas à moi !), étudient toutes ces « anomalies » comme des déviations vis-à-vis de problèmes d'information parfaite. Comment feraient-ils autrement ? S'ils admettent l'incertain (ce que fit Keynes) ils sont fichus, finis. Ils se sabordent et sont obligés d'admettre que le problème économique n'est pas rationalisable, tout comme le fit Keynes.

Robin Williams dans *Toys*, film de Barry Levinson, 1992.

17 « Rational fools », in *Éthique et économie*, PUF, Paris, 1993.

Hélas, l'abus de mathématiques rend sourd. Une des causes de la fascination pour la raison raisonnante tient à l'origine des économistes : beaucoup viennent des sciences dures. Ce sont des immigrés, qui tentent leur fortune en économie après avoir été chassés de la physique ou d'ailleurs. La première vague d'immigrants date de 1870 : Walras et les ingénieurs tentèrent de donner corps à leurs métaphores énergétiques dans le domaine social. La seconde période suit la crise de 1930 : la réduction des possibilités de carrière scientifique favorise le repli vers des lieux où les littéraires abondent, qui voient arriver, bouche ouverte, des gens capables de manier des équations du second degré. Avec la crise du PC, la reconversion contemporaine des informaticiens vers l'économie ne devrait pas tarder.[18]

Restons entre nous

> ***«L'illusoire prépondérance des géomètres vient d'une acquisition beaucoup plus facile, puisqu'elle ne demande pas la moindre préparation à leurs propres études, que leur simplicité caractéristique rend d'ailleurs accessibles à tant de médiocres intelligences.»***
>
> AUGUSTE COMTE

Le recours à la technique, au jargon et aux mathématiques, a une autre raison, beaucoup plus pernicieuse. Le langage abscons permet de clôturer le champ de l'économie et d'éliminer « ceux qui n'y comprennent rien ». Circulez, y'a rien à voir ! Laissez-nous entre nous ! Ne vous occupez pas de ces histoires d'argent, c'est trop compliqué pour vous. Attitude bien commode, non ? Parmi les savants et les universitaires, les mathématiques ont un effet dévastateur. Elles éliminent les « littéraires », les sociologues, psychologues, les penseurs un peu sceptiques, les géographes, les doux, les philosophes... Elles créent une langue noble (formalisée), supérieure, dominante, et des patois que l'on laisse aux gens de la rue, aux incultes, aux paysans. En réaction, les malheureux

[18] Il arrive que des physiciens s'essayent à l'économie, avant de retourner, effarés, à leur discipline d'origine : c'est le cas de Max Plank, qui fut brièvement tenté par l'économie. Dans la préface aux *Trois essais sur la science économique* de Georgescu-Roegen (Dunod), Paul Samuelson (prix Nobel 1970) croit – on ne rit pas – que c'est la « difficulté » qui a dégoûté Max Plank... Heureusement pour l'humanité !

littéraires s'efforcent à ce que le linguiste Claude Hagège appelle « un purisme des moins compétents ». De même qu'à l'oral de l'ENA, il est délicat de trimballer un accent de province, en économie il est difficile de ne pas exhiber son jargon comme autant de preuves de sa supériorité sociale dans la société des économistes. Parler littéraire semble alors un peu plouc. Parler matheux, même si l'on accumule sous les kilos d'équations des tonnes d'âneries et le double de tautologies, fait d'emblée plus sérieux. Les transfuges littéraires dans la société des mathématiciens sont les pires. Les convertis sont toujours les plus vaches, car ils doutent au fond de leur compétence. Et si l'on venait à découvrir qu'ils sont nuls, ces laborieux de l'équation qui font illusion par quelques « *toy-models* », comme disent les Américains, quelques robinsonnades améliorées à la sauce mathématique ?[19] Et si les maths étaient un instrument de terreur, un procédé d'exclusion de la populace, de l'opinion que l'on prépare en douce au bonheur économique (flexibilité du travail, moins d'impôts pour les riches, privatisation des services publics, etc.) ? « Que nul n'entre ici s'il n'est géomètre ! » fit inscrire Platon au fronton de son école de philosophie et des sciences. « Que nul ne s'occupe de la Cité s'il n'est économiste ! » crient les experts. De fait, on met en équations une idéologie assez banale, que l'on appellera le « darwinisme social », à laquelle Darwin ne croyait heureusement pas !

Il y a, hélas, une sombre raison à la prégnance de l'économie mathématique et à son enseignement, outre la volonté d'occulter une idéologie simpliste du « toujours plus, toujours consommer plus, et toujours s'enrichir, surtout pour les plus riches, et le marché est tout » : l'enseignement. Faire avaler les salades techniques des modèles économico-mathématiques est facile, élémentaire même. Les étudiants courbent la tête sous le joug des équations. Ils subissent, assommés par la « rigueur » des démonstrations qui n'ont aucun contenu. Ils se taisent et ne contestent pas. Faire un cours littéraire est autrement plus délicat. On prend des risques, on baisse la garde. Lire Marx stimule, agace, révolte ; lire Friedman éteint, lire le Hicks de la première période

19 Non que les robinsonnades soient inutiles par principe : elles permettent de décrypter l'idéologie. Mais elles ne méritent pas plus que ce qu'elles sont, c'est-à-dire des fables. Il y a autant de sagesse dans *Le Savetier et le Financier* que dans des milliers d'ouvrages savants parlant du capital, du risque et du travail.

asphyxie, le Hicks de *Valeur et capital*[20]. Lire Hayek étonne[21] et lire Keynes éblouit, il n'y a pas d'autre mot. Lire aujourd'hui les revues économiques donne l'impression de mastiquer de la sciure de bois.

Richesse, inégalités, souffrances, malheur, révoltes ? Un schéma, une équation, et circulez, on n'en parle plus. Le silence des élèves est l'une des raisons de l'abus des maths. Alors, pas de maths ? Bien sûr qu'il en faut : on doit savoir définir une moyenne, une médiane et un équilibre de Nash, ne serait-ce que pour comprendre que le marché n'est pas efficace. Malheureusement, la fascination pour les ornements interdit de s'interroger sur le contenu de la boîte : or, la logique mathématique ou littéraire (un équilibre bas, de sous-emploi, inefficace, de Nash peut être immédiatement défini en termes littéraires. Keynes l'avait d'ailleurs fait avant Nash) n'a d'intérêt que pour annihiler l'idéologie. La logique doit assassiner l'idéologie dont l'économie regorge. Elle n'est pratiquement, surtout si elle est formalisée, qu'idéologie. L'économie, c'est de la chair, de l'eau pour les privilégiés, des rentes pour les propriétaires, de l'exploitation pour les travailleurs. Ou bien encore de la servitude volontaire, du pouvoir. Bref, de la vie sociale. Le professeur d'économie a le choix : il passionne ses élèves, ou il les étouffe. Et qu'on ne dise pas : « Les maths, c'est de la poésie » ! Certes, faites des maths et jouissez-en. Ou bien adonnez-vous à la poésie, à l'économie. Mais ne faites pas semblant de faire des maths alors que votre niveau ferait sourire un apprenti mathématicien. Et si vous faites de l'économie, sachez que vous êtes utile, en tant que... traducteur.

Prenons un exemple. Le ministre des Finances dit un jour : « La France n'est pas attractive ! » « Pourquoi ? » « Parce que les patrons réunis à Davos le disent ». Le Conseil d'analyse économique (réunissant les meilleurs économistes de France) pond aussitôt un rapport affirmant le contraire. En fait, l'« attractivité » est une notion très compliquée. Voilà typiquement un faux concept économique, qui recouvre des milliers de préjugés sentimentaux, nationalistes, historiques, psychologiques, épidermiques, racistes, eugéniques, magiques, tout ce qu'on voudra – mais qu'on rêverait de transformer en quelque chose d'objectif, d'indiscutable.

---

[20] Sir John Hicks, *Valeur et capital*, 1939. Né en 1904, mort en 1989, Hicks reçut le prix Nobel en 1972.

[21] Friedrich von Hayek (1899-1992), prix Nobel d'économie en 1974, fut l'ennemi héréditaire de Keynes.

Peut-on tester une loi économique ?

“Un coup de dé jamais n'abolira le hasard.”

STÉPHANE MALLARMÉ

« La physique n'est pas un conte de fées », dit Bertrand Russell, parce qu'elle passe au crible de l'expérience. L'économie, quant à elle, est un conte de fées. Surtout pour les riches, d'ailleurs. Peut-on tester une loi économique ? Assurément pas. Une loi atteste une régularité qui permet de prévoir des phénomènes empiriques (une chute de corps, une réaction chimique). Bien que parlant de choses très empiriques (le contenu de mon porte-monnaie, mon travail), l'économie n'est pas une science empirique. Si je pouvais tester une loi boursière, je serais multimilliardaire.[22]

Curieusement, l'impossibilité de tester a été reconnue depuis longtemps par la plupart des économistes. On peut toujours dire *a posteriori* pourquoi on s'est trompé. En général, on déborde d'explications. Mais on ne peut pas dire : « demain, le CAC 40 sera à tant », « la croissance sera de tant », ni même – bien que le phénomène « grands nombres » atténue l'erreur – « le chômage sera de tant ». Toute proposition économique repose sur des « conjectures complexes emboîtées qui ne sont jamais directement testables... Il faut, pour tester, désemboîter les conjectures. »[23] Les économistes raisonnent « toutes choses égales par ailleurs », c'est-à-dire en appréhendant un phénomène de façon isolée, indépendamment de toute autre manifestation humaine. « Toutes choses égales par ailleurs » est une hypothèse héroïque, énorme. Par exemple : « Si la guerre d'Irak n'a pas de conséquences graves, si les Français ne changent pas de comportement, si demain est de la même farine qu'aujourd'hui, si l'état d'esprit des entrepreneurs ne bouge pas, si la météo est clémente, s'il n'y a pas de phénomène politique majeur, alors, on peut raisonnablement penser que la demande d'automobiles ne changera pas. » Voilà un beau raisonnement « toutes choses égales par ailleurs » qui équivaut à peu près à une lapalissade. Les économistes peuvent-ils faire mieux ? Eh bien non ! Jamais ? Jamais. Ceux qui prétendent le contraire sont des charlatans, ou des experts (c'est à peu près la même chose).

---

[22] Voir chapitre 8 : en matière boursière, les « lois » abondent autant que les gourous.

[23] Jacques Sapir, *Les Trous noirs de la science économique. Essai sur l'impossibilité de penser le temps et l'argent*, Albin Michel, 2000, p. 31.

Prenons une loi économique de base : la relation entre le taux d'intérêt et la quantité de monnaie. D'une déconcertante évidence, cette loi est fondée sur la notion économique essentielle de rareté : si abondance il y a, le bien n'est pas cher. Et vice versa. Donc si j'augmente la quantité de monnaie, le prix de l'argent et le taux d'intérêt baissent. Comme l'indique la loi. Eh bien non ! Imaginons que la Banque centrale distribue de l'argent. S'ensuivent, outre la joie qui revient dans les ménages, une demande supplémentaire de crédit, une hausse du taux d'intérêt. Autre effet pervers possible : l'argent est thésaurisé, sorti du circuit, mis dans des paradis fiscaux, des œuvres d'art, à tel point qu'on aboutit à une tension de liquidité et une hausse du taux d'intérêt. Il se peut donc que la distribution d'argent fasse baisser la consommation ! Au Japon aujourd'hui, chaque fois qu'on distribue un yen, les Japonais en sortent un peu plus d'un du pays ou le placent. Le Japonais a peur de l'avenir. Ah ! L'avenir ! Comme l'économie serait simple si l'avenir n'existait pas car il empoisonne la vie des économistes. Si on savait de quoi demain sera fait, il y aurait de bonnes et sincères lois d'économie, comme en mécanique, où le temps n'existe pas.

Deuxième « loi » : la « courbe de Phillips ». Plus le chômage est élevé, plus le taux d'inflation est faible. En effet, qui dit fort chômage dit pression sur les salaires. Or si les salaires n'augmentent pas, les coûts et les prix font de même, cqfd. Mais ça ne marche jamais. On voit l'inflation et le chômage augmenter ensemble pour mille bonnes raisons : anticipation des entreprises pour mieux payer ceux qu'elles ne renvoient pas, effet du chômage sur les coûts (le chômage a un coût social qui finit par se répercuter sur les prix). Parfois la loi « marche », d'autres fois, non. C'est comme l'offre et la demande : plus les actions France Telecom montaient, plus on en voulait, ce qui les poussait encore plus à la hausse ! Aujourd'hui, plus ça baisse, moins on en veut.

Mais tout de même, toutes ces statistiques, tous ces modèles économétriques, tout ce fourbi de pourcentages qui occupent des centaines de personnes à l'INSEE, à l'OFCE, au REXECODE, au FMI, à la Banque mondiale, à la CNUCED, à l'OCDE... Ah ! Ça, c'est autre chose et nous y reviendrons. Les statisticiens ne décrivent pas le réel, ils le fabriquent, ce qui est différent. Ainsi, ils appellent un jour un pauvre un « pauvre », le lendemain un « chômeur », le surlendemain un « handicapé du travail »[24]. C'est ainsi qu'ils construisent la société en la quadrillant et en la normant. Mais, finalement, ils ne disent pas plus que : « Demain sera en gros comme hier, si aucun événement incongru majeur n'a lieu d'ici là. » Les statisticiens ne font qu'extrapoler, ils poursuivent des tendances, rien de plus. Ils jouent sur la « loi des grands nombres », la base du travail des assureurs : il y a eu 10 000 suicides en France cette année, il y en aura autant l'année prochaine ; 8 000 accidents de la route, autant l'année prochaine – sauf campagne vigoureuse contre les accidents, auquel cas la loi des grands nombres ne se vérifie déjà plus. Mais même la loi des grands nombres disparaît sur le long terme ! Pouvait-on prévoir que les Espagnols, qui faisaient trois à quatre enfants par couple en 1950, n'en feraient plus qu'un, tout juste, en 2000 ?

Les économistes manipulateurs de statistiques, les « économètres » (les gens de l'INSEE, si vous voulez) ont voulu tester des « lois ». Ils fabriquent des modèles, les testent, les adoptent ou les rejettent, puis croient les améliorer. Bien entendu, pour que la testabilité soit effective, il faudrait « que l'on puisse tester les conjectures seules, autrement dit que l'on puisse parfaitement isoler les causes et les effets, et que les méthodes d'évaluation des résultats ne reflètent pas elles-mêmes une théorie ».[25]

Dans le modèle économétrique, comme dans le sondage, la réponse, et surtout l'idéologie, sont déjà dans la construction. Prenons par exemple l'hypothèse de concurrence : on teste des situations plus ou moins concurrentielles. Mais le simple fait que le concept de concurrence lui-même, pour la description d'une société, soit un non-sens, un pur non-sens, une croyance religieuse, n'est jamais envisagé. Autrement dit, que la société puisse ne pas être définie par rapport à la norme libérale est inenvisageable.

---

[24] Nom donné aux chômeurs aux Pays-Bas.

[25] Jacques Sapir, *op. cit.*, p. 34.

L'esprit anti-scientifique de Milton Friedman

Cette démarche a été très critiquée[26], car la notion de progrès scientifique fait plutôt appel au concept de « révolution », de « coupure » ou de « changement de paradigme ». Mais les économistes se sont accrochés à elle comme des malheureux, engendrant l'une des plus curieuses conceptions anti-scientifiques concevables : celle de Friedman. Friedman refuse tout débat sur le réalisme des hypothèses. Qu'importent les hypothèses, dit-il, du moment qu'elles fonctionnent plus ou moins et permettent de faire des prédictions. Peu importe que je suppose que la terre est plate, du moment que je continue à faire du vélo. On est atterré devant un tel éloge de l'esprit anti-scientifique et on reste partagé entre éclat de rire et fureur. Hélas, de nombreux économistes, comme Robert Lucas[27] prix Nobel 1995, ou Hal Varian, l'auteur du manuel le plus vendu aux États-Unis, adoptent le « bon sens » friedmanien : « Une théorie fausse peut tout de même aider à comprendre les phénomènes »[28]. Oui, la théorie « la Terre est creuse » permet même de ne plus pédaler à vélo. Edmond Malinvaud regrette le principe de Friedman et le fait qu'une science en vienne « à se vanter de ses insuffisances » ou encore « puisse expliquer n'importe quelles observations »[29]. Mais il ne propose rien, si ce n'est un pathétique « appel à la déontologie des chercheurs ». Hélas, l'honnêteté n'est pas la chose la mieux partagée par tous les chercheurs, qu'ils travaillent pour les laboratoires pharmaceutiques ou pour les banquiers du Fonds monétaire international. Dans un article fort intéressant, Olivier Favereau pense que les économistes sont bien incapables d'expérimenter, mais que, finalement, « leurs modèles servent

---

[26] Voir par exemple Raymond Boudon, *L'Art de se persuader des idées douteuses, fragiles ou fausses*, Seuil, Paris, 1990. Boudon cite notamment le cas du darwinisme, théorie non falsifiable et pourtant scientifique qui constitue l'une des innovations majeures de l'histoire des sciences. Pour réfuter le darwinisme (entendu ici au sens large), il faudrait trouver des phénomènes qui ne résultent ni du jeu de la sélection, ni des mutations.

[27] Lire son entretien avec Arjo Klamer, in *Entretiens avec des économistes américains*, Seuil, Paris, 1988.

[28] Hal Varian, « À quoi sert la théorie économique ? », in *L'Économie devient-elle une science dure ?*, Economica, Paris, 1995, p. 125. À quoi sert-elle ? À pas grand-chose, mon pauvre monsieur...

[29] *Voies de la recherche macroéconomique*, Odile Jacob, 1991, p. 305. Lire en particulier le chapitre 10, « Validation des hypothèses ».

de substitut à l'expérimentation des physiciens »[30]. Au fond, les économistes ne font rien d'autre que du bricolage : ils bricolent de petits modèles, des histoires logiques de Robinson seul sur son île, de Robinson avec Vendredi, et racontent le capitalisme à l'aide de ces outils. Leurs modèles sont des arguties pour des joutes logiques. Ils peuvent même avoir une très grande utilité « expérimentale », au sens où l'entend Favereau, pour détruire l'idéologie dominante. Nous ne manquerons pas d'ailleurs de les utiliser (chapitre 4) pour démontrer la supériorité de la concertation sur la concurrence. Sinon, rien ne ressemble plus au café du commerce qu'une discussion d'économistes. Et ils sont heureux, dans leurs paraboles ! Ils sont en pleine fiction ! Clower et Howitt sont deux grands chercheurs américains, totalement reconnus par l'académisme universitaire. Écoutons-les : « La microéconomie est un catéchisme universitaire, un programme de recherches centré sur les solutions d'exercices académiques plutôt que sur celles de problèmes empiriques. À en juger par la masse des travaux théoriques récents, nous avons été conditionnés, comme les chiens de Pavlov, à considérer que des réponses précises à des énigmes purement académiques ont un "sens" et sont "intéressantes". L'économie est une "fiction imaginaire" »[31].

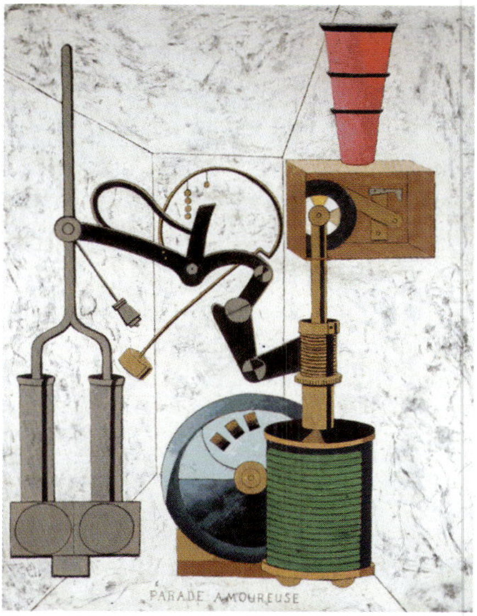

Francis Picabia,
Parade amoureuse, 1917.

On peut *a posteriori* tout expliquer par le calcul et la raison économique, la culture du soja, le nombre d'enfants par femme, l'amour de Houellebecq plutôt que celui de Proust, et la guerre en Irak ! Bien que ça n'ait absolument aucun intérêt, c'est hélas le travers dans lequel tombent nombre d'économistes contemporains, qui ouvrent par

30 « La science économique et ses modèles », in *L'Économie devient-elle une science dure ?, op. cit.*

31 In *L'Économie devient-elle une science dure ?, op. cit.*, p. 22 et 25.

exemple une revue savante sur « le marché de la justice »[32]. Le marché de la justice ! Quelle horreur ! Hal Varian avoue que l'économie est une technique d'aide à la décision[33]. Voilà une bonne définition qui n'est pas neutre. Elle est là pour aider un chef d'État ou d'entreprise... d'État, surtout.

Les économistes s'amusent, avec leurs petits modèles de la réalité, un peu comme les enfants dans leurs voitures à pédales qui croient conduire de vraies Ferrari. Tant mieux ! Après tout, l'amusement et la gaité font partie du plaisir du chercheur. Nous aussi, amusons-nous.

L'*homo œconomicus* est un idiot

« L'émotion abolit la chaîne causale. »

MICHEL HOUELLEBECQ

Les hommes ne sont pas rationnels. En effet, ils se comportent de façon déraisonnable dès qu'il y a un peu d'incertain dans l'air[34]. Ils ont des possibilités de calcul limitées. Bref, avouons que le modèle de l'*homo œconomicus* est un peu idiot. Dans les années cinquante, Maurice Allais (prix Nobel 1988) avait raillé notre *homo œconomicus* dans un célèbre paradoxe, le « paradoxe d'Allais », qui montrait que les choix ne se font pas en fonction des gains espérés dès qu'il y a incertitude.

Conclusion d'Edmond Malinvaud : « Avec bien d'autres économistes, je préfère y voir la preuve que les individus manquent éventuellement de rationalité dans leurs choix, et que ces manques présentent un aspect systématique ». Et la suite : « Mais ceci ne rend pas les théories de la

---

32 *La Revue économique* pour ne pas la nommer. « Équilibre et régulation du marché de la justice : délais versus prix » in *La Revue économique*, vol. 52, 05/09/2001, p. 969. L'idée est simple. Le marché de la justice est régulé par le coût des procès, il y a une offre de justice, et une demande. Il y a un marché de la justice comme il y a un marché du sexe, du crime, de la drogue, du mariage, des enfants, de l'amour, de la choucroute.
L'expression du gain espéré par le demandeur qui propose un arrangement occupe une demi-page. Ne nous trompons pas : il s'agit là de maths niveau collège ; ça signifie : j'espère qu'un arrangement me coûtera moins cher qu'un procès. Un bon arrangement vaut mieux qu'un mauvais procès. Conclusion de l'article par les auteurs : « La régulation de la demande de justice par les coûts de procès ou les délais semble complexe à mettre en œuvre et présente des difficultés considérables. » Ah ça, ma bonne dam', vous avez ben raison !

33 *Op. cit*, p. 121.

34 Sur le comportement déraisonnable ou irrationnel de l'individu, lire le bel ouvrage de Raymond Boudon, *L'Art de se persuader des idées douteuses, fragiles ou fausses*, Seuil, Paris, 1990. Sur le raisonnable et le rationnel, lire Serge Latouche, *La Déraison de la raison économique*, Albin Michel, Paris, 2001.

rationalité caduques pour autant, car elles conservent un vaste domaine de validité et aboutissent à des résultats beaucoup plus spécifiques que si l'on s'abstenait de supposer la rationalité. »[35] Voilà qui est dit ! Les individus ne sont pas rationnels, mais faisons comme si, fermons les yeux, car il vaut encore mieux exprimer des choses avec des hypothèses qui ne signifient rien, que de plier bagage d'économiste. Robert Lucas, pour sa part, est plus franc : « Si je dois abandonner l'hypothèse de rationalité, j'abandonne l'économie ! » déclare-t-il à Arjo Klamer[36]. Et bien, soit, abandonnons sans plus tarder cette économie !

Les prix Nobel 2002 Vernon Smith et Daniel Kahneman ont confirmé, cinquante ans plus tard, ce que tout le monde sait depuis toujours. Démontrer que, dans la vie, les gens ne sont parfois pas sérieux, ni omniscients, méritait bien le prix Nobel d'économie. À ce propos, réécoutons Maurice Allais : « Ces quarante-cinq dernières années ont été dominées par une succession de théories dogmatiques, toujours soutenues avec la même assurance, mais tout à fait contradictoires les unes avec les autres, tout aussi irréalistes et abandonnées les unes après les autres sous la pression des faits. À l'étude de l'histoire, à l'analyse approfondie des erreurs passées, on n'a eu que trop tendance à substituer de simples affirmations, trop souvent appuyées sur de purs sophismes, sur des modèles mathématiques irréalistes et sur des analyses superficielles des circonstances du moment »[37]. Bigre ! Tous les grands économistes, dont Hayek et Keynes, se sont moqués des « économistes-mathématiciens ». Hicks, Nobel et ayatollah de l'économie « technique » dans sa jeunesse, l'a d'ailleurs regretté sur la fin de sa vie et a lâché le morceau : non, il n'y a pas d'économie « positive », tout comme les lois économiques n'existent pas. De ce fait l'économiste doit se contenter modestement d'observer l'histoire des faits. On sent que Malinvaud, ingénieur, mathématicien, n'est pas loin, lui non plus, d'avouer, après Allais, ingénieur, mathématicien. Saint Edmond l'Apostat !

[35] Malinvaud, *op. cit.*, p. 341.

[36] *Entretiens avec des économistes américains*, Seuil, Paris, 1988.

[37] « Le désarroi de la pensée économique », in *Le Monde*, 29/06/1989.

TEXTES

FRIEDRICH VON HAYEK

La tyrannie des sciences dures

Dans la première moitié du XIXe siècle, une nouvelle attitude se fit jour. Le terme de « science » fut de plus en plus restreint aux disciplines physiques et biologiques qui commencèrent au même moment à prétendre à une rigueur et à une certitude particulières qui les distingueraient de toutes les autres. Leur succès fut tel qu'elles en vinrent bientôt à exercer une extraordinaire fascination sur ceux qui travaillaient dans d'autres domaines ; ils se mirent rapidement à imiter leur enseignement et leur vocabulaire. Ainsi débuta la tyrannie que les méthodes et les techniques des Sciences au sens étroit du terme n'ont jamais cessé d'exercer sur les autres disciplines. Celles-ci se soucièrent de plus en plus de revendiquer l'égalité de statut en montrant qu'elles adoptaient les mêmes méthodes que leurs sœurs dont la réussite était si brillante, au lieu d'adapter davantage leurs méthodes à leurs propres problèmes. Cette ambition d'imiter la Science dans ses méthodes plus que dans son esprit allait, pendant quelque cent vingt ans, dominer l'étude de l'homme, mais elle a dans le même temps à peine contribué à la connaissance des phénomènes sociaux.

Scientisme et sciences sociales, trad. Raymond Barre, Plon, 1953.

RAYMOND BOUDON

Bonnes raisons de croire à des idées fausses, ou quand la logique recouvre la niaiserie absolue

Commentant le lavage d'estomac de Mme Bovary, Homais déclare doctement : « Si la cause cesse, l'effet doit cesser. »

Le comique sinistre qui se dégage de ce texte provient sans doute de ce que le pharmacien témoigne de son scientisme dans une situation où celui-ci apparaît comme particulièrement incongru. Mais aussi de ce qu'il applique avec innocence un principe très généralement valide à une situation à laquelle il ne s'applique évidemment pas. *Si les effets du poison étaient réversibles*, le principe général selon lequel une bonne méthode pour faire disparaître un effet consiste à en éliminer la cause s'appliquerait et le commentaire de Homais serait légitime. Il donne au contraire un sentiment d'absurdité en glissant à l'intérieur d'un raisonnement solide dans sa forme une proposition implicite de validité très générale, mais inacceptable dans le cas d'espèce. Mais, comme toujours avec Flaubert, le lecteur de cette page sourit jaune : l'auteur lui fait sentir que Homais, tout comme Bouvard et Pécuchet, « c'est lui ». En effet, même si nous ne prenons pas toujours les mêmes risques intellectuels que Homais, nous nous appuyons couramment, dans la connaissance ordinaire, sur des systèmes d'arguments dont la structure est identique à celle du raisonnement que Flaubert lui prête.

Illustration de Felix Lorioux (1928), pour *Le Malade imaginaire* de Molière.

Raymond Boudon, *L'Art de se persuader*, Fayard, 1990.

BERNARD GUERRIEN

Le jargon destiné à terroriser

Ainsi, la volonté de recourir aux mathématiques – gage de « scientificité » et de rigueur – dans le but d'établir des « théorèmes » montrant les vertus du marché a profondément conditionné la représentation de celui-ci : plutôt que de se rapprocher du monde réel, la théorie s'en est de plus en plus éloignée, au point de devenir un système purement spéculatif cherchant à déduire « mathématiquement » des résultats à partir d'un petit nombre de postulats ou d'axiomes de base (tels ceux que nous avons évoqués en présentant le consommateur et le producteur). Mais ce qui compte, c'est de prouver l'harmonie d'un « système de marchés » sans entraves, même s'il est totalement chimérique. En fait, des études ultérieures, y compris celles de Debreu, sont arrivées à la conclusion que, contrairement à ce que l'on croyait, si l'on applique à un tel système le principe de la « loi de l'offre et de la demande », son comportement est alors généralement soumis à un mouvement permanent, cyclique, explosif ou chaotique ; autrement dit, il est instable. Ainsi, même le cas idéal, « parfait », ne parvient pas au résultat attendu : à quoi cela sert-il de savoir qu'il existe des équilibres, s'ils ne sont pas atteints ? Le modèle est dans une impasse totale ; et il n'est pas question de le raccrocher à ce qui se passe dans le monde « réel » – comme peut le faire un physicien –, tellement il en est éloigné. Qu'à cela ne tienne ! Même si l'« empereur est nu », selon l'expression d'un théoricien néoclassique réputé, on va faire semblant de ne pas le voir et, surtout, on va éviter au maximum de le faire savoir. Car il est essentiel que la métaphore sur l'harmonie naturelle résultant de l'action des forces du marché soit préservée, tout au moins pour les non-initiés : l'avenir de toute une profession en dépend. Surtout, ceux qui gouvernent ont besoin de justifier leurs décisions en invoquant l'avis des experts (« ceux qui savent »), de sorte que leurs choix apparaissent comme incontournables, puisque s'appuyant sur des lois auxquelles il est inutile de chercher à s'opposer. Peu importe si les positions des experts, ainsi que leurs prévisions, sont fluctuantes et même contradictoires ; ce qui compte, c'est qu'ils préservent leur image de scientificité, de façon à maintenir à distance le non-initié, en lui faisant comprendre qu'il n'a pas à se mêler de choses bien trop compliquées pour lui…

L'Économie dévoilée, Autrement, n° 158, 1995.

LAURENT CORDONNIER

L'économiste, ce savant désintéressé qui possède la souplesse nécessaire pour grimper sur ses propres épaules...

L'expérience le prouve, le commun des mortels se fait une idée extrêmement embrouillée de ce qu'est le travail. Incapable d'aller à l'essentiel, empêtré dans l'enchevêtrement des notions confuses qui sont le lot d'une existence vouée à respirer le sens commun, tout lui interdit d'accéder à la hauteur de vue de l'économiste, ce savant désintéressé, qui possède la souplesse nécessaire pour grimper sur ses propres épaules, et procéder à partir de ce robuste promontoire aux abstractions nécessaires pour saisir le travail comme concept pur. Le tout-venant, au bas mot les trois-quarts des salariés (ceux qui gagnent moins de 11 000 francs net par mois), s'imagine certainement que le travail est une fatalité (plus ou moins bien vécue) qui trouve son origine dans le fait qu'il faut gagner sa croûte, payer son loyer ou ses mensualités, élever une famille, entretenir une voiture et mener cette lutte sempiternelle contre l'entropie qui fait que chaque jour les choses se défont :

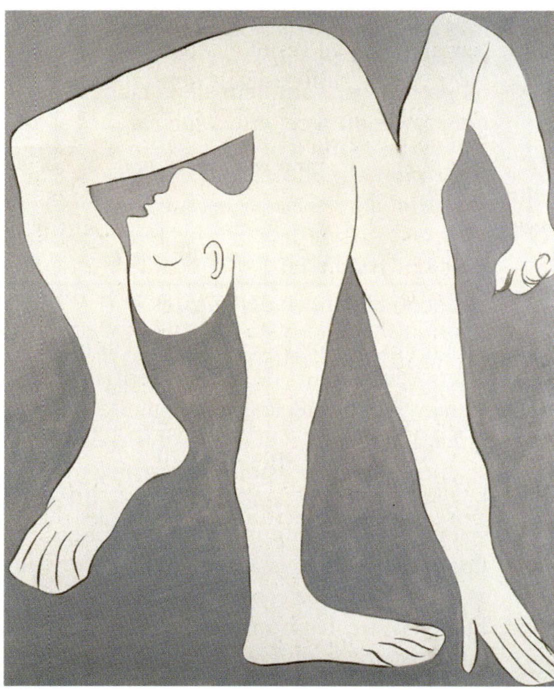

Pablo Picasso, *L'acrobate*, 1930.

que le lave-vaisselle d'aujourd'hui tombera en panne demain. Proche parfois du philosophe, il voit peut-être dans le cycle sans fin « travail-repos-loisir-travail » une saine alternance de la force vitale qui prépare toujours sa régénération dans le mouvement même où elle s'épuise. Les bons jours, il admet que ce flux et reflux du harassement, entre l'usine (le bureau, ou la rue) et les lieux d'expression de l'insignifiance (le supermarché, la télé, les bouchons au téléski…), a quelques vertus : ne dit-on pas que l'oisiveté est un vice ? Au comble de la fatigue, on sait qu'il lui arrive de douter de la justesse de cet ordre des choses. Mais c'est seulement les mauvais jours. Dans ces instants de détresse, il en oublie la chance qu'il a de travailler, pour ne plus méditer que de sombres maximes : le travail salarié, rumine-t-il, mis à part une minorité de privilégiés qui partage les dividendes du capital sans jamais risquer un sou dans les affaires, n'a jamais enrichi personne… c'est même plutôt en faisant travailler les autres qu'on s'enrichit, etc. […] On comprend, en dévalant ce torrent de banalités, que la raison d'être de l'économiste se justifierait par le seul souci de mettre un peu d'ordre et de donner quelque profondeur à tout cela. La science procède par abstractions, et il n'en va pas autrement dans la reine des sciences sociales que dans les sciences exactes. Qu'on ne se méprenne sur l'ampleur de la tâche, il a fallu plus de deux siècles pour parvenir à ce qui va suivre.

Pas de pitié pour les gueux. Sur les théories économiques du chômage, Raisons d'agir, 2000.

PIERRE THUILLIER

Les économistes « distingués »

Quelques rationalistes avaient d'ailleurs décrit avec précision les effets dévastateurs de leur entreprise « civilisatrice ». Ainsi Ernest Renan, au XIXe siècle, avait explicité le rêve profond de l'Occident : grâce à la raison, il était possible d'édifier la science – et, grâce à la science, il était possible de détruire toutes les croyances. Dans un livre intitulé *L'Avenir de la science*, il l'avait crié haut et fort : « la science est la seule manière légitime de connaître. » Il revenait donc à la science, et à elle seule, « d'enseigner à l'homme sa fin et sa loi ». Le verbe croire devait être rayé du vocabulaire moderne. Dorénavant, les hommes se dirigeraient uniquement grâce aux connaissances objectives qu'ils auraient accumulées : « Oui, il viendra un jour où l'humanité ne croira plus, mais où elle saura ;

un jour où elle saura le monde métaphysique et moral comme elle sait déjà le monde physique. » Cette ivresse, toutefois, n'empêchait pas Renan d'apercevoir que la science était éminemment destructrice : « Appliquée à la nature, elle en détruit le charme et le mystère en montrant des forces mathématiques là où l'imagination populaire voyait vie, expression morale et liberté. Appliquée à l'histoire de l'esprit humain, elle a détruit ces poétiques superstitions des individus privilégiés où se complaisait si fort l'admiration de la demi-science. »

Hugo Stinnes, *Industrieller* (Industriel), titre et sous-titre : « Le renoncement de Stinnes. Le temps des Romantiques a passé. Voici à quoi ressemble, désormais, l'ange de la paix », 1923.

Pages éblouissantes, en vérité, et qui nous ont beaucoup aidés à comprendre la Grande Implosion. Ainsi donc le vide poétique et spirituel de l'Occident avait en quelque sorte été programmé. Renan, brillant pionnier de la modernité, avait à la fois défini le but à atteindre et fait comprendre le prix qu'il faudrait payer. Le but, c'était la rationalisation complète de la vie humaine grâce à la science : « ORGANISER SCIENTIFIQUEMENT L'HUMANITÉ, tel est donc le dernier mot de la science moderne, telle est son audacieuse mais légitime prétention. » Les nouveaux guides, les nouveaux maîtres, ce seraient les hommes de science, les ingénieurs, les informaticiens, les économistes distingués.

La Grande Implosion, Fayard, 1995.

MICHEL HOUELLEBECQ

L'idée de réalité n'est pas scientifique

Dès 1927, Niels Bohr est conduit à proposer ce qu'on a appelé « l'interprétation de Copenhague ». Produit d'un compromis laborieux et parfois tragique, l'interprétation de Copenhague insiste sur les instruments, les protocoles de mesure. Donnant son plein sens au principe d'incertitude de Heisenberg, elle établit l'acte de connaissance sur de nouvelles bases : s'il est impossible de mesurer simultanément tous les paramètres d'un système physique avec précision, ce n'est pas simplement qu'ils sont « perturbés par la mesure » ; c'est, plus profondément, qu'ils n'existent pas indépendamment d'elle. Parler de leur état antécédent n'a donc aucun sens. L'interprétation de Copenhague libère l'acte scientifique en posant le couple observateur-observé en lieu et place d'un hypothétique monde réel ; elle permet de refonder la science dans toute sa généralité en tant que moyen de communication entre les hommes sur « ce que nous avons observé, ce que nous avons appris » – pour reprendre les termes de Bohr. Dans l'ensemble, les physiciens de ce siècle sont restés fidèles à l'interprétation de Copenhague ; ce qui n'est pas une position très confortable. Bien sûr, dans la pratique quotidienne de la recherche, le meilleur moyen de progresser est de s'en tenir à une approche positiviste dure, qui peut se résumer ainsi : « Nous nous contentons de réunir des observations, observations humaines, et de les corréler par des lois. L'idée de réalité n'est pas scientifique, elle ne nous intéresse pas. »

Les Particules élémentaires, Flammarion, 1998.

Essai nucléaire, Nevada, USA, 1952.

Page suivante : P. J. Crook, *Good morning M. Balladur.*

2

La politique dans l'économie

« La politique coloniale, c'est la politique économique de la France ! »

JULES FERRY

« À ce propos il faut noter que la haine s'acquiert autant par les bonnes œuvres que par les mauvaises ; aussi, si le prince veut conserver ses États, il est souvent contraint de n'être pas bon. »

MACHIAVEL, *LE PRINCE*

« Oignez vilain il vous poindra, poignez vilain il vous oindra. »

PROVERBE

L'économie est née de la politique. Et toujours les économistes se sont placés, discrets et rusés, à l'ombre de la politique. Adam Smith est l'apôtre des industriels libéraux, tournés vers l'extérieur, face aux industriels « nationalistes » et recherchant le soutien public ; Ricardo plaide la cause des industriels face aux propriétaires fonciers ; Quesnay et Gournay prêchent la libre circulation des grains ; Say défend l'industrie ; List est l'apôtre de la nation allemande naissante et Friedman défend à travers le monétarisme la puissance des États-Unis. Toujours, les économistes disent explicitement ou implicitement à l'État « Tu dois faire ça ! ». La première utilisation du terme

« économie politique » lui-même est attribué à Antoine de Montchrestien[1], qui publie en 1615 un *Traité d'économie politique* destiné à Louis XIII. L'économie ne lui portera pas bonheur[2].

La confusion entre ce qui est et ce qui doit être

Les noces de l'économie et de la politique n'ont jamais été rompues. Au contraire, la volonté de construire une « Économie pure » pour reprendre les termes virginaux de Walras, Pareto et plus tard Allais, tous adorateurs du culte marial du marché, est la tentative sournoise de masquer les rapports de l'économie et de la politique, de faire comme si une « science », neutre, objective, indiscutable, avec son principe, le « marché », s'imposait à la vie des hommes en société. La ficelle est grosse, et reconnaissons que les économistes honnêtes la tirent sans trop se cacher. Mais ils laissent accroire qu'ils sont et font la « loi scientifique ». Pourquoi, par exemple, dès le départ, refusent-ils (Turgot, Smith, Say et jusqu'à aujourd'hui Friedman, Lucas) l'influence de la monnaie sur l'économie ? Invraisemblable, non ? Pour eux, la monnaie est neutre et les produits s'échangent contre les produits. Donc pas d'incidence de l'argent... Frottez-vous les yeux ! Pendant deux cents ans[3], jusqu'à Keynes (si l'on met héroïquement Marx entre parenthèses), les économistes ont nié, refoulé l'argent. Mais pour quelles raisons ?

Parce que l'argent est au cœur de la politique. L'argent est le nerf de la guerre (voir chapitre 7). Qui le fabrique ? Qui le distribue ? Pour qui ? Les grandeurs économiques se présentent en valeur, c'est-à-dire en argent. Or la monnaie est l'essence du « sociétal » et du « politique ». Elle est associée au seigneuriage, au pouvoir, à la psychologie collective, à la confiance et aux rapports de force d'une société. Évidemment, cela ne

[1] Des milliers d'ouvrages d'économie ont précédé celui de Montchrestien depuis l'*Économique* et la *Politique* d'Aristote. Le lecteur patient trouvera son économie politique dans la Bible. En France, la *Réponse aux paradoxes de Maltestroit* sur la question de l'inflation consécutive à l'afflux de métaux précieux espagnols, de Jean Bodin en 1568, est l'un des plus célèbres.

[2] Suite à un obscur complot religieux, il sera tué dans une embuscade et le parlement de Rouen condamnera son cadavre à être mutilé, brûlé, et ses cendres dispersées au vent. Brrr ! Les économistes du FMI serrent rétrospectivement les fesses !

[3] Et cela continue aujourd'hui avec la théorie des cycles réels, qui s'efforce d'annihiler la monnaie dans l'explication des cycles économiques.

peut que beaucoup gêner l'économie « savante » qui préfère ignorer tout ce qui est rapport de force, inféodation, soumission, pouvoir, dépendance psychologique.

L'économie prétendue savante, ou économie de marché, repose sur le contrat synallagmatique, juste et réciproque, la liberté des volontés, la raison d'individus indépendants. « Le travailleur choisit son patron autant que le patron choisit son travailleur ! », dit Paul Anthony Samuelson, le prix Nobel 1970. Vous voyez du pouvoir, vous, là-dedans ? Non, il s'agit de liberté, rien de plus. Et voilà que l'économie réalise ce tour de force : née des soucis du Prince, travaillant au départ pour lui, elle s'affirme « neutre », « scientifique », « pure », comme disaient Walras et Pareto. Elle laisse supposer qu'elle n'est pas normative, alors qu'elle dit, sans cesse, ce qui doit être et non ce qui est.

Les économistes seraient-ils désintéressés ? Certes non. Conseillers ils furent, conseillers ils sont. Ils plaident la cause du « marché » et de « l'efficacité ». L'AMI (Accord multilatéral sur l'investissement, 1998) et l'AGCS (Accord général sur le commerce des services, 2005) sont des décisions sur la libre circulation des investissements et des services inspirées par les économistes. Il en va de même pour les décisions politiques que sont les nationalisations et les privatisations. Les statistiques fournies par les instituts de prévision (l'INSEE par exemple) éclairent la politique économique du gouvernement. La racine de « statistique » est « État ». Avec la statistique, l'État norme et quadrille son territoire et ses sujets. Il dispose d'une double légitimité : celle des faits chiffrés et celle de la « science » statistique elle-même, donnée par des lois statistiques comme la loi normale, vraie loi statistique, mais au-delà du fait qu'il n'existe pas de loi économique au sens de loi physique, il n'existe jamais, non plus, de « loi » économique pure. Une « loi » économique est toujours entachée peu ou prou de « normativité ». De conseil, d'idéologie. Elle dit toujours ce qui doit être. Prenons pour exemple notre « loi » qui dit que si le taux d'intérêt augmente, la demande de monnaie diminue. Une banale « loi » de la demande, bien innocente en apparence ! Et pourtant, elle est fondée sur le modèle du marché de la monnaie, de l'équilibre et de la concurrence. Keynes, par exemple, n'a pas du tout cette perception du taux d'intérêt comme prix de l'argent sur un « marché » de l'argent. Pour lui, le taux d'intérêt représente... une « angoisse collective » vis-à-vis du futur ! On est loin de la concurrence sur le marché de l'argent ! Pourtant, Max Weber, Friedrich Hayek n'ont jamais nié la normativité de toute analyse économique : « Élaborer des jugements de valeur sur certaines mesures de politique économique, tel fut le but immédiat, et au départ unique de notre discipline », dit Max Weber[4]. « L'analyse économique n'a jamais été le produit d'une curiosité intellectuelle détachée, relative au pourquoi des phénomènes sociaux, mais celui d'un besoin pressant de reconstruire un monde »[5], insiste Hayek. Reconstruire le monde : telle est l'ambition de l'économiste... Gunnar Myrdal, un autre grand économiste qui partagea en 1974 le prix Nobel avec Hayek, rejette lui aussi la notion de « science » économique, parce que l'économie n'est pas capable de distinguer « entre les énoncés scientifiques et les jugements de valeur. L'économie n'est pas une science neutre ». Sous ses oripeaux statistiques, sous ses jupes mathématiques, l'économiste porte en fait des jugements de valeur[6].

Est-ce à dire, une fois de plus, que les économistes ne sont pas sérieux ? Pas du tout. D'abord, ils sont soumis à la collectivité des savants, qui les juge, les contrôle dans leurs publications scientifiques. La démocratie des savants, comme pour toutes les disciplines scientifiques, est un garde-fou éthique et scientifique. De plus, ils ne peuvent pas non plus dire n'importe quoi. Un individu comme Lyssenko, auteur d'une aberrante théorie de l'hérédité des gènes acquis, ne pouvait exister qu'en Russie totalitaire. Seule la Roumanie de Ceaucescu pouvait nommer Madame Ceaucescu docteur *honoris causa* de nombreuses universités. Il n'y a que dans la Russie stalinienne que Staline pouvait être qualifié de « coryphée de toutes les sciences » ! La déontologie des savants, la démocratie des intellectuels, limitent les excroissances barbares, les négationnismes, les recherches folles. Le problème, hélas, c'est que comme l'économie n'est pas une science, la « déontologie des savants » à laquelle se réfère sans cesse Edmond Malinvaud dans ses

4 *Essais sur les théories de la science,* Plon, 1985, p. 121.

5 Cité par Brochier, *L'Économie devient-elle une science dure ?, op. cit.*, p. 29.

6 Le « paradoxe de Lucas», du nom du prix Nobel 1995, dit en substance la même chose : un modèle de politique économique, ces modèles que les ministres des Finances utilisent pour élaborer leurs budgets, ne peut exister indépendamment de la volonté des hommes politiques. « Les modèles sont ventriloques », disait Raymond Barre, meilleur économiste de France. Ils racontent ce que le pouvoir politique a envie de leur faire dire. Un autre prix Nobel, Wassili Léontief, prix Nobel 1973, disait la même chose de façon plus triviale : « *A model ? Garbage in, garbage out* ». Et dire qu'il inventa les fameux tableaux entrées-sorties, matrices de la comptabilité nationale !

leçons données au Collège de France avec des trémolos dans la voix – aveu, finalement, que la réfutabilité de l'économie est impossible – n'est que la déontologie des religions, des hommes politiques, des journalistes et autres artisans de l'idéologie. Si l'idéologie du marché est admise par la plupart des chercheurs, l'apprenti-économiste devra s'y plier. Surtout s'il entend grimper dans la hiérarchie.[7] Mais une alternative existe-t-elle ? Si elle ne se trouve pas dans la concurrence et le marché, où la chercher ? Dans la lutte des classes ? Chez Œdipe ? Chez Bataille et Mauss plutôt que Walras ?

Ensuite, quand ils le veulent, les économistes sont d'excellents décrypteurs de la réalité. Ils peuvent raconter la richesse, la pauvreté, l'inégalité, la croissance, la dette, la récession, la bulle boursière, et le reste. Mais là où il faut être très prudent, c'est dans leur interprétation des faits. Raconter le chômage c'est bien, dire que le marché du travail est inefficace c'est déjà autre chose. Cela consiste à apparier les notions de travail et de marché, ce qui est loin d'être évident. L'empirisme des économistes, en général, se contente de révéler des écarts par rapport à la cité idéale, cité de la concurrence parfaite telle que la rêvaient les libéraux. Dangereuse utopie ! Le socialisme en fut une autre et on ne sait que trop bien où elle mena.

L'économiste et l'opinion

L'économie est-elle un conte de fées, une « fiction imaginaire » ? Deux grands économistes américains, très orthodoxes, que nous avons déjà cités, répondent oui : « La théorie contemporaine peint un portrait de la vie économique qui n'est pas solide, mais plutôt “diaphane” et irréel. »[8]

Et l'économiste d'élaborer ses modèles, dans un langage assez compliqué pour qu'on ne puisse pas y regarder de trop près, à l'ombre du pouvoir. Or le pouvoir en réfère, lui, à l'opinion.

Lorsque l'économiste parle à côté du Prince (« l'an prochain le déficit budgétaire autorisé par Bruxelles, 3 % du PIB, sera dépassé, mais rassurez-vous, ça ne durera pas »), il devient aussi un « expert » et s'adresse à l'opinion qui, elle, n'y comprend rien. « Vous êtes écono-

---

7 La physique, dont la scientificité repose entre autres sur l'unité du paradigme et la testabilité, n'échappe pas non plus à l'idéologie et, dès lors, à la déontologie.

8 Robert Clower et Peter Howitt, « Les fondements de l'économie», in *L'Économie devient-elle une science dure ?*, *op. cit.*, p. 34.

mistes ? Oh, vous savez, moi, l'économie... », « Tant mieux », songe l'expert, qui va alors distiller quelques « idées d'évidence » dans l'opinion : la fonction publique est inefficace, la santé coûte cher, les fonctionnaires captent une rente – contrairement aux entrepreneurs qui créent de la richesse, etc. **Or la science, contrairement à l'expertise, rejette l'opinion** : « La science dans son besoin d'achèvement comme dans son principe s'oppose absolument à l'opinion. S'il lui arrive, sur un point particulier, de légitimer l'opinion, c'est pour des raisons autres que celles qui fondent l'opinion : de sorte que l'opinion a, en droit, toujours tort. On ne peut rien fonder sur l'opinion, il faut d'abord la détruire », dit Bachelard.[9]

Ian McKellen dans *Le Seigneur des anneaux. La communauté de l'anneau*, film de Peter Jackson, 2001.

[9] *Le Nouvel Esprit scientifique*, Vrin, Paris, 1970, p. 14.

Alors ojo, ojo ! Ouvrons l'œil ! Notre savant s'est déguisé en expert et s'adresse à l'opinion. Il n'a plus aucune légitimité et on est en droit de lui demander, comme à l'homme politique à côté duquel il pose avantageusement, d'où vient son « idéologie » (au sens étymologique, l'alignement des idées qu'il nous assène). Par exemple dans *Libération,* tous les lundis, un expert parle d'économie : à tour de rôle un professeur du FMI, un professeur de Genève, un professeur de Polytechnique et le directeur des études économiques de la Caisse des Dépôts et Consignations, qui s'exprime souvent aussi dans *Le Figaro, Le Monde, Les Échos* et ailleurs. Ce n'est pas le pire, mais en tant qu'expert, il ne sait rien : il y a quelque temps, en janvier 2000, il clamait haut et fort que le CAC 40 serait bientôt à 10 000, il ne voyait pas d'autre hypothèse possible. Trois ans plus tard il est à 2 500. Ce qui prouve qu'on ne peut rien prévoir en économie. Il parle fort bien de la récession japonaise, de la récession allemande. Bref, des faits, de la conjoncture. Mais il ne peut rien prévoir.

Lorsqu'on décrypte les discours experts, on aboutit à des synthèses très simples. Soit l'expert dit : « le marché, l'efficacité, la confiance, vive le commerce et la flexibilité », soit il dit : « on ne peut pas dire grand-chose et demain est un autre jour ». Dès qu'on passe sous l'écume d'une rhétorique un peu compliquée destinée à épater les gogos, on est étonné de l'incroyable banalité apologétique du discours expert, masquant à peine une ignorance, crasse souvent, mais toujours consubstantielle : « la dure et juste loi des marchés » ; « les marchés s'interrogent » ; « la Bourse inquiète » ; « la Bourse euphorique » ; « l'attente des marchés » ; « les marchés soumis au manque de visibilité » ; « l'incertitude domine » ; « l'embellie est-elle provisoire ? » ; « la croissance semble s'installer » ; « un rebond est sans doute à espérer » ; « la confiance, la confiance, bientôt tout ira mieux, à moins que ça n'aille plus mal, ou le contraire. »

L'expert navigue dans une rhétorique de l'incertitude. Possède-t-il une honnête fonction sociale, comme le prêtre ou le psychanalyste ? Est-il le griot qui apaise et chasse les forces malfaisantes de l'avenir et du temps ? Il est le devin, la pythie. Le temps est le grand ennemi de l'économie car on ne sait jamais de quoi demain sera fait. L'expert fabrique alors des concepts. Comme, par exemple, la « nouvelle économie ». La nouvelle économie n'est en fait que de l'économie, comme les « nouveaux » économistes n'étaient autres que les vieux économistes, en plus ridicules et plus réactionnaires, les plus ringards que la profession ait jamais produits.

Personne ne peut clamer dans les gazettes que la Terre est le centre du monde et que l'eau a une mémoire, sauf des illuminés, mais n'importe qui peut prédire la chute ou la hausse de la Bourse, et les plus savants n'ont pas fait exception : Irving Fisher, en 1929, envisageait un Dow Jones croissant à l'infini et Keynes lui-même pensait que la guerre de 14 ne durerait que quelques semaines. Quel est le seuil de tolérance laissé aux experts ? Il semble être infini. Car on a tellement besoin de sorciers chassant le mauvais sort, promettant l'avenir radieux ou la Bourse en hausse ! Au-delà de l'expert se trouve l'oracle. Greenspan, le patron de la Banque fédérale américaine, est l'oracle. Celui dont on attend « le signe », comme on disait à Delphes... « Dès que la guerre contre l'Irak sera finie, on y verra plus clair », disaient-ils au printemps 2003. Fabuleux, non ?

L'opinion est inquiète, comment la rassurer ? L'expert est là, avec son eau bénite libérale. Hélas, il sait aussi être nuisible. Venu de Harvard[10], c'est lui qui, avec sa fausse bonhomie, son abécédaire libéral, cette économie des évidences, a plongé la Russie dans une incroyable récession dont elle sort à peine, frappée de plein fouet par un effondrement de l'espérance de vie, et en prime par l'émergence d'une mafia qui s'est partagé le patrimoine public et a su ristourner quelques substantielles miettes aux conseilleurs. C'est aussi lui, avec sa bêtise et sa faconde, mené par un illuminé religieux placé à la tête du FMI, qui a aggravé les maux du tiers-monde au nom de l'« ajustement structurel » et autres méchants coups destinés à maintenir la tête sous l'eau de ceux qui se noyaient[11]. Lui, jamais puni (même pas pour avoir puisé de façon avide et évidente dans la caisse comme dans le cas des « conseillers » américains de Moscou), responsable mais jamais coupable d'une famine, d'une récession, de la destruction de l'environnement, du malheur, tout simplement. Heureusement l'expert du Nord bêlant chez lui est moins nuisible. Il détient moins de pouvoir et se trouve là pour agiter l'encensoir et chanter en canon les louanges du marché et de la flexibilité. Pas toujours, d'ailleurs. Nombre d'experts sont de vrais savants, honnêtes, pondérés, rigoureux : le rapport Charpin sur les retraites en est un bon

[10] Lire Jacques Sapir, *Les Économistes contre la démocratie*, Albin Michel, 2001.

[11] Lire le livre indispensable de Joseph Stiglitz, *La Grande Désillusion*, Fayard, 2002.

exemple. Par contre, le rapport de Davos utilisé par le gouvernement en 2002 pour démontrer que la France n'est pas attractive est l'exemple même du rapport bâclé, honteux, mensonger, du rapport *ad hoc* utilisé pour flatter les poujadistes et les masochistes dans le sens du poil : Français, vous êtes nuls !

Nobels, savants, experts... et grands économistes

Il y eut heureusement de grands penseurs, Schumpeter, Marx, Keynes, Cournot[12], qui furent aussi des économistes. Mais le prix Nobel d'économie n'est pas un gage de scientificité par définition – parce que l'économie n'est pas une science –, ni même de sérieux.

R. C. Merton et M. Scholes furent prix Nobel d'économie en 1997. Ils étaient spécialisés dans les marchés boursiers en situation d'incertitude mais qui revenaient à l'équilibre et étaient, au bout du compte, « efficients » (ils donnaient les meilleures solutions possibles pour les agents contractant sur ces marchés) et traduisaient des comportements rationnels.[13] Un jour, Merton et Scholes rencontrèrent John Meriwether, ex-courtier dans la banque d'affaires Salomon Brothers, qu'il avait quittée après une affaire assez louche. Les trois compères créèrent un fonds spéculatif, LTCM (*Long Term Capital Management*). Merton et Scholes croyaient qu'il était possible, je cite, de « construire un portefeuille sans risque », de dominer le risque intrinsèque sur un marché spéculatif. Au fond, ils véhiculaient, comme toujours, l'idéologie de la connaissance parfaite du futur sur un marché spéculatif. Ils vendaient une stratégie supposée sans risques sur un marché spéculatif où le gain n'existe que par le risque, c'est-à-dire le jeu contre le hasard. Avec une mise de 3 milliards de dollars, ils se sont retrouvés avec un trou de plusieurs centaines de milliards de dollars. La faillite de LTCM a fait trembler toute la planète financière. Un consortium de banques, hâtivement créé, s'est chargé de les renflouer.

---

[12] Antoine Augustin Cournot (1801-1877), mathématicien, astronome, historien, peut être considéré comme un grand philosophe des sciences. On lui doit une philosophie du hasard très originale. Il publie en 1838 ses *Recherches sur les principes mathématiques de la théorie des richesses*.

[13] F. Black, M. Scholes, « The Valuation of Option Contracts and a Test of Market Efficiency», in *Journal of Finance*, vol. 27, n°2, mai 1972. R. C. Merton, « Theory of Rational Option Pricing », *The Bell Journal of Economics and Management Science*, vol. 4, n°1, printemps 1973.

Mais rassurons-nous ! La plupart des Nobels furent honnêtes et modestes et ne s'immiscèrent jamais dans l'économie « réelle », dont ils n'avaient que faire. En fait, c'étaient des abstraits, des spéculatifs. Presque tous avouèrent, une fois arrivés au sommet, ce qu'ils savaient et n'osaient pas encore dévoiler : l'économie n'était pas une science ; le formalisme était au pire un moyen de terroriser, au mieux de se perdre dans des délices logiques ; l'Histoire, les institutions, la politique, la psychologie, l'ethnologie – oui, l'ethnologie – sont au moins aussi importantes que l'économie pour comprendre le fonctionnement d'une société. Sir John Hicks, disions-nous, l'un des économistes les plus purs et les plus durs du temps de sa jeunesse, abjura sur la fin de sa vie. Il regretta d'avoir poignardé Keynes dans le dos. Il était jeune alors, et croyait encore en « l'économie positive ». Pareto reconnut tardivement que l'économie n'était qu'une vaine tentative de raconter la psychologie. Marshall dit à Keynes, peu avant de mourir : « Si je devais revivre, je ferais de la psycho »[14]. Myrdall, co-Nobel de Hayek, n'attendit pas de mourir pour se moquer des économètres. Hayek déclara haut et fort que l'économie n'était pas une science exacte, rejoignant Keynes, son ennemi héréditaire. Joseph Stiglitz, son Nobel obtenu, écrivit une charge contre les experts.[15] Amartya Sen, né en Inde, prix Nobel 1998, qui est sans doute la caricature de l'économie orthodoxe, glosant dans ses jeunes années à l'infini sur le « théorème d'impossibilité d'Arrow », une simple curiosité mathématique, quelque chose que les mathématiciens méprisent, mais qui a suscité des milliers d'articles de la part d'économistes en mal de logique, Amartya Sen, donc, écrivit *L'économie est une science morale*[16], retrouvant la vieille idée de Smith sur la nécessité de lutter contre une trop grande inégalité qui interdit à la majorité de posséder de « vraies » libertés que l'on peut réellement exercer. Qu'est-ce que la liberté d'étudier, par exemple, si toute une vie est soumise à un travail de bête de somme, ou si l'on n'a pas accès à l'eau potable ? Sen dit : « Envisager la pauvreté comme un manque de liberté est un choix raisonnable, en résonance avec une large gamme d'options éthiques fondamentales. »[17]

14 Cité par Keynes, *Essays in biography*, in *The Collected Writings of John Maynard Keynes*, vol. X, Mac Millan Press, Londres, 1972.

15 *Op. cit.*

16 La Découverte, Paris, 2003.

17 *Repenser l'inégalité,* Seuil, Paris, 2000, p. 214.

De l'économie sont absentes beaucoup de choses : le goût du pouvoir, la volonté de puissance, le plaisir d'exploiter ou d'humilier, la servitude volontaire, la libido... L'économiste croit que la vie est un jeu concurrentiel où il suffit de bien définir les règles et d'éviter trop de handicaps. Ce n'est certainement pas du côté d'économistes comme Sen qu'il faudra chercher une pensée forte, mais au moins n'a-t-il pas la brutalité d'un Becker, penseur de l'ubiquité du calcul monétaire, du sexe au crime en passant par l'art et la justice, qui imagine qu'un couple fait un petit calcul économique avant de passer au lit[18] (et sans doute fait-il ensuite un petit calcul économique sur les avantages-inconvénients des différentes positions) ou d'un James Buchanan (prix Nobel 1986), fondateur de l'école du *public choice*, très critique sur l'intervention de l'État[19].

Les Nobels restent généralement entre eux[20]. Plus dangereux sont les économistes qui vont vers l'opinion et la formatent. À nous d'ouvrir les yeux, nous qui savons que l'économie n'est pas une science, qu'il n'y a pas de « lois » économiques et que les économistes sont dans les jupes du pouvoir. Nous pouvons alors commencer, sans complexes, à faire de l'économie. Et nous allons découvrir, ici et là, de grands penseurs de l'économie.

Diane Keaton et Woody Allen dans *Guerre et amour*, film de Woody Allen, 1974.

[18] G. S. Becker, *A Treatise in the Family*, Cambridge, Harvard University Press, 1981.

[19] Il publie avec Gordon Tullock, anarcho-libéral, président de la société du Mont-Pèlerin fondée par Hayek, *The Calculus of Consent, Logical Fundations of Constitutional Democracy*, University of Michigan Press, 1962. Ce livre est consacré à l'organisation politique d'une société d'hommes libres : « le meilleur des mondes ».

[20] Gary Becker sévit, hélas, chaque semaine dans *Business Week*.

TEXTES

SERGE LATOUCHE

Est-il vraiment rationnel d'être rationnel ?

L'économie se présente comme une pratique commune à tous les hommes et quasi naturelle. La science économique est, de ce fait, universelle et transhistorique. Elle établit des liens valables, en principe, pour tous les temps et tous les lieux. Les économistes ont, bien sûr, renforcé ces croyances, mais celles-ci, comme on l'a vu, tiennent à l'émergence de l'économique elle-même, avec la monnaie et le marché. L'épanouissement de l'économie à l'époque moderne seulement n'apparaît cependant pas étrange, car le projet de la modernité repose sur la prétention de construire la vie sociale sur la seule base de la raison, en s'émancipant de la tradition et de la transcendance. Dans la vision héritée des Lumières, l'économie n'est que la réalisation de la raison. Il n'est pas étonnant que le développement de l'activité économique se présente comme une montée en puissance de la rationalité. Celle-ci se manifeste de façon indissociable dans la technique et l'économie ; il s'agit d'accroître l'efficience, en économisant au maximum les moyens pour obtenir le plus de résultats suivant la norme du « toujours plus ». Cette rationalité quantifiante tourne à l'absurde en devenant sa propre fin, mais cela est une autre affaire. La science économique, de son côté, n'est qu'une rumination bavarde et obsessionnelle de ce principe de rationalité calculatrice. Le triomphe planétaire apparent de la modernité, par l'impérialisme d'abord militaire et politique, puis de plus en plus culturel, a imposé, de fait, l'économie comme pratique et comme imaginaire mondiaux. Pourtant, le principe d'efficience rencontre un paradoxe insurmontable ; pour être efficient, il faut faire la part de l'irrationnel !
Plus fondamentalement, l'économie bute contre l'antinomie de la rationalité : est-il vraiment rationnel d'être rationnel ?

L'Économie dévoilée, Autrement,
série Mutations, n° 159, Paris, 1995.

LAURENT CORDONNIER

Le Rmiste est un maximisateur de profit

Cet ouvrage s'adresse donc – chose que l'on jugera peut-être incongrue de la part d'un économiste – … à ses lecteurs. Il peut répondre à la curiosité de ce lecteur du *Monde*, par exemple, qui s'étonne de certains propos tenus par Alain Minc dans un « point de vue » du même journal, quelques jours auparavant. M. Minc écrivait : « Chacun sait qu'il existe des chômeurs par choix rationnel, c'est-à-dire des individus qui, compte tenu des systèmes d'aide et des effets de seuil au moment du retour sur le marché du travail, préfèrent s'inscrire à l'ANPE, quitte à exercer une activité partielle au noir ». Indignation de notre lecteur : « Comment peut-on utiliser de tels mots envers des gens qui sont pour la plupart dans la désespérance, mais qui contrairement à ce que pense M. Minc désirent trouver du boulot ? ». Répondre encore à cet autre lecteur du *Monde*, qui s'étrangle quelques semaines plus tard à la lecture d'un compte rendu de colloque organisé par des « proches » du président de la République, où l'on prête ces propos à M. Christian Saint-Étienne : « L'assistance engendre la paresse. […] les RMIstes sont des maximisateurs de profits ». « Comment peut-on qualifier ainsi des gens qui ne touchent que 2 500 francs par mois ? », s'insurge le lecteur. Comment ? C'est ce qui ne devrait plus poser problème à qui aura bien appris son économie du travail.

Pas de pitié pour les gueux. Sur les théories économiques du chômage, Raisons d'agir, 2000.

ARMAND FARRACHI

L'inefficacité est-elle au cœur du capitalisme ?

Dans cette gestion politique du vivant que Foucault appelle « biopolitique », les résultats de l'incitation à la libre inconséquence ne se feront pas attendre. Les gaspillages individuels, multipliés par le nombre de gaspilleurs, atteignent des totaux impressionnants. Plus de la moitié des trajets effectués en ville au volant d'une voiture couvrent une distance inférieure à 2 km, or, un véhicule n'atteignant sa consommation normale qu'après 5 km, on peut évaluer la perte à 1,5 milliard de litres de carburant. Les 165 milliards de kw/h consommés par les Français pour leur éclairage correspondent à la production de deux centrales nucléaires de 13 000 mégawatts. Une seule suffirait si les foyers étaient équipés d'ampoules moins voraces. Un robinet qui goutte équivaut au moins à 35 000 litres annuels, soit la consommation de cinquante personnes pendant trois ans dans la savane africaine. À ce type de comparaisons, sachant par exemple qu'il faut près de 200 litres pour prendre un bain et 11 litres à une chasse d'eau pour évacuer un flacon d'urine dans une cuvette des W-C, on pourra s'adonner à d'effarants calculs. De tels chiffres pourraient être avancés pour nos actions quotidiennes les plus apparemment anodines.

La question « que puis-je faire ? » prélude déjà à l'aveu d'impuissance, tant il est vrai que, désemparés par l'ampleur du monde, où tout se joue sans nous, nous paraissons quantité microcoscopique et franchement négligeable au pied des forteresses industrielles, juridiques, étatiques. Mais si notre influence personnelle sur le cours des choses peut être tenue pour nulle, nous restons tout-puissants sur la façon dont ce cours nous traverse, ou sur notre faculté de lui rester imperméable. Les fabricants qui nous inondent d'objets inutiles et de nouveautés facultatives ne persévéreraient pas longtemps s'il n'existait un marché pour la pacotille que les clients approuvent par leurs achats. La propagande économique nous a formés au chacun-pour-soi, voire au chacun-contre-tous, et, après avoir changé notre responsabilité en pouvoir d'achat, elle nous presse de renier pour quelques sous ce à quoi nous croyons. En plaçant le consommateur au cœur de son mécanisme, l'autorité marchande lui donne aussi le moyen d'aiguiser son choix en arme d'un contre-pouvoir, de refuser ce qu'il réprouve, d'encourager ce qu'il défend, de se priver de l'inadmissible, et de passer du statut de rouage à celui de grain de sable.

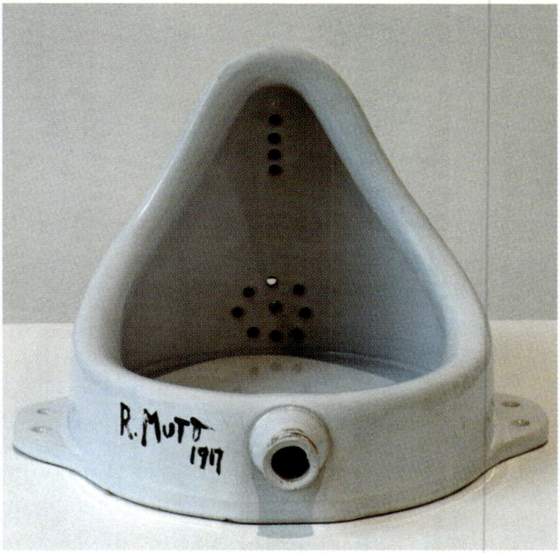

Marcel Duchamp, *Fontaine*, 1917/1964.

La notion de citoyenneté évolue. Le citoyen d'Athènes n'est pas le citoyen de la Révolution française, qui n'est plus le citoyen d'aujourd'hui. L'écocitoyen, sans négliger les relations que l'homme entretient avec la société, s'attache à la nécessité pour l'individu d'avoir des gestes et un comportement responsables par rapport au lieu où il vit aussi bien qu'à l'égard de ses semblables. Et voici que cet individu si souvent séparé des autres et de lui-même, fragmenté par le pouvoir consumériste, invité à se nourrir, à s'habiller, à vivre contre ses principes fondamentaux comme un animal dressé contre son instinct, peut s'engager tout entier dans ses choix, ses gestes et ses actes, trouver en lui de quoi se réunifier, pour affirmer haut et fort la cohérence qu'on lui dispute ou qu'on lui interdit, reconquérir ce que Rousseau appelle « l'inaliénable souveraineté individuelle », et y gagner ainsi sa réconciliation. L'*homo consummator* porte en lui-même la sentence d'un *homo ethicus*.

Les Ennemis de la terre, Exils, 1999.

JOSEPH STIGLITZ

Quand les économistes conseillent les politiques...

Au sein de l'administration Clinton, j'avais adoré les débats dans lesquels j'avais parfois gagné, parfois perdu. En ma qualité de membre du cabinet du président, j'étais bien placé non seulement pour les observer et voir comment les problèmes étaient tranchés, mais aussi, notamment s'ils touchaient à l'économie, pour y participer. Je savais bien que, si les idées sont importantes, la politique compte également, et ma tâche consistait en partie à persuader les autres que mes propositions n'étaient pas seulement économiquement souhaitables mais encore de bonne politique. Or, quand je suis passé à l'international, j'ai découvert que la prise de décision n'était régie par aucun de ces deux facteurs, en particulier au Fonds monétaire international. Elle était fondée, semblait-il, sur un curieux mélange d'idéologie et de mauvaise économie, un dogme qui parfois dissimulait à peine des intérêts privés. Quand les crises frappaient, le FMI prescrivait des solutions certes « standard », mais archaïques et inadaptées, sans tenir compte des effets qu'elles auraient sur les habitants des pays auxquels on disait de les appliquer. J'ai rarement vu réaliser des études prévisionnelles de leur impact sur la pauvreté. J'ai rarement vu des débats et des analyses réfléchies sur les effets d'autres orientations possibles. Il y avait une ordonnance et une seule. On ne cherchait pas d'avis différents. Le débat franc et ouvert était découragé – on ne lui faisait aucune place. L'idéologie guidait la prescription et les pays étaient censés suivre sans discussion la ligne du FMI.

La Grande Désillusion, Fayard, 2002.

PIERRE THUILLIER

Les savants poussent au crime

Les Occidentaux, toutefois, n'ont jamais reconnu totalement cette ambiguïté. Même quand on leur mettait sous les yeux les faits les plus significatifs, ils refusaient d'en tenir compte. Dans le cas de la bombe atomique, par exemple, Philippe Breton avait mis les points sur les i : « Contrairement à ce que l'on croit généralement, ce ne sont pas les politiques qui ont "commandé" la bombe aux scientifiques, mais exactement l'inverse. Leo Szilard et Enrico Fermi, tous deux physiciens, durent en fait déployer une grande énergie pour convaincre les autorités alliées, d'une part, de la puis-

Peter Sellers en savant fou dans *Docteur Folamour - Ou comment j'ai appris à ne plus m'en faire et à aimer la Bombe*, film de Stanley Kubrick, 1963.

sance destructrice potentielle de l'atome ainsi "libéré", d'autre part de l'avancée, réelle et supposée, des physiciens allemands en ce domaine. [...] Une fois le gouvernement américain convaincu, le projet dit "Manhattan" prit une énorme ampleur. Il mobilisa dans le plus grand secret plusieurs milliers de scientifiques et de techniciens (100 000 personnes en tout) regroupées dans un gigantesque laboratoire-usine dont l'objectif était la production le plus rapidement possible de la bombe A. » Pour qui avait la moindre envie de comprendre, le message était facilement déchiffrable : le « laboratoire-usine » du projet Manhattan symbolisait à la perfection la technoscience. Il posait donc en termes forts le problème de la responsabilité des scientifiques. Mais les modernes, dans leur ensemble, se sont arrangés pour l'esquiver. Ils éprouvaient assurément quelques inquiétudes, se posaient quelques questions. Mais ils ont continué à absorber d'invraisemblables discours sur la science pure.

La Grande Implosion, Fayard, 1995.

PIERRE CAHUC

L'inefficacité du « marché » politique, ou quand les économistes se mêlent de politique

Les bureaucrates et les hommes politiques disposent de rentes de situation : les contribuables les contrôlent très imparfaitement, par le biais d'élections espacées, qui concernent le plus souvent de vagues programmes insérant de très nombreuses déclarations d'intention. Le développement de l'État-providence est donc un produit de l'inefficacité du marché politique. Cette conception du fonctionnement de l'État conduit à un libéralisme économique absolu. La référence aux mécanismes concurrentiels comme unique source d'efficacité économique détermine entièrement le contenu des propositions normatives de cette approche. Ainsi, les représentants les plus excessifs de la nouvelle économie publique, comme James Buchanan [1975], prix Nobel d'économie en 1989, ont proposé de supprimer l'État-providence en instituant un nouveau contrat social au terme duquel les riches obtiendraient des pauvres la fin de l'interventionnisme contre une compensation monétaire.

La Nouvelle Microéconomie, La Découverte, 1998.

JACQUES SAPIR

Les experts du Conseil d'analyse économique sont-ils compétents ?

Le Conseil d'analyse économique regroupe un nombre important d'économistes aux avis divergents et a plus servi à produire du papier qu'à influencer directement les décisions. Je n'ai pas le sentiment que l'on soit sorti, dans ce cas, des limites de l'expertise. On a plus de problèmes avec le ministère des Finances, depuis Raymond Barre, présenté en son temps comme le « meilleur économiste de France », jusqu'à Dominique Strauss-Kahn. La confusion des rôles n'est pas bonne. Un économiste peut, bien entendu, être ministre, et même ministre des Finances. Mais il l'est alors en tant que citoyen, et non en tant que scientifique. Faire croire et laisser dire que ce qui légitimerait ses décisions serait un savoir de nature scientifique, et non une compétence politique, est une fraude majeure. En France, les avis d'économistes ont été présentés comme des vérités scientifiques incontournables, et non pas comme des conjectures soumises au débat. On en voit un exemple avec la question du franc fort, justifié à partir de 1985-1986 au nom de l'inefficacité des dévaluations compétitives.

Interview de Jacques Chavagneux, *Alternatives économiques*, mars 2003.

JACQUES SAPIR

Le règne du libéral-stalinisme

J'entends par expertisme la combinaison de deux choses. D'une part, le fait d'émettre des avis sans donner de possibilité de vérification : l'expert doit toujours dire sur quelle base il fonde son avis, afin de donner les éléments de sa propre critique, ce qui seul permet un débat. Sinon, on tombe dans un discours idéologique où l'on utilise un vocabulaire d'apparence scientifique comme un argument d'autorité. D'autre part, le fait de se présenter comme un simple donneur d'avis, alors que l'on joue le rôle de décideur. L'expertisme, c'est donc une double irresponsabilité : une irresponsabilité de nature politique, par la confusion entre la fonction d'expert et la fonction de décideur – ce qui revient à la confusion entre la légitimité politique et la légitimité scientifique –, et une irresponsabilité scientifique, qui consiste à émettre des avis normatifs et prescriptifs sans en donner les possibilités de vérification ou en prétendant que ces avis se situent dans un au-delà du débat et de la vérification. L'expertisme est donc le contraire de l'expertise, qui, elle, doit se donner pour ce qu'elle est : un avis vérifiable et contestable, sans prétention à fonder sa propre légitimité. J'ajoute que l'expertisme n'est pas le défaut des seuls économistes – même s'il atteint chez eux parfois des sommets –, mais qu'il peut se manifester dans d'autres disciplines, de la médecine à la géologie.

Interview de Jacques Chavagneux, *Alternatives économiques*, mars 2003.

René Magritte, *L'usage de la parole*, 1928.

3

Le langage du pouvoir

*« Pourquoi les requins n'attaquent-ils pas les économistes ?
– Courtoisie professionnelle. »*

Jacques Sapir, économiste

« Rien n'est impossible dans une science aussi inexacte que l'économie. »

Paul Anthony Samuelson, prix Nobel

Nous avons les « parleurs » en économie : experts, savants, journalistes, hommes politiques. De quoi parlent-ils ? Ici, il faudrait introduire un bref lexique : « production intérieure brute, richesse, dette publique, déficit, actions, obligations, options »[1], etc. Avec ces mots, nos orateurs vont nous asséner des pourcentages : « Le déficit public frôle les 3 % ! Aïe ! » « Le CAC 40 est bientôt à 2 500 ! Aïe ! » Or le déficit public à 3 % n'est ni bon ni mauvais en soi. Pas plus que le CAC 40 à 2 500. Dans les années soixante, la Bourse allait très mal, et l'économie se portait très bien. Aujourd'hui la Bourse va mal et l'économie aussi. D'autres diront : « la croissance du PIB est de tant, le revenu par tête de la France est plus faible que celui de l'Italie, l'investissement est en baisse... etc. » Pour y regarder de plus près, il nous faut un langage commun. Le discours économique exige une

[1] Il existe de nombreux et bons lexiques de science économique dont le *Lexique de sciences économiques et sociales,* de Jean-Paul Piriou, La Découverte, coll. Repères, 2001. Du même Jean-Paul Piriou, lire *La Comptabilité nationale*, La Découverte, coll. Repères, 2003. Le *Dictionnaire d'analyse économique* de Bernard Guerrien, La Découverte, est un modèle de pédagogie pour les amateurs de « théorie » économique.

syntaxe et des mots pour exprimer « ce qui se passe ». Ce langage nous est donné par la comptabilité nationale. Quand on dit, fin 2002 : « La France n'est pas attractive » ou « La France n'est pas efficace », on émet une opinion, gravissime et fausse. On est en plein mensonge politique, préparant des coups tordus comme le « dégraissage » de la Fonction publique. S'il n'est plus très facile d'accuser un chien d'avoir la rage, il est toujours aussi payant d'accuser un fonctionnaire d'être inefficace ou un Corse d'être paresseux.

L'espéranto économique

“La langue est fasciste”
ROLAND BARTHES

Mieux vaut donc parler la même langue. La CN (comptabilité nationale) fournit une sorte d'« espéranto » économique. Elle est née dans l'entre-deux-guerres, avec les premiers efforts systématiques de représenter de façon globale, détaillée et chiffrée les économies nationales dans un cadre comptable. Un cadre comptable est logique, articulé et permet de vérifier l'équilibre des comptes selon un système de double écriture : toute écriture est passée en débit d'un agent et crédit d'un autre (la consommation des ménages est un crédit pour les entreprises, par exemple). L'économie est représentée comme un circuit, bouclé.

La CN partage avec la comptabilité privée le principe de la double écriture et, comme elle, participe à la lutte contre l'incertain, dans un sens précis : la volonté de discipliner l'activité humaine. Discipliner les marchands et, au-delà – par l'organisation du travail et la comptabilité du temps de travail – les travailleurs, afin de les soumettre à la production[2]. Le principe fondamental de la « partie double » (toute écriture est passée deux fois, en débit et en crédit, tout mouvement de fonds est donc par hypothèse équilibré) a été inventé au Moyen Âge par les marchands, comme moyen d'autodiscipline et de surveillance. Discipline pour eux-mêmes et pour leurs mandataires et leurs clients dont ils exigent une comptabilité. Le bilan est un instrument de surveillance, un tableau de bord. Là encore, la syntaxe est essentielle :

[2] L'histoire, passionnante et si lente, de la mise au travail des paysans transformés en prolétaires est celle du chronomètre. Lire de Rolande Trempé *Les Mineurs de Carmaux*, Éditions de l'Atelier, 1970, ou *Les Trois Batailles du charbon*, La Découverte, 1989.

qu'est-ce qui doit être comptabilisé comme perte ou comme investissement ? Une dépense de lobbying est-elle une perte, un investissement ? Qu'est-ce qui peut être soustrait du profit ? La récente affaire d'Enron (voir chapitre 6) montre que, plus que le truquage des comptabilités, c'est surtout le flou et la complexité des concepts qui permettent de masquer des résultats et la réalité de la santé des entreprises. Prenons les « stock-options », ces promesses de plus-values en capital vendues à crédit par les entreprises à leur staff dirigeant, pour éviter de payer des salaires, des cotisations sociales et des impôts sur les salaires. Voilà qu'une nouvelle loi américaine (2003) oblige à les considérer comme des coûts, des charges, bref leur restitue une dimension de salaire qu'elles avaient perdue ! Si « savoir égale pouvoir », l'adage de Michel Foucault est particulièrement bien adapté à la comptabilité. Même la COB (Commission des opérations de Bourse, gendarme de la Bourse) a fini par se lasser et réclame des termes clairs. Par exemple, les entreprises ne disent plus « profit » mais « EBITDA », pour *Earnings before interest, taxes depreciation and amortization*. Cela fait plus savant que profit, moins connoté.

Pieter Brueghel l'Ancien, *La tour de Babel*, 1563.

La comptabilité de la Nation

Alors que la comptabilité d'entreprise fondée sur des réflexes égoïstes représente celle-ci en situation de concurrence ouverte sur l'extérieur, la CN s'intéresse au produit d'une vaste collectivité, la Nation.

Il faut respecter la CN, malgré son côté un peu mécanique, et s'en méfier. La respecter, parce qu'elle ne parle pas d'individus. D'emblée, elle parle de groupes : les entreprises, les ménages, les administrations publiques, les administrations privées (les « institutions sans but lucratif au service des ménages », négligeables), les sociétés financières (banques, compagnies d'assurances, SICAV, OPCVM...) et enfin le « reste du monde », fourre-tout commode qui permet précisément de mesurer les échanges internationaux de la France. Elle est un concept « nationaliste ». Elle est à la base des politiques économiques publiques. Quand monsieur Mer vient voir la presse en juillet 2002 et dit « la croissance sera de 2,5 % », alors que les services de l'INSEE et de la Direction de la prévision qui élaborent les comptes trimestriels puis annuels de l'économie française lui ont dit : « 1 % au maximum », il ment paisiblement pour rassurer les Français. Mais ce « 2,5 % » lui permet de boucler le budget de la France, d'équilibrer les recettes et les dépenses publiques, qui représentent près de 50 % du Produit intérieur brut, appelé à tort la « richesse »[3] produite par les Français pendant un an.

La CN parle pour un an. C'est une comptabilité de **flux** et non (ou très peu) de stocks. Le salaire, le revenu, la production, la consommation sont des flux : ils mesurent des grandeurs économiques entre deux dates (votre salaire est entre le premier et le 31 du mois) et non à un instant donné. Le capital, la richesse, le patrimoine, votre portefeuille sont des **stocks**. Ils mesurent des valeurs instantanées. Un stock est une accumulation de flux. Et un flux est une variation de stocks. Votre richesse est l'accumulation de votre revenu jusqu'à cette date. Et votre revenu est la variation de votre richesse entre deux dates. Voilà pourquoi des économistes, des assureurs, peuvent calculer ce que vous valez : vous valez la somme actualisée de ce que vous gagnez. Quand on a compris ce qu'est un stock et ce qu'est un flux, on a compris la moitié de l'économie[4]. C'est pourquoi dire « le PIB est la richesse de la France » est une

---

[3] Voir chapitre 9.

[4] Quand on a compris ce que sont une dette et une créance, on a compris le reste.

(petite) erreur. Le PIB est l'accroissement de richesse de la France pendant un an, une « richesse » calculée de façon très politique, très idéologique, très particulière.

Car quelle est la vraie richesse de la France ? Un patrimoine. Or un patrimoine contient beaucoup de choses, dont beaucoup de choses impondérables. La CN ne s'intéresse pas au patrimoine, et moins encore à l'impondérable (ce n'est pas sa fonction). Ce qui explique qu'elle ait quelques petits problèmes avec l'environnement : ainsi, elle ne comptabilise pas la pollution. Elle soutient le mythe de l'économie nationale, dans une économie mondialisée dominée par des multinationales apatrides[5]. Le capitalisme n'aime pas la nation. Aux frontières, il préfère les « *off-shore* », le « hors territoire » – les paradis fiscaux par exemple. C'est pourquoi la CN reste la base de la politique.

La loi des grands nombres

Avec la statistique, l'État quadrille, forme, informe, mesure. La mesure est un facteur d'ordre au double sens : d'abord parce qu'elle met en cage, en boîte, en concepts ce qui ne l'était pas (les indigents deviennent des « pauvres » ou des « chômeurs », selon qu'ils sont de bons ou de mauvais indigents[6]) ; ensuite parce que la mesure est un signe de modération. Et l'État a besoin de calme, de tranquillité. Il est là pour rassurer et faire respecter l'ordre. Avec la statistique, la légitimité de l'autorité de l'État vient s'articuler à celle de la science.

Si la volonté de classer et compter est aussi vieille que la politique, c'est autour du XVIIIe siècle en Europe qu'elle est systématisée. Il est remarquable qu'elle s'accompagne d'une lutte contre l'aléa, l'incertain, l'avenir, autrement dit, d'un besoin de prévoir. La naissance du calcul des probabilités avec Bayes, Pascal, Daniel et Jacques Bernoulli, Moivre, Laplace, Gauss, Legendre et Quételet (et tant d'autres), fournit un outil pour traquer le hasard. Les probabilités sont subjectives, liées à des « états de l'esprit », et avec Pascal et Bayes elles ne peuvent s'imaginer au-delà de l'individu. Elles mesurent des intuitions, des croyances, des « raisons d'espérer » auxquelles on lie précisément une « espérance

---

5 Ou soi-disant apatrides. Les multinationales américaines dont le commerce international est un commerce interne sont en adéquation parfaite avec la nation américaine.

6 Robert Salais, *L'Invention du chômage*, PUF, 1999.

mathématique ». Certes, Jacques Bernoulli (1654-1705) donne la première démonstration de la « loi des grands nombres », publiée après sa mort, en 1713. Il y démontre que la fréquence d'apparition avec une probabilité donnée (pile ou face, probabilité 1/2) tend vers cette probabilité quand le nombre des essais est multiplié. Moivre, en 1734, identifie la « loi normale », loi statistique de base. Mais la grande révolution statistique, le passage des probabilités subjectives aux probabilités objectives, aux « fréquences statistiques », est liée au nom du Belge Quételet (1796-1874). Avec lui est systématisée la moyenne. L'alchimie de la loi des grands nombres transforme des actes individuels, libres et aléatoires, « chanceux », en agrégats déterminés et stables par la répétition des fréquences et des moyennes. Personne ne sait quand il va avoir un accident de la route. Mais par la loi des grands nombres, je peux prévoir le nombre d'accidents de la route. Tout se passe comme si le groupe social (les accidentés, les suicidés, les mort-nés, les consommateurs, etc.) devenait extérieur aux individus, malgré eux. Cette révolution statistique fait naître des identités collectives, des groupes, identifiés par des moyennes, des modes, des médianes. Quételet a créé l'« homme-moyen ». Et pourtant, toute une philosophie, issue de la scolastique et que reprendra avec passion le libéralisme, nie la possibilité de créer des entités sociales au-delà des individus : c'est le principe du « rasoir d'Occam », qui dit, par exemple, que la collectivité des bénédictins ne peut exister au-delà de chaque bénédictin pris isolément.

Andy Warhol,
Orange car crash, 1964.

L'extension de la comptabilité nationale

En 1833 est créée la SGF, Statistique générale de France, rattachée au ministère du Commerce. De 1833 à 1940, la SGF reste un petit service. Elle verra passer des noms prestigieux : Le Play, Levasseur, Adolphe et Jacques Bertillon. Alfred Sauvy, futur créateur de l'INED en 1946, y entre en 1923. L'INSEE voit le jour après la guerre. Notons que c'est dans les années 20 que la physique « renonce au déterminisme laplacien avec la mécanique quantique et les relations d'incertitude »[7]. Au moment où l'économie veut se « durcir », chercher des relations stables, des lois « immanentes », la physique rejette le vieux déterminisme ! Or l'économétrie veut tirer hors de son paisible chemin de comptage et de recensement la « statistique de l'État » (pléonasme), qui, elle, ne se préoccupe pas véritablement de lois, mais simplement de régularités. En fait, c'est le gouvernement de Vichy qui a véritablement créé la statistique en France : une centaine de statisticiens officiels en 1940, sept mille en 1944, et ce nombre n'a guère bougé aujourd'hui. Vichy met en cartes, crée les codes, les nomenclatures, invente la carte perforée. La défaite de 40, puis la collaboration quasi unanime des milieux d'affaires en France, convainc les élites de l'incapacité du patronat et des mécanismes de marché à reconstruire l'économie. Après guerre, la CN devient un instrument clé de la « planification », notion profondément socialiste, comme la nationalisation, le comité d'entreprise, la Sécurité sociale, promus à partir du programme du Conseil national de la résistance en 1944[8].

Nombre de pays ont encore des comptabilités rudimentaires ou peu fiables. C'est là que le FMI fait ses dégâts. En 1976, le Système élargi de comptabilité nationale harmonise le système français, très détaillé et élaboré, avec les systèmes européens et le système adopté par l'ONU en 1968. En 1999, la France présente ses comptes conformément à la « syntaxe » internationale.

La coupure des économistes avec les philosophes, les psychologues et les moralistes se situe sur cette frontière : existe-t-il du collectif en soi, irréductible à des phénomènes individuels – comme par exemple un phénomène de foule est irréductible à l'agrégation de comportements

7 Desrosières, *op. cit.*, p. 201.

8 Un feuillet et demi dactylographié a promu les Trente Glorieuses et quatre concepts socialistes : le plan, les nationalisations, le comité d'entreprise et la Sécurité sociale.

individuels ? Non, prétendent les économistes. Or beaucoup de superstructures relèvent d'un collectif humain irréductible : la culture, le sentiment national, le droit sans doute et la langue qui est indiscutablement une formation collective massive. Rares sont les économistes – mais heureusement les plus grands sont parmi eux, Keynes, Schumpeter, Hayek, sans parler des « philosophes » assimilés à des économistes, Marx, Weber – qui postulent que tout n'est pas réductible aux individus.

L'opinion et l'autoréférence

“Je te tiens, tu me tiens par la barbichette.”

Le développement du calcul des probabilités (la définition des probabilités comme branche des mathématiques, créée par Kolmogorov en 1933, qui propose une axiomatique des probabilités) s'accompagne de nouvelles techniques comme celle des sondages, beaucoup moins onéreuse que celle des recensements. Avec les sondages, l'opinion devient un acteur essentiel de la vie politique ou économique. Mais qu'est-ce que l'opinion, sinon celle de l'homme-moyen de Quételet ? Variable formatée, canalisée, sommée de s'exprimer à propos de tout, de la guerre en Irak ou du dopage des sportifs, elle est en relation permanente avec le pouvoir. Le sondage, préparé par l'homme de pouvoir, l'homme politique ou le chef d'entreprise, introduit un dialogue permanent et obligatoire avec les citoyens, auquel participent les journalistes, grands manipulateurs eux aussi, fouilleurs, faiseurs et sondeurs d'opinion. L'opinion, aux antipodes de la science, fondée sur le réflexe conditionné par le sondeur, va devenir un lieu essentiel de l'expression économique. Le futur économique, l'incertitude, l'avenir vont s'exprimer autour de sondages d'opinion et d'opinions d'analystes, largement autoréférencées.

L'autoréférence est essentielle en économie : le marché boursier fonctionne de façon autoréférentielle. Par exemple, les analystes économiques sont interrogés sur la conjoncture ; or chacun lit ce qu'écrivent les autres ou exprime ce que les autres déclarent, à la radio, à la télé. C'est ainsi que naissent les tendances, les modes, les « concepts ». La déflation naît comme « tendance », par exemple, au printemps 2003. Tout le monde ne parle alors plus que de ça. Mais il y a d'autres raisons au « panurgisme » ou au « suivisme » des analystes et des experts. La première, c'est qu'ils sont formatés à la même idéologie. Ils sont tous issus du moule libéral et peuvent difficilement voir le monde autrement que métaphorisé par la concurrence ; la seconde, c'est qu'ils utilisent tous les mêmes sources fournies par les modèles statistiques identiques. Parfois, l'autoréférence devient « prophétie autoréalisatrice », manifestation intéressante des phénomènes de foule. On parle de déflation, on crée la déflation : l'énoncé est performatif, dirait John Austin.[9] En 1950, par le plan français, on créait l'« expansion ». En 1980, par la « désinflation compétitive », on créait la déflation.

Les agences de notation des capacités des entreprises (Moody's, Standard & Poor's...) chargées de noter les entreprises sur leurs capacités à faire des bénéfices ou à emprunter, pensent ce que pensent les autres agences de notation, en boucle. Si l'une dégrade une note, les autres suivent dans un panurgisme inquiétant. Ainsi pour Enron en 2001, puis Vivendi en 2002, qui voient soudainement la communauté des faiseurs d'opinion changer de cap, brûler ce qu'elle adorait auparavant. L'opinion n'est autre que le mouvement de foule, imprévisible et dangereux. Le sondeur peut, à sa modeste échelle, faire hurler la foule comme le ferait un orateur. Certes, celle-ci peut se retourner contre ses manipulateurs. Car il est dans son essence d'être imprévisible et les démagogues le savent bien, eux qui cherchent à deviner ses émotions, à les pressentir pour les guider.

L'État-providence

La notion d'État-providence est intimement liée à la loi des grands nombres. Par le calcul statistique, l'État devient une compagnie d'assurances, protectrice des citoyens. Les accidents du travail, les maladies, le chômage, la retraite, bref tous les aléas économiques et sociaux, ont vocation à être canalisés par la statistique et pris en charge par l'État. Celui-ci n'est plus l'État régalien, le vieux cerbère à trois têtes (le juge, le policier et le militaire), mais devient une assistante sociale, qui lutte contre les incertitudes économiques.

Les probabilités subjectives, en revanche, sont mobilisées pour des choix n'impliquant pas l'idée de répétition. Faut-il ou non lancer une fusée ? Le nombre de lancements de la fusée Ariane ne permet pas de s'appuyer sur une loi des grands nombres, et une grande part d'aléa non quantifiable existe à chaque lancement. Aux probabilités subjectives, individuelles, tenant au sentiment de quelques individus, sont associés

9 *Quand dire c'est faire*, Seuil, 1991.

les noms de Keynes, Ramsey puis de Savage et de Finetti, tous inspirés par Bayes. Keynes s'est épuisé dans sa thèse devenue un *Treatise on Probability* à construire un pont entre les probabilités subjectives et objectives. Ah ! cette obsession des économistes ! Même Keynes a lutté contre l'incertitude[10]. La « loi des grands nombres » au service de l'État crée le Social ; comme les lois physiques macroscopiques dépassent les incertitudes microscopiques. Car l'ignorance des paramètres microscopiques de position et de vitesse des particules n'interdit pas que les gaz puissent être décrits de façon déterministe au niveau macro. Mais pour construire des relations macroéconomiques ou macrosociales, pour parler de la Société avec un grand « S », que l'on peut envisager comme une urne dans laquelle on effectue des tirages aléatoires de boules de différentes couleurs, encore faut-il que la forme de l'urne et les couleurs des boules qu'elle contient soient bien définies, soit par l'autorité de l'État (l'autorité du statisticien), soit après négociation avec les catégories sociales concernées. Par exemple, on définit un chômeur par la durée de son indemnisation, après quoi il passe au statut de pauvre ou d'assisté. L'État négocie donc le langage de la Société avec les puissances sociales.

L'économie est une négociation linguistique

Quel langage ? Quelle taxinomie ? Quels opérateurs linguistiques ? Quelle rhétorique, enfin, de la statistique ? Le revenu national et le chômage sont deux bons exemples.

1) Dans le cas du revenu national, le revenu qu'une nation produit pendant une année, plusieurs angles de vue peuvent être adoptés. On peut prendre l'angle des secteurs : l'agriculture, l'industrie, les services. Puis, en détaillant, le militaire, les infrastructures, l'éducation, etc. On peut aussi prendre l'aspect distribution : le revenu national est composé de salaires et de profits. On s'efforce alors de mesurer l'inégalité des revenus, les disparités sociales, l'effet redistributif ou anti-redistributif des transferts sociaux et en particulier de l'impôt. C'est une optique totalement négligée aujourd'hui, et qui était mise en relief dans les années 50, période où la « planification » française était considérée comme un facteur de croissance et d'élan national. Après la chute du

[10] Mais il finira par s'avouer définitivement vaincu, en 1937, et heureux de l'être. Le destin de l'humanité n'est pas le déterminisme de la fourmilière.

Mur, le mot planification fit passer dans le dos le froid du goulag. Pourtant, qu'est-ce que la gestion de notre maison la Nation, sinon de la planification ? Enfin, troisième point de vue, la dépense : consommation, investissement. Elle peut être d'ordre public ou privé. C'est cet aspect qui est souligné aujourd'hui, pour dire que la dépense publique est trop forte et les impôts excessifs.

2) L'histoire du chômage est également exemplaire et illustre les « négociations » entre organismes caritatifs et autorités publiques. En Angleterre, le statisticien Booth, en 1880, commence à répartir les pauvres. Dans la classe A, il comptabilise les individus complètement stigmatisés, aux sources de revenus difficiles à appréhender et souvent malhonnêtes : les fainéants, les vagabonds, les alcooliques, les criminels. À côté se trouve la classe B : les familles très pauvres, aux revenus occasionnels, en état de détresse chronique. La classe C est composée de pauvres qui sont plutôt des victimes de la concurrence tels les saisonniers et les laissés-pour-compte des plans de restructuration. Dans la classe D, on trouve ceux qui ont des revenus réguliers, mais insuffisants pour sortir de la pauvreté. On devine tout de suite que des « bons » et « mauvais » pauvres se dessinent : les bons pauvres, méritants, désirant travailler, acquièrent le statut plus noble de chômeur, et les mauvais pauvres, irrécupérables ou peu désireux de sortir de leur situation, restent définitivement des pauvres. L'apparition des « nouveaux pauvres » dans la société française des années 80 fut tout simplement la réapparition du chômage après des années de plein-emploi. On imagine que les bons pauvres doivent être aidés et acquérir le statut de chômeur, les autres non. Le capitalisme compassionnel dont parle Bush s'adresse aux premiers. À propos de la société américaine, le prix Nobel 1987, Robert Solow, faisait remarquer que « la prison constituait un bon traitement statistique du chômage ». En effet, quand près de 2 % de la population active est en prison, on ne peut s'empêcher de songer à un traitement carcéral du problème.

Le pouvoir et le principe d'efficacité

Le langage politique s'appuie sur des rhétoriques scientifiques et prend des choses ou des objets indépendamment des individus, des intérêts particuliers, pour pouvoir agir sur eux : pauvreté, chômage, inflation, solde du commerce extérieur, masse monétaire, fécondité, immigration, impôts, exportation de capitaux. Il crée des « concepts » tels l'attractivité, le déclin, le poids de l'État et lance des slogans, comme « fuite des cerveaux ». Le pouvoir a sans cesse le mot d'efficacité à la bouche. Or l'économie ne parle pas d'efficacité.

Attardons-nous un instant sur cet agencement des moyens aux fins. La microéconomie, la planification, toute l'économie publique relèvent de l'analyse d'optimisation, c'est-à-dire de l'adéquation des moyens aux fins. Maximiser sous contrainte de coût, ou minimiser sous contrainte de résultat, c'est-à-dire optimiser, sont au cœur du langage économique. Optimiser, c'est rechercher la meilleure solution, la plus efficace, agir précisément selon un principe d'économicité. L'économie enseignée dans les universités est une science des moyens et des fins. Encore faut-il définir les objets : quelles charges minimiser, par exemple ? Les salaires ou les frais en nature des patrons ? Quel revenu maximiser ? Celui tenant compte des effets externes, de la pollution, des irréversibilités et des dommages non quantifiables ou le revenu brut, isolé, tel qu'on l'analyse aujourd'hui ? Les mots, la syntaxe de l'économie, sont aussi importants que la procédure d'optimisation elle-même qui n'a aucun intérêt, et que peut réaliser une machine, comme une calculette peut inverser une matrice ou définir des algorithmes pour obtenir des chemins optimaux. Une bonne calculette, un bon logiciel, et l'optimisation est faite, autrement dit, l'efficacité est réalisée.

Francisco Goya, *Caprice* n° 43 : « Le sommeil de la raison produit des monstres ».

Quand l'efficacité devient une fin en soi

Or le pouvoir politique contemporain, fondé sur l'économie, a réalisé une inversion stupéfiante : ce qui est un moyen purement statistique, un simple principe de calcul, le principe d'optimisation – le principe d'économicité, le principe d'efficience, l'efficacité, autrement dit – est devenu une fin. Alors que l'efficacité n'est qu'un moyen, sans valeur, sans contenu, qu'il s'agisse de décharger un camion ou de calculer la meilleure affectation d'une somme d'argent d'une campagne publicitaire entre la presse et la télé, elle est devenue un objectif. C'est un peu comme si vous disiez : « mon but, c'est de bien décharger le camion ». Peu importe ce que transporte le camion, pour qui, vers où, à quelle vitesse, en détruisant quel paysage, en appauvrissant telle région ou en enrichissant telle autre : vous avez recherché l'« efficacité ».

En recherchant l'efficacité – ce qui est en soi un truisme, une tautologie, car on recherche l'efficacité en enfilant son pantalon ou en creusant le barrage d'Assouan – on agit tout simplement, et toute action est en soi « efficace », même celle de rêver, d'écrire un poème : on oublie de dire pourquoi on agit. La grande ruse de l'économie est d'énoncer « Soyez efficace », donc agissez sans savoir pourquoi vous le faites.

C'est aussi la grande ruse du pouvoir contemporain. Oubliez ce que vous faites, pourvu que vous le fassiez efficacement. L'idéologie libérale opère cette merveilleuse équation : le marché est efficace, donc laissez faire le marché, car vous êtes efficace. Pouvez-vous refuser d'être efficace ? Oui ? Alors vous ne voulez pas nourrir le tiers-monde, c'est ça ? Vous préférez vraiment être inefficace ?

Lorsque le pouvoir vous parle d'efficacité, vous pouvez être sûr qu'il cherche à vous faire oublier que vous travaillez pour le marché, et que **le marché n'est pas efficace**. Seule l'efficacité est efficace, ce qui est une lapalissade. Parfois un système, où les fins et les moyens sont parfaitement définis, permet de trouver une solution efficace. Mais un marché ne peut en aucun cas permettre de trouver une solution efficace, puisqu'il n'est jamais parfaitement définissable.

La statistique donne l'illusion du concret, de la possibilité de définir une « réalité » économique indépendante, à laquelle on pourrait appliquer des critères d'efficacité. Or cette « réalité » statistique est un rapport de force sémantique, qui occulte un rapport de force réel. Quel rapport de force est en jeu, par exemple, dans le « problème des retraites » ? La façon dont deux classes d'âges, les actifs et les inactifs, décident de se partager la richesse nationale. Qui sont les actifs ? Globalement des salariés, des débiteurs. Qui sont les inactifs ? Des personnes âgées et des propriétaires du capital, des créanciers. Un autre exemple : le débat sur l'« efficacité » du système de santé. Quelles sont les forces en présence ? Les salariés et le système de cotisations sociales, les assureurs privés. Derrière les problèmes économiques, se profile la question du partage. Toujours !

Partage et rapport de force

En fait, l'histoire sociale est celle du passage d'un droit qui affirmait l'inégalité juridique entre patrons et ouvriers (article 1781 du Code Napoléon : « Le maître est cru sur son affirmation pour la quotité des gages, pour le paiement du salaire de l'année échue et pour les acomptes donnés pour l'année courante ») à une protection sociale généralisée. L'ouvrier, à l'aube du capitalisme, n'est pas protégé pour les accidents, pour le chômage ou la vieillesse.

La mutation est longue, très longue, l'État n'étant pas volontariste. La Révolution a aboli la protection liée aux corps intermédiaires par le décret D'Allarde (2-17 mars 1791, « libérant » notamment l'apprentissage) et interdit les syndicats et les associations par la loi Le Chapelier (22 mai 1791), « véritable coup d'État bourgeois » (Marx), « loi terrible qui brise toute coalition » (Jaurès). Le principe est la non-immixtion de l'État dans les rapports entre travailleurs et patrons. Or, dès les premiers conflits, l'État est sollicité par les travailleurs comme arbitre ! Il faudra attendre 1864 pour que le droit de grève soit reconnu et 1884 pour la reconnaissance du droit de se syndiquer. En 1890 est supprimé le « livret ouvrier » (sorte de passeport de bonne conduite attaché aux ouvriers), en 1892 est promulguée une loi sur le travail des femmes et des enfants, et la loi sur les accidents du travail voit le jour en 1898. En 2002 est votée une loi sur le « harcèlement moral »... La protection du travail continue de progresser ! Entre-temps le droit de grève sera devenu constitutionnel (inscrit dans le préambule de la Constitution de 1946, repris par celui de 1958), le droit syndical et les comités d'entreprise auront été largement protégés, les conventions collectives d'une branche auront pu être étendues par simple décision du ministère du Travail à tous les salariés (1966).

En 1900, 3 à 4 % des travailleurs sont couverts par une caisse de retraite. Sous l'Ancien Régime, seuls les soldats et les marins étaient « couverts » – très peu – et soignés (aux « Invalides » à Paris). Les grands conflits (1936, 1952, 1968...) et les guerres provoquent de véritables sauts. La France découvre son retard en matière de protection sociale par rapport à l'Allemagne, en 1914, en récupérant l'Alsace et la Lorraine. Déjà en 1870, Bismarck avait défini le « revenu social », ancêtre du SMIC, pour s'attacher la classe ouvrière ! Une loi de 1905 institue l'assistance obligatoire pour les vieillards et une loi de 1910, les retraites ouvrières – facultatives : les patrons ne sont pas obligés de cotiser pour les ouvriers. En ce temps-là, l'espérance de vie des ouvriers est faible, de l'ordre de 45 à 50 ans. En 1928 (loi Laval) et 1930 (loi Tardieu), les risques maladie, invalidité et vieillesse sont couverts. En 1939 sont généralisées les allocations familiales. Et puis, après la Seconde Guerre mondiale, la France rattrape son retard sur toutes les nations et les dépasse avec son système de Sécurité sociale créé par les ordonnances de 1945.

Dans ce panel de lois, la loi fondamentale est celle sur les accidents du travail, qui, dans ce cas, garantit une indemnité, que la responsabilité du patron soit engagée ou non. Pour la première fois, on distingue la notion de risque de celle de faute : même si l'employeur n'a commis aucune faute, il est civilement responsable des accidents qui se produisent dans la « collectivité » qu'est l'entreprise. Ainsi le risque, l'aléa, est détaché des individus. Or la responsabilité individuelle, quelles que soient les circonstances, est au cœur du système libéral.

Pourquoi l'État a-t-il besoin de l'économie ?

« La production statistique résulte de rapports de force. Elle est idéologique, policière. »[11] Bien que rapidement émise, cette affirmation contient une part de vérité. Répétons que la racine de « statistique » est le mot « État », et l'État est, d'abord et avant tout, un protecteur, un producteur de sécurité.

En 1576, en France, Jean Bodin écrit *Les Six Livres de la République* qui évoquent un État déféodalisé, où apparaît l'intérêt général, qui se substitue aux « privilèges ». La question de l'impôt, de la guerre, la centralisation, l'unification linguistique (l'édit de Villers-Cotterêts substituant le français au latin pour les actes juridiques), la protection

[11] Desrosières, *op. cit.*, p. 412.

commerciale des manufactures avec la doctrine mercantiliste, sont autant de manifestations de l'État-nation. On peut en donner plusieurs images : l'État-gendarme, l'État bienveillant ou arbitre des juristes, au-dessus des conflits et des parties, et, enfin, l'État-providence. On peut aussi songer à un État-partisan : c'est l'État des marxistes qui voient en lui une émanation de la classe dominante. La loi, le droit, sont souvent la raison du plus fort. La raison d'État est précisément ce dont on ne peut pas donner la raison, c'est le fait du Prince. Le « bien » est ce que la classe dominante estime être son propre bien et « la force précède le droit », selon la belle formule de Bismarck. Quoi qu'il en soit, l'État doit donner une image de justice et de neutralité pour tous les sujets et, pour ce faire, l'économie est parfaite, elle qui a su inventer des « lois » immanentes, « objectives », comme celle du marché, lois appuyées s'il le faut par une « réalité » statistique.

Avec l'État-providence, la sécurité acquiert une forte connotation économique. Plus que la police, l'armée et la justice qui résout pacifiquement les conflits, c'est la question du bien-être économique des masses qui devient essentielle. L'État était une armée en marche, il devient un distributeur. Il était gendarme, il devient une assistante sociale. Autrefois grande compagnie de pilleurs et de brigands, il devient compagnie d'assurances. Il prend en charge les risques, annihile les accidents de la vie, réduit le malheur et domine le hasard. Voilà pourquoi le principe de précaution est un principe éminemment politique : lorsque la science ne peut dire (si les OGM sont nocifs ou non, si le nucléaire est fiable, si la Terre se réchauffe...), la précaution est le privilège régalien, non expertisable, non mesurable, du pouvoir de prendre une décision. De même, à l'inverse, le refus de la précaution (je fais le pari que le nucléaire ne présente pas de risques) lui confère ce même privilège régalien. Avec la précaution (ou le refus de la précaution), le pouvoir juge de l'avenir et décide seul. Au-delà de l'expertise sans appui scientifique, du seul fait du Prince.

Mais l'État qui parle d'économie et de politique économique n'est plus l'État-providence. Il est le pouvoir des grands, des puissants, des entreprises, des marchands, et veut faire oublier qu'il est le pouvoir. Le pouvoir mobilise toujours des représentations et des mises en scène. Les tyrans organisent des cultes. Ils jouent sur la peur, le mystère, l'initiation, le secret. Dans les sociétés démocratiques, où l'importance des média est cruciale, la mise en scène du spectacle et du verbe politique est essentielle. Le pouvoir joue sur les mots. Il parlera de « guerre économique », de « bataille pour l'emploi », de « l'industrie fer de lance de la nation »[12]. Tout discours permet de communiquer, mais aussi « d'en imposer et d'imposer »[13]. Il n'est pas, ou exceptionnellement, un ensemble de signes destinés à être compris, mais des « signes de richesse, destinés à être crus ou obéis »[14]. Le pouvoir cherche des signes extérieurs de richesse. Et quoi de mieux que l'économie pour lui en fournir ? Qui n'a pas été impressionné par l'économie, sa difficulté, son mystère ? Qui n'a pas été impressionné par ses habits techniques, les habits de l'objectivité scientifique ? Et voilà que surgit une autre image de l'État, l'État-gestionnaire, loup vêtu d'une peau de mouton et d'un cotillon de savant, qui explique les lois économiques qui vont faire le bonheur des sujets : je réduis l'impôt de solidarité sur la fortune, pour éviter que les capitaux ne quittent la France et afin que ces capitaux fassent tourner des entreprises qui créent des emplois et des richesses. Logique imparable, s'il en est. Je pourrais dire : je réduis l'impôt des riches pour que les riches soient encore plus riches, ce qui tue les services publics et appauvrit la nation. Mais, c'est vrai, c'est plus délicat à avouer. L'État-providence a vécu. L'État-partisan masqué par l'État-gestionnaire renaît sous nos yeux.

Les modèles de prévision ou le pouvoir sur le temps

L'État protège et l'élucidation de l'avenir est de son ressort. Pas de puissance sans pouvoir de lire le futur. Comment se font les prévisions ? À partir de modèles « macroéconomiques » qui « tournent » pour la Direction de la prévision ou l'INSEE, d'enquêtes et de sondages auprès des acteurs économiques, ménages et entreprises. Le problème est le terme de la prévision[15] : à court terme, elle dépend de jugements « hors modèle » (hors lois d'équilibre de la comptabilité nationale), donc de l'« instinct » des prévisionnistes, largement fondé sur celui d'autrui... Comme en Bourse, l'anticipation du futur se fait en boucle : je prévois parce que tu prévois ce que je prévois. À partir d'un an, on peut

[12] Ces métaphores sont extraites de la « Lettre à tous les Français » de François Mitterrand, en 1988.

[13] Pierre Bourdieu, *Ce que parler veut dire : l'économie des échanges linguistiques*, Fayard, 1980.

[14] *Ibid.*

[15] Voir Alain Pichot, *Comptabilité nationale et modèles économiques*, PUF, Paris, 1988.

commencer à utiliser des modèles économétriques dépassant la technique du « doigt mouillé ». Or tous les modèles, des organismes privés (grandes banques et grandes entreprises, instituts patronaux) ou publics, fonctionnent selon la même structure, qui est celle du modèle de la Direction de la prévision, modèle de base. Il n'y a donc pas véritablement de concurrence entre les instituts de prévision, publics ou privés. Tous chantent la même chanson, copiée sur celle du ministère des Finances. À côté de la DP, signalons l'OFCE et l'IPECODE. Le REXECODE est lié au patronat, l'OFCE est plus « neutre ». Les organismes internationaux chantent aussi leur petite chanson, ultra-libérale (FMI), libérale (OCDE)[16] ou modérément libérale (Banque mondiale), et ne se privent pas de donner des leçons aux pays. Enfin, la Banque de France et les grandes banques ou entreprises ont aussi leurs systèmes de prévision, calqués sur celui de la Direction de la prévision. C'est pourquoi l'analyse du futur économique donne tellement l'impression d'une terrible monotonie : au temps de la rigueur, tout le monde veut la rigueur ; au temps de la « nouvelle économie », tous encensent la nouvelle économie ; au temps de la hausse de la Bourse, tous les prévisionnistes anticipent la hausse éternelle. Le lecteur et l'honnête homme doivent donc prendre avec une extraordinaire prudence les assertions des prévisionnistes. Bref, plus l'économiste dit qu'il ne parle pas de politique, plus il en parle, et plus le Prince dit qu'il ne fait qu'appliquer des lois économiques, plus il fait de la politique. C'est toujours bon à savoir, avant de mourir à la guerre économique.

Gene Kelly dans *Chantons sous la pluie* (1952) de Stanley Donen.

[16] Les rapports de l'OCDE sont parfois des modèles de cynisme. Voir le rapport de Monsieur Morrisson dans Les Cahiers de l'OCDE, n° 13, 1997, donnant la méthode pour détruire le social et les services publics « en douceur ».

TEXTES

GEORGE ORWELL

Les fabuleuses statistiques

– Camarades ! cria une jeune voix ardente. Attention, camarades ! Nous avons une grande nouvelle pour vous. Nous avons gagné la bataille de la production ! Les statistiques, maintenant complètes, du rendement dans tous les genres de produits de consommation, montrent que le standard de vie s'est élevé de rien moins que vingt pour cent au-dessus du niveau de celui de l'année dernière. Il y a eu ce matin, dans tout l'Océania, d'irrésistibles manifestations spontanées de travailleurs qui sont sortis des usines et des bureaux et ont défilé avec des bannières dans les rues. Ils criaient leur gratitude à Big Brother pour la vie nouvelle et heureuse que sa sage direction nous a procurée. Voici quelques-uns des chiffres obtenus : Denrées alimentaires…

La phrase, « notre vie nouvelle et heureuse », revint plusieurs fois. C'était, depuis peu, une phrase favorite du ministère de l'Abondance. Parsons, son attention éveillée par l'appel du clairon, écoutait bouche bée, avec une sorte de solennité, de pieux ennui. Il ne pouvait suivre les chiffres, mais il n'ignorait pas qu'ils étaient une cause de satisfaction. […]

Les fabuleuses statistiques continuaient à couler du télécran.

1984, trad. Amélie Audiberti, Gallimard, coll. Folio, 1972.

JOHN MAYNARD KEYNES

L'efficacité a-t-elle un sens ?

Au lieu d'utiliser les ressources matérielles et techniques, considérablement accrues, dont on disposait, pour bâtir la cité des merveilles, on construisait des taudis ; et on pensait que c'était bien et opportun, parce que les taudis, selon le critère de l'entreprise privée, « ça paye », alors que bâtir la cité des merveilles eût été une entreprise d'une prodigalité insensée, qui aurait, dans l'idiome imbécile de la finance, « hypothéqué l'avenir » ; bien qu'on ne voie pas en quoi bâtir aujourd'hui de grands et magnifiques édifices pourrait appauvrir l'avenir, à moins d'être obnubilé par de fausses analogies avec des calculs comptables tout à fait hors de propos. […] Car les esprits de cette génération sont encore tellement obscurcis par des calculs trompeurs qu'ils se défient de conclusions qui devraient sembler évidentes, s'ils ne s'en remettaient pas à un système de comptabilité financière en vertu duquel ils se demandent si une telle opération sera « payante ». Nous devons rester pauvres parce que ça ne « paye » pas de devenir riche. Nous devons vivre dans des taudis, non pas parce que nous sommes incapables de construire des palaces, mais parce que « nous ne pouvons pas nous le permettre ».

La même règle autodestructrice du calcul financier régit tous les aspects de l'existence. Nous détruisons la beauté des campagnes parce que les splendeurs de la nature, n'étant la propriété de personne, n'ont aucune valeur économique. Nous serions capables d'éteindre le soleil et les étoiles parce qu'ils ne rapportent aucun dividende. Londres est une des villes les plus riches que compte l'histoire des civilisations, mais elle ne peut « se permettre » les réalisations les plus ambitieuses qui soient à la portée de ses habitants, parce que cela ne « paye pas ».

« La théorie générale de l'emploi », trad. Nicolas Postel, *La Pauvreté dans l'abondance*, Gallimard, coll. Tel, 2003.

Vaches et centrale nucléaire.

JOSEPH STIGLITZ

Des milliers de cas où les marchés sont inefficaces

Dans les cinquante dernières années, la science économique a expliqué quand et pourquoi les marchés fonctionnent bien, et quand ils ne le font pas. Elle a montré pour quelles raisons ils peuvent aboutir à sous-produire certains facteurs – comme la recherche fondamentale – et à en surproduire d'autres – comme la pollution. Leurs échecs les plus dramatiques sont les crises périodiques, les récessions et dépressions qui ternissent le blason du capitalisme depuis deux cents ans : elles laissent un grand nombre de travailleurs sans emploi et une grosse partie du stock de capital sous-utilisée. Mais, si elles constituent les échecs du marché les plus visibles, il y en a des milliers d'autres plus discrets – des milliers de cas où les marchés ne parviennent pas à des résultats efficaces ou socialement souhaitables.

L'État peut jouer un rôle essentiel – et il l'a fait –, non seulement pour tempérer ces échecs du marché, mais pour assurer la justice sociale : par eux-mêmes, les mécanismes du marché peuvent parfois laisser beaucoup de gens sans ressources suffisantes pour survivre. Dans les pays qui ont le mieux réussi – les États-Unis, l'Asie orientale –, l'État a pris en charge ces tâches et, dans l'ensemble, s'en est relativement bien acquitté.

La Grande Désillusion, Fayard, 2002.

PIERRE THUILLIER

Le culte de l'efficacité, de la productivité, de la rentabilité

La culture dans laquelle ils vivaient ne leur parlait plus que le langage de l'argent. Chaque fois qu'il fallait résoudre un problème, il n'était question que de subventions, d'allocations et de crédits. De façon toujours plus éclatante, la seule morale reconnue était celle de la rentabilité et du profit. Comment l'Occident avait-il pu sombrer dans cette torpeur spirituelle ?

Officiellement, il n'y avait plus de dieux. Mais tout s'est passé en fait comme si l'Argent avait été divinisé et comme si une ribambelle de petits démons exigeaient qu'on leur rendît un culte permanent (Efficacité, Productivité, Rentabilité, etc.). La tâche de notre groupe de recherche était donc de comprendre comment l'avènement du bourgeois vers le XIIe siècle avait amorcé une transmutation économique de toutes les valeurs. Pour cela, il fallait scruter la figure du Marchand et voir comment les activités commerciales avaient progressivement gangrené la culture occidentale dans son ensemble.

La Grande Implosion, Fayard, 1995.

FRÉDÉRIC BEIGBEDER

Le pire des systèmes

Pour réduire l'humanité en esclavage, la publicité a choisi le profil bas, la souplesse, la persuasion. Nous vivons dans le premier système de domination de l'homme par l'homme contre lequel même la liberté est impuissante. Au contraire, il mise tout sur la liberté, c'est là sa plus grande trouvaille. Toute critique lui donne le beau rôle, tout pamphlet renforce l'illusion de sa tolérance doucereuse. Il vous soumet élégamment. Tout est permis, personne ne vient t'engueuler si tu fous le bordel. Le système a atteint son but : même la désobéissance est devenue une forme d'obéissance. Nos destins brisés sont joliment mis en page. Vous-même, qui lisez ce livre, je suis sûr que vous vous dites : « Comme il est mignon, ce petit pubard qui crache dans la soupe, allez, à la niche, tu es coincé ici comme les autres, tu paieras tes impôts comme tout le monde. » Il n'y a aucun moyen d'en sortir. Tout est verrouillé, le sourire aux lèvres. On vous bloque avec des crédits à rembourser, des mensualités, des loyers à payer. Vous avez des états d'âme ? Des millions de chômeurs dehors attendent que vous libériez la place. Vous pouvez rouspéter autant que vous voulez, Churchill a déjà répondu : il a dit « c'est le pire système à l'exception de tous les autres ». Il ne nous a pas pris en traître. Il n'a pas dit le meilleur système ; il a dit le pire.

14,99 €, Grasset, 2000.

ARMAND FARRACHI

La censure économique

Dans le septième cercle de son enfer, où Dante les avait enfermés, les violents contre l'esprit fricotaient déjà avec les violents contre la nature. De même qu'elle s'entend à neutraliser l'information sans la supprimer mais en la noyant dans un flot continuel d'informations indifférenciées, la censure économique n'a pas besoin de ciseaux ni de cartons pour interdire les œuvres non conformes au principe de rentabilité. Il lui suffit d'empêcher celles qui n'auraient pas de public constitué par avance, et par elle-même. L'œuvre n'a plus à créer son public mais à répondre à la demande d'un public « formaté » par le marché. Le vide sera comblé par des ersatz, sur le modèle de ces musiques d'ascenseurs, de salles d'attente et de supermarchés, faites non pour être écoutées mais pour faire vendre et pour faire patienter, art de charmeurs de serpents ou d'amuseurs d'esclaves à qui l'abrutissement sert d'extase et l'Audimat de jugement. Tandis qu'ils s'applaudissent entre eux, on s'ennuie, avouons-le, on s'ennuie énormément.

Entassés dans des cellules payables en dix, quinze ou vingt ans, avec une amende mensuelle pour délit de pauvreté sous forme d'intérêts, les condamnés à la consommation perpétuelle seront autorisés à une promenade quotidienne devant la télévision. Empêchés de fuir autant que de lutter, les moins résistants pourront toujours cantiner aux antidépresseurs, vendus directement par l'administration. Pendant les permissions, les plus méritants veilleront à reproduire le comportement de leurs maîtres en s'acharnant sur leur ennemi commun, en traquant la sauvagerie jusque dans ses séquelles. Compte tenu du nombre de volontaires, l'invitation tourne au lynchage.

« N'aimez pas le monde, ni ce qui est dans le monde » disait l'apôtre Jean à ses disciples pour les détacher des biens matériels. Pressés de convertir les leurs au culte qu'ils président, les apôtres de la marchandise commandent à leur tour : « N'aimez pas la Terre, ni ce qui est de la Terre ».

Les Ennemis de la terre, Exils, 1999.

« Bain de folie », dans *Souvenirs de famille*, album n°16 des *Gags de Boule et Bill* par Roba, Dupuis, 1979.

DOMINIQUE MÉDA

L'économie parle-t-elle du bonheur ?

Le bonheur ou le bien-être ne sont conçus que dans une optique fondamentalement subjective : l'utilité n'est jamais que celle de chaque individu et, comme l'écrit la spécialiste française de la comptabilité nationale, « le bien-être ne peut être apprécié que subjectivement, et on démontre qu'il est radicalement impossible d'agréger les échelles de préférence individuelles pour obtenir une échelle de préférence nationale. La notion de bien-être national est donc théoriquement non fondée ». On ne peut pas être plus clair. Le problème fondamental est là. De très nombreux biens – et sans doute parmi les plus importants – sont immédiatement collectifs, c'est-à-dire bons pour tous, pour notre société, son bien-être, son progrès, sans être appropriables par personne en particulier.

Roland Topor, sans titre, 1986.

Arrêtons-nous un instant sur les rapports du PIB et du bien-être. Depuis de nombreuses années, les économistes semblent en désaccord sur la question de savoir si le PIB doit être considéré comme un indicateur de bien-être : en 1949, dans *Les Comptes de la nation*, F. Perroux écrivait : « Il est donc peu contestable que la grandeur la plus propre à renseigner sur le bien-être d'une population est le produit national net au prix du marché. Pour qu'il livre la mesure demandée, il faudrait 1) que la totalité des biens et des services qui bénéficient aux individus pendant une période soit enregistrée ; 2) que l'effort fourni pour l'obtenir soit exactement évalué ; 3) que les prix expriment toutes les utilités marginales des biens et services. Autant de conditions qui ne sont pas remplies. »

En 1953, dans un cours ronéoté donné à l'Ena et intitulé *Réflexions sur la comptabilité nationale et les budgets nationaux*, Simon Nora écrit : « Pour mesurer le bien-être d'une nation et bien que cette mesure soit fort discutable, la quantité à retenir sera sans doute le produit national net au prix de marché. Le produit national net ou brut peut servir de base à l'appréciation du potentiel mobilisable d'une nation en vue d'un effort civil de reconstruction ou d'une guerre. » On notera que les deux auteurs se situent dans une perspective de reconstruction qui est aussi utilitariste au sens donné ci-dessus. Or, depuis les années soixante-dix – et cela n'est pas sans rapport avec le fait que, les ressources matérielles augmentant, la définition du bien-être a changé et ne peut plus être restreinte à celles-ci –, la majeure partie des économistes qui s'intéressent à cette question refusent l'assimilation du PIB à un critère de bien-être.

Qu'est-ce que la richesse ?, Aubier, 1999.

GEORGE ORWELL

La rationalisation de la langue

– C'est une belle chose, la destruction des mots. Naturellement, c'est dans les verbes et les adjectifs qu'il y a le plus de déchets, mais il y a des centaines de noms dont on peut aussi se débarrasser. Pas seulement les synonymes, il y a aussi les antonymes. Après tout, quelle raison d'exister y a-t-il pour un mot qui n'est que le contraire d'un autre ? Les mots portent en eux-mêmes leur contraire. Prenez « bon », par exemple. Si vous avez un mot comme « bon » quelle nécessité y a-t-il à avoir un mot comme « mauvais » ? « Inbon » fera tout aussi bien, mieux même, parce qu'il est l'opposé exact de bon, ce que n'est pas l'autre mot. Et si l'on désire un mot plus fort que « bon », quel sens y a-t-il à avoir toute une chaîne de mots vagues et inutiles comme « excellent », « splendide » et tout le reste ? « Plusbon » englobe le sens de tous ces mots, et, si l'on veut un mot encore plus fort, il y a « doubleplusbon ». Naturellement, nous employons déjà ces formes, mais dans la version définitive du novlangue, il n'y aura plus rien d'autre. En résumé, la notion complète du bon et du mauvais sera couverte par six mots seulement, en réalité un seul mot. Voyez-vous, Winston, l'originalité de cela ? Naturellement, ajouta-t-il après coup, l'idée vient de Big Brother. […]

– Ne voyez-vous pas que le véritable but du novlangue est de restreindre les limites de la pensée ? À la fin, nous rendrons littéralement impossible le crime par la pensée car il n'y aura plus de mots pour l'exprimer. Tous les concepts nécessaires seront exprimés chacun exactement par un seul mot dont le sens sera rigoureusement délimité. Toutes les significations subsidiaires seront supprimées et oubliées. Déjà, dans la onzième édition, nous ne sommes pas loin de ce résultat. Mais le processus continuera encore longtemps après que vous et moi nous serons morts. Chaque année, de moins en moins de mots, et le champ de la conscience de plus en plus restreint. Il n'y a plus, dès maintenant, c'est certain, d'excuse ou de raison au crime par la pensée. C'est simplement une question de discipline personnelle, de maîtrise de soi-même. Mais même cette discipline sera inutile en fin de compte. La Révolution sera complète quand le langage sera parfait. Le novlangue est l'angsoc et l'angsoc est le novlangue, ajouta-t-il avec une sorte de satisfaction mystique. Vous est-il jamais arrivé de penser, Winston, qu'en l'année 2050, au plus tard, il n'y aura pas un seul être humain vivant capable de comprendre une conversation comme celle que nous tenons maintenant ?

1984, trad. Amélie Audiberti, Gallimard, coll. Folio, 1972.

Sandro Botticelli, *Le Jugement de Paris*, vers 1485-1488.

JACQUES SAPIR

Où sont les morts provoqués par les économistes ?

En Russie, la surmortalité actuelle provient en partie de la destruction des systèmes sociaux et d'hygiène, résultat des coupes budgétaires imposées par les économistes qui ont conseillé les gouvernements, de Jeffrey Sachs à Stanley Fischer. Ces économistes ont également sur la conscience la situation de désespoir, de voie sans issue qu'ils ont contribué à créer par leurs conseils erronés : le taux de suicide a explosé chez les jeunes, ainsi que des comportements facilitant la montée de la prostitution ou de la criminalité. On a maints exemples d'une détérioration dramatique des cadres de vie liée aux politiques prescrites par ces experts en Amérique latine, par exemple aujourd'hui en Argentine. Les recettes du FMI ont conduit l'Indonésie au marasme et au bord de l'éclatement interethnique et de la guerre civile, alors que, à l'opposé, la Malaisie traversait la crise de 1997 sans trop de mal en suivant une politique opposée (incluant en particulier le contrôle des changes). Il est clair que les économistes responsables des divers désastres que l'on a connus ne les ont pas voulus. Une bonne partie d'entre eux ont donné leurs conseils avec les meilleures intentions du monde. Rappelons-nous le mot de Guillaume II devant les charniers de la Première Guerre mondiale : « Je n'avais pas voulu cela. » Et rapprochons cette phrase de l'aveu de Michel Camdessus, l'ancien directeur général du FMI, reconnaissant que l'action du FMI avait créé en Russie « un désert institutionnel dans une culture du mensonge ». Il ne reste pas moins que l'on n'est pas jugé sur ses intentions, on l'est sur ses résultats.

Interview de Jacques Chavagneux, *Alternatives économiques*, mars 2003.

ARMAND FARRACHI

La statistique confond opulence et misère, croissance et destruction

Au soldat russe qui n'a pas touché sa solde depuis six mois et qui se morfond dans la nuit glacée d'un casernement sibérien parmi les armes à longue portée et les engins tout terrain, il faudrait une conscience d'acier pour épargner le tigre qui rôde dans les parages et dont les os et la peau, vendus à la frontière, lui permettraient de vivre près de trois ans. La violence faite à la nature est donc à la fois le recours des pauvres qui luttent pour survivre aussi bien que des riches qui détruisent pour prospérer, et sa protection passe par la double lutte contre la misère et contre le gaspillage, fléaux complémentaires bien plus qu'antagonistes.

Notre société prospère à la fois sur la pénurie et sur le gâchis, de même qu'elle produit simultanément des biens et des besoins, qu'elle crée une fringale de nourritures grasses en même temps qu'une hantise de la minceur. À la limite, toute différence est abolie entre opulence et misère, entre croissance et destruction. Aux yeux des économistes et des statisticiens, même les nuisances provoquées par les encombrements automobiles, les suréquipements ou les soins médicaux sont comptabilisées en signes de richesse, et la prospérité des vendeurs d'eau minérale ne sera pas chiffrée comme le coût de la pollution des eaux de distribution urbaine mais comme une élévation du niveau et de la qualité de vie, de sorte que les sommes gaspillées à panser les plaies d'un progrès négatif passeront elles-mêmes pour un facteur de progrès positif.

À quoi rêvent la consommation de masse et l'industrialisation, sa grande sœur ? À des princes charmants manufacturés en produits, en machines à consommer le fourrage des biens délivrés par les machines à produire. Ce que le producteur enlève à la nature, le consommateur le rend en déchet. Ce transit qui fait de lui la cheville ouvrière du gaspillage organisé a des effets puissamment sédatifs. Un individu placé sous anesthésie critique, avec une conscience individuelle convenablement montée sur roues, ne devrait pas concevoir de plus grande liberté que d'aller d'un point à un autre sans rencontrer de feu rouge, quitte à payer pour cela. Comment obtenir de si magnifiques résultats sans avoir préalablement attenté à l'intelligence des personnes et à leur discernement, sans intégrer leur décomposition humaine, sociale et spirituelle à la destruction globale dont le saccage de la nature est la forme la plus manifeste ?

Les Ennemis de la terre, Exils, 1999.

La guerre économique

Page précédente :
Pieter Brueghel l'Ancien, *Les richesses font les larrons*, XVIe siècle.

Hugh Bulley, « Trygée offrant une coupe d'or à Hermès pour le corrompre », illustration pour *La Paix* d'Aristophane.

4

Marchés et concurrence

« Cette guerre perpétuelle qui a pour nom concurrence. »

KARL MARX

« Considérons l'économie mondiale : on n'y voit qu'un champ de bataille, où les entreprises se livrent une guerre sans merci. On n'y fait pas de prisonniers. Qui tombe, meurt. »

FRANÇOIS MITTERRAND, LETTRE À TOUS LES FRANÇAIS

Nous voilà armés pour la guerre économique. Ou du moins pour comprendre la harangue des chefs. « Soldats ! C'est la guerre ! À l'assaut de nos parts de marché ! » Avant de partir à l'assaut, essayons de comprendre ces évidences que sont la « concurrence », la « loi du marché », la « mondialisation », la « nécessité de s'ouvrir au monde », la « loi de la jungle ». À l'assaut du marché certes, mais qu'est-ce que le marché ?

D'abord « marched » puis « marchié » ou « marcié », « marché » a donné « merci » et encore « Mercure », entremetteur et dieu de l'éloquence[1] : le marché est affaire d'intermédiaires et de sophistes ! Hermès avait mal débuté, comme voleur de génisses... Mais il

[1] *Dictionnaire historique de la langue française*, Le Robert, Paris.

maquilla son larcin. Débusqué par Apollon, Zeus l'avertit qu'il aurait à respecter la propriété et en fit le messager aux pieds légers établissant les contrats, favorisant le commerce, portant les messages et veillant à la libre circulation des voyageurs. Il promit à Zeus de ne pas mentir, mais « ne s'engagea pas à dire absolument toute la vérité. »[2] Bref, le marché commence avec l'opacité et le mensonge…

Qu'est-ce qu'un marché concurrentiel, d'abord ?

Écoutons un grand spécialiste : « Un marché en concurrence parfaite est défini par quatre conditions dont la réalisation garantit "l'isolement stratégique" des agents qui y opèrent, c'est-à-dire une situation dans laquelle il n'existe aucune interaction consciente entre les choix décidés par ceux-ci. »[3]

1re condition : le nombre des vendeurs et des acheteurs est très élevé. Le volume des échanges individuels est négligeable par rapport au volume total.

2e condition : il n'y a pas de barrière initiale sur le marché des candidats à l'entrée (libre-échange), donc pas de collusions possibles.

3e condition : les biens échangés sont homogènes. Autrement dit, il y a autant de biens que de marchés. Les vendeurs sont indifférents à l'identité des acheteurs et inversement.

4e condition : les agents économiques disposent d'une information parfaite sur les prix pratiqués. La cohabitation de prix différents est impossible. Sinon, les acheteurs se précipiteraient sur les prix les plus bas, obligeant les vendeurs à s'aligner. C'est la fameuse hypothèse de transparence[4]. Ah ! « La transparence ! », l'un des mythes les plus solidement ancrés dans les esprits, pas seulement des économistes d'ailleurs, mais des menteurs en général ! Tout savoir sur tout ! La bienheureuse et réconfortante absence d'incertitude !

---

[2] Robert Graves, *Les Mythes grecs*, p. 57.

[3] Jean Gabszewicz, *La Concurrence imparfaite*, La Découverte, Paris, 1994, p. 3.

[4] Pierre Cahuc utilise d'ailleurs le mot « transparence » et écrit « Les agents sont parfaitement informés du prix et de la qualité du produit » dans *La Nouvelle Microéconomie*, La Découverte, coll. Repères, 1998, p. 5.

Bien entendu, ces conditions sont totalement utopiques, idéales, et même au-delà, tout simplement idéologiques. Elles expriment un rêve ou une doctrine. Mais, comme se plaisent à dire tous les économistes, elles sont un « point de départ ». Partons de l'idéal et approchons-nous pas à pas de la réalité, de la « concurrence imparfaite ». Longtemps, jusque dans les années 70, les économistes sont restés dans l'idéal, le rêve de la pureté de la concurrence. Maintenant, enfin, ils cherchent à expliquer les prix sur des marchés imparfaits mais réels : pétrole, sucre, autos, Bourse...

Le marché fixe-t-il les prix ?

Oui ! criez-vous. Oui, criez-vous avec Hayek, Friedman et les libéraux, l'efficacité du marché tient à sa capacité à synthétiser dans la « vérité » les prix des millions d'informations sur la société : les goûts, les besoins, les désirs et les calculs des consommateurs, les techniques et les calculs des entreprises. Friedrich von Hayek (1899-1992), penseur libéral, attribue au marché des capacités infinies dans le recueil, le traitement et la synthèse de l'information : « les prix disent tout ce que nous savons et nous ne savons pas ». Il fonctionne comme un immense ordinateur. « Le marché est un puissant instrument de calcul, à la fois ordinateur, logiciel et algorithme aux performances inégalées, qui fait émerger un ensemble de signaux, qui crée de l'ordre et de l'efficacité »[5]. Et voilà comment on matérialise et instrumentalise, c'est le cas de le dire, une chimère. Les économistes comparent souvent le marché à un dictateur omniscient et omnipotent, bienveillant cependant, capable de tout identifier. Hélas, on sait qu'une « multiplication exponentielle des possibles assigne des limites considérables aux capacités de calcul des ordinateurs les plus performants »[6], de sorte qu'il est vain de rêver à un planificateur omniscient. La main du marché omniscient, omniprésent, n'est probablement que celle du dieu, toutes deux invisibles.

Revenons au professeur Gabszewicz. Très honnêtement, Jean Gabszewicz relâche une à une les quatre conditions précédentes pour tendre vers la réalité, la concurrence imparfaite. Précipitons-nous vers la conclusion de son livre. « À l'issue de ces analyses, comment ne pas

---

5 Roger Guesnerie, *L'Économie de marché*, Flammarion, 1996, p. 72.

6 *Ibid.*, p. 55.

Raphaël (1483-1520), *Étude pour le portrait de Bramante.*

manifester un certain scepticisme quant à leurs aptitudes à expliquer le fonctionnement des marchés ? Contrairement à celles de la concurrence parfaite, les théories de la concurrence imparfaite se présentent, en effet, comme un "patchwork", sans doute haut en couleur, mais constitué de la juxtaposition d'une multitude de modèles particuliers, de modèles *ad hoc* souvent choisis pour la circonstance, ou pour l'illustration d'un modèle spécifique. [...] L'étude de la concurrence imparfaite n'a pas résolu davantage une des interrogations majeures de la théorie microéconomique : comment se forment les prix ? [...] Elles sont incapables d'expliquer le problème de la coordination des décisions, en particulier le fait que l'existence d'un nombre plus faible d'agents permettrait de simplifier le problème de la coordination [...] Elles sont inaptes à répondre de façon satisfaisante à certaines interrogations, comme les effets de rendements croissants, ou la façon dont s'opère la coordination des décisions individuelles par la médiation des prix. »[7]

Qu'on nous pardonne cette longue citation, mais la conclusion est épouvantable. Ici, on pourrait refermer l'*Antimanuel,* et déclarer : l'économie, comme discours, n'a pas de sens. Gabszewicz n'est pas le gauchiste du coin, un marxiste attardé, ou un illuminé d'une secte évangéliste et communautariste refusant le progrès. C'est un libéral pur sucre, formé à l'honnête orthodoxie de l'enseignement de l'économie. Il dit qu'on ne peut rien dire, en dehors du rabâchage du « mythe » de la concurrence parfaite, comme d'autres rabâchages de versets ou de répons. Rien : l'économie telle que l'ont construite les plus grands économistes n'est même pas capable d'expliquer... comment se forment les prix ! Frottez-vous les yeux, vous ne rêvez pourtant pas. Mais tous les économistes orthodoxes ne pensent pas comme Gabszewicz, tout de même ? Si. Tous ? Tous. Sauf deux ou trois peut-être, qui n'ont pas ouvert d'ouvrages d'économie depuis cinquante ans. Car cela fait maintenant cinquante ans que les économistes orthodoxes, les purs, les durs, les parfaits, pulvérisent le concept de concurrence.

Un économiste honnête ne détient donc pas de théorie de formation des prix. Vous vous dites : il exagère. Eh bien non ! Écoutez plutôt le prix Nobel Arrow, si vous ne faites pas confiance à Gabszewicz ou à Cahuc[8] :

---

[7] Jean Gabszewicz, *op. cit.*

[8] Qui dit la même chose que Gabszewicz, *op. cit.*

« Demander à un économiste de prévoir avec précision le prix de l'énergie à la fin de l'année revient à demander à un spécialiste de l'évolution quelle est la prochaine espèce qui va évoluer »[9]. Ce qui est énorme, dans cette citation, c'est la référence à la biologie et l'aveu de l'impuissance. Vous pensez alors : il va se faire plombier, notre économiste, ou dentiste ![10] Loin s'en faut. Que va faire notre économiste lambda ? Il va retourner au mythe ! À l'idéal ! À l'utopie ! Comme le marxiste retournait au socialisme pur et parfait, qui, s'il n'y avait pas eu la résistance perfide des classes bourgeoises, aurait permis l'abolition de l'exploitation de l'homme par l'homme, et le bonheur éternel sur la terre de la cuisinière lisant Proust le matin et jouant de la flûte le soir. Ouf ! Mais cette résistance, en attendant, a rempli les camps du goulag. La concurrence parfaite, elle, bidonvillise les pays et détruit la planète. Cela semble plus soft. Mais à quoi bon, dans cet *Antimanuel,* étudier le mythe de la concurrence ? Tant qu'à faire, étudions celui de Sisyphe ou relisons Homère ! Certainement pas, justement car le mythe de la concurrence parfaite va nous ouvrir les yeux sur la *doxa* économique, sur ce qu'on nous impose et nous inculque. Elle va nous faire réfléchir sur d'autres relations économiques, non seulement possibles, mais réelles et très fréquentes, fondées sur le don, par exemple. Alors, petite plongée dans les délices de la casuistique de la concurrence et de l'équilibre...

La loi de Say

Say[11] a proposé une loi de l'équilibre automatique, que l'on peut résumer ainsi : « L'offre crée sa propre demande. » Si offre il y a, demande exactement compensatoire il y aura, donc équilibre et harmonie. La loi de Say est un principe redoutable de bon sens, et extrêmement puissant. Je fabrique des voitures. Donc je paie des salaires à de la main-d'œuvre.

---

[9] Cité par Olivier Postel-Vinay, « Apologie du doigt mouillé », *Les Échos*, 02/01/1987.

[10] Keynes, qui pensait que les économistes devaient être modestes comme des dentistes, ne connaissait pas le proverbe français « menteur comme un arracheur de dents »...

[11] Jean-Baptiste Say (1767-1832), protestant né à Lyon, écrit un *Traité d'économie politique* en 1803. Exilé, Bonaparte lui demande de préparer la bibliothèque portative qu'il emporte en Égypte et lui suggère quelques corrections dans son ouvrage. Comme Say refuse, le Premier consul le chasse du Tribunat et interdit la réédition du *Traité*. Jean-Baptiste devient industriel. Enfin, en 1815, l'Ogre ayant disparu, il entre au Collège de France.

Cette main-d'œuvre achète du pain et des voitures. Or les offreurs de pain aussi payent des salariés qui achètent du pain et des voitures. Vu du côté travail, la loi dit : j'offre mon travail, donc je rencontre des demandeurs de travail pour faire du pain et des voitures. Au bout du compte, sur tous les marchés, pain, voitures et travail, les offreurs rencontreront des demandeurs. La loi de Say décrit l'équilibre général de Walras ainsi qu'un bouclage fondamental du circuit économique : si je fournis des voitures, il faut que je les vende, sinon la crise, la faillite me guettent. Si je paye les salariés, ils achèteront mes voitures. Offre, demande. John Ford ne disait pas autre chose avec sa maxime : « Je paye cher mes salariés, pour qu'ils achètent mes T-4, de la couleur de leur choix, à condition qu'elle soit noire. » Il décrivait l'équilibre sain d'une économie : une offre doit être écoulée, une demande doit être satisfaite.

Keynes a écrit son œuvre majeure (*La Théorie générale de l'emploi, de l'intérêt et de la monnaie*, 1936) pour se battre contre la loi de Say. Il disait : regardez, il y a du chômage, c'est que la loi de Say ne fonctionne pas. À cela, Say et ses épigones ont une réponse imparable : laissez faire, elle fonctionnera **tôt ou tard**. Tôt ou tard. Les chômeurs seront demandés par d'autres entreprises. Parce que les salaires vont baisser, donc la main-d'œuvre sera bon marché, donc etc. Et si les salaires ne baissent pas, c'est qu'il y a des entraves à la fluidité du marché du travail, des mafias syndicales, des salaires minima, des interdictions de licenciement, de liberté de circulation de la main-d'œuvre entre les pays. Laissez faire, laissez passer, et tôt ou tard, vous verrez ce que vous verrez. Keynes répondait : « Tôt ou tard, je serai mort. » Dans le long terme nous serons tous morts.

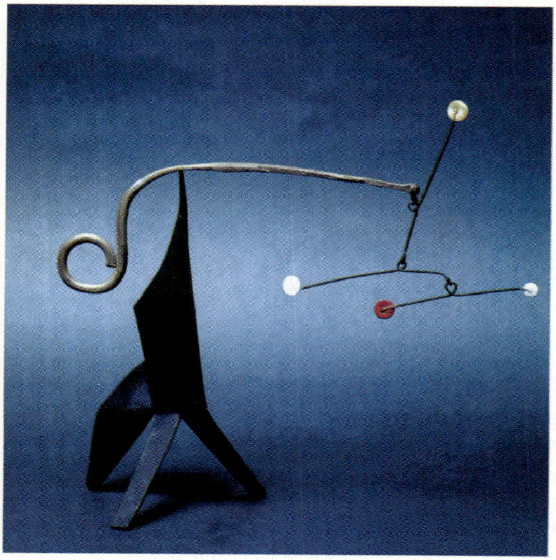

Alexander Calder,
Little Crinkly Black, 1971.

La loi de Say fonctionne particulièrement bien pour le crédit. J'emprunte, donc tôt ou tard je rembourserai. Offre égale demande. Équilibre. Tout crédit est suivi d'un remboursement. Oui, mais si entre-temps l'emprunteur est mort, si le crédit se transmet de génération en génération comme dans les pays d'usure... Chut. Tôt ou tard.

Que peut-on dire contre la loi de Say ? Rien. Si vous dites, oui, mais le chômage... on vous répond aussitôt : marché du travail pas assez fluide, flexible, rigidités sociales qui empêchent l'équilibre. Dégraissez-moi tout ça, supprimez la loi, sociale ou autre, et vous allez voir ce que vous allez voir. C'est exactement ce que disaient les communistes : ça ne marche pas ? C'est parce qu'il n'y a pas assez de communisme ! Trop de résistances de la réalité au mythe ! C'est ça, le libéralisme : adapter la réalité au mythe. Comme le mythe ne peut avoir tort, c'est la réalité qui a tort. Un jour, Maurice Allais se moqua d'un prix Nobel d'économie dont on taira le nom, en lui faisant faire un test qui démontrait qu'en situation d'incertitude les agents économiques étaient irrationnels. Que répondit-il ? « C'est pas la théorie qui est fausse, c'est la réalité. »[12]

La mariée mise à nu par ses célibataires

Heureusement, la « loi de Say », la loi de l'équilibre inéluctable, a été détruite par les économistes libéraux, ceux-là mêmes qui l'avaient portée au pinacle[13]. Ils n'ont eu de cesse de démontrer que : 1) le marché n'est pas efficace, 2) il n'est pas vrai qu'il conduise à l'équilibre ou à l'harmonie, 3) la loi de l'offre et de la demande n'a pas de sens, elle n'existe pas, et enfin 4) il n'est pas possible de fonder une politique économique sur le concept libéral de marché (au moins pour un économiste digne de ce nom). Ce qui est passionnant dans cette affaire, c'est que ce sont les Debreu, Allais, Arrow et consorts (et non les attardés gauchistes et barbus du café du commerce) qui se sont acharnés sur la forteresse.

La loi de Say est l'expression intuitive de la loi de l'offre et de la demande qui équilibre simultanément tous les marchés de l'économie, du travail, des tomates et des contrats d'assurance. Et les autres. Tout individu de « bon sens » songe, comme Walras, que si le prix d'un produit augmente, on en vendra moins, et inversement. Le problème, hélas, est l'interdépendance du désir des hommes et pour chacun de toutes les choses. Autrement dit, un marché n'est jamais isolé : ma

[12] Sur le paradoxe d'Allais, voir « Voies de la recherche macroéconomique », *op. cit.*, p. 340.

[13] Lire notre article dans *Alternatives économiques* « Le Suicide du libéralisme », n° 211, février 2003, et « Mort de l'économie, triomphe du libéralisme », n° 212, mars 2003.

demande d'essence est liée à celle de tomates, de disques, de contrats d'assurance, de voitures et à mon offre de travail ; et il en va de même pour tout individu. Mais supposons, pour faire plaisir aux libéraux, que les individus sont isolés : ils ne voient alors que les prix.

Rien ne dit que le libre jeu isolé des offres et des demandes sur tous ces marchés conduise à un équilibre. Il peut mener à une infinité d'équilibres, comme à aucun. Keynes avait eu la magistrale intuition qu'un marché boursier (avec tout ce que vous voulez de bonne vieille loi de l'offre et de la demande : les actions, quand ça monte, j'achète ; les obligations, quand ça baisse, je vends) était sans équilibre[13]. Debreu, Sonnenschein et bien d'autres[14], dans les années 70, ont démontré que, globalement, les marchés ne conduisaient à rien. Pire, ils ont prouvé, dans un théorème célèbre[15], qu'on ne pouvait déduire des comportements normaux des demandeurs une loi « normale » de l'offre et de la demande, et, *horresco referens*, qu'un système de prix, quel qu'il soit, pouvait résulter de n'importe quel comportement loufoque ou aberrant de la part des offreurs et des demandeurs. Autrement dit, la « loi » de l'offre et de la demande est informe. Exit la « loi » de l'offre et de la demande. Exit l'équilibre, son unicité, la convergence vers l'équilibre. Exit l'harmonie par le marché. Conclusion : n'importe qui peut dire « c'est la loi de l'offre et de la demande », excepté un économiste.

Le dilemme du prisonnier

La « main invisible », l'harmonie sociale d'une société laissée à elle-même, affirme l'efficacité du marché autorégulé. Avec le dilemme du prisonnier, ce sont les économistes libéraux eux-mêmes qui vont démontrer que le marché est inefficace. C'est ça qui est passionnant.

En 1951, John Nash, prix Nobel 1994, mathématicien fou qui a donné naissance à un roman et à un film, démontre un résultat essentiel pour l'économie[16], qui ruine le concept de concurrence. Deux prisonniers sont enfermés dans une tour. L'un des deux a commis un crime horrible, mais on ne sait pas lequel. Ils sont totalement coupés l'un de l'autre, sans

---

14 Lire le beau livre de Bernard Guerrien *L'Économie néo-classique* ou, à défaut, son *Dictionnaire d'analyse économique*, La Découverte, 1996.

15 Le théorème dit de Sonnenschein date de 1973.

16 J. F. Nash, « Non-Cooperative Games », in *Annals of Mathematics*, vol. 54, 1951, p. 289-295.

100 Centre Street, Tribunal pénal de New York. Accusé en cellule avant son jugement.

aucune possibilité de communication. Le directeur de la prison va les voir l'un après l'autre et fait à chacun la proposition suivante. « Tu avoues le crime, et l'autre, que je vais aller voir après, n'avoue pas. Dans ce cas, tu prendras la perpétuité, incompressible, et l'autre sera libre. Ou bien tu n'avoues pas, tu jures être innocent, et l'autre, que je vais aller voir après toi, n'avoue pas non plus. Dans ce cas, vous prenez tous les deux vingt ans incompressibles. Ou alors tu avoues, mais l'autre aussi avoue ! De sorte que, moi, directeur de la prison, je ne sais toujours pas qui est le coupable. Mais, dans ce cas, bien entendu, comme le coupable a avoué, je suis obligé d'être plus clément, et vous écopez chacun de dix ans fermes. Résumons : 1) tu avoues, l'autre pas, tu es en prison à vie, l'autre s'en va ; 2) tu n'avoues pas, l'autre non plus, vingt ans chacun ; 3) vous avouez tous les deux, dix ans chacun. Alors ? »

Dilemme. Avouer, ne pas avouer ? Si j'avoue et que l'autre n'avoue pas, je suis en prison à vie. Si je n'avoue pas, et que l'autre en fait autant, je prends vingt ans ; mais s'il avoue, je sors ! Et si nous avouons tous les deux, nous ne prenons que dix ans... Seule possibilité : ne pas avouer. Car dans tous les cas, la solution 0 ou 20 ans, est meilleure que la solution 10 ans ou prison à vie.

J'ai choisi de jouer perso, chacun pour soi. Voilà ce qu'est la concurrence. Comme l'autre va faire comme moi, nous prendrons tous les deux 20 ans. Si au lieu de jouer seul, j'avais cru en la collectivité et si j'avais été sûr que l'autre ferait de même, nous aurions pris chacun dix ans.

Prison de haute sécurité, Beer-Sheva, Israël, 1971.

C'était la solution de la « coopération ». Si nous avions pu coopérer, nous chuchoter à l'oreille avant de nous décider, nous aurions choisi tous les deux d'avouer ; encore aurait-il fallu avoir une immense confiance en l'autre : penser que notre bonheur venait non pas de l'égoïsme de l'autre, mais au contraire de sa bienveillance !

Attachons-nous maintenant à une seconde version, plus pédagogique, du dilemme du prisonnier. Considérons deux joueurs à qui l'on propose d'écrire « oui » ou « non » sur une feuille de papier. Leur matrice des gains est la suivante : dans chaque case le chiffre de gauche correspond au gain du joueur A, le chiffre de droite à celui du joueur B. Par exemple, pour un choix oui pour A et oui pour B, A gagne 2 et B gagne 2.

Joueur A / Joueur B	oui	non
oui	2 / 2	0 / 3
non	3 / 0	1 / 1

Dans ce type de jeu, les joueurs rationnels ne peuvent prendre le risque d'écrire oui, sachant que l'autre peut écrire non. Ils choisissent donc l'équilibre non-non, qui est le mauvais. « Chaque joueur a intérêt à choisir la stratégie dominante, qui lui donne, quels que soient les choix de l'autre, les gains les plus élevés. Seule une coordination mettant en œuvre la coopération peut permettre d'éviter le gaspillage. La micro-économie traditionnelle avait pour but de donner corps à l'intuition selon laquelle le fonctionnement des marchés concurrentiels pouvait être efficace. La théorie des jeux souligne au contraire l'importance des défauts de coordination inhérents aux décisions décentralisées. »[17]

Il faut bien comprendre que le « dilemme du prisonnier » ne remet pas en cause une des hypothèses clés de la concurrence parfaite, qui est l'indépendance des décisions. La solitude absolue des individus, leur autonomie totale, le fait que leur décision soit prise de leur fait, de leur simple responsabilité, en toute liberté, demeure. Mais le fait est que la décision de l'un dépend de ce qu'il pense de ce que va faire l'autre. Dans une bataille – et l'économie est une bataille, nous braille-t-on aux

---

[17] Pierre Cahuc, *op. cit.*, p. 21.

oreilles – on cherche à deviner ce que va faire l'adversaire. L'univers de notre réflexion est dit « stratégique » : j'anticipe les actions des autres.

Exemple de la « crise de surproduction ». J'anticipe que mes voisins vont produire beaucoup de porc pour l'écouler sur le marché. Je décide alors d'anticiper et de produire plus de porc qu'eux. Et en avant les élevages de truies sur caillebotis (ce qui se passe en Bretagne aujourd'hui) ! Mais mon voisin anticipe que je vais surproduire et décide d'augmenter lui aussi la taille de son élevage. Résultat : nous inondons tous le marché de nos porcs, le prix du porc s'effondre, et nous sommes tous ruinés.

Exemple du commerce international. Je me dis, en tant qu'Européen, que les États-Unis vont inonder le marché mondial de produits agroalimentaires subventionnés. Que fais-je ? J'augmente les subventions dont bénéficient mes agriculteurs. Les États-Unis anticipent mon anticipation et surenchérissent. Résultat : surproduction, déversement des surplus vers les pays en voie de développement, disparition des agricultures locales, migration des campagnes vers la ville, apparition des bidonvilles.

Toute la théorie de la main invisible est ruinée. La concurrence donne la mauvaise solution, alors que la coopération, au contraire, donne la bonne solution. Le dilemme du prisonnier est catastrophique pour la pensée libérale, pour la notion de marché autorégulateur. Il faut bien comprendre qu'il ne s'agit pas que d'un simple petit modèle, mais bien de la matrice fondamentale de l'économie politique[18]. La théorie des jeux est le cadre conceptuel du modèle de Walras, modèle de la loi de l'offre et de la demande et de l'interdépendance sur tous les marchés.

Les « prophéties autoréalisatrices », ou comment l'idéologie crée la réalité

Ce modèle du prisonnier reste très abstrait, non ? En fait, pas du tout. On s'est amusé à faire jouer des individus « perso » ou « collectif ». Bruno Ventelou, dans un livre passionnant[19], propose un jeu auquel ont participé des gens très différents. Les premiers sont des élèves d'école de commerce, formatés à la concurrence et au chacun pour soi, rationnels et égoïstes, maximisant chacun sa propre utilité ; les autres, des petits

[18] Voir Bernard Walliser, *Le Calcul économique*, La Découverte, 1990.

[19] *Au-delà de la rareté*, Albin Michel, 2001.

gars de banlieue d'une même équipe de basket, plutôt solidaires. Disons les « gestionnaires » contre les « basketteurs ». Les premiers n'ont pas confiance les uns dans les autres, contrairement aux seconds. On leur fait jouer de l'argent[20]. Ils sont huit dans chaque équipe. On distribue à chacun 4 cartes d'un jeu de 32. À chaque tour, ils gardent deux cartes et en jettent deux dans le pot. Ils gagnent : 4 euros par carte rouge conservée (chaque carte rouge a la même valeur, peu importe qu'il s'agisse du roi de cœur ou du sept de carreau), plus un euro par carte rouge dans le pot. Soit je mets mes rouges dans le pot (je joue collectif), soit je les garde. Exemple : si j'ai deux rouges et que je les garde, j'ai gagné huit euros. Si je les ai mises dans le pot, et que tout le monde fait comme moi, nous avons gagné chacun huit fois deux égale 16 euros. Dilemme... Faut-il jouer perso ou collectif ?

Le résultat est frappant. L'école de commerce joue perso. Les basketteurs jouent collectif. Et bien entendu... les basketteurs gagnent.

Mais voilà. Les tours passent, et passent. Certains basketteurs commencent à jouer perso en se disant : je joue pour moi, mais comme les autres seront assez bêtes pour jouer collectif, j'empocherai les cartes que je garde en main, plus celles que les autres mettent au pot[21]. Exemple, toujours sur une distribution deux rouges, deux noires : je garde mes deux cartes rouges (8 euros) et les autres mettent leurs cartes dans le pot (14 euros). Total pour moi : 8 plus 14 égale 22 euros ! Encore mieux que dans le cas où tout le monde joue collectif. Hélas, la trahison a des conséquences terribles. Les autres s'en rendent compte. Que font-ils aux tours suivants ? Ils trahissent aussi. Et petit à petit, on se retrouve dans la situation de la concurrence. Tout se passe comme si l'idée concurrentielle, *selfishness*, polluait petit à petit le jeu, jusqu'à ce qu'on se trouve dans la même situation que celle des « gestionnaires », égoïstes, rationnels, calculateurs et peu gagnants.

C'est une idée clé de l'économie contemporaine : l'anticipation rationnelle, qui débouche sur un mauvais équilibre. J'anticipe que les autres vont être égoïstes. Et les autres pensent de même. On joue donc tous égoïstes, et on perd tous.

---

[20] L'expérience a été réellement réalisée en 1998, avec deux équipes de huit.

[21] On touche ici du doigt l'horreur libérale : jouer perso en pariant que les autres jouent collectif. Balancer mes ordures dans la nature, collective, elle !

La deuxième idée fondamentale qui permet d'expliquer comment fonctionne l'économie est l'autoréalisation. Si je commence à dire : « Chacun pour soi ! C'est bon ! C'est bien ! », que va-t-il se passer dans la tête de mes basketteurs ? Ils vont me croire et se dire : oui, la concurrence a du bon. Et voilà que cette concurrence, qui n'existait pas chez eux, va se réaliser et devenir effective. Ma prophétie est bien autoréalisatrice : je prévois la concurrence, je chante ses vertus, je mets quelques secteurs en concurrence, et la concurrence arrive.

L'économie est pleine de ces « prophéties autoréalisées » après des palabres ou des prévisions de prophètes et de gourous de l'économie. « Il faut un franc fort ! Le franc doit devenir fort » (prophétie autoréalisatrice des années 80, réalisée dans les années 90). « Il faut de la flexibilité du travail ! » Réalisée, hélas, largement depuis. « Vive la Bourse ! » Et tout le monde va en Bourse. Nous reviendrons d'ailleurs sur ce point essentiel, qui nous accompagnera souvent. « Vive la croissance, vive le Plan qui fait la croissance ! » Prophétie autoréalisatrice des années d'après guerre, qui a donné les Trente Glorieuses.

La conclusion est éloquente : toutes les décisions économiques ou presque sont des décisions « stratégiques », prises dans un univers où ce que fait autrui a une incidence sur ce que je fais. Une chaîne fait le « Loft », émission de télé vulgaire et grand public ? Toutes se lancent aussitôt dans le « Loft » et le niveau global des émissions télé baisse. La concurrence conduit toujours à la mauvaise solution. La concurrence est inefficace.

Le paradoxe de Lipsey-Lancaster, ou l'absurdité d'une politique économique libérale

John K. Arrow (Nobel 1972) démontre en 1951[22] un théorème dit d'« impossibilité », qui dit, *grosso modo,* qu'il n'est pas possible de construire un ordre social des choix économiques au niveau d'une nation à partir des préférences exprimées par les agents individuels, sauf, évidemment, si un dictateur impose sa vision des choses. Cette impossibilité de passer de l'individuel au collectif, ce « théorème d'impossibilité d'Arrow » a passionné les économistes, en particulier Amartya Sen (Nobel 1998), qui a beaucoup glosé sur elle et confirmé cette incapacité :

[22] *Social Choices and Individual Values*, Wiley, New York, 1951.

on ne peut utiliser les choix, les « demandes » individuelles pour exprimer un choix, une « demande » collective. Conséquence : devant l'impossibilité de tirer une logique économique collective à partir des choix individuels, **c'est au politique de trancher**. Sur toute question sociale, l'économie libre ne permet d'inférer rien de cohérent : l'économie doit donc rester à l'arrière-plan, le politique au premier.[23]

On a accordé beaucoup d'importance au résultat d'Arrow, qui est plus une « curiosité » qu'autre chose. Le résultat le plus dévastateur, en terme de politique économique, est moins connu : il s'agit du « paradoxe de Lipsey-Lancaster », découvert en 1956 par deux Anglais éponymes.

Le problème est que nous sommes dans l'inefficacité, comme l'a dit Nash. Une question majeure se pose à nous : peut-on aller, par la concurrence, peu à peu, vers l'efficacité ? C'est toute la politique de Bruxelles qui est en cause, toute la politique économique des nations du Nord (et du Sud, d'ailleurs, avec l'intervention des pompiers pyromanes du FMI). On comprend, j'espère, que cette question est essentielle. Une autre façon de poser la question serait : faut-il, par exemple, décentraliser au nom de l'efficacité ? Bien sûr que non.

Non, c'est impossible car il n'existe pas de théorie économique qui permette de dire qu'en libéralisant petit à petit on va, pas à pas, vers plus d'efficacité ; la théorie libérale (je dis bien libérale et ne parle pas de la théorie des joyeux drilles de Seattle ou de Gênes) dit justement le contraire.

Imaginons, disent Lipsey et Lancaster, qu'un marché parfait existe (ce qui, vu tout ce qu'ont raconté Debreu, Sonnenschein et d'autres, constitue une hypothèse vraiment héroïque) et qu'on veuille aller vers lui. On peut souhaiter, petit à petit, libéraliser les marchés, celui du travail, des capitaux, puis privatiser, flexibiliser, supprimer les monopoles, mettre des péages là où il n'y en avait pas, bref, on peut souhaiter faire un peu comme l'Europe mais il y a toujours des îlots de non-concurrence, par exemple des monopoles publics. Je ne suis donc pas tout à

---

23 Toutes les questions d'incertitude radicale, dévastatrices pour l'économie, amplificatrices de toutes les impuissances relevées dans cet article, mettent également le « principe de précaution » – éminemment politique – au premier plan. D'autres circonstances aggravantes pour le modèle libéral sont tout ce qui a trait aux effets dit « externes » (quand je consomme un litre d'essence, je te pollue ; quand tu achètes une voiture, je veux la même par mimétisme).

fait en concurrence, par conséquent mon économie n'est pas tout à fait efficace. Que faire ? En tant que commissaire européen à la concurrence, je constate que le monopole des postes, des transports aériens, du tabac, des alcools, l'exclusivité du service public de l'enseignement, de la santé, représentent autant d'entraves à la concurrence. Alors, démantelons. Que se passe-t-il ?

Le bon sens voudrait que plus on approche de la concurrence, plus le système devienne efficace. Si dans un pays il y a trois marchés, dont deux contrôlés par un monopole et le troisième concurrentiel, l'évidence, le bon sens, tout ce qui dégouline à gros bouillons des cerveaux des économistes, veulent que ce pays soit plus « efficace » que celui où sont présents trois marchés et trois monopoles. Et que le pays qui n'a qu'un monopole soit encore plus efficace. Eh bien, non...

Affiche de propagande dénonçant les monopoles publics, 1909.

Le théorème de Lipsey-Lancaster démontre que c'est faux : si l'on touche à un aspect anti-concurrentiel d'une économie, quelque part, **alors on se retrouve automatiquement dans une situation pire que celle du départ**. Autrement dit, on ne peut aller pas à pas vers la concurrence car la concurrence est un tout. Ou tout est concurrence, ou ce n'est pas la peine d'avoir une politique des « petits pas », à l'européenne. C'est un résultat destructeur. Privatiser, par exemple, n'a aucune justification économique. Politique sans doute, mais pas économique. Comme le théorème d'impossibilité d'Arrow, le théorème du « *second best* » de Lipsey-Lancaster démontre le primat absolu du politique sur l'économique.

Si, par exemple, il y a deux monopoles et que j'en supprime un, en attendant de supprimer l'autre, suis-je pour autant dans une meilleure situation qu'auparavant ? « Oui ! » disent tous les gars du café du commerce de l'économie, tous les libéraux, tous les technocrates de

Bruxelles. « Non ! » s'exclament les économistes, tous les vrais économistes, en tête desquels Lipsey et Lancaster. Si vous supprimez un monopole et laissez l'autre, la situation sera sans doute pire et vous ne vous serez pas rapprochés de la solution concurrentielle. Pire, vous vous en serez éloignés. Tel est le paradoxe de Lipsey-Lancaster : ou tout est concurrence, tout, absolument tout – pas d'impôts, de taxes, de droits de douane, de monopoles, d'effets de mode, de synergies, de rendements croissants, de pollution, d'entente, de mode, de collusion, de mimétisme –, tout est partout en concurrence, de l'école du village à la production du pétrole mondial, ou... rien. Il est donc vain de cheminer petit à petit vers la concurrence, on n'y va pas « peu à peu ».

Le paradoxe de Lipsey-Lancaster a une très grande importance philosophique et politique. La « libéralisation progressive » est une utopie, une pure volonté idéologique, un rêve de bureaucrate ou de fanatique, un calcul économique de puissant, le calcul du renard libre dans le poulailler libre, et n'a par là même aucun intérêt pour l'efficacité économique. Mais alors, la politique de Bruxelles ? Elle est stupide car supprimer un à un les monopoles publics conduit à des situations globalement pires. Vous avez « rationalisé » la Poste ? Plus de bureaux dans les petits villages parce que trop coûteux ? Bienvenue à l'émigration vers les villes, à la violence, à la perte d'efficacité. Vous avez supprimé les petits trains de banlieue, déficitaires, pour ne conserver que les TGV, rentables, concurrence avec le transport aérien oblige ? Bienvenue à la ruine des économies locales, à l'émigration, à l'entassement, à l'utilisation excessive de la voiture, à la pollution, et ainsi de suite. Le théorème ou le paradoxe de Lipsey-Lancaster ne dit pas autre chose que « tout se tient, et si vous coupez un fil social, tout risque d'être pire, voire de tomber ». La privatisation de la Russie après la chute du mur en est un bel exemple : on est allé petit à petit vers la concurrence, et on a tout détruit.[24]

Nous n'allons pas passer notre temps à démolir la concurrence, il y a belle lurette qu'elle n'intéresse plus les économistes dignes de ce nom tout comme elle fascine les fanatiques et les idéologues. Mais on peut ajouter, entre mille, un dernier résultat négatif à ce musée des horreurs, parce qu'il corrobore le paradoxe de Lipsey-Lancaster : le théorème (ou

24 Lire Jacques Sapir, *Le Krach russe*, La Découverte, 1999, et *Les Économistes contre la démocratie*, Albin Michel, 2001.

paradoxe) de Grossman-Stiglitz (1980), qui dit en substance qu'**un mécanisme de marché ne peut jamais améliorer le fonctionnement du marché.**[25] Spontanément, le marché ne crée jamais plus de marché. Il existe une autre manière, plus politique, de lire ce résultat : le marché n'est jamais spontané, il est toujours une construction extra-économique[26]. Demandez à Monsieur Balladur, qui a créé, *ex nihilo*, en 1987, le marché des options sur actions ou à Monsieur Nixon, qui a recréé le marché des changes en 1969.

Et pourtant, il y a de l'« équilibre ». Et pourtant, il existe de l'« harmonie sociale ». Pourquoi ? Parce que subsistent d'autres liens **non économiques,** évidemment, car les liens économiques livrés à eux-mêmes sont purement destructeurs. On trouve ainsi du lien social, de l'affection, de l'amitié, du lien féodal, de la soumission, de l'altruisme, de la coopération, du don, de la confiance, de la gratuité, de la convention, de la coutume, de la loi, de la prédation. Mais surtout, il y a énormément de gratuité pure dans les actions humaines, comme nous le verrons à la fin de ce livre.

La loi de Say est l'intuition d'un équilibre haut. L'équilibre de Nash est la réalité d'un équilibre bas. La loi de Say dit qu'il ne peut y avoir de chômage, l'offre de travail créant sa propre demande. L'équilibre bas suggère que les calculs rationnels des entreprises, opposés aux calculs rationnels des consommateurs, peuvent conduire à un chômage de 10 %, ce qu'on voit aujourd'hui, sauf si intervient un coordinateur tel que l'État par exemple, par une politique de relance et de réaffectation des biens. Quelle que soit l'explication du chômage, insuffisance de la demande ou excès de certains salaires[27], la concurrence n'est pas efficace. Avis aux « libéralisateurs », ouvreurs de frontières, abaisseurs de tarifs et autres.

---

[25] Ce qui laisserait entendre que spontanément le marché crée de l'anti-concurrence, vieille intuition marxiste.

[26] Les lecteurs de Polanyi (*La Grande Transformation*, Gallimard, 1983) n'ont pas attendu Grossman et Stiglitz.

[27] Voir Edmond Malinvaud, *Essai sur la théorie du chômage*, Calmann-Lévy, 1983.

La loi de la jungle

"Malthus l'infâme"
GUSTAVE FLAUBERT

Deuxième image de la concurrence, un peu différente : l'économie, c'est la jungle. Mais la jungle c'est bon, car disparaissent les faibles et subsistent les forts. Regardez les gazelles : les malades, les estropiées sont mangées par le lion. Les plus belles sont saillies par les mâles galopant le plus vite pour échapper au même lion, et c'est ainsi que la race des gazelles s'améliore. Regardez les entreprises : les canards boiteux sont éliminés et subsistent les plus beaux, au soyeux plumage. La crise améliore la race des entreprises tout comme le chômage améliore la race des salariés.

Darwin avait lu Malthus. Il avait repris à son compte l'idée de *struggle for life*, que le révérend appliquait à la lutte des populations pour l'espace, et aux famines, aux guerres et aux épidémies les décimant impitoyablement. En 1798, Malthus publie son *Essai sur le principe de population* où il affirme que les « espèces animales croissent plus vite que les espèces végétales », les premières selon une progression géométrique et les secondes selon une progression arithmétique. Malthus est un économiste, donc un penseur de la rareté. La rareté fait pression, sélectionne.

Lionnes et buffle du Masaï Mara, Kenya.

La sélection naturelle permet le mimétisme, l'adaptation des espèces aux substrats, aux biotopes, et certes, à l'échelle de millénaires, elle a probablement favorisé la longueur du cou des girafes pour grignoter haut dans les arbres, ainsi que la position sur deux pattes de certains singes. Mais pourquoi les hommes ont-ils perdu leur queue préhensile qui eût été tellement commode, du point de vue de l'adaptation, pour se tenir debout dans le métro en lisant *L'Équipe* ? La biologie moderne est devenue plus modeste : « Aujourd'hui, on ne peut plus considérer qu'il existe une relation entre l'aptitude à muter et la tendance évolutive »[28]. La sélection darwinienne ne peut expliquer la genèse d'organes complexes et spécialisés, qui, alors que l'organe n'est pas encore efficace, a dû constituer plus un handicap qu'un avantage. « Le problème de l'œil me donne la fièvre », disait Darwin lui-même. De plus, « le schéma darwinien est par essence uniformisant – à la longue, tous les individus seront identiques et correspondront à l'exemplaire porteur de tous les caractères avantageux »[29]. Or la génétique des populations nous montre un polymorphisme colossal. Comment expliquer ce paradoxe ? « La cible de la sélection naturelle, nous dit Jacques Ruffié, n'est pas l'individu ou le gène, mais la population. Or les conditions de la contrainte écologique à laquelle fait face cette population sont variables avec le temps et l'espace. Dans une population génétiquement monomorphe, tous les individus auraient les mêmes aptitudes. Ils seraient actifs au même moment, chercheraient la même nourriture, s'installeraient sur le même site. Une compétition sévère régnerait au sein d'un habitat singulièrement rétréci et aux ressources limitées. Comment ne pas voir le désavantage d'une telle situation qui condamnerait le groupe monomorphe, au mieux à vivoter, au pire à disparaître ? Le polymorphisme génétique diversifie les aptitudes, varie les activités. Il recule les frontières de la niche écologique et accroît le volume des ressources accessibles. En même temps, il diminue la concurrence. »[30] Le polymorphisme diminue la concurrence, qui elle-même tue le polymorphisme. Une fois de plus, la concurrence est inefficace.

---

28 Jacques Ruffié, *Traité du vivant*, Fayard, Paris, 1982, p. 13.

29 *Ibid.*

30 *Ibid.*, p. 11.

Oublions la génétique, Mendel, Darwin, Kimura (qui prônait une théorie purement hasardeuse de l'évolution) et les autres. On comprend que le « darwinisme social » ait fasciné des générations de patrons : ils voyaient dans l'élimination des faibles une preuve divine de leur réussite. Et surtout, plus prosaïquement, une justification de l'abandon des faibles. Le refus libéral des subsides prend prétexte de la sélection naturelle. « Les lois sur les pauvres créent les pauvres qu'elles assistent », disait Malthus. Vous voulez faire proliférer les pauvres ? Aidez-les, payez au lieu de laisser la sélection naturelle, triste hélas, mais divine, s'opérer.

Malheureusement, la concurrence et l'élimination des faibles ont aussi eu des relents eugéniques et racistes. En Angleterre, le statisticien Galton, cousin de Darwin, prétend ainsi appliquer le schéma sélectif aux espèces humaines. Pour sa part, Vacher de Lapouge, en France, affirme que les tarés sont prolétaires, comme les noirs sont esclaves : « Les pauvres sont des primitifs soustraits par le parasitisme à la sélection. »[31] Galton ne parle pas de primitifs, mais d'« indésirables ». Qui désire les immigrés, à part les entrepreneurs de travaux publics ? Mais balayons devant notre porte : qu'est-ce que le prolétariat, sinon une classe supérieure, qui chassera la bourgeoisie comme celle-ci l'a fait avec la noblesse ? Marx était très impressionné par Darwin et respectait Malthus (« une forte tête »). Et quant à Schumpeter ! Qu'est sa « destruction créatrice », sinon du mauvais darwinisme ? Sélection des meilleurs, élimination des inaptes, survie des plus compétitifs. La guerre économique fait à terme le bonheur de l'humanité, comme la guerre, la vraie, « qui est une nécessité biologique de première importance, non seulement une loi biologique mais une obligation morale et en tant que telle un facteur de civilisation »[32]. Toutes deux font le tri des meilleurs. Et les hommes ? « L'amélioration du cheptel humain ne pose aucune difficulté insurmontable ». Encore Galton, l'eugéniste statisticien.

Si la concurrence est la loi de la jungle, les hommes sont des bêtes. Or la « loi de la jungle » est en fait un magnifique équilibre, un immobilisme. Les loups sont en harmonie avec les chèvres et l'herbe, disait le grand économiste Alfred Sauvy, et si par malheur les chèvres disparaissaient, toutes mangées par les loups, les loups disparaîtraient à leur

---

[31] Cité par Ruffié, *ibid.*, p. 653.

[32] Général von Bernhardi, cité par Ruffié, *ibid.*, p. 640.

tour ! Sinon, l'espèce loup n'a pas bougé depuis des millénaires, pas plus que l'espèce chèvre. La « loi de la jungle », la sélection, a stabilisé les espèces pour des siècles et des siècles. Aucune « amélioration » n'est intervenue là-dedans.

La fin de l'histoire

La « fin de l'histoire » est le règne éternel du marché et de la concurrence entre les hommes et leurs affaires. Chez Fukuyama, on trouve l'idée d'un progrès de l'humanité, pressenti par les Lumières, par le communisme, enfant tragique de la raison raisonnante et de l'organisation organisante, et aujourd'hui par le marché, autre image de la rationalité calculatrice et organisatrice. Mais où va l'humain ? « La période ouverte par la Révolution française, dit Fukuyama[33], a vu fleurir diverses doctrines qui souhaitaient triompher des limites de la nature humaine en créant un nouveau type d'être qui ne fût pas soumis aux préjugés et limitations du passé. L'échec de ces expériences, à la fin du XXe siècle, a montré les limites du constructivisme social en confirmant – *a contrario* – un ordre libéral fondé sur le marché, établi sur des vérités manifestes tenant à la Nature et au dieu de la Nature ». La pensée économique est toujours une pensée du « bon sens », de la « nature », et des « vérités manifestes », qui n'ont besoin d'être ni recherchées ni prouvées. « Le caractère ouvert des sciences contemporaines de la nature nous permet de supputer que d'ici les deux prochaines générations, la biotechnologie nous donnera les outils qui nous permettront d'accomplir ce que les spécialistes d'ingénierie sociale n'ont pas réussi à faire. À ce stade, nous en aurons définitivement terminé avec l'histoire humaine, parce que nous aurons aboli les êtres humains en tant que tels. Alors commencera une nouvelle histoire au-delà de l'humain. » Cette longue citation, tellement importante, trahit l'anti-humanisme foncier d'un certain libéralisme marchand[34] : laissez faire la « nature ». Retenons pourtant que la concurrence traduit un évolutionnisme : on va bien vers quelque chose, mais de quoi s'agit-il ?

---

33 *Le Monde des débats*, juillet-août 1999.

34 Anti-humanisme antidémocratique : « La fonction du libéralisme dans le passé a été de mettre une limite au pouvoir des rois. La fonction du vrai libéralisme dans l'avenir sera de limiter le pouvoir des parlements. » Herbert Spencer, *Le Droit d'ignorer l'État*, Les Belles Lettres, Paris, 1993, p. 206.

On se dirige vers de l'uniformité. « Le schéma darwinien est par essence uniformisant », disions-nous en citant le professeur Ruffié. Si la concurrence fonctionne comme le veulent les libéraux, alors l'uniformité nous guette : disparition des espèces, uniformité des comportements ; Coca-Cola partout et anglais obligatoire. La disparition des langues, ces trésors tellement essentiels[35], la disparition des variétés de céréales, des races animales, nous conduisent à la « planète uniforme » de Serge Latouche[36], où tout se fond dans le gris de l'homme moyen, du consommateur moyen, soumis au même régime alimentaire, à la pensée unique et à la novlangue unique dotée d'un minimum de mots. La concurrence tire vers le bas : si elle jouait vraiment entre les ouvriers français et chinois, les Français seraient payés comme des Chinois et non l'inverse. Elle est une pression perpétuelle à la baisse : baisse des coûts, baisse des salaires, baisse de la qualité liée aux consommations de masse fournies dans les supermarchés. La « mal-bouffe » s'applique autant aux tomates sous serre qu'aux livres ou aux programmes de télé.

Et pourtant, il ne fait aucun doute que les soins dans un hôpital aujourd'hui sont infiniment meilleurs que ceux dispensés à l'aube du capitalisme... Alors ? Cherchez l'erreur. D'abord la recherche de la qualité, l'invention, la découverte, l'art, la pensée sont un moyen de **sortir de la concurrence**, de la pression infernale à la baisse : on fait pression sur les salaires de ma main-d'œuvre ? Soit je délocalise, soit je produis de la meilleure qualité. Mais pour la recherche de la qualité – et ces deux mots, recherche et qualité, doivent être intimement liés – un autre phénomène que la compétition est à l'œuvre : la coopération. Troisième image de la concurrence, la « main invisible » d'Adam Smith.

La main invisible

Heureusement que les économistes ne lisent pas Adam Smith. Ils abandonneraient leur poste. « Toute nouvelle loi ou règlement de commerce [...] vient d'un ordre d'hommes dont l'intérêt n'est jamais exactement le même que celui du public et qui, dans bien des occasions, n'a pas manqué de le tromper et de l'opprimer »[37]. Adam Smith n'a guère plus

35 Lire Claude Hagège, *Halte à la mort des langues !*, Odile Jacob, 2000.

36 « La Planète uniforme », in *Le Monde diplomatique*, février 2001.

37 Cité par Christian Chavagneux, *Alternatives économiques*, n° 213, avril 2003, p. 13.

de respect pour les hommes d'affaires : « Le commerce, qui devrait naturellement être un trait d'union, un lien d'amitié entre les nations, entre les individus, est devenu la cause qui produit le plus de discorde et d'animosité. L'ambition capricieuse des rois et des ministres n'a pas été, durant ce siècle et le précédent, plus fatale à la tranquillité de l'Europe que la jalousie mal placée des marchands et des fabricants. La violence et l'injustice de ceux qui gouvernent les hommes sont des maux anciens, auxquels, j'en ai peur, la nature des affaires humaines ne permet guère d'envisager un remède. Mais la rapacité médiocre, l'esprit de monopole des marchands et des fabricants, qui ne gouvernent pas et ne devraient pas gouverner les hommes, s'ils ne peuvent sans doute être corrigés, peuvent être très facilement empêchés de troubler la tranquillité des hommes, sinon la leur. »[38] Et vlan ! Voilà pour le « doux commerce » à la Montesquieu !

Mais c'est vrai, Adam Smith a découvert une superbe métaphore de l'harmonie sociale liée à l'échange marchand, la main invisible.

« Ce n'est pas de la bienveillance du brasseur ou du boulanger, etc. »[39] que je tire mon bonheur mais de son égoïsme, et c'est comme mus par une « main invisible » que les hommes arrivent à une harmonie qui dépasse leurs propres fins, fort cupides et égoïstes[40]. La main invisible est une « ruse de la raison », elle dépasse les volontés humaines.

Smith avait pris sa métaphore chez Mandeville, et nombre d'auteurs, Marx et Schumpeter notamment, ont souligné les gros emprunts dissimulés du père de l'économie politique à la pensée de ses prédécesseurs, en particulier à Bernard de Mandeville, qui publie en 1714 sa *Fable des abeilles*. Thème : des abeilles cupides, avides de profits, s'adonnent gaiement au lucre et aux vices, et vivent heureuses. Arrive un prédicateur qui prêche la vertu et l'austérité. Aussitôt, la ruche dépérit et meurt. Morale : vices privés, profit public. En un mot, laissez faire les hommes

38 *Recherches sur la nature et les causes de la richesse des nations*, livre IV, chapitre 3, éd. Jaudel-Servet, Economica, p. 509.

39 *Ibid.*, livre I, chapitre 2, p. 20.

40 « Il ne cherche que son propre gain, et dans ce cas comme dans d'autres c'est une **main invisible** qui le conduit à promouvoir une fin qui n'était nullement dans ses intentions. Qu'elle n'ait pas été dans ses intentions n'est d'ailleurs pas nécessairement plus mauvais pour la société. En poursuivant son propre intérêt, il promeut fréquemment celui de la société plus efficacement que lorsqu'il a réellement l'intention de la promouvoir. » *Ibid.*, livre IV, chapitre 2, p. 468.

selon leur égoïsme concurrentiel et tout ira bien pour la Société. La fable des abeilles, tellement importante, est reproduite *in extenso* dans *La Théorie générale*, le livre majeur de Keynes.

La main invisible est celle de la Nature (ou de Dieu). Laissez faire, la nature fait bien les choses. Arrêtons-nous sur la métaphore de la ruche. La ruche n'est pas *a priori* une image de la concurrence, mais de la division harmonieuse du travail (il en va de même pour la fourmilière ou toute autre société d'insectes). Ad-mirons ce beau partage du travail, au milieu des fleurs, animé par la danse des butineuses produisant l'or du miel ! Ah ! que l'industrie est belle ! Regardez ces voitures qui entrent et qui sortent, ces machines qui tournent, ce labeur gai et fourmicolant produisant la richesse des humains ! La concurrence est le chacun pour soi mais la « main invisible » nous dit que ce « chacun pour soi », lié à une division nationale du travail (je ne peux être simultanément boulanger et cordonnier), est transcendé, « comme par une main invisible », vers l'intérêt collectif. La main invisible résout donc la contradiction entre la concurrence (chacun pour soi) et la division du travail (chacun pour tous) au profit, finalement, de la collectivité.

Fourmis Atta, portant des feuilles coupées.

Revenons à la ruche. Elle est aussi, hélas, la bonne image de la concurrence. Chaque individu de la ruche est totalement lié, totalement programmé pour obéir, servir cet organisme biologique collectif qu'est la ruche. Les abeilles n'ont aucune autonomie. Mais quelle est l'autonomie des hommes mus par le seul calcul économique ? De ceux dont la seule liberté est de dire « J'en veux plus ! » si le prix baisse et « J'en veux moins ! » si le prix monte ? Des hommes soumis à la loi d'airain de l'offre et de la demande ? De ces chiens de Pavlov de la réaction immédiate par l'offre et la demande au prix ?

Agissons exclusivement selon la loi de l'offre et de la demande, et malgré nous, construisons la merveilleuse ruche planétaire. Au fond, le darwinisme social, la sélection naturelle menée à son terme, nous conduit au cyber-super-marché mondial. C'est une vieille histoire. Jacques Ruffié nous rappelle les aventures d'Escherich, brillant entomologiste tombé dans la sociobiologie, dont la termitière[41] décrit l'État idéal, duquel ont été éliminés tous les faibles et toutes les races inférieures. Les sociétés d'insectes sont beaucoup plus vieilles que les sociétés humaines, 80 millions d'années contre 1 à 2 millions, **beaucoup plus évoluées donc...** n'est-ce pas, messieurs les adeptes de la sélection naturelle ? Le darwinisme a agi beaucoup plus longtemps. La fourmilière serait-elle notre destin, comme l'affirme Fukuyama ? La fourmilière, où l'unité de l'espèce est totale, où la diversité a disparu, comme stade ultime du capitalisme, au terme de la sélection ?[42]

1984 est un grand livre. Orwell y décrit l'obsession statistique comme la disparition des langues et des mots, et l'avènement d'une « novlangue », ce « langage taillé jusqu'à l'os » par la destruction quotidienne de centaines de mots. Les terribles oxymores (« la guerre c'est la paix, la prison c'est la liberté ») traduisent l'entière soumission de l'homme à la totalité qui le dépasse, incarnée par Big Brother. Terriblement pessimiste, le livre s'achève sur « Il aimait Big Brother ». Big Brother est aussi une image de la fourmilière, du « marché dont le talon de fer nous écrase »[43]. Heureusement, tout n'est pas joué !

L'altruisme

Pourquoi, si la concurrence conduit au nivellement, à la massification, à la grisaille où tout est argenté et gris de la triste couleur de l'argent, l'humanité a-t-elle fait tant de progrès, au moins techniques ? Si Homère est la preuve que le progrès littéraire n'existe pas et Aristote qu'il n'y a pas de progrès philosophique, le décryptage du génome et

---

41 Il publie *Termitenwahn* en 1934. Voir Ruffié, *op. cit.*, p. 727-728.

42 Sept à huit mille espèces furent cultivées par les hommes pour leurs besoins alimentaires. Cent vingt subsistent, et une douzaine satisfait la quasi-totalité des besoins de l'humanité, *Le Figaro*, 7/11/01.

43 Guy Debord, *Commentaires sur la société du spectacle*, éd. Gérard Lebovici, 1988.

bientôt son découpage en rondelles afin de le breveter, montrent bien que la « compétition » ne tire pas systématiquement l'humanité vers le bas. La science (la vraie, pas celle économique), bien que dangereuse et peut-être folle, est néanmoins la preuve du progrès d'une certaine connaissance.

D'où vient ce progrès ? De Darwin. Mais attention, de l'autre Darwin : du vrai, pas de celui, ridicule, récupéré par l'économie dans le darwinisme social de la concurrence. « Quant à nous, hommes civilisés, nous faisons au contraire tous nos efforts pour arrêter la marche de l'élimination : nous construisons des hôpitaux pour les idiots, les infirmes et les malades ; nous faisons des lois pour venir en aide aux indigents ; nos médecins déploient toute leur science pour prolonger autant que possible la vie de chacun... » Qui écrit cette phrase insupportable pour un ami de l'eugénisme et du darwinisme social ? Darwin lui-même. Le critère de l'humanité, précisément, est qu'elle protège les faibles. Elle est la seule espèce à le faire. La vaccination a protégé des milliers d'individus qui, faibles de constitution, auraient autrefois succombé à la variole. La médecine s'efforce de réduire la douleur (quelque chose de « naturel » s'il en est), de prolonger la vie de gens inutiles comme les

La vieille mère (Sumiko Sakamoto),
dans *La Ballade de Narayama* de Shohei Imamura, 1982.

personnes âgées. Quel critère antiéconomique ! Philip Morris, grande multinationale, conseillait le 26 juillet 2001 à la République tchèque d'éviter une loi type loi Evin qui réduirait le nombre des fumeurs... Au motif que c'est antiéconomique. Un fumeur meurt jeune, cotise toute sa vie. Une loi anti-tabac, calculait Philip Morris, coûterait 17,4 millions d'euros à la République tchèque, soit 1 227 dollars par chômeur. Et avec beaucoup d'humour économique, la multinationale montrait un cadavre de morgue avec l'étiquette « 1 227 dollars » au pied !

Prolonger la vie des personnes âgées est antiéconomique. Gérard Debreu, prix Nobel, économiste mathématicien, qui était interrogé par une chaîne de télé en janvier 1988 sur la santé de l'économie française (qui pouvait alors imaginer qu'il ignorait ce qu'était une économie réelle et qu'il ne faisait que de la « théorie » ?), finit par déclarer, à propos de santé : « Le devoir d'un économiste est d'informer que le droit à la vie ne peut être toujours assuré pour des raisons de coût. » C'est beau, le devoir d'un économiste, non ? Philip Morris étudiait les économies de santé dues à une mortalité précoce. Or l'humanité a toujours fonctionné à l'inverse de Philip Morris : elle a toujours protégé les inutiles.

L'humanité est altruiste, c'est même ce qui, avec le langage, la distingue totalement de la plupart des autres espèces, purement instinctives et égoïstes. Il faut donc émettre l'hypothèse que l'altruisme, contrariant les effets délétères de la concurrence et de la compétition, provoque le progrès, médical notamment. La concurrence tire la société vers le bas tandis que l'altruisme la tire vers le haut : que le meilleur gagne ! Comment l'humanité a-t-elle lutté contre les calamités, les guerres, les pestes ? « C'est grâce à son intelligence, qui lui confère une extraordinaire aptitude à la sociabilité et à la communication, que le *sapiens* put, malgré sa faiblesse constitutionnelle, franchir toutes les étapes les plus périlleuses de son histoire... par une coordination de tous vers le même but. Tous ces redressements eussent été impossibles dans une foule de solitaires. »[44] Nous touchons du doigt le nœud du fonctionnement social : égoïste d'une main, l'homme est altruiste de l'autre ! Perso, il est collectif !

Prenons le cas de la recherche, la recherche savante. Lors d'un colloque, un chercheur donne des résultats, d'autres l'écoutent et lui en communiquent en retour. Tout est gratuit. Certes, ces chercheurs iront

44 Jacques Ruffié, *op. cit.*, p. 693 et 694.

peut-être ensuite monnayer leur savoir dans un labo pharmaceutique. Peut-être. Mais ce qui est essentiel, c'est l'acte lui-même, qui est anti-économique et que l'économie ne peut pas comprendre : je donne quelque chose qui m'appartient, mon savoir, et pourtant je ne perds rien ! Et en échange je reçois quelque chose de quelqu'un qui n'a rien perdu non plus ! Et dans cette gratuité, nous sommes plus riches à l'arrivée l'un et l'autre. Tout simplement impensable, pour le marché, où ce qui est à moi n'est pas à toi ! Mon litre d'essence n'est pas le tien. D'ailleurs, c'est ma bagnole. Et dans **ma** bagnole, il y a **mon** essence. Mais le langage, la pensée, la recherche, la découverte, l'invention appartiennent à tous, même si le marché s'efforce de mettre des péages sur les découvertes.

Et nous revoici plongés au cœur de l'économie. Car de ce cœur découle la question de la rareté. Le problème économique est engendré par la rareté et la propriété qui sont des richesses rares à partager. Mieux vaut les partager par le marché et le contrat que par la violence, nous dit l'économiste. Certes, à condition que le contrat ne soit pas léonin, que l'échange n'entraîne pas la guerre, etc. Nous retrouverons d'ailleurs ces questions avec le commerce international. Mais la rareté, c'est exact, engendre la concurrence et la lutte. Or les hommes sont capables d'aller « au-delà de la rareté », par le savoir, l'échange altruiste, la connaissance... Voilà une porte de sortie optimiste que nous ouvrirons à la fin de cet *Antimanuel* : et si la rareté, et avec elle l'économie, la concurrence et le nivellement par le bas, n'étaient pas notre destin ?

La transparence

> ***“Dans les affaires, tout n'est pas blanc ou noir.”***
>
> GEORGE BUSH

La main invisible est une image de l'harmonie, de l'équilibre. Elle omet le temps et, en l'oubliant, elle fait fi d'une hypothèse qui est la réalité économique : l'incertitude. Une hypothèse qui démultiplie les conséquences néfastes du dilemme du prisonnier, ou, d'ailleurs, les conséquences néfastes du théorème de Lipsey-Lancaster, un peu comme l'effet de l'alcool peut être accru par celui de substances hallucinogènes ! Or les économistes ignorent l'incertitude. La concurrence pure et parfaite suppose que tout est connu, prévisible, susceptible d'anticipation certaine. Comment peut-on proposer une hypothèse aussi bête, absurde, ridicule ? Comment peut-on imaginer, ce que font les économistes, que l'on connaît l'avenir ?

Mais ne nous y trompons pas : quand les économistes et les hommes politiques disent « il faut plus de transparence ! », ce qui semble une évidence, ils pensent tout simplement « il faut plus de concurrence ». C'est la même chose. L'économie réelle n'aime ni la concurrence, ni la transparence. Que serais-je, moi le chef d'entreprise, si tous connaissaient tout de moi ? Comment le pourrais-je, tout simplement, s'il y avait vraiment de la concurrence ? Il faut bien que je crée de l'opacité, que je bénéficie de brevets que d'autres n'ont pas, que je capte des marchés, que je dispose d'informations connues des seuls initiés, si je veux gagner un peu d'argent. Enron, Vivendi, furent l'application – un peu excessive, c'est vrai – de ce principe de dissimulation.

Les économistes ont introduit le mythe de la transparence, comme celui de la concurrence. La transparence n'existe pas plus que la concurrence. Certes, le mensonge, le truquage, la dissimulation, paraissent de bien plus vilaines choses que le monopole ; mais il ne s'agit pas de ça, il ne s'agit pas vraiment de mentir. Il s'agit d'utiliser une réalité floue, toujours incertaine, à son profit.

Wassily Kandinsky, *Dans le gris*, 1919.

Le marché des « caisses » pourries

> ***« La magie est accomplie : donner envie à des gens qui n'en ont pas les moyens d'acheter quelque chose dont ils n'avaient pas besoin 10 minutes auparavant. À chaque fois c'est la première fois. Ce miracle me bouleverse, j'en ai toujours les larmes aux yeux. »***
>
> FRÉDÉRIC BEIGBEDER

Si j'étais certain de l'évolution de la Bourse, je serais à coup sûr multimilliardaire, j'achèterais quand ça monte et je vendrais quand ça descend. « *If you are so smart, why ain't you so rich !* », dit le proverbe américain.

Dès qu'il y a un tant soit peu d'incertitude, le marché ne donne plus aucun signe d'efficacité. Un bel exemple fut fourni par Akerlof, prix Nobel, en 1970[45]. Imaginons un marché de voitures d'occasion. Dans les voitures vendues, cohabitent des rossignols (*lemons*) et de bonnes voitures. Les acheteurs observent imparfaitement la qualité des biens et les vendeurs surestiment la qualité de leurs produits afin de les vendre au prix le plus élevé possible. Les acheteurs ne peuvent donc déduire que prix élevé signifie bonne qualité. On parle alors d'« antisélection », ou de « sélection adverse », de mauvaise sélection.

Que se passe-t-il sur le marché des voitures d'occasion ? Les acheteurs ne veulent pas payer le prix le plus élevé, car ils savent que certaines des voitures sont de mauvaise qualité. Mais, ce faisant, ils évincent les bons vendeurs qui, eux, ne rentrent pas dans leurs frais s'ils vendent un bon véhicule en dessous de sa valeur. Finalement, sur le marché, ne seront échangés que les « rossignols », les clous. L'incertitude conduit au mauvais équilibre, à l'équilibre bas. « Le modèle d'Akerlof peut s'appliquer à de très nombreuses situations. Il montre que le laissez-faire peut avoir des conséquences désastreuses : élimination des bons produits, voire absence d'échange. », dit Cahuc[46]. Comment sortir des situations « à la Akerlof » ? En introduisant du droit, des règles, en sortant du marché libre et en donnant le primat à la loi sur le marché.

---

[45] George Akerlof, « The Market for Lemons : Quality, Uncertainty and the Market Mechanism », *The Quaterly Journal of Economics*, vol. 84, 1970, p. 488-500.

[46] *La Nouvelle Microéconomie*, La Découverte, p. 57.

Le modèle d'Akerlof est encore un modèle dévastateur. Il ruine, sous l'angle de l'information, la notion de concurrence bénéfique, et ses effets s'ajoutent aux effets dévastateurs des interactions stratégiques type dilemme du prisonnier.[47]

On répondra que la concurrence oblige à se dépasser, à découvrir d'autres marchés, d'autres produits, à se reconvertir. Certes, le capitalisme ne peut survivre qu'en allant vers de nouveaux marchés. Prenons le marché de l'eau : Lyonnaise des eaux prend Rabat, Veolia prend Karachi, ou l'inverse. L'une va en Amérique du Sud ? L'autre va en Chine. C'est parce que la rareté est provisoirement surmontée que l'expansion est possible. Sinon, si la rareté existe, les situations et les rentes sont partagées, et si par malheur la concurrence se remettait en branle (si la Lyonnaise, installée rive gauche à Paris, attaquait Veolia, qui s'engraisse paisiblement rive droite), les salaires seraient tirés vers le bas et on ferait « suer le contrat » (terme employé dans le BTP, qui signifie qu'on surcharge artificiellement les coûts d'un contrat au fur et à mesure de son exécution). L'eau fournie serait donc de plus en plus chère et d'une qualité de plus en plus mauvaise, d'où un équilibre bas.

La concurrence n'améliore pas la concurrence. Elle ne va jamais vers plus de concurrence mais vers du monopole, de la rente, de la captation indue de valeur, du dol, du vol. Un industriel n'a qu'une envie : être en situation de rente ou de monopole, et d'information privilégiée. La preuve : si la théorie était vraie, si les entreprises étaient en concurrence, elles ne feraient pas de profits, elles seraient ric-rac, tout leur chiffre d'affaires passerait en coûts, de travail notamment. Or les profits des grandes multinationales sont colossaux. Mirobolants. Microsoft, Intel, les groupes pharmaceutiques, les grandes banques d'affaires, tous affichent d'énormes profits. Il faut donc que, d'une certaine manière, ils captent indûment de la valeur, qu'ils soient en situation de rente. Il faut qu'ils organisent le brouillard, l'opacité, la rareté, la non-concurrence. Comment expliquer autrement leurs profits ?

47 Un autre problème d'information imparfaite bien connu des assureurs est le « risque moral ». Le « risque moral » apparaît dans les situations où certaines actions des agents, qui ont une conséquence sur le risque de dommage, sont inobservables pour les assureurs : j'assure aussi bien, en début de carrière d'automobiliste, le jeune chauffard que le jeune responsable. Comment savoir ?

Monopoles et cartels

Le Parti communiste français, en son temps, parlait de « capitalisme monopoliste d'État » à propos des grands monopoles soutenus par l'État, la puissance publique, tels que les achats d'armes, les contrats publics autoroutiers, l'immobilier, les infrastructures ferroviaires, etc. L'expression n'était pas mauvaise : l'histoire économique est celle de grands monopoles soutenus par l'État.

La politique du chemin de fer en est un bon exemple. Elle exprime l'idée (encore acceptée pour les derniers grands programmes énergétiques et spatiaux, l'atome et Ariane) que l'importance des coûts fixes, la dimension des opérations, la faible rentabilité immédiate des investissements, impliquent l'intervention publique. À l'État les grandes infrastructures non rentables, à la bourgeoisie d'affaires la fourniture du matériel et l'exploitation. En France, le grand réseau se construit dans les années 50. En 1859, l'État pousse à la construction d'un deuxième réseau d'intérêt local et favorise l'initiative des petites compagnies. Il prend en charge les intérêts d'emprunts, finance pour des raisons stratégiques les lignes du Mont-Cenis ou Tanger-Fez. Lorsque ces petites compagnies deviennent déficitaires, est créé le Fonds commun des chemins de fer, pour faire une péréquation des bénéfices. Le fonds est structurellement déficitaire en 1930. L'État pousse alors à la fusion des réseaux du Midi et d'Orléans pour faire des économies et créer des « synergies ». En 1937 est fondée la SNCF, qui nationalise de fait les chemins de fer. On retrouvera le même processus pour les transports maritimes (avec la création de la Compagnie générale transatlantique), ou le transport aérien : Latécoère devient la Compagnie générale aéropostale en 1927 puis Air France en 1932, compagnie mixte comme la SNCF.

La tendance au monopole paraît partout à l'œuvre, comme la vérification de l'adage fondamental : « socialisation des pertes, privatisation des profits ». Lorsqu'une compagnie est déficitaire, si elle est d'intérêt national (entendons : si l'on touche à un secteur jugé d'intérêt national comme la défense ou les télécoms), l'État aide et rachète ; si elle redevient excédentaire, l'État la restitue au privé. Le programme des nationalisations de 1981 suivi des privatisations de 1986 n'y déroge pas. Saint-Gobain nationalisé, renfloué, redevient privé. Idem pour Thomson et les autres, pour les grandes banques, comme Paribas. Renault, largement déficitaire en 1988, fut renflouée puis privatisée en partie.

À côté des monopoles existent des « cartels », des ententes d'entreprises destinées à augmenter les prix et rationner les consommateurs. Le cartel de l'OPEP en est une bonne illustration. Il s'est constitué au moment de la guerre du Yom Kippour (1973) pour piloter le prix du brut à la hausse, puis a subi de nombreuses défections ou trahisons. En effet, un cartel repose sur un pacte occulte (encore l'opacité !) car les législations internationales (et même nationales) interdisent généralement l'entrave à la concurrence. Par exemple, l'article 85 du traité de Rome et l'ordonnance du 1/12/86 en France réglementent la concurrence en Europe et en France, respectivement à travers la Commission à la concurrence et le Conseil de la concurrence. La législation des États-Unis possède de sévères lois anti-trust, mais l'histoire économique du pays montre qu'elles furent utilisées pour démanteler les concurrents gênants – Rockefeller par exemple – des pétroliers texans assis sur leur rente pétrolière.

La rareté, les rendements décroissants et les coûts d'opportunité

La concurrence nous oblige à revenir sur la notion fondamentale de l'économie, la rareté. Pas de rareté, pas de problème économique. Tant que l'air est gratuit et abondant, pas de rationnement, de péage, de marché, de concurrence, d'appropriation de l'air. Dès que l'air devient rare, appropriation et marché de l'air.

Bateaux échoués sur le fond de la mer d'Aral. En 1960, la mer d'Aral faisait 66 900 km². Aujourd'hui, les excès de l'irrigation l'ont diminuée à 24 900 km².

Il est essentiel de comprendre que la rareté a pour corollaire une autre notion essentielle de l'économie, duale, et tout aussi importante : le rendement décroissant. P. A. Samuelson, prix Nobel 1970, commence son manuel d'économie, l'un des plus vendus de tous les temps, par le concept de « rendements décroissants ». Plus j'utilise de la terre, moins celle-ci est fertile, car je vais de plus en plus loin des fleuves, je gravis les montagnes où je construis des myriades de murets de pierre. Plus j'utilise de travail, moins celui-ci est productif, car irrésistiblement usé ou de plus en plus mauvaise qualité. Plus j'utilise du capital, plus le risque est grand, plus le coût (l'intérêt) est élevé, ce qui est une autre manière de dire que les rendements sont décroissants.

Une autre version de la loi des rendements décroissants, et de la contrainte fondamentale de rareté, est le « coût d'opportunité ». Le livre de Gregory Mankiw, « best-seller absolu de l'enseignement universitaire contemporain »[48], démarre sur ce concept, considéré comme central pour la discipline économique. Le coût d'opportunité d'une décision (d'investissement, de consommation...) est l'ensemble des autres bienfaits dont la décision nous prive. On retrouve là la rareté, principe fondateur de l'économie. Toute action nous prive de quelque chose. L'économie est la science du choix, la science des choix onéreux, la discipline des alternatives dans un univers de rareté. En faisant le choix de satisfaire un besoin, si ce choix est économique, je puise dans une ressource rare, qui le deviendra donc de plus en plus et m'apportera de moins en moins de satisfactions, ou sera de plus en plus coûteuse pour ma satisfaction : loi des rendements décroissants.

Normalement, la loi des rendements décroissants arrête la société. Dès que j'ai utilisé la terre disponible, je m'arrête. Idem lorsque j'ai utilisé mon travail et mon capital. Or si je veux créer un marché, il faut que d'une certaine manière je crée de la rareté : par la rigueur (l'argent est rare et cher), par l'épargne (le capital doit être rare et cher), par les besoins nouveaux que la publicité doit stimuler sans cesse pour créer de nouvelles frustrations, donc de nouveaux phénomènes de rareté.

Et pourtant, malgré la rareté, il y a croissance. Pourquoi ? Parce que de nouveaux marchés, de nouvelles frustrations et de nouveaux besoins sont créés sans cesse par les capitalistes et parce que des inventions – le progrès technique – permettent de mieux utiliser l'énergie des hommes

[48] Bruno Ventelou, *op. cit.*, p. 35.

et de la terre, et retardent l'épuisement des facteurs de la croissance, l'épuisement du travail. Mais surtout, contre les rendements privés, partiels, marginaux décroissants, se manifestent des rendements collectifs (ou d'échelle) croissants : le progrès technique, l'éducation des peuples, l'organisation du travail, la formation à de nouveaux langages, facteurs de productivité, comme l'informatique. **L'abondance du collectif combat la rareté du privé**. À nouveau la « gratuité » tire l'humanité vers le haut, tandis que le marché et la concurrence la tirent vers le bas.

A-t-on vraiment le choix d'échanger ?

> ***« Le métier des lettres est tout de même le seul où on puisse sans ridicule ne pas gagner d'argent. »***
>
> JULES RENARD

Si l'on fait exception de certains procédés rituels de circulation de la richesse comme le don étudié notamment par Mauss, le marché exprime un désir volontaire d'aliénation de ce que l'on possède. La supériorité du commerce volontaire sur tout ce qui est vol, razzia, capture, extorsion, rapine, mise à sac, esclavage, paraît assez évidente. Il est également impossible d'imaginer un marché concret ou abstrait sans un minimum de concurrence : si je n'ai pas le choix, je ne participe pas vraiment à un marché, je suis un esclave. Les mots « enchères » et « négociation » doivent être associés au mot « marché ». Le travail libre est un moment supérieur dans l'histoire de l'humanité au servage ou à l'esclavage. Mais toute la ruse du discours du marché est de masquer l'extorsion d'une plus-value au salarié sous l'apparence du contrat et de l'enchère. Le mythe du marché masque la servitude volontaire.

Car a-t-on vraiment le choix ? J'ai peut-être le choix entre être balayeur ou camionneur. Puis-je choisir de ne pas travailler, par exemple, sans me condamner à mourir de faim ? Ces simples questions vident singulièrement de contenu le mot « marché », sauf entendu comme concept provisoire d'un phénomène provisoire : je peux très certainement évoquer le marché immobilier à Paris, ces jours-ci. Mais au-delà d'une constatation fort ponctuelle, sur un marché très localisé, je ne peux rien dire. Il est probable que la rareté des terrains et des immeubles, le nombre et le revenu des acheteurs font les prix. Mais d'où sortent ces revenus, ces immeubles et ces acheteurs eux-mêmes ? Ai-je la possibilité d'entrer ou de sortir d'un marché à mon gré, comme on entre ou on sort d'un magasin ? Ai-je vraiment le choix d'avoir une voiture, dans un monde où tout est organisé autour de la voiture ? Ai-je eu le choix d'avoir ou non un téléphone portable quand ces téléphones se sont imposés ? La demande n'est-elle pas en général inventée, suscitée par les entreprises ? Cette théorie de la fausse liberté et du besoin imposé a été soutenue par de nombreux économistes, entre autres Serge Latouche et John Kenneth Galbraith.

Le marché n'est que l'autre nom de la rareté, organisée ou subie, et dont les profits sont détournés par quelques-uns. Il était essentiel d'analyser la théorie libérale du marché pour révéler l'inefficacité intrinsèque du marché. Ceci étant, nous verrons que les concepts de mimétisme et de « foule » décrivent mieux d'autres réalités marchandes comme la Bourse. Mais une critique de l'économie de marché ne peut faire l'économie (*sic*) d'une réflexion sur la rareté.

En conclusion, on peut répondre « non » à trois questions : le marché est-il autorégulateur ? Est-il le capitalisme ? Est-il la démocratie ? Le marché, contrairement à ce que dit Hayek, ne produit pas le droit chargé de le réguler ; il est plutôt l'enfant du droit, de l'histoire sociale et de la politique. Il n'est pas exactement le capitalisme, pouvant exister dans des systèmes socialistes et ayant existé dans des systèmes précapitalistes ; enfin, et surtout, il a peu de choses à voir avec la démocratie : l'histoire des dictatures, dont celle de la Chine aujourd'hui, nous rappelle hélas que l'échange lucratif et marchand se moque de la liberté des hommes. Au contraire, la mercantilisation de tout et de tous produit une sorte de doux asservissement.

TEXTES

DOMINIQUE MÉDA

L'inefficacité intrinsèque du système économique

Puisque des personnes ne trouvent pas à s'employer dans le système productif classique, qui est censé répondre aux besoins des consommateurs, donnons-leur de l'utilité en soutenant la création d'un secteur, subventionné par l'État, qui, lui, répondra aux nombreux besoins sociaux non satisfaits. Dès lors, le paradoxe est patent. Car de deux choses l'une : soit notre système répond aux besoins des consommateurs (ce qui lui donne sa légitimité), et il fonctionne très bien, dirigé qu'il est par le marché, donc par l'intérêt extrême porté par les producteurs aux besoins des consommateurs ; et alors on propose aux chômeurs des tâches qui n'ont d'autre utilité que de leur procurer un revenu, et l'utilité sociale se réduit à cela, et à cela seulement (elle est dissociée de l'utilité économique) ; soit il existe vraiment des besoins sociaux non satisfaits et la création d'un tel secteur est donc absolument fondée, voire urgente, mais alors il faut du même coup s'interroger sur l'efficacité d'un système incapable de prendre en charge les besoins sociaux les plus importants.

Qu'est-ce que la richesse ?,
Aubier, 1999.

MAÎTRE DOGEN

Tuer son père, au cœur de l'efficacité économique

Seppo signifie la montagne enneigée. Gensha était fils de pêcheur ; quand il partait pour la pêche, c'était toujours avec son père ; il ne pouvait guère échapper à ce karma familial. Il avait à sa charge la subsistance des siens.

Un soir, il pêchait avec son père lorsque celui-ci tomba à l'eau. Il voulut le secourir ; mais à l'instant où il lui tendait la main, s'établit dans son esprit la conscience hishiryo. Il s'éloigna sur son bateau. Il gagna la berge et se retira dans la montagne où il reçut de maître Seppo l'ordination de moine zen.

S'il avait sauvé son père de la noyade, il aurait dû, jusqu'à la fin de ses jours, tuer chaque jour le poisson, inlassablement, pour vivre et faire vivre les siens ; il se serait marié, son fils lui aurait succédé, et sa vie se serait vainement écoulée. Son père dut être sacrifié pour que pût s'accomplir cet acte remarquable : la conversion de Gensha.

Le Trésor du zen,
Albin Michel, 2003.

PATRICK BESSON

Le vrai libéralisme ou le *struggle for life*

Elles ne sont pas faciles à trouver, les armes de destruction massive. Pourtant, tout le monde les cherche. Les Américains, les Britanniques. Il y a quelques jours, ils étaient tombés sur des sacs suspects, mais en fait c'était du plâtre. Ou quelque chose dans ce genre-là. Enfin, pas des trucs chimiques. Du coup, les soldats de la coalition sont un peu stressés. C'était tout de même pour ça qu'ils venaient en Irak, au début : trouver les armes de destruction massive qui, selon les propres termes de George W. Bush, « proliféraient ». Alors, pour se distraire, les boys ont inventé plusieurs jeux. Il y en a un assez drôle – d'après les images que nous recevons sur nos télés –, c'est jeter de la nourriture d'un camion militaire au milieu d'une foule irakienne affamée. Ça se passe comme ça : le soldat, entouré de ses camarades qui commencent déjà à se gondoler tellement ils savent que la scène va être rigolote, soulève de la nourriture. Ça peut être de la farine, des conserves, de l'eau. C'est plus amusant quand c'est de l'eau parce que c'est ce dont les Irakiens ont le plus besoin, alors ils sont davantage motivés, ça castagne vraiment, le spectacle n'en est que plus jouissif. Donc, le soldat lance la chose dans la foule et c'est la ruée. Les gros marchent sur les maigres, les grands piétinent les petits. C'est émouvant parce que ça résume bien la condition humaine. Le combat pour la vie. *Struggle for life !* Il n'y a pas toute cette bureaucratie, tous ces syndicats qui empêchent la société d'avancer. C'est le vrai libéralisme. Chacun doit s'en sortir par lui-même. Morceau de pain par morceau de pain. Boîte de sardines par boîte de sardines. Bien sûr, à la fin, il y a des blessés, voire des morts. Dans la nature, c'est un peu pareil. Les plus faibles prennent des coups. On n'a rien inventé.

« Destruction massive de journalistes »,
Figaro Magazine, vendredi 18 avril 2003.

CHRISTIAN AUTHIER

Tu dois jouir, et tu dois participer à la compétition

On retrouve cette violence à un degré bien moins sauvage dans *Plateforme* avec une longue description d'une boîte sadomasochiste dans laquelle Michel et Valérie sont entraînés, pour la première fois, comme spectateurs par des amis. Salles de tortures, « esclaves » enchaînés dans des cages, d'autres menottés ou traînés en laisse, scarifications : Valérie s'emporte devant tant d'humiliation et de souffrance. L'une des convives, arguant qu'il s'agit d'un « contrat », défend son point de vue : « "Si je suis un majeur consentant, reprit-elle, et que mon fantasme c'est de souffrir, d'explorer la dimension masochiste de ma sexualité, je ne vois pas au nom de quoi on pourrait m'en empêcher. On est en démocratie…" Elle s'énervait elle aussi, je sentais qu'elle n'allait pas tarder à évoquer les droits de l'homme. » Droit au plaisir, droit à la souffrance, droit au sadisme, c'est un peu l'extension des droits de l'homme et du droit tout court : « Depuis l'intervention de l'OTAN au Kosovo, la notion de droit était redevenue porteuse, m'expliqua Jean-Yves d'un ton mi-figue mi-raisin ; mais il était en fait sérieux, il venait de lire un article là-dessus dans *Stratégies*. Toutes les campagnes récentes qui s'étaient basées sur le thème du droit avaient été des réussites : le droit à l'innovation, le droit à l'excellence…

Quentin Metsys, *Vieille femme monstrueuse*, vers 1525-1530.

Le droit au plaisir, conclut-il tristement, était un thème nouveau. » À ces nouveaux droits octroyés généreusement par le système marchand répondent des devoirs dictés notamment par la publicité.

Le Nouvel Ordre sexuel,
Bartillat, 2002.

JEAN BAUDRILLARD

La fausse liberté de consommation

Encore une fois, on ne peut qu'être d'accord avec Galbraith (et d'autres) pour admettre que la liberté et la souveraineté du consommateur ne sont que mystification. Cette mystique bien entretenue (et en tout premier lieu par les économistes) de la satisfaction et du choix individuels, où vient culminer toute une civilisation de la « liberté », est l'idéologie même du système industriel, en justifie l'arbitraire et toutes les nuisances collectives : crasse, pollution, déculturation – en fait, le consommateur est souverain dans une jungle de laideur, où on lui a imposé la liberté de choix. La filière inversée (c'est-à-dire le système de la consommation) complète ainsi idéologiquement, et vient relayer le système électoral. Le drugstore et l'isoloir, lieux géométriques de la liberté individuelle, sont aussi les deux mamelles du système. [...]

Sur le « principe économique », Galbraith dit : « Ce qu'on appelle le développement économique consiste largement à imaginer une stratégie qui permette de vaincre la tendance des hommes à imposer des limites à leurs objectifs de revenus, et donc à leurs efforts. » Et il cite l'exemple des ouvriers philippins en Californie : « La pression des dettes, jointe à l'émulation vestimentaire, transforma rapidement cette race heureuse et nonchalante en une force de travail moderne. » Et aussi tous les pays sous-développés, où l'apparition des gadgets occidentaux constitue le meilleur atout de stimulation économique. Cette théorie, qu'on pourrait appeler celle du « stress » ou du dressage économique à la consommation, liée au forcing de la croissance, est séduisante. Elle fait apparaître l'acculturation forcée aux processus de consommation comme la suite logique, dans l'évolution du système industriel, du dressage horaire et gestuel, depuis le XIXe siècle, de l'ouvrier aux processus de production industrielle.

La Société de consommation,
Denoël, 1970.

ADAM SMITH

L'esprit de monopole et la rapacité des marchands

L'ambition capricieuse des rois et des ministres n'a pas été, durant ce siècle et le précédent, plus fatale à la tranquillité de l'Europe que la jalousie mal placée des marchands et des fabricants. La violence et l'injustice de ceux qui gouvernent les hommes sont des maux anciens, auxquels, j'en ai peur, la nature des affaires humaines ne permet guère d'envisager un remède. Mais la rapacité médiocre, l'esprit de monopole des marchands et des fabricants, qui ne gouvernent pas et ne devraient pas gouverner les hommes, s'ils ne peuvent sans doute être corrigés, peuvent être très facilement empêchés de troubler la tranquillité des autres, sinon la leur. Il ne fait aucun doute que c'est l'esprit de monopole qui, à l'origine, a inventé et propagé cette doctrine. Quant à ceux qui furent les premiers à l'enseigner, ils n'étaient certainement pas aussi stupides que ceux qui y crurent. Dans tous les pays, il est toujours et il doit être de l'intérêt du plus grand nombre de gens d'acheter tout ce dont ils ont besoin à ceux qui le vendent le moins cher. La proposition est si évidente qu'il paraît ridicule de prendre la peine de la prouver ; elle n'aurait jamais été mise en question si les sophismes intéressés des marchands et des fabricants n'avaient perturbé le bon sens des hommes. Leur intérêt est, à cet égard, directement opposé à celui du plus grand nombre.

Recherche sur la nature et les causes de la richesse des nations, Economica, 2000.

GEORGE ORWELL

La guerre, c'est la paix, la liberté c'est l'esclavage

En d'autres mots, il est nécessaire qu'il ait la mentalité appropriée à l'état de guerre. Peu importe que la guerre soit réellement déclarée et, puisque aucune victoire décisive n'est possible, peu importe qu'elle soit victorieuse ou non. Tout ce qui est nécessaire, c'est que l'état de guerre existe.

[...]

La guerre donc, si nous la jugeons sur le modèle des guerres antérieures, est une simple imposture. Elle ressemble aux batailles entre certains ruminants dont les cornes sont plantées à un angle tel qu'ils sont incapables de se blesser l'un l'autre. Mais, bien qu'irréelle, elle n'est pas sans signification. Elle dévore le surplus des produits de consommation et elle aide à préserver l'atmosphère mentale spéciale dont a besoin une société hiérarchisée.

Ainsi qu'on le verra, la guerre est une affaire purement intérieure. Anciennement, les groupes dirigeants de tous les pays, bien qu'il leur fût possible de reconnaître leur intérêt commun et, par conséquent, de limiter les dégâts de la guerre, luttaient réellement les uns contre les autres, et celui qui était victorieux pillait toujours le vaincu. De nos jours, ils ne luttent pas du tout les uns contre les autres. La guerre est engagée par chaque groupe dirigeant contre ses propres sujets et l'objet de la guerre n'est pas de faire ou d'empêcher des conquêtes de territoires, mais de maintenir intacte la structure de la société.

Le mot « guerre », lui-même, est devenu erroné. Il serait probablement plus exact de dire qu'en devenant continue, la guerre a cessé d'exister.

1984, trad. Amélie Audiberti, Gallimard, coll. Folio, 1972.

PAUL BAIROCH

Dans la compétition, le vainqueur est celui qui ne joue pas le jeu

La réussite occidentale consécutive à la libéralisation de l'après-guerre connaît une autre limite : on peut se demander dans quelle mesure les politiques commerciales ont été bénéfiques à l'Occident (au moins en ce qui concerne le secteur industriel). C'est au début des années soixante que les pays développés occidentaux se sont tournés vers le libéralisme.

Scène extraite de *1984*, film de Michael Anderson, 1956.

Mais tout le monde sait que la libéralisation des importations de biens manufacturés ne fut pas identique dans tous les pays et que, grâce essentiellement aux barrières non tarifaires, le Japon poursuivit dans la même période une politique plus restrictive que les autres grandes puissances.

Il ne faut pourtant pas oublier qu'au début des années soixante, bien qu'il ait doublé son niveau d'industrialisation par habitant par rapport au niveau d'avant-guerre, le Japon restait moins industrialisé que les pays occidentaux avancés. En 1963, son taux d'industrialisation par habitant était inférieur d'un tiers à celui de l'Europe occidentale et de moitié à celui de l'Allemagne. Il était cependant à peu près équivalent à celui de l'Italie et nettement supérieur à celui de l'Espagne. Mais, comparée à celle des pays les moins industrialisés d'Occident, la protection du marché japonais était beaucoup plus forte.

Mythes et paradoxes de l'histoire économique,
La Découverte, Paris, 1999.

MICHEL HOUELLEBECQ

La consommation comme activité forcée

La publicité constitue la dernière en date de ces tentatives. Bien qu'elle vise à susciter, à provoquer, à être le désir, ses méthodes sont au fond assez proches de celles qui caractérisaient l'ancienne morale. Elle met en effet en place un Surmoi terrifiant et dur, beaucoup plus impitoyable qu'aucun impératif ayant jamais existé, qui se colle à la peau de l'individu et lui répète sans cesse : « Tu dois désirer. Tu dois être désirable. Tu dois participer à la compétition, à la lutte, à la vie du monde. Si tu t'arrêtes, tu n'existes plus. Si tu restes en arrière, tu es mort. » Niant toute notion d'éternité, se définissant elle-même comme processus de renouvellement permanent, la publicité vise à vaporiser le sujet pour le transformer en fantôme obéissant du devenir. Et cette participation épidermique, superficielle à la vie du monde est supposée prendre la place du désir d'être.

La publicité échoue, les dépressions se multiplient, le désarroi s'accentue ; la publicité continue cependant à bâtir les infrastructures de réception de ses messages. Elle continue à perfectionner des moyens de déplacement pour des êtres qui n'ont nulle part où aller, parce qu'ils ne sont nulle part chez eux ; à développer des moyens de communication pour des êtres qui n'ont plus rien à dire ; à faciliter les possibilités d'interaction entre des êtres qui n'ont plus envie d'entrer en relation avec quiconque.

Les Particules élémentaires, Flammarion, 1998.

JEAN BAUDRILLARD

Le paradoxe tragique de la consommation

C'est là le paradoxe tragique de la consommation. Dans chaque objet possédé, consommé, comme dans chaque minute de temps libre, chaque homme veut faire passer, croit avoir fait passer son désir – mais de chaque objet approprié, de chaque satisfaction accomplie, comme de chaque minute « disponible », le désir est déjà absent, nécessairement absent. Il n'en reste que du « consommé » de désir.

Il n'y a pas de temps dans les sociétés primitives. La question de savoir si on y « a » le temps ou non n'a pas de sens. Le temps n'y est rien que le rythme des activités collectives répétées (rituel de travail, de fêtes). Il n'est pas dissociable de ces activités pour être projeté dans l'avenir, prévu et manipulé. Il n'est pas individuel, c'est le rythme même de l'échange, qui culmine dans l'acte de la fête. Il n'y a pas de nom pour le nommer, il se confond avec les verbes de l'échange, avec le cycle des hommes et de la nature. Il est donc « lié », mais non contraint, et cette « ligation » (Gebundenheit) ne s'oppose pas à une quelconque « liberté ». Il est proprement symbolique, c'est-à-dire non isolable abstraitement. Dire ceci : « Le temps est symbolique », n'a d'ailleurs pas de sens : il n'y existe tout simplement pas plus que l'argent.

La Société de consommation, Denoël, 1970.

JACQUES GÉNÉREUX

Les joies du marchandage

J'ai découvert les joies du marchandage au Cameroun, où j'effectuais mon service national en coopération au tout début des années 1980. Je devais vite apprendre que, bien souvent, les marchands estimaient davantage les clients qui marchandaient que ceux qui payaient le prix annoncé sans discuter. Car si les hommes entrent en relation pour faire des échanges, il arrive aussi qu'ils procèdent à des échanges pour entrer en relation. Sur le marché de Douala, comme sur les routes où les contrôles de la gendarmerie s'intensifiaient en fin de mois, la palabre avait une valeur en soi, indépendante de son objet initial. Si mon goût naturel pour la palabre m'a permis de passer tous les contrôles de gendarmerie sans sortir un billet, il m'a aussi permis d'expérimenter une loi paradoxale de l'économie. À savoir : dans le marchandage, le bien prend de la valeur au fur et à mesure que son prix baisse ! En effet, le plaisir des mots et la chaleur du lien social tissé dans l'échange chargent les biens d'une valeur subjective d'autant plus forte que le marchandage perdure, alors même que celui-ci a pour effet ordinaire de faire baisser le prix. À la limite, les dernières tomates échangées, celles que le marchand dépose gracieusement dans le panier après la clôture de la transaction, sont, pour lui comme pour son client, les plus précieuses.

Les Vraies Lois de l'économie, Seuil, 2002.

Commerce aux portes de la ville de Curmos, Formose.
Enluminure extraite du *Livre des Merveilles du Monde*,
rapport des voyages de Marco Polo, vers 1412 (détail).

5

Mondialisation et commerce international

“Un cynique est celui qui connaît le prix de toutes choses et la valeur de rien.”

Oscar Wilde

“Nihil novi sub sole”

PROVERBE

Selon une conception trop répandue, l'essor des échanges internationaux serait le prolongement de l'essor des économies nationales, qui elles-mêmes naîtraient de l'intégration des économies locales, et de cette « propension de l'homme à troquer, à échanger, et céder une chose contre une autre » (Adam Smith). Il n'en est rien[1]. Si la division du travail favorise les échanges, c'est au niveau international qu'ils se manifestent. Dans *La Grande Transformation*[2], Karl Polanyi montre comment l'institution du marché, bien que très ancienne, et réservée à l'international, ne joue qu'un rôle très

[1] David Landes, *Richesse et pauvreté des nations*, Albin Michel, 2000.

[2] Gallimard, 1983.

mineur dans les relations humaines. L'économie n'existe pas en tant que sphère autonome de la vie sociale et la répartition des productions ne se fait pas selon une logique des gains, mais selon des mobiles non économiques parmi lesquels se trouvent les relations politiques, de parenté, ou religieuses. Contrairement aux assertions de Smith, la plupart des civilisations précapitalistes marquent une aversion pour l'échange microéconomique intéressé, préférant les relations de réciprocité et la redistribution après centralisation des richesses.

La construction de marchés intérieurs obéit aussi au souhait politique de dépouiller les producteurs de leurs droits (les artisans, les corporations...) au profit des marchands. La doctrine « mercantiliste » par exemple répond à la volonté de favoriser les marchés intérieurs au détriment des marchés internationaux, « marquant une séparation toujours plus stricte entre le commerce local et le commerce d'exportation ; telle fut la réaction urbaine devant un capital mobile qui menaçait de désintégrer les institutions de la ville ».[3]

La mondialisation est-elle une création politique ?

"Rien n'était illégal, puisqu'il n'y avait plus de lois."

George Orwell

La mondialisation apparaît comme une phase de diffusion exceptionnellement rapide du progrès technique. Est-ce sûr ? Le brevet du moteur à explosion est déposé en 1877. Ce n'est qu'en 1930, cinquante ans plus tard, que la moitié des Américains ont une voiture. L'ordinateur est découvert par Joseph von Neuman en 1945. Ce n'est qu'en 2000, 55 ans plus tard, que la moitié des ménages américains ont un ordinateur. La vitesse de diffusion de la télé est du même ordre, tout comme celle du téléphone. On retrouve des « pulsations cinquantenaires », type Kondratieff, inventeur des cycles longs qui portent son nom. Cinquante ans, soit deux générations environ : une génération montante, enthousiaste (croissance), et une génération désabusée, descendante (décroissance).

[3] *Ibid.*, p. 98.

Il convient d'ajouter qu'une énorme part du commerce international – près de 50 % – est du commerce intra-firmes, entre succursales, ateliers ou filiales d'une même multinationale. S'agit-il de commerce « international » ou d'organisation de la division internationale du travail par une même entreprise pour échapper, précisément, aux contraintes de l'État-nation, en matière sociale ou fiscale ? Il s'agit de travailler là où le droit du travail n'existe pas et rapatrier les profits là où ils sont peu taxés ou autorisés de séjour dans les paradis fiscaux, comme le prévoit (entre autres) la législation américaine.

Le coup d'envoi de la mondialisation est la décision de Nixon, en 1969, de laisser flotter le dollar, puis sa dévaluation en 1971 et, enfin, la reconnaissance de sa désindexation de l'or par tous les pays riches à la Jamaïque en 1976. Les marchés monétaires libérés ont à leur tour libéré les marchés des capitaux et provoqué, partout dans le monde, la flexibilisation du travail. La mondialisation est tout simplement la désintégration de l'État-providence dans les pays riches.

Il n'existe pas de marché qui n'ait été créé politiquement et la « mondialisation » n'échappe pas à la règle. Les marchés boursiers ont suivi la renaissance des marchés monétaires. En France, ils ont connu une forte expansion après la décision du ministre Bérégovoy de créer des marchés spéculatifs sur les taux d'intérêt et les actions (marchés de produits dérivés). Certes, l'initiative a pu être privée : les marchés dérivés, assurantiels, sont ainsi nés à Chicago dans les années 60 pour les produits agricoles et se sont étendus à toutes sortes de produits et services. Mais l'État suscite, oblige, met en concurrence ce qui ne l'était pas. Parfois, il reprend même ce qu'il a donné. Le marché de l'argent est d'abord totalement privé, laissé aux grandes firmes exploitant les mines d'or et d'argent et fournissant la couverture des monnaies nationales, émises par des banques privées. Après les deux guerres, l'État français nationalise l'émission monétaire. La Banque de France, ancienne société anonyme de droit privé, devient publique en 1945. En 1993, une loi la rend indépendante de l'autorité de l'État : l'émission monétaire est soumise à la volonté des grandes banques privées, régulée par une autorité indépendante des États, la Banque centrale européenne.

Dans la dynamique État-marché qui rythme la vie du capitalisme, ce que nous appelons la « mondialisation » est un moment de sabordage de l'État-nation, dans sa fonction de protection des plus faibles, ceux qui ne vivent que de leur travail. Il est vrai que l'État est aussi l'expression d'un rapport momentané de forces, même s'il est une entité pérenne : l'État-providence est né de puissants mouvements ouvriers ; sa disparition marque donc l'effondrement du mouvement ouvrier et des luttes sociales.

Les multinationales

La multinationale est organisée pour faire « ce qu'elle veut où elle veut », comme le disait le patron d'ABB, Percy Barnevik, en profitant au maximum des législations, subventions et facilités nationales. Ce qui revient à aller là où les législations sociales sont faibles, à installer les centres et rapatrier les profits là où les législations fiscales sont favorables. Les multinationales sont américaines et européennes. Sur les cent premières en termes de capitalisation, 54 sont américaines, 27 européennes (appartiennent à l'Union européenne), 5 japonaises et 5 suisses. En termes d'investissements à l'étranger, le déploiement européen est impressionnant : les IDE (investissements directs à l'étranger) de l'Europe de l'Ouest représentent 41 % du PIB de la zone (contre 14 % pour les États-Unis)[4]. En termes de taille, la domination des américaines est absolue : les huit plus importantes sont américaines (General Electric, Microsoft, Exxon, Wall Mart, Citygroup, Pfizer, Intel, Jonhson and Jonhson) suivies par Shell et BP (européennes). En comparant la valeur ajoutée des multinationales et le PIB des pays (le PIB est la somme des valeurs ajoutées de toutes les entreprises et administrations), il apparaît que la valeur ajoutée (la valeur ajoutée est le « PIB » d'une multinationale et se situe autour de la moitié de son chiffre d'affaires) d'Exxon est équivalente au PIB du Chili ou du Pakistan et nettement supérieure à celui de la Hongrie. Mais si l'on compare la valeur ajoutée d'une multinationale à la dépense publique (moins de la moitié du PIB d'un pays), les choses sont encore plus impressionnantes.

Les multinationales sont donc des entités autonomes, des féodalités, aux marches de l'autorité des États. Aux « marches », le mot sonne juste ! Les marchés sont ce que les États laissent en dehors de leur autorité, sous la loi des contrats privés, contrats eux-mêmes théoriquement soumis à la loi publique. Autrefois, les marchands se réunissaient hors des remparts. Hermès, dieu des marchés, était aussi le dieu des portes de la ville... La création de marchés naquit de contradictions perma-

4 « Les chiffres de l'économie », *Alternatives économiques*, 3e trimestre 2002, p. 56-57.

nentes entre l'État, représentant de la collectivité et de l'intérêt collectif, et les multinationales et les lobbies, représentants d'intérêts particuliers. En la matière, Enron est un cas d'école (voir chapitre 6).

Le commerce international

Le commerce international paraît être le lieu immédiat d'application de la théorie de la compétition. Le monde est un vaste marché où les États se livrent une compétition terrible à travers le commerce international. Cette thèse de l'État-nation-entreprise (l'État n'est autre qu'une entreprise, plus ou moins efficace, en compétition avec d'autres États) est universellement admise par tous les hommes politiques. François Mitterrand la défendait en son temps, et Jacques Chirac en fait de même aujourd'hui, à travers le thème de « l'attractivité » de la France. L'idée que la réussite d'un pays dans le commerce international témoigne de sa réussite tout court, du bonheur de ses citoyens, paraît une évidence indiscutable. « Dans la pratique, elle est simplement fausse. En d'autres termes, il est faux de dire que les grands pays se trouvent engagés les uns contre les autres dans une vaste compétition à l'échelle mondiale... L'obsession croissante de la compétitivité internationale parmi les pays les plus avancés doit être analysée non pas comme une inquiétude fondée, mais une théorie âprement défendue malgré les preuves écrasantes du contraire ».[5]

En théorie comme en pratique, le solde du commerce extérieur d'une économie ne mesure pas son « efficacité ». Un excédent peut être un signe de faiblesse ; comme un déficit, un signe de puissance. Autour de 1985, le Mexique est contraint de maintenir un excédent du commerce extérieur pour payer les intérêts de sa dette, les bailleurs se refusant à lui prêter de nouveaux capitaux. Dans les années 90, la confiance revient dans le pays, les capitaux aussi. Les entreprises empruntent, investissent, importent, et le solde commercial devient déficitaire, signe que le Mexique va mieux. Encore ce pays est-il relativement ouvert sur l'extérieur : le rapport de ses exportations à son PIB dépasse les 10 %. Mais pour un pays comme les États-Unis ou un ensemble comme l'Union européenne, où les échanges extérieurs sont inférieurs à 10 %, le commerce extérieur est de peu de poids dans la définition du bien-être.

---

[5] Paul Krugman, *La mondialisation n'est pas coupable*, La Découverte, 1998, p. 19.

En fait, les conditions du bien-être des citoyens d'un pays se trouvent largement à l'intérieur du pays et non sur les marchés mondiaux. Mais pour tous les dirigeants et chefs d'État, la métaphore de la compétition est très utile comme échappatoire. Par exemple, Jacques Delors parlant du chômage très élevé de l'Europe par rapport aux États-Unis, à Copenhague en 1994[6], insiste non pas sur les causes structurelles du phénomène (monnaies surévaluées, faible mobilité sur le marché du travail, refus des chômeurs d'accepter des emplois trop déqualifiés par rapport à ceux qu'ils viennent de quitter, excès d'argent inutilisé du côté des entreprises, etc.) mais sur la compétition internationale, laquelle ne concerne qu'une infime partie des emplois (moins de 1 %). Le discours de la compétitivité permet en revanche de justifier une politique de rigueur. Ainsi, Bill Clinton l'utilisa lors de son premier mandat et réduisit les déficits. Dans les années 50, la crainte inspirée par la croissance de l'économie soviétique avait amené les Américains à investir dans les services publics et les infrastructures...

L'une des variantes du mythe de la compétition internationale est celui de la concurrence « déloyale » du Sud vis-à-vis du Nord. Les salariés du Sud sont très peu payés, travaillent énormément et longtemps. Comment les entreprises du Nord, soumises à des lois sociales, versant de hauts salaires, peuvent-elles résister ? Par ailleurs, la mauvaise qualification du travail dans le Sud tend, du fait de la compétition, à tirer vers le bas la qualité du travail du Nord. De sorte que l'on voit apparaître des inégalités plus grandes dans le Nord : moins de travail qualifié par rapport au travail bas de gamme, ce qui traduit une hausse de l'inégalité. La réponse tient en un mot : les rapports d'échange du Nord et du Sud sont dérisoires en volume et en valeur. La croissance des inégalités dans les pays du Nord n'a rien à voir avec le commerce international. Elle est due aux politiques de l'offre qui privilégient fiscalement les hauts revenus et favorisent la naissance de nouveaux modes de rémunérations, comme les stock-options fondées sur les profits des entreprises, eux-mêmes favorisés par l'impôt.[7]

---

[6] Cité par Paul Krugman, *ibid.*, p. 31.

[7] Lire « Main basse sur l'Amérique », de Paul Krugman, in *Courrier international*, n° 636, janvier 2003, pour une excellente analyse du problème des inégalités. Krugman s'appuie sur les travaux de l'économiste français Thomas Piketty (directeur d'études à l'EHESS).

Le libre-échange

> *« S'il me fallait résumer ce que l'essence de l'histoire économique peut apporter à la science économique, je dirais qu'il n'existe pas de « lois » ou règles en économie qui soient valables pour toutes les périodes de l'histoire ou pour chacun des divers systèmes économiques. »*
>
> PAUL BAIROCH

Pourquoi la théorie du libre-échange a-t-elle connu un tel succès depuis la *Richesse des nations* ? Parce qu'elle permet aux nantis de heurter les idées populaires de protection, de sécurité, de famille, de nation, et tout ce qui constitue le désir de ne pas bouger. Avec la doctrine du libre-échange, les grands entrepreneurs et les hommes politiques peuvent opposer le progrès de l'échange à la frilosité des situations acquises ; l'efficacité de la flexibilité et du mouvement, à l'archaïsme des rigidités, des privilèges. Le duc de Brissac, ancien patron de Schneider, fustigeait ses ouvriers « qui s'accrochaient à leur emploi comme des arapèdes à leur rocher ». La mobilité, l'immigration, la possibilité de licencier facilement, bref, la fluidité de l'économie sont comprises dans le libre-échange.

En 1817, Ricardo publie *Des principes de l'économie politique et de l'impôt* qui contient une théorie du commerce international fondatrice de la doctrine du libre-échange.

Peter Minuit, *Purchase of Manhattan Island* (L'achat de l'île de Manhattan), 1939.

La théorie de Ricardo, parfaitement statique, est une simple théorie du redéploiement ou de la spécialisation. Elle dit que tout échange apporte un plus aux échangistes, sinon il n'y aurait pas d'échange, et que l'échange réaffecte les facteurs de production de façon plus efficace : le travail, relativement mal utilisé au Portugal et en Angleterre, est mieux employé après l'échange. Insistons sur son contenu totalement statique : il existe des différences, donc des possibilités de spécialisation. Mais d'où vient le fait que les techniques d'utilisation du travail soient meilleures ici que là ? Pas de réponse. Cela dit, cette théorie met l'accent sur l'importance du travail dans l'échange et montre l'échange comme une réorganisation du travail international. En ce sens, elle est très moderne : la « mondialisation » est une nouvelle organisation, particulière, du travail international. Le centre, le cerveau et l'estomac se trouvent au Nord, la périphérie et les membres sont au Sud, en Chine, ou dans les pays émergents. Mais, en bonne fille de l'économie libérale, cette doctrine omet un aspect essentiel de la production : ce que l'on appelle les rendements croissants (plus je produis, moins c'est cher).

Hélas, ces rendements croissants peuvent devenir décroissants pour certains pays : plus je produis, plus je m'appauvris. Ce paradoxe de la « croissance appauvrissante » concerne certains pays du Sud qui ont eu le tort de se spécialiser dans certaines matières premières ou produits primaires, comme les produits agricoles. Ils ont soumis leur économie à l'entrée de devises à tout prix, liées aux exportations, ont ruiné leur secteur artisanal et vivrier, et se sont retrouvés avec des denrées sans valeur sur le marché international des matières premières.

Les théories postérieures à Ricardo ont insisté sur le contenu en travail des productions échangées. Le théorème dit d'Heckscher-Ohlin-Samuelson[8] insiste sur les dotations inégales des pays en facteurs de production, de terre, de travail, de matières premières et sur l'immobilité de ces facteurs : les pays compensent cette stagnation par la mobilité des produits incorporant des facteurs différents. Les pays ayant un déficit en « machines » (le Sud) exporteraient des produits incorporant du travail, très abondant chez eux. « Exporteraient » car, en fait, les pays riches échangent du travail qualifié entre eux tandis que les pays pauvres... laissent exploiter leurs sol et sous-sol. Qui a besoin de la main-d'œuvre d'Afrique, si ce ne sont les demandeurs de femmes de ménage ?

---

[8] Bernard Guerrien, *op. cit.*

Comme celle de Ricardo, dont elle épouse la philosophie, cette théorie exclut l'existence de rendements croissants dans une production. Elle nie le fait qu'un pays puisse inonder l'étranger, parce que plus il produit, moins cela lui coûte, interdisant toute rivalité possible des économies concurrentes. Microsoft est un bon exemple de monopole international qui accroît sa taille, ses profits, et diminue ses coûts au fur et à mesure qu'il envahit les économies étrangères. C'est ici que peuvent intervenir l'État, la politique et la protection.

Protectionnisme ou libéralisme ?

Depuis longtemps, des économistes, aux côtés des hommes d'État, se sont penchés sur la protection de leurs pays. Ainsi en est-il de Frédéric List en Allemagne, qui publie en 1841 son *Système national d'économie politique* ou de Carey aux États-Unis. Bien que libéraux, ils réagissent à la toute-puissance de l'Angleterre qui, possédant une avance considérable dans le domaine industriel, entend exporter sans que des droits de douane fassent obstacle à l'écoulement de ses produits. List prétend que des industries dans l'enfance ont besoin d'être protégées avant d'être livrées à la compétition internationale. Seules des industries de puissance comparable peuvent entrer en compétition pour le plus grand bien des unes et des autres. L'Angleterre se convertit totalement au libéralisme en 1843. La France signe avec elle son traité de libre-échange le 23 janvier 1860, contre l'avis de la majorité des industriels et de la Chambre. C'est un cadeau inespéré fait aux Anglais. L'Allemagne, elle, préfère laisser croître son industrie nationale. De nos jours, le cas de la Corée du Sud est exemplaire. Les premières voitures coréennes, dans les années 70, pouvaient paraître vraiment peu compétitives ! Si aucune protection commerciale n'avait été envisagée, la production d'autos aurait été déclarée non rentable et abandonnée. En fait, la protection de l'industrie nationale, l'aide de l'État, ont engendré des synergies remarquables, des effets d'apprentissage et les autos coréennes sont devenues très vite rentables, entraînant avec elles une industrie importante. L'histoire des États-Unis est tout aussi représentative. Au départ, les États-Unis sont purement agricoles. Le renforcement de l'État après la guerre de Sécession, la protection douanière, l'effort énorme d'éducation pour promouvoir la productivité du travail américain sont autant de phénomènes contre-échangistes qui ont permis de produire un géant économique. Aujourd'hui encore, l'effort colossal en matière de recherche publique ou militaire (Internet est né de l'Arpa, Advanced Research Project Agency, 1958, financé par le ministère de la Défense, sans aucune contrepartie immédiate), les programmes de recherche informatique, traduisent une politique volontariste, protectionniste et nationale.

Les rendements croissants et l'échange international

Facteurs de production inégalement répartis et techniques de fabrications différentes ne sont pas les deux seules causes de la division internationale du travail. La troisième, très importante, vient des « rendements croissants ». Le principe des rendements croissants est très simple et très perturbateur pour la théorie libérale ; c'est même un principe anticoncurrentiel, un dogme d'inégalité, léonin, et de prédation.

Imaginons une firme, semblable à Microsoft, qui accroît sa rentabilité au fur et à mesure de son expansion. Elle découvre de nouveaux marchés, en profite pour mettre au point de nouvelles techniques, de nouveaux brevets, améliore sa qualité et baisse ses prix tout en annihilant toute velléité de concurrence. Les rendements croissants conduisent inévitablement au monopole, à l'extermination des ennemis. Paul Krugman[9], célèbre économiste américain, libéral, insiste beaucoup sur la prise en compte des rendements croissants, essentiels dans la concurrence internationale. Il faut admettre que la taille, l'ampleur du marché, favorisent le conquérant et le rendent d'autant plus apte à la conquête. Un phénomène de « croissance endogène », d'apprentissage bénéfique par la croissance, le rend de plus en plus capable d'acquérir des savoir-faire et de conquérir des marchés. « La nouvelle théorie du commerce international affirme que les échanges sont dans une large mesure tirés par les économies d'échelle plutôt que par les avantages comparatifs et que les marchés internationaux sont normalement en situation de concurrence imparfaite »[10]. Une firme bénéficiant de rendements croissants, éliminant la concurrence, fixant les prix et les marges, s'octroie des surprofits, contrairement aux faibles profits d'une firme en concurrence, contrainte par ses rivales à garder juste la tête au-dessus de l'eau.

---

9 *La mondialisation n'est pas coupable. Vertus et limites du libre-échange*, La Découverte, 1998.

10 *Ibid.*, p. 200.

Dans ces conditions, une politique étatique volontariste peut contrer le monopole étranger qui arrive sur le marché national. De même, Air France, entreprise publique, déclare vouloir Airbus et non Boeing. Les firmes choisies par l'autorité nationale récupèrent ainsi les surprofits qui auraient dû aller au monopole conquérant.

Parallèlement, une politique nationale volontariste peut favoriser les firmes démontrant de fortes capacités à générer des effets externes, en matière de connaissance et de recherche, effets qui profiteront à toutes les entreprises nationales de la même branche. En favorisant l'industrie de l'espace, je favorise Ariane, mais la recherche chez Ariane a des répercussions au CNES et permet, par exemple, de créer le satellite d'observation Spot. Taxes, droits d'importations, subventions à la recherche, font naître une industrie qui n'existait pas auparavant. Prenons l'exemple de Boeing et d'Airbus. Imaginons qu'ils soient en concurrence pour un avion de ligne. La matrice de décision est la suivante.

		Airbus	
		p	n
Boeing	P	−5 −5	100 0
	N	0 100	0 0

Où P signifie « Boeing décide de produire », p « Airbus décide de produire », et N et n les contraires réciproques.

Si Boeing et Airbus entrent en concurrence et produisent, l'un et l'autre sont en déficit (– 5). Si Boeing produit et Airbus ne produit pas, Boeing gagne 100 et Airbus 0. Et inversement.

Maintenant, supposons que l'Europe décide de subventionner Airbus de 10. La nouvelle matrice des gains est la suivante.

		Airbus	
		p	n
Boeing	P	−5 +5	100 0
	N	0 110	0 0

Cette fois, Airbus décide de se lancer dans la compétition quoi qu'il arrive, puisque son résultat net est positif. Comme Boeing sait qu'Airbus accepte le combat, et qu'il va perdre 5, il abandonne. Le résultat surprenant est que non seulement Airbus gagne, mais beaucoup plus que dans le cas précédent.

Autre exemple intéressant. Supposons qu'un État protège son marché national de la concurrence étrangère. Une grosse entreprise nationale capte les profits qui auraient dû aller au concurrent étranger menaçant. D'autres entreprises nationales de la branche peuvent bénéficier dès lors d'« effets externes positifs » (des apprentissages, des brevets, des communications de branche, des synergies comme dans la Silicon Valley) et, à leur tour, conquérir des marchés étrangers ! **De sorte que la protection d'un marché national peut favoriser la conquête d'un marché étranger.** Les États-Unis, très interventionnistes et protectionnistes, ont souvent pratiqué ce genre de politique, en détaxant les profits faits par leurs entreprises dans leurs activités à l'étranger.

Mais on peut envisager un cas un peu différent. Supposons qu'un marché national soit protégé (automobile par exemple) afin de faire vivre quatre ou cinq entreprises en concurrence. Du fait de la concurrence, aucune ne fait de surprofits. Leur faible coût, leur « compétitivité », font que lorsqu'elles vont sur des marchés étrangers, les consommateurs étrangers bénéficient de faibles prix. **Ce sont donc les étrangers qui profitent de la rente qui aurait dû aller aux nationaux !** Au contraire, s'il n'y a qu'une entreprise, elle pratiquera des prix élevés de monopole, même à l'étranger, et les nationaux bénéficieront alors de cette captation de rente. Autant il est bénéfique de protéger un monopole, autant il est mauvais de protéger une industrie qui, déjà, est nationalement concurrentielle. Idem pour les subventions à la recherche et au développement : comment faire pour qu'elles n'aillent pas dans des produits qui seront désossés en dehors des frontières puis récupérés par l'étranger ? Comment faire pour qu'elles n'alimentent pas les concurrentes des entreprises nationales, concurrentes qui iront proposer des produits à bas prix à l'étranger, faisant bénéficier les consommateurs des autres pays, au bout du compte, des subventions à la recherche et au développement ? Ah ! Dire « vive l'ouverture des frontières ! », sans plus y réfléchir, est un peu sommaire, non ?

Du côté des pays « pauvres »

L'absence de protection des industries naissantes et toujours nos fameux phénomènes de rendements croissants expliquent *a contrario* la catastrophe des pays du Sud, incapables de faire naître une main-d'œuvre qualifiée, obligés de se spécialiser dans la vente de produits primaires (matières premières ou fruits et légumes) et entrant dans l'engrenage de ce que l'économiste Jadig Baghwati a appelé la « croissance appauvrissante » : plus mon taux de croissance est fort, plus je m'appauvris. Par exemple, supposons que je veuille à tout prix favoriser l'industrie exportatrice de mon pays, pour faire rentrer des devises, afin de développer mon économie exportatrice, etc. En provoquant artificiellement la croissance de ce secteur, qui bénéficie certes d'un avantage stratégique sur la concurrence étrangère (la France métropolitaine ne va pas se battre pour aller fabriquer des bananes en Côte d'Ivoire), je mets les autres secteurs de l'économie en difficulté, en faisant grimper les prix des ressources intérieures pour les autres secteurs. Ainsi le prix de l'essence, celui du pain, du travail flambent-ils. Les autres secteurs (l'industrie textile en Inde, l'artisanat du fer en Afrique) se trouvent donc ruinés et me voilà obligé d'importer de la nourriture à bas prix, inférieur au coût de production de l'agriculture locale, vivrière. Les paysans abandonnent leurs champs. Pour nourrir cette population qui afflue dans les bidonvilles, j'emprunte. Les exportations de mon fameux secteur exportateur ne suffisent plus à couvrir les intérêts de la dette, je m'endette encore plus. Ma magnifique promotion d'une industrie exportatrice a ruiné le pays. Les surprofits du secteur exportateur cachent la ruine des autres secteurs. Personne ne le voit, car l'économie autarcique n'est pas comptabilisée, tandis que les exportations le sont. Jusqu'au jour où l'industrie exportatrice s'arrête à son tour, faute de pouvoir rembourser ses emprunts. Amusant, non ?

L'histoire est encore plus drôle quand les banquiers des pays du Nord, après le triplement du prix du pétrole, en 1973, démarchent les pays du Sud et les poussent à s'endetter en disant : « Allez-y ! Vive la productivité ! »

Parfois les choses sont encore plus brutales. L'Angleterre a laminé l'industrie nationale indienne du textile. Quand elle n'imposait pas d'acheter anglais, elle interdisait de produire indien. Elle a ruiné un continent pour une industrie, le textile, qu'elle lui a rétrocédée cent ans plus tard, une fois qu'elle ne présentait plus d'intérêt. Pourquoi a-t-elle agi ainsi ? Parce qu'elle appliquait les décisions du lobby du textile. Ricardo parlait au nom des industriels britanniques, au sortir du blocus de Napoléon, désireux de recevoir du blé à bon marché, contre la volonté du lobby agricole de l'époque. Aujourd'hui, l'Europe et les États-Unis parlent pour leurs lobbies agricoles, gorgés de subventions, qui achèvent de ruiner les économies d'Afrique et d'ailleurs. Mais toujours au nom de la « liberté du commerce ».

On ne saurait terminer un bref tour de piste du commerce international sans parler du Tour de France. Le Tour est une belle métaphore de la concurrence. Supposons qu'un coureur se drogue. Que font les autres ? Ils se droguent, tiens, car sinon, comment respecter la vraie hiérarchie des valeurs ? Que faire pour que le Tour ne soit pas celui des drogués ? Il faut susciter une loi pour tous, une protection garantissant l'absence de drogue et ne pas laisser le marché libre. À l'échelle de la concurrence internationale, la recherche des faibles coûts, de la main-d'œuvre bon marché, le travail des fillettes en Chine 70 heures ou plus par semaine, sont à l'image du Tour de France des drogués. On pourrait imaginer une compétition loyale, où le droit du travail serait le même pour tous, où les enfants seraient protégés, où la qualification du travail, et non exclusivement son exploitation, produirait la croissance. Le commerce « équitable » va dans ce sens, où l'on n'échange que des produits intégrant, dans leur conception, un minimum de droit social et de respect de l'environnement.

Le commerce international a-t-il enrichi la planète ?

Le monde s'enrichit-il ? Voilà une belle question de devoir de philosophie ! Les économistes, eux, n'hésitent pas à répondre : oui, le monde, l'humanité, s'est enrichi depuis Lascaux, il y a quelque 150 000 ans. Les nomades chasseurs-cueilleurs, vivant en parasites des troupeaux de bisons et de chevaux sauvages, se sont sédentarisés. Ils ont créé la religion, l'État, puis la monnaie, puis le capitalisme. La population du monde a beaucoup augmenté, tout comme son espérance de vie. Je ne sais pas si l'heure passée par Ulysse à contempler un coucher de soleil à Ithaque valait plus ou moins que celle du touriste obèse qui descend de son bus. Celle passée par Pascal à résoudre un problème de jeu de hasard, posé par son ami, grand joueur, le chevalier de Méré, est sans doute aussi agréable que celle du chercheur du CNRS s'efforçant de découvrir une nouvelle molécule. Mais je suis sûr qu'en France les hommes vivent plus longtemps, ont des conditions de vie – l'accès à l'eau par exemple, aux médicaments – meilleures que leurs proches ancêtres du XVIIIe siècle. En sont-ils plus heureux ? C'est autre chose. Un économiste dira oui, car il mesure le **bien-être** par la quantité : un individu qui a deux voitures, affirme-t-il, est nécessairement plus heureux qu'un individu qui n'a qu'une voiture. Il se peut que notre possesseur de voitures ne jouisse plus de ciel pur ni d'animaux à regarder, d'odeurs à sentir en dehors de l'essence, mais il s'agit là d'« effets externes négatifs », de dommages collatéraux, de produits joints qualitatifs indissociables du produit principal, la voiture, facteurs non mesurables (tandis que la voiture apporte du bonheur, mesuré par son prix), donc hors de l'économie. L'économiste vous dira : « Regardez la Chine ! Quel taux de croissance ! Quelle croissance du revenu par tête ! Le miracle capitaliste est à l'œuvre ! » Sans doute le bien-être n'est-il pas le bonheur, et notre économiste, songeur soudain, vous renverra à la fable du savetier et du financier et au grand bonheur qu'il suppose habiter le « primitif », l'aborigène, l'Indien, le nègre d'Afrique, qu'il a visité grâce à son dernier tour-opérateur. « Lui, il sait vivre, il sait qu'un coucher de soleil vaut plus qu'un compte en banque », murmure-t-il, en ouvrant son frigo.

Mais voilà : aujourd'hui, pour de nombreux pays du Sud, non seulement il n'est plus question de couchers de soleil, les bidonvilles et la pollution empêchant de voir quoi que ce soit, mais l'espérance de vie n'augmente plus, des épidémies ravageant les populations. Et de nouvelles menaces apparaissent, comme l'accès à l'eau. Qui peut penser sans rire que toute la population du monde pourra un jour faire cette chose incroyable, ouvrir un robinet et utiliser son eau pour... la boire ?

Zoo.

Régression ?

En 2001, l'OCDE a proposé une rétrospective sur la croissance du monde depuis deux millénaires. Il apparaît que la population du globe a stagné pendant très longtemps, les naissances étant compensées par les décès, et que la production par tête a augmenté très lentement, avec de longues phases de stagnation ou de régression. L'inégalité entre les nations était très faible mais tout a changé avec la révolution industrielle et le capitalisme.

Depuis 1820, excepté durant les guerres mondiales, la croissance a été ininterrompue, le PIB du monde progressant de 1,7 % par an. En même temps, l'inégalité entre nations s'est accrue : se sont profilés un petit ensemble de nations riches ayant d'ailleurs tendance à commercer entre elles, et un gros ensemble de nations pauvres.

Un siècle et demi plus tard, les choses ont changé. De 1973 à 1995, le revenu des pays de l'ex-URSS a baissé de 40 % ; celui des dix-sept pays du Moyen-Orient, de 12 %. Dans les douze pays d'Europe de l'Est, il a aussi baissé, et seulement légèrement décliné dans les quarante-quatre pays d'Amérique latine. En Afrique, la baisse a été encore plus forte. Au total, dans 144 pays représentant 28 % du PIB mondial, le revenu par tête a chuté de 0,8 % depuis 1973.

Côté riches, maintenant. Dans deux pays du Nord, les États-Unis et la Grande-Bretagne, la richesse a augmenté, mais les inégalités ont explosé : les statistiques américaines ont montré une chute des salaires horaires depuis 1973. Le pouvoir d'achat ouvrier a connu une forte dégradation. Alors que le PIB américain par habitant a crû de 36 % entre 1973[11] et 1995, le salaire horaire des ouvriers a baissé de 14 %. « À la fin du siècle dernier, le salaire réel des non-cadres sera revenu à ce qu'il était cinquante ans auparavant alors que le PIB aura plus que doublé au cours de la même période »[12]. Dans le Nord, la nature de la pauvreté s'est transformée : autrefois les pauvres étaient des vieux sans ressources, aujourd'hui ce sont des jeunes non qualifiés. En France, 3 millions de personnes étaient couvertes par les minima sociaux en 1970, 6 millions aujourd'hui. « Pour la première fois dans l'histoire du capitalisme, une

[11] Lire Christopher Brooks, numéro deux de l'OCDE, « Les statistiques économiques en question », *Droit de suite*, Cahier 1, 2e semestre 2001, et Louis Chauvel, « Un nouvel âge de la société américaine », *Revue de l'OFCE*, n° 76, janvier 2001.

[12] Christopher Brooks, *op. cit.*, p. 22.

génération découvre qu'elle a des conditions pires que celles de ses parents. Une situation professionnelle moins bonne, des revenus plus faibles, un environnement dégradé, une nourriture empoisonnée et des maladies nouvelles », écrivions-nous avec Philippe Labarde[13]. Enfin, le retour des inégalités, des rentiers, des immenses fortunes ne manque pas de nous frapper : au début du XXe siècle, aux États-Unis, les deux mille foyers les plus riches disposaient de revenus 300 fois plus élevés que la moyenne ; ces revenus étaient 60 fois plus élevés que la moyenne dans les années 50, et, de nouveau, aujourd'hui, l'inégalité est multipliée par 5. Retour à 1900 ! Les émoluments des chefs d'entreprise, qui étaient 40 fois plus élevés que ceux de leurs ouvriers dans l'après-guerre, le sont aujourd'hui 400 fois plus.

Faut-il aider le Sud ?

L'Afrique subsaharienne est nettement plus pauvre qu'il y a vingt ans. D'après la CNUCED, pour un dollar qui entre chez elle, 1,6 dollar en sort ![14] Pourquoi ? Ce n'est sans doute pas la faute de l'aide, faible (0,2 % du PIB pour les États-Unis, 0,5 % pour la France), mais des dirigeants de ces pays qui exportent des capitaux. L'Argentine est un pays ruiné qui exporte énormément de capitaux. Comment faire alors pour que ces pays s'enrichissent ? C'est ici qu'interviennent le Fonds monétaire international et la Banque mondiale, sorte de pompiers pyromanes, ou de brancardiers assassins, qui font beaucoup de mal, probablement en voulant faire le bien.

Le bien, pour ces deux institutions, c'est l'économie de marché tournée vers l'exportation. Le FMI et la Banque mondiale ont une vision primaire du fonctionnement de l'économie et en sont toujours à Adam Smith. Drapés dans leurs certitudes et leur simplisme, ils transforment les crises en faillites et les faillites en catastrophes avec la tranquillité et le regard fixe des bœufs se promenant dans un magasin de porcelaine. Pour finir, ouvrons une petite parenthèse sur la notion de richesse d'une nation et imaginons un pays, indépendant du monde extérieur. Comme sa production n'est pas valorisée par le marché, elle est nulle. À côté, un autre pays choisit d'exporter : le secteur agricole, qui assurait, comme

[13] *Malheur aux vaincus !*, Albin Michel, 2002, p. 25.

[14] *La Tribune*, 19/09/01.

dans le premier pays, son autonomie et celle de l'industrie locale, travaille maintenant pour l'exportation (bananes, etc.). Du coup, le second pays importe une partie des biens destinés à sa consommation. Sa richesse apparente, valorisée par le marché international, augmente. Mais la disparition des cultures vivrières accroît les bidonvilles. Si la main-d'œuvre de ces bidonvilles ne trouve pas à s'employer, on peut imaginer que l'État va s'endetter pour « créer » une industrie. Si cette industrie ne débouche sur rien, notre pays inséré dans le jeu international va devoir s'endetter encore plus, favoriser les importations, ruiner davantage son agriculture. C'est là que le FMI arrive, toujours pour aggraver les choses : il va s'empresser d'ajuster structurellement, c'est-à-dire de détruire le peu de lien social maintenant la société, liquider les services publics, privatiser (transférer à des mafias) ce qui est privatisable, faire pression sur les salaires, exiger une absence de déficit et des rentrées de devises à tout prix, spécialiser les produits à l'exportation, etc. L'Argentine et la Russie sont deux cas pratiques de ce qu'il ne fallait pas faire. Et ne parlons pas de l'Afrique, son cadavre n'intéresse même plus le FMI.[15]

[15] Lire le réquisitoire impitoyable de celui qui fut aux premières loges, le prix Nobel Joseph Stiglitz, *La Grande Désillusion*, Fayard 2002.

TEXTES

MICHEL HOUELLEBECQ

Le libéralisme économique, c'est l'extension du domaine de la lutte

Je n'ai évidemment rien pu lui répondre ; mais je suis rentré à mon hôtel assez pensif. Décidément, me disais-je, dans nos sociétés, le sexe représente bel et bien un second système de différenciation, tout à fait indépendant de l'argent ; et il se comporte comme un système de différenciation au moins aussi impitoyable. Les effets de ces deux systèmes sont d'ailleurs strictement équivalents. Tout comme le libéralisme économique sans frein, et pour des raisons analogues, le libéralisme sexuel produit des phénomènes de paupérisation absolue. Certains font l'amour tous les jours ; d'autres cinq ou six fois dans leur vie, ou jamais. Certains font l'amour avec des dizaines de femmes ; d'autres avec aucune. C'est ce qu'on appelle la « loi du marché ». Dans un système économique où le licenciement est prohibé, chacun réussit plus ou moins à trouver sa place. Dans un système sexuel où l'adultère est prohibé, chacun réussit plus ou moins à trouver son compagnon de lit. En système économique parfaitement libéral, certains accumulent des fortunes considérables ; d'autres croupissent dans le chômage et la misère. En système sexuel parfaitement libéral, certains ont une vie érotique variée et excitante ; d'autres sont réduits à la masturbation et la solitude. Le libéralisme économique, c'est l'extension du domaine de la lutte, son extension à tous les âges de la vie et à toutes les classes de la société. De même, le libéralisme sexuel, c'est l'extension du domaine de la lutte, son extension à tous les âges de la vie

Jeune travesti thaï entouré de touristes étrangers à Patong Beach, Phuket, Thaïlande, 2002.

et à toutes les classes de la société. Sur le plan économique, Raphaël Tisserand appartient au camp des vainqueurs ; sur le plan sexuel, à celui des vaincus. Certains gagnent sur les deux tableaux ; d'autres perdent sur les deux. Les entreprises se disputent certains jeunes diplômés ; les femmes se disputent certains jeunes hommes ; les hommes se disputent certaines jeunes femmes ; le trouble et l'agitation sont considérables.

Extension du domaine de la lutte, Maurice Nadeau, 1994.

PAUL BAIROCH

Le commerce fut-il le moteur de la croissance économique ?

Je traiterai ci-dessous des sept mythes suivants :

1. Il est généralement admis que le commerce extérieur est un des moteurs de la croissance économique ; l'histoire montre pourtant que ce n'est pas le cas.
2. Les années qui ont précédé la Première Guerre mondiale ont souvent été décrites comme une période de crise ; les données exhaustives dont on dispose actuellement montrent que ce n'est certainement pas vrai.
3. Le fait que les exportations de presque tous les pays du tiers monde aient été presque entièrement composées de produits primaires amena les économistes à conclure que les exportations de produits primaires mènent au sous-développement. La réalité est beaucoup plus complexe puisque quelques-uns des pays aujourd'hui développés ont autrefois été de grands exportateurs de produits primaires.
4. Le mythe qui veut que le XIXe siècle ait été une période de forte croissance économique dans le monde développé est sans doute moins répandu aujourd'hui qu'il y a dix ou vingt ans. Mais on réalise rarement combien cette croissance était lente.
5. De nombreuses études décrivent les sociétés traditionnelles comme étant peu urbanisées. Des recherches récentes montrent que ce n'était pas le cas. En réalité, pendant de nombreux siècles antérieurs à la révolution industrielle, le monde était deux à trois fois plus urbanisé qu'il n'est généralement admis.
6. Le tiers monde étant essentiellement formé d'anciennes colonies européennes, l'idée (fausse) s'est répandue que l'Europe avait été la seule grande puissance coloniale.

7. Enfin, nous verrons que le sort tragique réservé aux Africains envoyés en esclavage dans les colonies européennes a eu tendance à faire oublier que l'Europe n'était ni l'unique trafiquant d'esclaves, ni le plus important. On connaît au moins un autre trafic d'esclaves d'ampleur encore plus grande. [...]

Mythes et paradoxes de l'histoire économique, La Découverte, 1999.

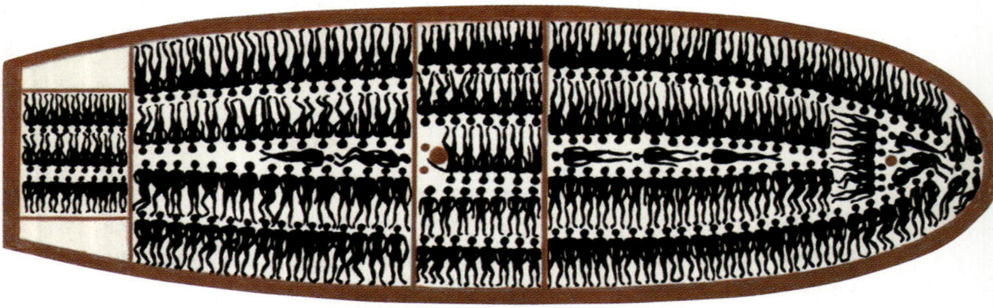

Détail en coupe d'un navire transportant des esclaves noirs, lithographie du XIXe siècle.

JONATHAN SWIFT

La pauvreté dans l'abondance

L'Angleterre (mon bien-aimé pays natal) produisait, d'après certains calculs, trois fois plus de choses à manger que ses habitants ne pouvaient en consommer, ainsi que d'excellentes boissons, qu'on fabriquait avec des graines, ou qu'on tirait des fruits d'un arbre, en les écrasant, et qu'il y avait la même abondance de tous les biens nécessaires à la vie. Mais afin de satisfaire la sensualité et l'intempérance des mâles, et la vanité des femelles, nous expédiions vers d'autres pays la plus grande part des produits qui nous sont nécessaires, et nous y achetions des tas de choses faites pour répandre des maladies, la sottise et le vice parmi nous. Il en résulte forcément que des foules de gens de chez nous en soient réduits, pour vivre, à se faire mendiants, brigands, voleurs, filous, entremetteurs, faux témoins, parasites, suborneurs, faussaires, tricheurs, aigrefins, lèche-bottes, faiseurs, électeurs marrons, écrivassiers, astrologues, empoisonneurs, souteneurs, mouchards, pamphlétaires, libres-penseurs et autres occupations du même genre.

Voyages de Gulliver, Le Livre de Poche.

MONTESQUIEU

La concurrence apaise les mœurs

L'effet naturel du commerce est de porter à la paix. Deux nations qui négocient ensemble se rendent réciproquement dépendantes : si l'une a intérêt d'acheter, l'autre a intérêt de vendre ; et toutes les unions sont fondées sur des besoins mutuels. Mais, si l'esprit de commerce unit les nations, il n'unit pas de même les particuliers. Nous voyons que, dans les pays où l'on n'est affecté que de l'esprit de commerce, on trafique de toutes les actions humaines, et de toutes les vertus morales : les plus petites choses, celles que l'humanité demande, s'y font, ou s'y donnent pour de l'argent.
L'esprit de commerce produit, dans les hommes, un certain sentiment de justice exacte, opposé d'un côté au brigandage, et de l'autre à des vertus morales qui font qu'on ne discute pas toujours ses intérêts avec rigidité et qu'on peut les négliger pour ceux des autres.
La privation totale du commerce produit, au contraire, le brigandage, qu'Aristote met au nombre des manières d'acquérir. L'esprit n'en est point opposé à de certaines vertus morales : par exemple, l'hospitalité, très rare dans les pays de commerce, se trouve admirablement parmi les peuples brigands.

De l'esprit des lois.

JOSEPH STIGLITZ

Quand les conseilleurs ne sont pas les payeurs

La Russie recevait une formation accélérée en économie de marché, nous étions les professeurs. Et quelle formation ! Nous apprenions aux Russes, de façon intensive, l'économie des manuels à la gloire du libre marché. Ce qu'ils voyaient pratiquer par leurs enseignants, en revanche, s'écartait radicalement de cet idéal. On leur disait que libéraliser le commerce était nécessaire au succès d'une économie de marché, mais quand ils tentaient d'exporter aux États-Unis de l'aluminium ou de l'uranium (ainsi que d'autres produits), ils trouvaient porte close. Manifestement, les États-Unis avaient réussi sans libéraliser le commerce, ou avaient fait leur cette formule qu'on entend parfois : « Le commerce, c'est bien, mais les importations, c'est mal. » On leur disait que la concurrence était vitale (même si l'on n'insistait pas trop sur le sujet), mais l'État américain était au cœur de la création d'un cartel mondial de l'aluminium, et il donnait le monopole de l'importation d'uranium enrichi au producteur américain, lui-même en position de monopole. On leur disait de privatiser rapidement et honnêtement, mais les États-Unis ont mis des années à réaliser l'unique privatisation qu'ils ont tentée, et dont on a finalement mis en doute l'intégrité. Les États-Unis donnaient des leçons à tout le monde, notamment après la crise asiatique sur les dangers du capitalisme des petits copains, mais l'usage de l'influence a été au premier plan et au centre des affaires évoquées dans ce chapitre.

La Grande Désillusion, Fayard, 2002.

PAUL BAIROCH

Les États-Unis : patrie et bastion du protectionnisme moderne (1791-1860)

Comme je l'ai dit plus haut, il ne faut pas oublier que le protectionnisme moderne est né aux États-Unis. Alexander Hamilton, ministre des Finances (de 1789 à 1795) du premier gouvernement américain, rédigea en 1791 son célèbre Rapport sur les manufactures qui est considéré comme le premier texte exprimant la théorie moderne du protectionnisme. J'ai brièvement décrit au chapitre 2 les principaux éléments des thèses de Friedrich List. L'apport essentiel de Hamilton est de mettre l'accent sur l'idée que l'industrialisation n'est possible qu'à l'abri d'une protection douanière. Il semble avoir été le premier à utiliser le terme d'« industrie dans l'enfance ». L'argument existait déjà dans les théories mercantilistes, mais Hamilton l'introduisit au premier plan de la pensée économique.

Mythes et paradoxes de l'histoire économique,
La Découverte, Paris, 1999.

RAPPORT DU PNUD, 1998

La fracture sociale mondiale

Les 225 plus grosses fortunes du monde représentent un total de plus de mille milliards de dollars, soit l'équivalent du revenu annuel des 47 % d'individus les plus pauvres de la population mondiale.

Les trois personnes les plus riches du monde ont une fortune supérieure au PIB total des 48 pays en développement les plus pauvres.
L'accès aux services sociaux : coût de la réalisation et du maintien d'un accès universel à l'éducation de base, aux soins de la santé de base, à une nourriture adéquate, à l'eau potable, et à des infrastructures sanitaires est estimé à 40 milliards de dollars par an. Les dépenses de publicité sont elles dix fois supérieures : 400 milliards de dollars annuels.
La comparaison de ce que représenterait le surcoût annuel afin de permettre l'accès universel aux services sociaux et à des consommations vitales pour chaque être humain permet de constater qu'il existe des ressources abondantes susceptibles d'être dégagées en faveur du développement humain.
Les comparaisons n'ont qu'une valeur d'exemple mais elles n'en illustrent pas moins de façon frappante l'utilisation qui est faite des ressources de la planète.

Rapport du PNUD, 1998, cité par Patrick Viveret, in « Reconsidérer la richesse », rapport au secrétaire d'État à l'Économie solidaire et sociale, janvier 2002.

RAPPORT DU PNUD, 1998

Quelles priorités pour le monde ?

(Dépenses annuelles en milliards de dollars)
Éducation pour tous : 6
Achats de cosmétiques aux USA : 8
Accès à l'eau et à l'assainissement pour tous : 9
Achats de crèmes glacées en Europe : 11
Soins de gynécologie et d'obstétrique pour toutes les femmes : 12
Consommation de parfum en Europe et aux USA : 12
Satisfaction des besoins nutritionnels et sanitaires de base : 13
Achats d'aliments d'animaux en Europe et aux USA : 17
Budget loisirs des entreprises japonaises : 35
Consommation de cigarettes en Europe : 50
Achats de boissons alcoolisées en Europe : 105
Consommation de stupéfiants dans le monde : 400
Dépenses militaires dans le monde : 780

Ibid.

MONTESQUIEU

L'inégalité contre la démocratie

Il est vrai que, lorsque la démocratie est fondée sur le commerce, il peut fort bien arriver que des particuliers y aient de grandes richesses, et que les mœurs n'y soient pas corrompues. C'est que l'esprit de commerce entraîne avec soi celui de frugalité, d'économie, de modération, de travail, de sagesse, de tranquillité, d'ordre et de règle. Ainsi, tandis que cet esprit subsiste, les richesses qu'il produit n'ont aucun mauvais effet. Le mal arrive, lorsque l'excès des richesses détruit cet esprit de commerce : on voit tout à coup naître les désordres de l'inégalité, qui ne s'étaient pas encore fait sentir.

Pour maintenir l'esprit de commerce, il faut que les principaux citoyens le fassent eux-mêmes ; que cet esprit règne seul, et ne soit point croisé par un autre ; que toutes les lois le favorisent ; que ces mêmes lois, par leurs dispositions, divisant les fortunes à mesure que le commerce les grossit, mettent chaque citoyen pauvre dans une assez grande aisance, pour pouvoir travailler comme les autres ; et chaque citoyen riche dans une telle médiocrité, qu'il ait besoin de son travail pour conserver ou pour acquérir.

De l'esprit des lois.

JEAN-MICHEL HARRIBEY

Les Plans d'ajustement structurels

L'enjeu des PAS est clair : éliminer définitivement toute trace des modes de vie traditionnels communautaires et empêcher que le développement se fasse en empruntant une voie qui donnerait trop de place aux rapports non marchands ou qui ferait appel à une régulation collective. Le FMI et la BM ont ainsi imposé au Mexique qu'il modifie l'article de sa constitution protégeant les biens communaux (les *ejidos*). Ils préparent activement la privatisation des terres communautaires ou étatiques en Afrique subsaharienne. Que l'on aille sur n'importe quel continent, les résultats des PAS sont désastreux. Partout les inégalités s'aggravent car ce sont les plus petits revenus qui sont les plus sévèrement touchés par l'austérité, tandis que les détenteurs de fortunes et de hauts revenus peuvent facilement changer des sommes importantes avant et après la dévaluation et ainsi protéger leurs avoirs. En Afrique, huit pays ont vu l'état nutritionnel des enfants diminuer pendant l'application des PAS. Le taux d'inscription dans les écoles primaires avait progressé de 41 % à 79 % entre 1965 et 1980. En 1988, il était redescendu à 67 %. Le taux de mortalité infantile a augmenté de 54 % en Zambie au début de la décennie 90. De 1985 à 1995, les dépenses d'éducation par habitant y ont été divisées par 6. De 1990 à 1993, la Zambie a consacré 37 millions de dollars pour l'enseignement primaire et 1,3 milliard pour le service de sa dette (remboursement + intérêts).

Et pendant ce temps-là, la dette faisait son chemin. Entre 1968 et 1980, la dette extérieure des pays du tiers-monde a été multipliée par 12, puis par 4 jusqu'à aujourd'hui. En une trentaine d'années, elle est passée de 50 à 2 500 milliards de dollars : multipliée par 50. Le service de la dette a été multiplié par 6. Il s'est élevé en 1999 à 350 milliards de dollars. Alors que l'aide publique au développement sous forme de prêts ne dépasse pas 50 milliards de dollars par an et que le Programme des Nations Unies pour le Développement a calculé qu'il suffirait de 80 milliards de dollars par an pour assurer l'alimentation, l'eau, l'éducation, les soins de gynécologie et d'obstétrique dans tous les pays pauvres.

En 1997, l'État fédéral brésilien a payé 45 milliards de réals d'intérêts, 72,5 en 1998, 95 en 1999, tandis que le budget de la santé publique n'était que de 19,5 milliards en 1999. L'Afrique subsaharienne rembourse chaque année 15 milliards de dollars, soit quatre fois plus que ce qu'elle dépense pour la santé et l'éducation.

Fernand Léger, *Éléments mécaniques*, 1918-1923.

La balance entre service de la dette et nouveaux prêts fait apparaître un transfert net du Sud vers le Nord : 45 milliards de dollars en 1998 et 114,6 en 1999. En 1998, les 41 pays les plus endettés ont transféré vers les pays du Nord 1,680 milliard de dollars de plus que ce qu'ils ont reçu.
La dette est un mécanisme de transfert qui occulte des richesses des classes sociales les plus pauvres, situées surtout dans les pays pauvres, vers les classes sociales riches situées le plus souvent dans les riches.

La Démence sénile du capital,
Bordeaux, Éditions du Passant, 2002.

MICHEL HOUELLEBECQ

La destruction de la planète comme mission de l'homme

La télévision l'intéressait moins. Il suivait cependant, le cœur serré, la diffusion hebdomadaire de La Vie des animaux. Les gazelles et les daims, mammifères graciles, passaient leurs journées dans la terreur. Les lions et les panthères vivaient dans un abrutissement apathique traversé de brèves explosions de cruauté. Ils tuaient, déchiquetaient, dévoraient les animaux les plus faibles, vieillis ou malades ; puis ils replongeaient dans un sommeil stupide, uniquement animé par les attaques des parasites qui les dévoraient de l'intérieur. Certains parasites étaient eux-mêmes attaqués par des parasites plus petits ; ces derniers étaient à leur tour un terrain de reproduction pour les virus. Les reptiles glissaient entre les arbres, frappant oiseaux et mammifères, de leurs crochets venimeux ; à moins qu'ils ne soient soudain tronçonnés par le bec d'un rapace. La voix pompeuse et stupide de Claude Darget commentait ces images atroces avec une expression d'admiration injustifiable. Michel frémissait d'indignation, et là aussi sentait se former en lui une conviction inébranlable : prise dans son ensemble la nature sauvage n'était rien d'autre qu'une répugnante saloperie ; prise dans son ensemble la nature sauvage justifiait une destruction totale, un holocauste universel – et la mission de l'homme sur la Terre était probablement d'accomplir cet holocauste.

Les Particules élémentaires, Flammarion, 1998.

Le monde des affaires (photomontage).

6

Enron et les sept familles

“Nous sommes du côté des gentils, du côté des anges.”
JEFF SKILLING, EX-PATRON D’ENRON, À *BUSINESSWEEK*

Allez, faisons un peu d’économie concrète maintenant, l’économie telle qu’on devrait l’enseigner : de l’histoire et des faits, afin de ruiner l’idéologie.

L’histoire d’Enron, mise en faillite le 2/12/2001 – la plus grosse faillite de l’histoire américaine jusqu’à celle de World Com – est une sorte de travail pratique de l’économie, exemplaire du fonctionnement du capitalisme. Elle montre d’abord comment se forme et se formate l’opinion économique, mais aussi comment l’État porte le marché en son sein[1]. Le formatage de l’opinion se fait à travers sept familles d’acteurs : les dirigeants, les analystes financiers, les cabinets d’experts comptables et d’audit, les banques d’affaires, les agences de notation, les journalistes et, enfin, les autorités de tutelle et les hommes politiques. Ces sept familles d’acteurs constituent l’élite

[1] La vieille lune de « l’État contre le marché » appartient aux idéologues, libéraux ou socialistes.

moderne, minoritaire, initiée et privilégiée. D'une certaine manière, si l'on veut donner de la substance aux « marchés », on peut dire qu'elles incarnent les « marchés », censeurs des hommes politiques (comme « Lula » au Brésil, qui est sommé de plaire aux marchés) et des dirigeants d'entreprise (comme Monsieur Tchuruk, patron d'Alcatel, dont l'action a dégringolé de 30 % en un jour, sanctionnée par les « marchés », après qu'il eut annoncé moins de bénéfices que prévu).

Bref historique

1984 : Kenneth Lay, 42 ans, prend la tête de la Houston Natural Gas, un petit distributeur texan de gaz[2]. Il est l'ancien sous-secrétaire d'État à l'Énergie dans le gouvernement Reagan et très lié aux Bush, pétroliers, et à Dick Cheney, lui aussi patron pétrolier. Kenneth Lay pèsera pendant quinze ans sur les lois de déréglementation de l'énergie.

1994 : Enron passe au courtage d'électricité, prend d'assaut les marchés américains (Texas, Californie) jusqu'à contrôler le quart des transactions de gaz et d'électricité aux États-Unis, puis attaque les marchés européens (Allemagne, Grande-Bretagne, Scandinavie). Ensuite elle fait du courtage d'aluminium, de charbon, puis tous les courtages possibles : dans les média, les télécoms, l'édition de logiciels, l'assurance et les marchés dérivés et autres activités difficiles à évaluer. Pour avoir des clients, la firme tend à prendre à sa charge le risque client avec des produits dérivés.

En 1999, *Fortune* la place à la septième place des entreprises américaines et lui décerne deux années consécutives le titre d'entreprise la plus innovante des États-Unis. Enron annonce un chiffre d'affaires de 100 milliards de dollars et des profits considérables. Le 21 décembre 1991, l'action vaut 21,50 $; le 17/08/2000, 90 $; et le 5/12/2001, trois jours après la faillite, 1,01 $. L'action Enron qui montait offrait à la firme un puissant « effet de levier » : elle empruntait grâce à la hausse de sa valeur pour acheter d'autres entreprises (ce que feront toutes les entreprises de la nouvelle économie pour réaliser leurs fusions, AOL avec Time Warner par exemple). En 2001, Enron versa 745 millions de dollars en salaire à ses dirigeants.

[2] Lire *Alternatives économiques*, mai 2002, spécial Enron.

Les cinq dernières années de sa vie, Enron ne paye aucun impôt sur les bénéfices, car ceux-ci sont localisés dans des paradis fiscaux. L'État américain le sait-il ? Évidemment ! En plus, il l'autorise. Mais pour attirer les actionnaires, Enron annonce des bénéfices et du chiffre d'affaires. Fin juillet 2001 : plus de 400 millions de dollars de bénéfice, en hausse de 40 % sur l'année précédente. Fin septembre : elle annonce encore un cash-flow semestriel d'un milliard de dollars.

En fait, ça fait une dizaine d'années qu'Enron truque et pratique une fuite en avant, en espérant se « refaire » comme tous les joueurs de casino. Après avoir organisé la pénurie de l'électricité en Californie pour vendre cher, elle se retrouve prise à son propre piège et coincée par sa politique de tarifs garantis exigée par les clients. Pour faire entrer de l'argent, elle est contrainte de proposer de plus en plus de contrats à des entreprises dans lesquelles elle prend des participations, en faisant des montages financiers qui ne font pas apparaître son endettement, car localisés dans des paradis fiscaux : ces montages sont les SPE (*Special Purpose Entities*), réalisés avec l'appui des banques d'affaires prêteuses. Enron a 881 filiales aux noms exotiques, dont 711 dans des paradis fiscaux.

Georges de La Tour, *Le tricheur à l'as de carreau*, 1635.

Janvier 2001 : Kenneth Lay passe la main à son second, Jeff Skilling, mais reste président du conseil d'administration. Avril 2001 : Dick Cheney rencontre Kenneth Lay et annonce un grand programme de relance de l'énergie aux États-Unis, la possibilité de forages en Alaska, etc. Ce signal très fort donné aux marchés pousse l'action du courtier.

Le 14 août, Jeff Skilling démissionne, après avoir vendu pour 27 millions de dollars d'actions Enron. Kenneth Lay revient et vend pour 37 millions de dollars d'actions. Au total, selon *Le Figaro* et *BusinessWeek*, il vendra avant la chute pour plus de 100 millions de dollars d'actions.

Le 21 août, un conseiller financier de la banque d'affaires UBS Paine Webber recommande de vendre des actions Enron. Il est licencié. Le lendemain, les dirigeants de la banque transforment le conseil en « forte recommandation d'achat ».

Le 9 octobre, Goldman Sachs, prestigieuse banque d'affaires, deuxième mondiale, qualifie Enron de « *best of the best* ». Le 16 octobre, Enron annonce 618 millions de dollars de pertes. Le 26 octobre, Andrew Fastow, directeur financier, est limogé après avoir réussi à transférer un milliard de dollars de transactions réalisées par Enron au profit d'un de ses propres fonds privés. Au même moment, pour tous ceux qui ont un plan épargne retraite, il est interdit de vendre, au prétexte que le gérant de fonds de pension a changé, et que pendant l'intérim il est impossible de vendre – ce qui est totalement faux.

Le 8 novembre, Enron accepte d'être rachetée par son petit concurrent Dynegy pour 10 milliards de dollars. Le 28, Dynegy retire son offre, après avoir évalué le passif d'Enron à près de 30 à 40 milliards de dollars.

À ce moment-là, sur 16 analystes financiers recensés par *The Wall Street Journal* évoquant le titre Enron, 2 seulement conseillent de vendre. 5 en recommandent très fortement l'achat, 3 le recommandent fortement, 6 suggèrent de le garder en portefeuille.

Le 29 novembre, 55 millions de dollars de primes sont versés au staff d'Enron (cent personnes environ). Le même jour, voyant que Dynegy refuse d'acheter, l'agence Moody's dégrade la notation d'Enron. Le lendemain, toutes les agences en font de même et déclarent son action « créance pourrie ». Le 2 décembre, Enron se déclare en faillite. Les dégâts sont considérables : 26 milliards de dollars perdus par les actionnaires, 31 par les banques, quelques milliards de dollars de retraites partis en fumée et 5 000 emplois supprimés.

Les sept familles

Comment une telle manipulation a-t-elle été possible, sur 17 ans ? Comment une « manipulation comptable » a-t-elle pu passer pour un succès économique ? Sept personnages ont pu se convaincre les uns les autres. Ces sept sont l'élite capitaliste, ou les « marchés ».

Les patrons

Plus les entreprises sont grosses, plus elles peuvent dissimuler et truquer, car plus elles sont difficilement opéables et plus il est difficile de remplacer les dirigeants. Ils contrôlent les conseils, les droits de vote. Leur capacité de lobbying est plus forte. Le nouveau patronat, qui se gave de stock-options et fait exploser les inégalités aux États-Unis ou en Angleterre, se vante de défendre l'actionnaire et par là même un nouveau capitalisme, dit patrimonial, qui signifie le règne de l'actionnaire, comme autrefois le capitalisme des managers signifiait le règne du consommateur. La « gouvernance d'entreprise » (*corporate governance*) est destinée à protéger les actionnaires des méfaits de l'entreprise managériale, de la dictature des managers à la Galbraith, animés par la volonté de puissance sans répondre sur leurs capitaux et « gaspilleurs » des ressources de l'entreprise. Dans le capitalisme patrimonial, dont le concept a été accepté par les plus grands économistes, le pouvoir reviendrait aux actionnaires grâce aux opportunités de placement (l'« efficience des marchés »).

Citons Jacques Généreux : « Les gestionnaires de fonds d'investissement imposent un nouveau gouvernement aux entreprises pour garantir la maximisation du rendement du capital. Les dirigeants sont soi-disant soumis à des règles de transparence et de gestion et à la surveillance permanente des marchés financiers, des agences de notation, des administrateurs indépendants et des cabinets d'audit externes chargés de certifier les comptes. Pour instaurer une communauté d'intérêts entre actionnaires et dirigeants, la rémunération de ces derniers est complétée par des stock-options qui leur offrent la perspective de gains en capital considérable. »[3] L'idée fondamentale est celle de la concordance d'intérêts entre dirigeants et actionnaires : stock-options pour les uns, actions valorisées pour les autres. Elle a remplacé la

---

3 « L'après-Enron, gouvernance ou démocratie ? », *Alternatives économiques*, n° 202, avril 2002.

concordance d'intérêts entre entrepreneurs et travailleurs-consommateurs présente dans le fordisme, l'ancien régime d'accumulation né de la Seconde Guerre mondiale, du « New Deal » de Roosevelt et du concept d'État-providence.

Les analystes financiers, ou la « voix de son maître »

Ils appartiennent aux entreprises, aux cabinets d'audit et d'expertise comptable, aux banques d'affaires et aux agences de notation. Ils sont payés soit par les entreprises, soit par les banques d'affaires.

Que conseillent les analystes ? D'acheter. Seulement 1 % des recommandations conseillent la vente[4]. La rémunération des analystes est liée directement aux performances des fusions-acquisitions. Leur raison d'être est le panurgisme, le suivisme. Ils sont donc prêts à vendre n'importe quel conseil pour faire des honoraires.

Avant de rendre une information publique, les analystes privilégient leurs clients. Les patrons ne comprennent pas qu'on fasse des études défavorables sur leur titre. Si tel est le cas, ils retirent leurs mandats à la banque d'affaires, tout simplement. Une autre pratique est le « pilotage du consensus » : les analystes font relire systématiquement leurs études par les entreprises concernées. Qualifié pudiquement de « geste de courtoisie » selon la Sfaf (Société française des analystes financiers), cela permet surtout quelques corrections.[5]

Les experts comptables, ou la construction de l'opacité

Il vaudrait mieux parler d'« analystes travaillant pour les cabinets d'audit et d'expertise comptable ». Il y a cinq grands cabinets : Pricewaterhouse-Coopers, KPMG, Deloitte Touche Tohmatsu, Ernst & Young, et Andersen (aujourd'hui dissous). Andersen (9,5 milliards de dollars de CA en 2000, 85 000 salariés) a non seulement falsifié les comptes d'Enron pendant 14 ans, mais a détruit des documents. Le cabinet percevait un million de dollars d'honoraires d'Enron par semaine, en 2000.

---

[4] En 2000, d'après le magazine *Fortune*.

[5] Exemple d'analyste : Marie Meeker, analyste vedette de Morgan Stanley, surnommée la papesse du Net, a empoché 15 millions de dollars de commissions en 1999, pour des conseils d'achat sur les titres du secteur technologique.

Tous les cabinets truquent[6]. Mais s'agit-il vraiment de truquage ? Leur fonction est de frauder le fisc et de faire apparaître des résultats attrayants. Dans les cabinets d'audit, on retrouve les analystes financiers, propriétaires d'actions, payés par les entreprises. Le cabinet conseille l'entreprise sur sa stratégie financière et maquille les comptes. Le principe « éthique » est celui de la « muraille de Chine » : un analyste ne doit pas utiliser à des fins de conseil en investissement des informations détenues chez son employeur (l'entreprise). Il ne doit pas, en son âme et conscience, être juge et partie. En France, la COB interdit à un analyste d'utiliser des informations privilégiées liées à son travail d'analyste.[7]

L'analyste recommande l'achat de valeurs pour soutenir un cours. Dans les projets de réforme de la SEC (Securities Exchange Commission, « gendarme » de la Bourse américain), on trouve un avertissement assez révélateur : un analyste ne doit pas faire pour lui le contraire de ce qu'il recommande. En fait, un analyste « chauffe » une valeur. Il achète des actions d'une entreprise avant une fusion-acquisition, recommande l'achat de la valeur, profite de l'augmentation des cours et revend. Puis il maquille les comptes de façon à faire monter les valeurs.

BusinessWeek a très justement fait remarquer que la complexité des montages était pour les observateurs (le « marché ») un indice de compétence : en clair, je n'y comprends rien, j'en déduis donc que c'est fait par des types très forts (la base de la science économique). En fait, tout n'est pas si opaque : Hervé Stolowy, professeur à HEC, s'est contenté de calculer la marge brute d'Enron entre 1996 et 2000, à partir des documents fournis par la firme sur Internet : elle passe de 21,2 % à 6,2 %[8]. Mais les auditeurs ne se donnent jamais la peine de calculer ; ils avalisent.

---

[6] Pricewaterhouse fut impliqué dans le scandale de la BCCI en 1991, Deloitte Touche dans le scandale du Crédit Lyonnais, KPMG dans le scandale et le dépôt de bilan de Philipp Holzmann en 1999. Deloitte Touche vient d'être sanctionné par le ministère de l'Économie espagnol pour détournements de fonds dans l'affaire Gescartera, qui a entraîné la démission du secrétaire d'État aux Finances, Enrique Gimenez-Reyna, frère de la patronne de Gescartera, Pilar Gimenez-Reyna.

[7] Règlement de la COB (n° 98-07) : « Tout émetteur doit le plus tôt possible porter à la connaissance du public tout fait important susceptible, s'il était connu, d'avoir une incidence significative sur le cours du titre concerné. » Mais le Code des marchés boursiers permet de retarder une annonce **si l'entreprise y trouve un intérêt légitime**. Les fuites dans les fusions-acquisitions sont inévitables et utilisées à des fins stratégiques.

[8] *L'Express*, 07/03/02.

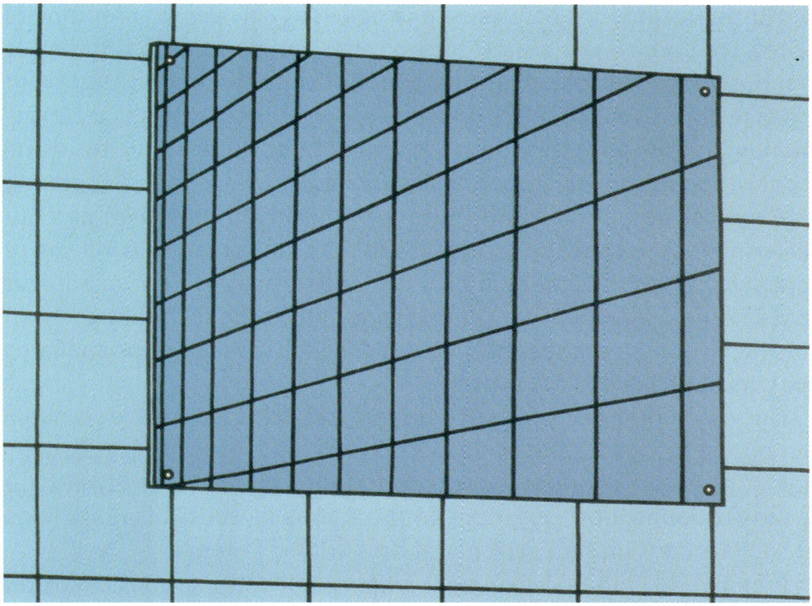

Patrick Caulfield, *Bathroom Mirror.*

Les banques d'affaires au cœur de la mondialisation

Ce sont les principales responsables. Elles font de l'argent avec les prêts, et surtout grâce aux fusions-acquisitions qu'elles organisent. Les fusions-acquisitions ont représenté 495 milliards de dollars en 1996, 660 en 1998, 1426 en 1999, 1740 en 2000, 819 en 2001 et 89 seulement au premier semestre 2002[9]. Les banquiers placent ; ils ont des liens capitalistiques (et commerciaux, par le biais des analystes) avec les entreprises. « Certaines banques n'hésitent pas, pour piloter le placement, à garantir aux entreprises une recommandation d'achat de leur titre pendant au moins un an »[10]. Dans le cas d'Enron, les banquiers bénéficiaient d'une clause hallucinante : Enron s'engageait au remboursement anticipé des prêts si son cours en Bourse tombait en deçà d'un certain seuil, ou si la cotation des agences de notation reculait.

[9] Chiffres donnés par Patrick Artus (*Le Monde*, 19/07/02), qui signale aussi l'ampleur des rachats d'actions : 509 milliards de dollars entre 1994 et 1998.

[10] Alain Herbinet, directeur général chez ABN-Amro Securities France, *Le Figaro*, 11/12/01.

Plus la fusion est grosse, plus la banque gagne. Avec la comptabilité dite « *pro forma* », une société après fusion vaut plus que la somme des valeurs des firmes fusionnées, ce qui rend tentantes une fuite en avant dans le gigantisme et une croissance « externe », par acquisitions (exactement la croissance d'Enron ou de Vivendi). L'écart de valeur lors d'une acquisition est appelé le *goodwill* (survaleur). Par exemple, Seagram a été surpayé de 25,3 milliards d'euros par Vivendi, surpayement particulièrement juteux pour la banque d'affaires ayant organisé la fusion. Le *goodwill* est extrêmement intéressant pour les patrons qui voient leur patrimoine personnel surévalué. D'après la banque d'affaires Lehman Brothers, les entreprises américaines devaient amortir 1 000 milliards de survaleur avant la fin 2002.[11]

Outre Goldman Sachs, Merril Lynch est très impliqué dans le scandale Enron. Les cadres supérieurs de Merril Lynch ont largement investi dans les affaires off-shore et hors comptabilité d'Enron. *Newsweek* du 21/01/02 donne ainsi l'exemple de 100 cadres investissant 16 millions de dollars dans un seul partenariat hors-bilan d'Enron.

Première remarque : le banquier américain JP Morgan considérait, au début du siècle, qu'un PDG de grande société ne devait pas gagner plus de vingt fois la moyenne de ses employés. Un patron gagne aujourd'hui jusqu'à deux cents fois ce que gagnent en moyenne ses employés.

Deuxième remarque : parmi les suggestions qui apparaissent aujourd'hui aux États-Unis ou en France revient souvent celle de scinder les métiers de banque de crédit et de banque d'affaires, afin de ne pas inciter les banques à renflouer à tout prix les entreprises dont elles sont créditrices. La spécialisation des banques était effective aux États-Unis avant l'abolition du Steagall Act de 1930 en 1999, et en France avant les lois de 1966, confirmées par les lois des années 80. Le Crédit Lyonnais a pu se comporter comme une banque d'affaires, investissant sur les marchés financiers, grâce à l'abolition des spécialités.

Les agences de notation

Leurs analystes sont payés par les entreprises qu'elles doivent noter. Les agences sont à la remorque ; elles enfoncent le clou, ce qui ne fait que traduire une nouvelle fois l'attitude moutonnière des marchés d'actions. Les notations ont des effets catalyseurs et amplificateurs. Pour Enron, le 29 novembre 2001, l'agence Moody's ose la première dégrader

[11] Bernard Esambert, Régis Turrini, *Libération*, 20/02/02.

la note d'Enron, uniquement parce que Dynegy refuse de la racheter ; les autres suivent. Pour Vivendi, l'histoire est la même : alors que Standard & Poor's affirme que tout va bien le 24 juin, le 2 juillet, Moody's dégrade Vivendi au rang d'obligation « pourrie » (*junk bond*) parce que le titre chute. Le 3 juillet, Standard & Poor's affirme que Vivendi va connaître des problèmes de liquidité et dégrade à son tour la note. Là encore, les entreprises et les banques d'affaires refusent de travailler avec les agences de notation qui notent mal.

La presse entretient le secret des affaires

Toute la presse américaine a encensé Enron. Aujourd'hui, elle se met en cause pour sa lenteur à comprendre le scandale. « Il s'agit d'une défaillance générale. Nous avons tous failli », reconnaît Steve Myard, rédacteur en chef de *BusinessWeek*. La presse texane évidemment loua les mérites d'Enron, grande entreprise philanthropique s'il en était, qui construisit notamment le stade de foot de Houston.

Les entreprises ont parfaitement compris qu'elles ont besoin de la presse. Elles font des *road shows* pour les journalistes. Dans ces *road shows*, les patrons, qui ont adopté les nouveaux standards de comptabilité, font miroiter dans les places financières du monde les nouveaux indices de leur performance : EVA, Ebitda, Ebitdar, Roce, MVA... Tout ce fantastique travail d'intoxication pédagogique n'a cependant pas permis au marché de mieux valoriser ou appréhender les sociétés cotées. Les journalistes, eux, font des ménages pour les entreprises et essaient de participer aux conversations d'initiés des analystes.[12] En janvier 2001, une journaliste du magazine *Fortune*, Bethany McLean, fait une enquête sérieuse sur la réalité du succès d'Enron et pose quelques questions à Jeffrey Skilling, qui s'offusque d'une « attitude contraire à l'éthique ». À propos de la presse française, le plus grand scandale vient de la façon dont elle a encensé la « nouvelle économie » et favorisé de faux concepts comme le « *corporate governance* », la sanction des patrons par la veuve de Carpentras. De même, elle n'a jamais cessé de présenter les États-Unis comme un modèle de capitalisme transparent, alors que le capitalisme français était qualifié de capitalisme de copinage (« *croony capitalism* », disent les Anglo-saxons).[13]

---

[12] *Le Figaro*, 11/12/01.

La presse joue donc un rôle essentiel en matière économique. Les « lois économiques », les « concepts », sont autant fabriqués par elle que par les savants, les hommes d'affaires et, comme nous allons le voir maintenant, les hommes politiques.

Les hommes politiques et les autorités de tutelle

Enron, enfin, permet de montrer encore et toujours les noces de la politique et de l'économie.

George W. Bush et Kenneth Lay sont des amis de 20 ans. Kenneth Lay a donné 100 000 dollars pour la cérémonie d'investiture du nouveau président et plus d'un million pour ses différentes campagnes, dont 314 000 dollars pour la campagne présidentielle. Il obtient de Bush la nomination de Pat Wood, ami texan, à la tête du FERC, agence fédérale de réglementation de l'énergie.

Paul O'Neill, secrétaire d'État au Trésor, a été sollicité directement par Kenneth Lay pour sauver Enron.

Don Evans, secrétaire d'État au Commerce, est un ami personnel de Kenneth Lay.

Lawrence Lindsey, conseiller économique de George Bush, est ancien consultant rémunéré d'Enron.

John Ashcroft, ministre de la Justice, a reçu 57 499 dollars d'Enron pour le financement de sa campagne de sénateur.

Karl Rove, conseiller politique de G. W. Bush, est un gros actionnaire d'Enron. Présent aux réunions concernant la politique énergétique des États-Unis, il vend assez vite ses actions Enron.

Marc Racicot, président du Parti républicain, est un ancien lobbyiste pour Enron (bien rémunéré lui aussi).

Thomas White est secrétaire d'État aux Forces armées, ancien vice-président et ancien actionnaire d'Enron. Cadre supérieur chez Enron pendant 10 ans, il a recueilli plus de 31 millions de dollars en vendant ses actions Enron avant la faillite.

Wendy Gramm, administratrice et actionnaire d'Enron, épouse du sénateur Phil Gramm, responsable du comité des banques au Sénat, a présidé la commission du marché à terme des marchandises en janvier 1993, juste avant l'élection de Clinton et a fait pression sur lui

---

[13] Les relations de la presse française et des patrons français sont monopolisées par deux agences qui « tiennent » la communication économique et financière ; lire l'enquête du *Nouvel Observateur*, « La face cachée du journalisme économique », n° 2010, 17-21/05/03.

pour que soit acceptée une requête d'Enron d'exempter les contrats à terme de contrôle étatique. Après quoi, elle a travaillé pour le comité exécutif d'Enron, qui lui a versé un million de dollars.

Robert Zoellick, représentant du Commerce des États-Unis, auprès de l'OMC notamment, est un ancien conseiller d'Enron.

Enron, c'est de la merveilleuse économie, concrète. C'est d'ailleurs ce qui se passe en France. En juin 2003, le gouvernement français a réformé le code des marchés publics, de façon à le rendre selon lui « plus efficace ». La transparence a été réduite, les seuils de non-publication pour les appels d'offre largement relevés, la possibilité de collusion entreprises-administration française, limitée. Bref, la « lenteur » et la « lourdeur » de procédures qui s'efforçaient de réduire la corruption et le favoritisme ont été abolies. Les flambeaux de la « transparence » et de l'« éthique » ne sont jamais tant agités que par ceux qui ont pêché en eau trouble et qui n'ont toujours eu que la cupidité comme morale. Les dictateurs adorent le mot « liberté » et les mafieux celui d'« honneur ».

Louis Léopold Boilly, *Trompe-l'œil aux pièces de monnaie sur le plateau d'un guéridon*, 1801-1804.

TEXTES

JOHN KENNETH GALBRAITH

La banque d'affaires toujours derrière une spéculation

Ces derniers mois, tandis que je rédigeais ce livre, est venue du Canada la nouvelle de l'effondrement des spéculations de M. Robert Campeau, qui faisait un usage intensif du levier. Il avait fait ployer, dans toute l'Amérique du Nord, les plus grandes maisons de commerce de détail sous une dette écrasante. C'était à se demander si elles avaient encore les moyens d'acheter les produits qu'elles devaient vendre. Jusqu'au jour de vérité, peu de gens s'interrogèrent sur les services que ce spéculateur immobilier canadien loin d'être distingué, produit typique de ce qu'on appelle une carrière « en montagnes russes », pouvait rendre, disons, à Bloomingdale's. Un observateur occasionnel, le consultant de New York Howard Davidowitz, spécialisé dans le commerce de détail, a dit de lui dans MacLean's : « C'était le gars qui tapait du poing sur la table et qui hurlait : “Signe ce foutu papier”. Personne n'aurait pu l'arrêter. » Pas très distingué, comme qualification professionnelle. *Fortune*, une fois de plus, a saisi le fond des choses : « la plus grande transaction, la plus cinglée de tous les temps : comment le farfelu Robert Campeau et ses banquiers avides d'honoraires ont concocté une énorme prise de contrôle qui a promptement fait fiasco ».

Les banquiers en question comptaient – faut-il le préciser ? – parmi les plus réputés du sous-continent nord-américain. Et il en va de même pour ceux qui ont soutenu l'architecture clinquante de M. Donald Trump et son aventure guère moins extravagante dans l'aviation. Mais, soyons juste, et offrons un mot de sympathie à M. Campeau et à M. Trump. La presse et l'opinion en général ont réagi avec un plaisir certain à leur transfiguration de génies célébrés avec éclat (et, dans le cas de M. Trump, pas le moins bruyamment par lui-même) en objets de condamnation. C'est une attitude hautement sélective. On n'a fait quasiment aucune mention du jugement profondément défaillant des banques qui ont financé ces hommes.

Brève Histoire de l'euphorie financière,
Seuil, 1992.

JOSEPH STIGLITZ

Le goût du secret en économie

Au FMI, le goût du secret est tout naturel : on connaît la discrétion traditionnelle des banques centrales, bien qu'elles soient des institutions publiques. Dans la communauté financière, le secret est considéré comme normal – contrairement à ce qui se passe dans le monde académique, où la norme reconnue est l'ouverture. Avant le 11 septembre 2001, le secrétaire au Trésor défendait même le secret des centres bancaires « extraterritoriaux ». Les milliards de dollars qui s'en vont aux îles Cayman et autres paradis fiscaux ne le font pas parce que les services bancaires y sont meilleurs qu'à Wall Street, Londres ou Francfort. Ils sont là pour le secret, qui leur permet de pratiquer l'évasion fiscale, le blanchiment de l'argent sale et d'autres activités néfastes. Ce n'est qu'après le 11 septembre qu'on a compris que, parmi ces « autres activités néfastes », il y avait le financement du terrorisme.
Mais le FMI n'est pas une banque privée ; c'est une institution publique.

René Magritte, *La condition humaine*, 1948.

Dans la période antérieure, quand j'étais au *Council of Economic Advisers*, j'ai vu et compris les grandes forces qui jouent en faveur du secret. Le secret offre aux gouvernants une tranquillité discrète dont ils ne jouiraient pas si leurs faits et gestes étaient soumis à l'examen du public. Non seulement il leur facilite la vie, mais il laisse les intérêts particuliers jouer à plein. Il sert aussi à dissimuler les erreurs, commises de bonne foi ou non, dues ou non à une réflexion trop superficielle. Comme on dit, « le soleil est l'antiseptique le plus puissant ».

La Grande Désillusion,
Fayard, 2001.

JOHN KENNETH GALBRAITH

Le rôle trouble des journalistes financiers

La plupart des revues et des journaux de 1929 parlèrent de l'élan ascensionnel du marché avec admiration et respect et sans inquiétude. Ils contemplaient le présent et l'avenir avec exubérance. De plus, vers 1929, de nombreux journalistes résistaient sérieusement aux cajoleries et aux flatteries les plus subtiles auxquelles on les avait crus sensibles. Au lieu de cela, ils exigeaient de l'argent frais pour fournir des nouvelles favorables au marché. Un éditorialiste financier du *Daily News* qui signait « Le Négociant » reçut quelque 19 000 dollars en 1929 et au début de 1930, d'un franc-tireur nommé John L. Levenson. À plusieurs reprises, l'éditorialiste dit du bien des actions qui intéressaient M. Levenson. Plus tard, celui-ci insista sur le fait que c'était une coïncidence et que le paiement illustrait son habituelle générosité. Un commentateur de la radio appelé William J. Mac Mahon était le président du Mac Mahon Institute of Economic Research, une organisation qui était essentiellement Mac Mahon lui-même. Il parlait dans ses émissions de perspectives brillantes que des groupes de spéculateurs cherchaient à faire monter. Il apparut plus tard qu'il recevait en échange des honoraires de 250 dollars par semaine, d'un certain David M. Lion. M. Lion était l'un de ceux que la Commission Pecora dénonça comme ayant fait des affaires en achetant des commentaires favorables, en quantité nécessaire et au moment propice.

La Crise de 29,
Payot, 1970.

PIERRE THUILLIER

Le marchand au cœur du mensonge

Le marchand, pour l'emporter, devait bénéficier de l'active collaboration de ses fournisseurs : « Le point capital pour le marchand, c'est que le fabricant l'aide à tromper l'acheteur, qu'il entre dans les petites fraudes, qu'il ne recule pas devant les grandes. J'ai entendu des fabricants gémir des choses que l'on exigeait d'eux contre l'honneur ; il leur fallait ou perdre leur état, ou devenir complices des tromperies les plus audacieuses. » Dès le début de son portrait du marchand, Michelet écrivait donc ces mots clés : tromperie, ruse, fraude. Les « nobles républiques de l'antiquité » et les « fiers barons du Moyen Âge » avaient montré de la répugnance pour l'industrie et le négoce. Sans doute était-ce « peu raisonnable », concédait Michelet. Car ces activités exigeaient divers talents. Mais cette répugnance devenait tout à fait compréhensible quand elle s'appliquait « aux habitudes ordinaires du commerce, à la nécessité misérable où le marchand se trouve de mentir, de frauder, de falsifier ».

[…] Le marchand, écrivait Michelet, avait le sens de l'honneur, mais il l'exerçait à sa manière propre. « Ce qu'il y a de singulier, c'est que c'est justement par honneur qu'il ment tous les jours, pour faire honneur à ses affaires. Le déshonneur pour lui, ce n'est pas le mensonge, c'est la faillite. Plutôt que de faillir, l'honneur commercial le poussera jusqu'au point où la fraude équivaut au vol, où la falsification équivaut à l'empoisonnement. »

[…] Mentir, frauder, falsifier, cela faisait partie des « habitudes ordinaires du commerce ». Dans ces conditions, n'était-il pas également normal qu'une société de plus en plus mercantile se soit de plus en plus enlisée dans la corruption ?

Mais fallait-il en croire un poète comme Michelet ? N'avait-il pas été égaré par ses préjugés romantiques ? Par chance, nous avons pu recueillir un autre témoignage, à la fois fascinant et irrécusable : celui de l'Anglais Herbert Spencer (1820-1903), l'un des plus éminents philosophes bourgeois.

La Grande Implosion,
Fayard, 1995.

GUY DE MAUPASSANT

« Banque, journalisme et politique », ou le journaliste Du Roy au cœur d'un délit d'initié

– Non… je suis venue pour… pour te donner une nouvelle… une nouvelle politique… pour te donner le moyen de gagner cinquante mille francs… ou même plus… si tu veux.
Il demanda, adouci tout à coup : – Comment ça ? Qu'est-ce que tu veux dire ? […]
Enfin, la veille, elle avait compris. C'était une grosse affaire, une très grosse affaire préparée dans l'ombre. Elle souriait maintenant, heureuse de son adresse ; elle s'exaltait, parlant en femme de financier, habituée à voir machiner les coups de bourse, les évolutions des valeurs, les accès de hausse et de baisse ruinant en deux heures de spéculation des milliers de petits bourgeois, de petits rentiers, qui ont placé leurs économies sur des fonds garantis par des noms d'hommes honorés, respectés, hommes politiques ou hommes de banque.
Elle répétait : – Oh ! c'est très fort ce qu'ils ont fait. Très fort. C'est Walter qui a tout mené d'ailleurs, et il s'y entend. Vraiment, c'est de premier ordre.

Jean Béraud, *Les coulisses de l'Opéra*, 1889.

Il s'impatientait de ces préparations.

– Voyons, dis vite.

– Eh bien ! voilà. L'expédition de Tanger était décidée entre eux dès le jour où Laroche a pris les affaires étrangères ; et, peu à peu, ils ont racheté tout l'emprunt du Maroc qui était tombé à soixante-quatre ou cinq francs. Ils l'ont racheté très habilement, par le moyen d'agents suspects, véreux, qui n'éveillaient aucune méfiance. Ils ont roulé même les Rothschild, qui s'étonnaient de voir toujours demander du marocain. On leur a répondu en nommant les intermédiaires, tous tarés, tous à la côte. Ça a tranquillisé la grande banque. Et puis maintenant on va faire l'expédition, et dès que nous serons là-bas, l'État français garantira la dette. Nos amis auront gagné cinquante ou soixante millions. Tu comprends l'affaire, tu comprends aussi comme on a peur de tout le monde, peur de la moindre indiscrétion.

Bel-Ami, Gallimard, coll. Folio.

Page suivante :
Pierre-Jean David, dit David D'Angers (1788-1856),
Anatomie humaine : muscles du tronc et de l'épaule.

Le nerf de la guerre

Fernandel dans *Crésus* (1961) de Jean Giono.

7

L'argent

“Et pourtant la monnaie est tout juste ce que l’État déclare de temps en temps être le moyen légal de s’acquitter des contrats d’argent.”

KEYNES

“La nature fait les métaux, le roi fait les monnaies.”

JEAN BODIN

Voilà les combattants, les entreprises, le lieu du combat, le marché mondial. Reste le nerf de la guerre. L’argent. D’où vient l’argent ? Qui le fabrique ? Pour qui ?

D’abord, observons cette curiosité, cette chose bizarre, pis, aberrante : longtemps, les économistes ont négligé l’argent. Les économistes libéraux, orthodoxes, s’entend. Encore aujourd’hui, nombre d’économistes considèrent que l’argent, la monnaie, ne sont pas des questions en soi. La monnaie est neutre. Elle n’a pas d’incidence sur l’économie réelle (souligner dix fois), l’économie véritable, profonde, celle qui parle des produits, des services, de l’emploi, des prix. Il y a deux aspects de l’économie, disent les grands économistes classiques, Ricardo, Say, Smith, Malthus, et après eux les grands monétaristes, Friedman, Patinkin, Lucas aujourd’hui : 1) l’économie d’échange, où les produits s’échangent contre les produits, le travail contre des biens par exemple ; et, à côté, 2) la monnaie. Elle est en

plus. Elle vient définir le niveau des prix, mais n'a pas d'incidence fondamentale sur le fonctionnement de la production, du commerce, et sur l'emploi. Cela paraît extravagant, mais c'est comme ça ! Aujourd'hui encore, en 2003, on enseigne dans les universités la « théorie du cycle réel », Real Business Cycle[1], qui s'efforce d'expliquer les fluctuations cycliques des économies par les goûts des consommateurs, le progrès technique, en supposant que l'argent n'existe pas, que l'argent n'a aucune incidence sur les fluctuations économiques. Bulles, crash, crises de crédit, crises d'endettement, spéculations, tout ça n'a aucun contenu monétaire.

Le déni d'existence

Le mot hébreu courant pour désigner l'argent est « kessef », qui a la même racine que « désirer ardemment »... Keynes a élaboré sa théorie de l'argent en pensant à Freud[2]. Les autres, les orthodoxes, sont, pour parler comme le maître de Vienne, de sacrés refoulés !

Car expliquer l'économie en faisant l'impasse sur l'argent, quelle gageure ! Tout au long de l'histoire de l'économie, depuis Adam Smith, plus de deux siècles maintenant, les économistes ont refoulé le problème monétaire. Mêmes les auto-proclamés monétaristes, comme le prix Nobel Milton Friedman, ont échafaudé leur scolastique pour annihiler la monnaie, pour démontrer qu'elle n'avait pas d'incidence sur le réel, sur la réalité des productions et des échanges, mais simplement sur les prix. Cette conception aberrante de la neutralité de la monnaie ne mériterait-elle pas, pour elle seule, qu'on rejette la théorie orthodoxe aux poubelles des stupidités idéologiques ? Oui, mais il faut comprendre ce que cache ce rejet systématique de la monnaie.

Le déni d'existence a pour nom : « la neutralité de la monnaie. » Nous avions déjà remarqué que les économistes se refusaient à penser le temps : ils raisonnaient en « avenir certain », en hypothèse de « transparence », de rationalisation parfaite de l'avenir. Ce mythe de l'anticipation et de la « rationalisation » parfaite se retrouve dans le paradoxe

---

[1] J. B. Long and Ch. Plosser, « Real business cycles », *Journal of Political Economy*, 1983 ; pour un « prélude » à cette théorie, voir R. Lucas, « Econometric policy evaluation : a critique », *Journal of Monetary Economics*, 1976.

[2] Lire G. Dostaler et B. Maris, « Keynes et Freud », ronéoté, Université de Paris 8, 2003.

des « anticipations rationnelles », qui dit que toute politique économique, particulièrement monétaire, est sans incidence sur l'action des agents, parce que ceux-ci anticipent *a priori* toutes les conséquences d'une politique économique. Exemple : on augmente les salaires par le crédit. Mais les consommateurs savent bien que la hausse de la masse monétaire augmente les prix. Ils ont lu Friedman. Ils sont monétaristes. Ils ne sont pas dupes. Ils ne sont pas victimes de l'illusion monétaire. Ils ne bougent pas. Effet de la politique monétaire : zéro. C'est une impossibilité à penser le temps et l'argent...[3]

Pourquoi les économistes classiques, néo-classiques, orthodoxes, monétaristes, nient-ils l'argent ? Parce qu'ils nient le pouvoir de l'émetteur, le pouvoir du seigneur, le seigneuriage, ils nient la politique, gravée sur le denier par l'effigie de César, et au-delà tout ce que l'argent recèle de « sociétal », pour utiliser un qualificatif peu joli. Ce « sociétal » qui a tant fasciné les anthropologues et les philosophes, de Mauss à Simmel : l'argent, cristallisation suprême des rapports sociaux, l'argent que l'on charge à l'aide de tombereaux lors des grandes crises politiques, dans l'Allemagne de Weimar par exemple, l'argent vers lequel on se rue pendant les paniques, l'argent que l'on cache, que l'on thésaurise en période de guerre...

Ricardo et les classiques considéraient que le travail mesure la valeur des choses. Dès lors, il est clair que la valeur relative des objets et des services s'exprime en termes de travail : s'il faut deux fois plus d'heures de travail pour produire une table qu'une chaise, une table vaut deux chaises. On peut tout mesurer dans l'économie à partir des chaises, tout exprimer en termes du numéraire « chaise », les voitures comme les services d'avocat. L'économie montre les échanges d'objets et de services contre des objets et des services, chacun valant une certaine quantité de travail.

Alors, à quoi sert la monnaie, les pièces d'or ? À rien, si ce n'est à faciliter les échanges. « La monnaie est un voile posé sur les échanges », disaient les classiques, une sorte de fluide ou d'éther qui facilite la circulation des choses mais qui ne leur donne aucune valeur, et qui elle-même n'en a aucune. La valeur de l'or est la quantité de travail nécessaire à produire l'or. Certes, l'or est plus facile à manipuler que les

---

[3] Lire Jacques Sapir, *Les Trous noirs de la science économique. Essai sur l'impossibilité de penser le temps et l'argent*, Albin Michel Économie, 2000.

Dagry,
Money makes the world go round,
1988.

chaises pour l'échange. Mais on aurait pu prendre des coquillages ou des cigarettes comme unité de monnaie.

Supposons qu'une pièce de 1 euro circule 10 fois en une journée entre les consommateurs. 10 est la vitesse de rotation de la monnaie, soit V. Supposons que le prix P des objets échangés soit de 2 et que 500 objets soient échangés (quantité Q). La valeur des échanges de la journée est donc 2 x 500 = 1 000. Combien faut-il de pièces de monnaie de 1 euro, M, pour permettre les échanges ? Il en faut 100, car 100 pièces qui circulent 10 fois permettent de réaliser 1 000 euros d'échanges. On obtient donc une relation comptable, une tautologie, que l'on va baptiser « équation monétaire » : MV = PQ.

Cette équation résume toute la théorie monétaire. Elle dit : la monnaie, multipliée par sa vitesse de circulation, est égale au niveau général des prix multiplié par le volume des transactions. Elle valut un prix Nobel à Milton Friedman. La monnaie fixe le niveau général des prix. Plus il y a de monnaie en circulation, plus les prix augmentent. Mais l'économie réelle, elle, ne bouge pas. La monnaie détermine simplement l'inflation : 10 % de hausse de monnaie en volume conduira à 10 % de hausse des prix, c'est mécanique. D'une équation comptable, on a fait une théorie niant l'impact de la monnaie sur l'économie. Tout se passe comme s'il y avait deux secteurs dans l'économie : le secteur réel, les entreprises, les usines, le travail, les consommateurs, et le secteur monétaire, une banque qui injecte de la monnaie et qui fixe les prix.

Petit aparté : toute la conception européenne de la Banque centrale, indépendante du pouvoir politique et interdite de recevoir des ordres des gouvernements, tient à la « neutralité » de la monnaie. La Banque centrale est là pour maintenir la valeur de la monnaie, éviter qu'il y ait trop d'inflation. Ne pas trop donner de monnaie revient donc à faire des économies, car plus il y a de monnaie, plus les prix augmentent. Cette obsession de la monnaie rare et forte relève de la neutralité, de la théorie classique (Ricardo, Friedman).

Ordre des débiteurs, ordre des créanciers

Mais pourquoi faut-il que l'argent soit rare ? Nous retrouvons ici notre vieil ami, le problème économique, le problème de la rareté. Partout, les économistes promeuvent la rareté. L'argent rare sera cher, surévalué peut-être même. Qui a de l'argent ? Les riches, les épargnants, ceux qui ont pu accumuler ou hériter. Si le taux d'intérêt est élevé, le taux d'intérêt étant le prix de l'argent, l'argent est demandé, il s'évalue. Le capital est rare et cher. Les créanciers, les détenteurs d'argent sont contents, tout comme les prêteurs et les rentiers sont contents. Les rentiers dont les loyers des maisons sont élevés. Les créanciers ont une certaine vision de l'ordre économique.

Qui sont ces « créanciers » ? Des personnes riches, âgées. À qui prêtent-ils ? À des personnes sans argent, des locataires, ou des entrepreneurs, qui empruntent pour leur entreprise. Ce sont des débiteurs. Ils préfèrent que l'argent soit bon marché, et même qu'il se dévalue. L'inflation ruine les créanciers, enrichit les débiteurs. Un emprunteur, si la hausse des prix est constante, et si son salaire suit cette montée, rembourse de moins en moins. Alors que les salariés et les entrepreneurs sont contre l'argent cher, les épargnants et les rentiers sont pour.

Lorsqu'une entreprise est endettée et ne peut plus rembourser ses dettes par son activité, soit on la maintient sous perfusion en lui donnant d'autres crédits sans contrepartie, puisqu'il n'y aura pas de sa part création de richesses matérielles, soit on lui dit : « Fini ! Vous remboursez ! » Si elle ne rembourse pas, elle est mise en faillite, et avec la faillite s'opère un redéploiement de la propriété industrielle (ce que Schumpeter appelait la destruction créatrice) : l'ordre des créanciers décide de ce redéploiement. Plus de textile en France. Plus d'acier de basse qualité. En échange se développent des services, des logiciels...

L'ordre des débiteurs, l'ordre économique du point de vue des débiteurs, est radicalement opposé à celui des créanciers. L'antagonisme débiteur-créancier est total : ce qui profite à l'un nuit à l'autre. La lutte des débiteurs et des créanciers, terrible, occulte, est une lutte pour la définition de la propriété industrielle : dans quels secteurs les entrepreneurs sont-ils autorisés à travailler par l'ordre des créanciers ? Ils peuvent se tourner vers Internet, par exemple, ce qui a créé une bulle énorme et un endettement terrible des entreprises comme Vivendi ou France Telecom. L'histoire économique est faite de ces affrontements. En 1976, en France, le ministre Raymond Barre prend une décision historique : il décide que l'État paiera les intérêts de sa dette au-delà du taux d'inflation. Il dit : « Je place l'État au service des créanciers, des épargnants. Finie l'inflation qui érode le capital. Vive les rentiers ! » Fini l'ordre des salariés et des entrepreneurs, finies les Trente Glorieuses, la monnaie se renforce, le chômage augmente, les salaires stagnent, la rente réapparaît. En 2003, le partage du produit national s'est fait au profit des créanciers : 10 % du PIB a basculé du côté du profit et de la rente.

Et pourtant... Le créancier a-t-il intérêt à asphyxier le débiteur ? L'entrepreneur et le salarié ? Pas sûr.

Prenez une bouteille. Mettez des billets dedans. Enfouissez-la dans votre jardin. Revenez un an plus tard. Au mieux, vous retrouvez vos billets. Ils ne vous ont rien rapporté. « L'argent qui fait des petits en dormant » est une légende ; l'argent doit faire travailler des hommes et des machines, sinon il ne rapporte rien. Une politique exclusivement tournée vers l'épargne (la mise en bouteille), luttant contre le travail et son « coût », détruisant du travail pour faire apparaître de la « valeur » dans des fusions-acquisitions qui produisent des restructurations et des licenciements, est une politique catastrophique à terme pour les rentiers eux-mêmes, les créanciers, les détenteurs d'argent. Prenons un autre exemple. Vous êtes propriétaires d'immeubles. Que seriez-vous sans vos locataires ? Rien, évidemment. Imaginez que vos locataires ne trouvent plus de travail. Qui va vous nourrir ?

Créanciers et débiteurs luttent... autant que capitalistes et travailleurs. Et pourtant, les uns sans les autres... La mondialisation, d'une certaine manière, est un basculement de l'économie au profit des créanciers, des boursiers, des rentiers, des financiers.

Karl Polanyi et la monnaie

Karl Polanyi identifie trois biens fondamentaux, la Terre, le Travail, l'Argent, que l'économie de marché a « sortis » du social au sens large, c'est-à-dire du social, du politique, du religieux et de leurs expressions symboliques – la puissance du souverain, par exemple, sur les pièces en circulation... Par cette triple exclusion, l'économie a été « désencastrée » de la société, mise à part. À côté et dominatrice, l'économie est devenue la mesure des choses et des hommes.

Le travail des hommes a toujours été lié au politique et au religieux (à travers les corporations, par exemple) jusqu'à la création d'un marché du travail, libre, flexible, régi par le contrat.

La terre fut longtemps un bien largement collectif, public, jusqu'à ce que l'appropriation privée (à travers le mouvement des « enclosures » en Angleterre, véritable contre-révolution bourgeoise, qui partage les « communaux », pâturages collectifs, et prolétarise des milliers d'agriculteurs qui émigrent vers les taudis de Londres, tout comme aujourd'hui l'ouverture au commerce international chasse les paysans des Andes pour les bidonvilles de Lima) fasse naître un « marché » de la terre.

Enfin, la monnaie. La monnaie fut une invention indiscutablement marchande, facilitant l'échange, brisant le troc. Elle est probablement presque aussi vieille que l'humanité, dans la mesure où tout ne peut pas être troqué, c'est-à-dire échangé simultanément. « L'argent est à ce point contemporain de l'homme, que le mot hébraïque *dam*, le sang (qui, muni du préfixe a, donne A-dam, l'être humain), utilisé au pluriel, *damim*, signifie argent. »[4]

L'instrument de rupture du troc

Imaginons six échangistes, A B C D E F. Un système de troc de tomates contre du blé les oblige à des relations personnelles simultanées, immédiates, dans la mesure où le troc interdit le stockage (qui est une des manifestations du capital et de l'argent). A est lié avec B C D E F ; B est lié avec C D E F ; C avec D E F, etc. Au total : 15 liens personnels (voir schéma ci-après).

4 François Rachline, *Que l'argent soit*, Hachette, 1996.

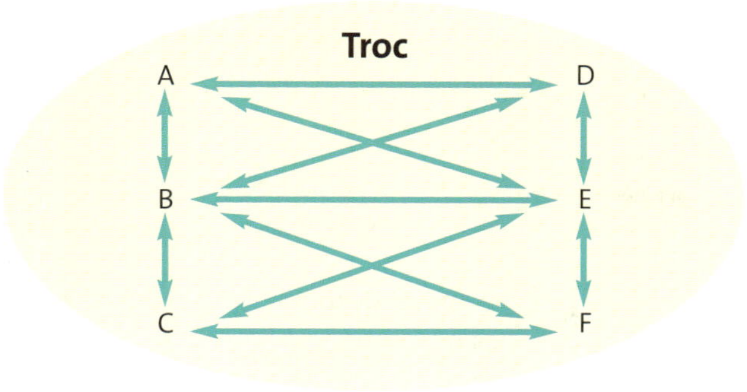

Imaginons maintenant que l'on échange un troisième bien : le système est encore plus compliqué dans la mesure ou le troc tomates contre blé n'est pas le même que tomates contre poissons. C'est au moins 45 relations (3 fois 15) de troc qu'exige le système. Inventons la monnaie. Chacun l'accepte comme équivalent de l'échange des coquillages, du métal ou de quoi que ce soit. Le nombre de relations tombe à 6 (voir schéma ci-dessous).

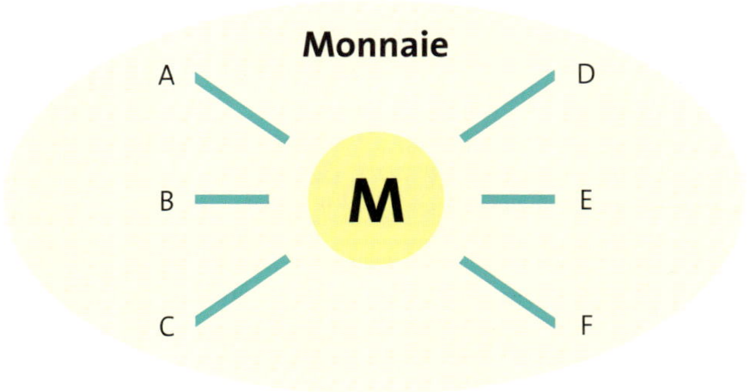

Mais l'invention de la monnaie se révèle démoniaque ! Elle porte en elle les germes du capitalisme. En effet, avec la monnaie, j'ai brisé le troc. J'ai effectué une rupture irréversible entre l'acte d'achat et l'acte de vente. Je peux vendre aujourd'hui, attendre et acheter demain. Et rien ne m'oblige, finalement, à acheter demain (alors que le troc m'obligeait à acheter en même temps que je vendais). Je peux décider de garder mon pouvoir d'achat en réserve. Nous touchons du doigt la fonction essentielle de la monnaie : réservoir de valeur ; autrement dit « pont entre le présent et l'avenir », selon la belle métaphore de Keynes.

Les conséquences sont extraordinaires. S'il y a de la monnaie dans une économie, cela crée automatiquement du déséquilibre. La loi de Say (« les produits s'échangent contre les produits », autrement dit « l'offre crée sa propre demande ») est donc réduite à néant. En fait, elle n'était qu'une simple version du troc : j'offre, donc j'achète. Avec la monnaie, j'offre (ou je demande) mais je peux ne pas acheter (ou ne pas offrir). Keynes, qui voulait véritablement élaborer une théorie monétaire de la production, avait compris qu'il fallait frapper l'économie classique au cœur, représenté par la loi de Say, loi selon laquelle le système du marché, le système de Smith, Say et Walras, n'est qu'un système de troc déguisé. « La monnaie, disait-il, introduit le temps dans l'échange. » Introduisant le temps (souvenons-nous que le temps est une notion détestée des économistes du marché), elle brise l'équilibre. Elle implique que l'économie est *a priori* en déséquilibre. L'équilibre, offre égale demande, n'existe que dans la tête des libéraux.

Georg Simmel[5] avait déduit de la cassure du troc par la monnaie quelque chose de fondamental : séparant l'acte d'achat de l'acte de vente, la monnaie permet de ne plus regarder le vendeur (ou l'acheteur) en face. J'achète contre de l'argent, ce qui me permet de détourner le regard de ce que m'offrait simultanément quelqu'un dans l'acte de troc. Avec l'argent, je brise le lien familial, amical, féodal, psychologique, qui pouvait m'unir à autrui, et que je conservais dans le système du don-contre-don (donner, recevoir, rendre) décrit par Mauss[6]. Le marché, le contrat, ne sont pas concevables sans l'argent qui détruit tout rapport de force, de hiérarchie ou de sujétion, qui égalise les contractants. Tous, sauf un précisément : celui qui a le pouvoir d'émettre l'argent ou d'apposer son sceau sur les pièces, garantissant ainsi, de son autorité sur le territoire où il règne, leur valeur.

---

5 *Philosophie de l'argent*, PUF, 1999.

6 *Essai sur le don*, PUF, 1968.

Le prince et l'argent

« Le franc, c'est la France », selon Charles de Gaulle. Toute la conception nominaliste de la monnaie est dans cette phrase : c'est le souverain qui décide de la valeur des monnaies. Du temps des Mérovingiens, 884 villes, localités ou suzerains battaient monnaie. Avant le franc, marcs, deniers, sols, écus furent frappés et dépréciés par les souverains qui y laissèrent leur réputation. Philippe le Bel fut surnommé le roi faux-monnayeur à cause de sa propension à diminuer le titre des pièces, leur teneur en métal précieux. La livre tournois perdit la moitié de sa valeur de 1513 à 1536, et la moitié encore de 1636 à 1726 (date de l'invention du billet par le génial écossais John Law). En fait, les « mutations » (les dévaluations) tinrent lieu d'impôt pendant longtemps (jusqu'à l'introduction de la taille, en 1445, il n'existait pas d'impôt permanent et régulier). L'unification monétaire du royaume ne sera véritablement réalisée que sous Louis XIV.

En 1726, la livre tournois est stabilisée, gagée sur un pair d'or et d'argent. Le 17 germinal an XI est créé le franc dit « franc germinal », dont la valeur équivaut pratiquement à celle de la livre. Il faudra attendre 1936, et une décision du Front populaire, pour que le franc soit définitivement détaché de l'or. Le franc germinal aura vécu 136 ans ! Certes, il a été souvent dévalué, perdant, de 1914 à 1938, les 9/10 de sa valeur puis, de 1938 à 1967, plus des 9/10 encore.

En 1960, Antoine Pinay crée le « nouveau franc » ou « franc lourd ». « Il faut rendre au vieux franc français, dont les pertes expriment nos épreuves, une substance respectable », redit alors de Gaulle. « Le franc est désormais une monnaie solide, une monnaie stable ; elle a le droit d'être mesurée en mètres et non en centimètres, comme les grandes monnaies », précise un certain Giscard d'Estaing, secrétaire d'État aux Finances. Extraordinaire, non, cette croyance en la valeur faciale de la monnaie ? L'idée qu'un kilo de plomb est plus lourd qu'un kilo de plumes ! Qu'un franc de un kilo pèse plus qu'un franc de 1 000 grammes ! Dans la monnaie s'exprime pleinement la puissance de l'État et du souverain. C'est là que réside l'explication de la foi (de la confiance) en la monnaie supérieure contemporaine, le dollar. Les États-Unis battent monnaie et ne se préoccupent pas de l'assise de leur émission monétaire. C'est leur privilège. Ils savent que leurs vassaux, le Japon et l'Europe, quoi qu'il arrive, que le dollar soit faible ou fort, leur confieront leur épargne, garantissant leur puissance. Keynes, en 1944, lors de la conférence de Bretton Woods définissant le nouvel ordre mondial, voulut créer le « bancor », mettant ainsi tout le poids de l'or dans ce nom[7]. Après la deuxième guerre d'Irak, les États-Unis, puissance occupante, ont songé à imposer le dollar comme monnaie locale...

La monnaie-crédit

L'invention de la monnaie a facilité des échanges, mais longtemps la création monétaire a été limitée. Il a fallu l'invention de la monnaie-crédit, une monnaie totalement dématérialisée, pour que la création monétaire ne connaisse plus de limite et que la croissance des économies ne soit plus soumise à l'extraction de métaux précieux. En fait, de même que le commerce international, exigeant des avances, des capitaux et des assurances, a existé avant le commerce local (simple troc misérable), la monnaie-crédit existe depuis l'aube des temps, bien avant la monnaie de « billon », la petite monnaie locale : on atteste de l'existence de crédits réciproques entre commerçants, de véritables lettres de change, dans les civilisations anciennes de Sumer. Le crédit, la simple écriture d'un crédit, permet la circulation de marchandises sans qu'il y ait de circulation de métal précieux en compensation, circulation souvent dangereuse. Mais pour que les échangistes acceptent le papier au lieu de la marchandise, de l'or qui reste stocké, encore faut-il qu'ils aient « confiance ».

Cordes et discordes (1987), de Jerry Belson.

7 Harry Dexter White, secrétaire d'État américain au Trésor, co-négociateur à Bretton Woods, refusa. Il jouait la politique de la Russie plus que la politique anglaise. En fait, on découvrit beaucoup plus tard que c'était une taupe russe... Lire Robert Skidelsky et John Maynard Keynes, *Fighting for Britain*, 1937-1945, MacMillan, Londres, 2002.

Qu'est-ce qui donne la « confiance » – la notion la plus importante sans doute en économie et la plus insaisissable – sinon la « réputation » du commerçant qui a garanti la lettre de change ? Je sais que cette lettre de change, représentant un commerce de marchandises, a été signée par tel grand commerçant d'Anvers et contresignée par tel grand commerçant de Lyon, qui sont donc garants de la somme y étant inscrite. Leur réputation est une garantie, une assurance. Certains commerçants deviennent, du fait de leur réputation, des banquiers : ils émettent des titres de crédit, non gratuits, certes, puisqu'ils perçoivent un intérêt sur cette émission, en échange de dépôts de métal chez eux. Ce sont les orfèvres. Peseurs de monnaie et cambistes, ils prennent l'habitude de stocker l'or chez eux et de donner des titres de propriété en échange, des billets qui circulent. Petit à petit, ils se spécialisent dans le crédit, le prêt à autrui, contre un intérêt. Cette première activité bancaire échappe d'abord au contrôle de l'État ; pourtant, la paix du commerce a besoin du prince qui garantit les échanges, la sécurité des routes, la bonne marche de ses tribunaux en cas de conflit. Comment le prince, qui marquait de son sceau les pièces, garantissant leur teneur de son autorité, et réalisait par là même sa publicité, l'affirmation de son autorité à côté de ses statues et de ses ouvrages publics, pouvait-il contrôler le crédit ? Par le contrôle de la banque des banques, la Banque centrale.

En France, la Banque centrale a été créée en 1800 par le Premier consul. Aux États-Unis, elle est apparue beaucoup plus tard, en 1913, avec le désir de protéger les déposants. Les États-Unis ont connu beaucoup de billets multicolores avant l'unification autour du billet vert. Des banques émettent dans tous les États : en 1860, 1 600 banques diffusaient 10 000 sortes de billets ! Elles plaçaient leurs excédents à New York. De temps en temps, une faillite des banquiers de New York en entraînait d'autres, en cascade. De nouvelles banques naissaient alors : c'était la « destruction créatrice » de Schumpeter ! D'où la création d'un « système fédéral de réserve », pour protéger les petits épargnants du Kentucky et d'ailleurs. La Banque des banques, ou Banque centrale, est l'assurance, la caution du système bancaire, elle-même garantie par l'impôt. Dans les années 80, l'État américain sauve la Continental Illinois et la First Republican Bank, et surtout les Caisses d'épargne, privées, pour des centaines de milliards de dollars. Au même moment, l'État français sauve le Crédit Lyonnais. À propos du déficit américain, Milton Friedman déclare : « Notre déficit est libellé en dollars. Pas en francs ou en livres. Donc, nous ne devons rien. Il suffit de faire marcher la planche à billets »[8]. Magnifique déclaration régalienne : le roi (le président des États-Unis, en l'occurrence) fait la monnaie supérieure. L'économie n'est que de la politique.

D'où vient l'argent ?

De rien, du vide. Du pouvoir du créateur, le banquier. On peut imaginer qu'un banquier dispose d'or, déposé par quelqu'un, mais ce n'est pas véritablement l'origine du crédit : un banquier fait du crédit parce qu'il sait que l'« or », suite à l'activité économique mue par son crédit, va entrer dans ses caisses. L'« or » anticipé par notre banquier est un simple droit de propriété sur les objets, les biens. Un banquier anticipe.

Mais imaginons qu'un banquier fasse du crédit en contrepartie d'or sonnant et trébuchant. Il propose des billets qui valent de l'or. Plutôt que de faire circuler leur or pour leur commerce, les marchands préfèrent faire circuler ces billets, c'est moins dangereux, et ils ont sur ces billets la signature prestigieuse du banquier qui garantit que ces billets équivalent à de l'or et qu'ils peuvent, à tout moment, récupérer le métal précieux.

Ces billets sont en fait des créances, des droits sur les biens. Des droits d'acheter du fromage, du pain, ou les services d'un avocat. La monnaie est une créance indéterminée sur la richesse produite par une nation qui accepte cette monnaie. En même temps, elle est un moyen de se « libérer » des dettes nées de l'échange : je t'offre mon travail, tu me dois quelque chose, que tu payes en monnaie, et tu te libères ainsi de ta dette.

Pourquoi la monnaie s'est-elle détachée de sa couverture métallique ? Les banquiers, qui ont reçu les dépôts d'or, remarquent ceci : les commerçants, les échangistes, ne viennent pas, quand ils ont un billet entre les mains, récupérer leur couverture en or. Ils se contentent de dire à leur banquier : « J'ai un billet de 100 dans la main, inscrivez à mon crédit 100. Je sais bien que ces billets valent 100 d'or, mais je verrai plus tard si je vais chercher cet or. Je préfère le laisser en lieu sûr chez vous. » Quand moi, banquier, je fais un crédit, je sais qu'une petite partie de ce crédit, disons 20 %, est convertie en or, parce que certains préfèrent faire leurs transactions en or, en pièces sonnantes et trébuchantes, plutôt qu'en papier.

8 *Le Monde*, 3/11/1988.

Prêtons-nous à un petit calcul. J'ai 100 pièces d'or déposées chez moi. Valeur : 100 florins. Combien puis-je émettre de papiers, de billets, sachant que seulement 20 % des transactions se feront en pièces de 1 florin (cas n° 1) ? Réponse : 500. En effet, si j'émets 500 de florins papier, je sais que, sur ces 500, 20 % seulement seront convertis en florins pièces, soit 100 florins papier qui seront transformés en pièces, et je suis couvert : je les ai bien en caisse, je peux garantir leur transformation. Si les habitudes de paiement en pièces et en billets sont 50-50 (cas n° 2), je peux créer 200 de billets papier. Si les habitudes sont 10-90 (10 pour les pièces d'or, 90 pour les billets), je peux créer 1 000 florins papier, sachant que, sur cette circulation monétaire totale, 900 se feront en papier, et 100 en pièces d'or, que je pourrai fournir à tout moment.

Création et destruction monétaires

C'est le principe fondamental de l'émission monétaire : si je fais un crédit papier de 100 et si je sais qu'une grande partie de ce crédit reviendra chez moi, banquier, je peux multiplier le crédit bien au-delà du stock d'or dont je dispose. Dans le cas n° 1, mon « multiplicateur de crédit » est de 5 ; dans le cas n° 2, de 2 ; dans le cas n° 3, de 10. Le mécanisme est décrit dans l'adage : « Les prêts font les dépôts. » Le crédit fait les dépôts, il fait l'argent. Et non l'inverse ! Avis à ceux qui croient que l'épargne fait l'argent. Quel contresens économique ! Retenons que la création monétaire est une mise en branle de forces économiques, du travail, des matières premières, des inventions, de la technique, de la production, de la consommation, une anticipation de l'activité économique.

Serge Gainsbourg brûle un billet de 500 F à l'émission 7/7, le 11 mars 1984.

Cette création monétaire était en principe garantie par de la marchandise, du métal, de l'or et de l'argent : une assurance métallique. Mais la vraie garantie de la création monétaire, c'est l'anticipation de l'activité économique, du cycle production-consommation. Encore faut-il que cette anticipation soit saine : toute création monétaire saine débouche sur une destruction monétaire équivalente. Par exemple, je prête de l'argent à un constructeur de voitures, je lui fais un crédit. Avec ce crédit, il embauche des ouvriers qui construisent les voitures et il les paye. Avec leur salaire, les ouvriers achètent les voitures. L'argent revient chez le constructeur, et le constructeur rembourse son banquier. Argent créé, argent détruit égalent opération saine. Crédit, remboursement.

Prenons un second exemple. Je suis banquier, j'anticipe sur la nouvelle économie, sur des téléphones portables avec Internet, et je facilite la création d'entreprises qui en fabriquent, mais personne ne veut de cette nouvelle génération de téléphones. J'ai payé des gens, en tant que fabricant, mais ceux-ci ne veulent pas de ma marchandise. Je suis donc incapable de rembourser et ma dette ne s'éteint pas. La création monétaire n'est pas suivie d'une destruction. Je traîne mes dettes, comme le Japon traîne des dettes suite à une immense spéculation immobilière, comme France Telecom traîne des dettes suite à une mauvaise anticipation de l'activité économique, comme Vivendi traîne des dettes suite à des investissements dans des portails sans clients sur Internet, comme l'Argentine traîne des dettes vis-à-vis du FMI parce qu'elle a été incapable de faire fructifier l'argent qu'il lui a prêté, à tort.

Nous percevons mieux la nature de la monnaie : des dettes (des créances sur la banque émettrice) qui circulent. Des dettes, qui, si elles sont saines, doivent, par l'activité économique, provoquer leur remboursement.

Aujourd'hui, la monnaie est détachée de tout support matériel, on peut en créer à l'infini. Pourquoi, pendant très longtemps, les économistes se sont-ils opposés à ce que la monnaie n'ait pas de couverture métallique ? Comme Ricardo par exemple, à l'origine de l'Acte de Peel (1844), acte qui inspira longtemps la politique de la Banque d'Angleterre, établissant que tout billet devait avoir une stricte couverture en or[9]. La

---

9 La politique de l'Acte de Peel était dite du *currency principle*. L'Argentine adopte le *currency board* en 1992 : le peso argentin est strictement couvert par le dollar. C'était exactement la politique de Ricardo. Elle conduira à une catastrophe économique et aux émeutes de 2002.

raison en est que les économistes n'avaient pas confiance dans la capacité des banquiers à anticiper l'activité économique. En France, la faillite de la banque créée par Law détruisit pour un siècle la confiance des Français dans le papier monnaie. Law était un banquier écossais qui émettait des billets garantis par le développement du commerce de la France avec les premiers comptoirs, notamment la Louisiane. Quand on a commencé à se méfier de la réussite des entreprises vers cet État et ailleurs, le système de crédit créé par Law s'est écroulé. Tout le monde a voulu se débarrasser de ses billets estampillés « Banque Law » et réclamer de l'or. Faillite généralisée, ruine des petits épargnants, qui, comme toujours, comme pour France Telecom ou Enron, sont les derniers attirés par l'aubaine et les premiers roulés. Troubles publics, enrichissement scandaleux de spéculateurs qui avaient flairé la faillite du système.

La Banque de France

La Banque de France était à l'origine une banque privée, dotée d'une assemblée ou d'un conseil des deux cents gros actionnaires. Ces deux cents actionnaires les plus puissants de la place de Paris ont donné naissance au mythe des « deux cents familles », les deux cents familles bourgeoises contrôlant l'argent en France et cimentant le « mur de l'argent », ce mur contre lequel se heurtaient les gouvernements progressistes. Les régents de la Banque de France étaient recrutés dans les deux cents familles, les Mallet, Vernes, Rothschild, Hottinger, Wendel. La loi de germinal an XI définissait la parité du franc par rapport à deux métaux, l'or et l'argent, la Banque de France devant, statutairement, garantir la solidité du franc, en contrôlant le volume de la création monétaire. En gros, la Banque suivait le principe du « tiers » : le crédit consenti à l'économie était égal à trois fois les réserves d'or et d'argent contenues dans les caisses. C'était une gestion prudente et le franc germinal se révéla la plus solide de toutes les monnaies, résistant le dernier à la crise de 1929 et restant convertible en or jusqu'en 1936, alors que la livre, le dollar, le mark étaient depuis longtemps inconvertibles.[10] Mais les banquiers et les industriels du conseil de la Banque de France, contrôlant le crédit, contrôlaient d'une certaine manière la politique de

[10] Déjà politique du franc ultra fort, déflationniste, qui fit dire à Keynes que les « Français étaient des paysans assis sur leur tas d'or ».

la France. Ainsi, l'État s'était ruiné après la guerre de 14. Les dépenses de reconstruction étaient importantes. Le chômage menaçait. La politique coloniale était coûteuse. Les dépenses à caractère social pointaient leur nez, l'éducation coûtait cher. En 1924, arrive au pouvoir le Cartel des gauches, qui demande des avances à la Banque de France pour boucler son budget. Une avance de la Banque de France à l'État, autrement dit au Trésor, se traduit dans le langage populaire par : « faire marcher la planche à billets ». Moreau, le régent de la Banque de France, refuse. Herriot, le président radical du Conseil, démissionne ! La Banque de France a fait chuter le gouvernement ! La gauche s'est fracassée contre le mur de l'Argent !

Pierre Laval, chef du gouvernement en 1934, et surtout Léon Blum, président du Conseil dans le gouvernement du Front populaire en 1936, soumettent la Banque de France à la tutelle publique. Vincent Auriol, ministre des Finances du Front, déclare : « Les banques je les ferme, les banquiers je les enferme ! » Il décrète le franc inconvertible. Les régents de la Banque de France, transformés en gouverneurs, et des sous-gouverneurs sont nommés par l'État. En 1945, le général de Gaulle, chef du gouvernement provisoire, nationalise la Banque de France : c'est fini. En même temps, les trois grandes banques de dépôt, le Crédit Lyonnais, le Comptoir national d'escompte de Paris (CNEP), la Banque nationale pour le commerce et l'industrie (BNCI)[11], sont nationalisées. Le crédit est sous tutelle publique. L'État a recouvré son autorité sur la monnaie, mais cela ne durera pas.

Retour de la création monétaire au privé

1945-1993 : presque un demi-siècle de tutelle publique. En fait, l'État cesse de contrôler le crédit en 1983, lorsque le gouvernement socialiste décide d'arrimer le franc au mark, monnaie forte, de stabiliser la France dans l'Europe et de laisser le contrôle du crédit et de l'émission monétaire (de nouveau !) à la Banque de France. L'État a donc contrôlé le crédit de 1934 à 1983, pendant cinquante ans.

En 1993, l'État prend acte de l'indépendance de la Banque de France, par la loi de décembre. Désormais, le gouverneur est nommé mais ne peut plus être « démissionné » par l'État. Il est interdit à la Banque de

[11] La BNCI et le CNEP fusionneront pour donner la BNP en 1966. En 2001, la BNP fusionnera avec la Banque Paribas.

financer le déficit du budget de l'État, autrement dit, de faire marcher la « planche à billets ». Si l'État a besoin de sous, qu'il les emprunte et qu'il les rembourse ! Les nouveaux statuts de la Banque interdisent aux membres de son conseil (art. 1) « de solliciter ou d'accepter d'instruction du gouvernement ou de toute personne ». Et voilà. Le pouvoir politique est soumis. La dictature des rentiers a triomphé. Les statuts de la Banque de France, calqués (et « aggravés » en quelque sorte) sur ceux de la Bundesbank, gardienne du temple de la monnaie forte, seront copiés par la Banque centrale européenne. L'ordre des créanciers règne en Europe. Aux États-Unis, c'est l'inverse. La Banque fédérale de réserve est responsable devant le Congrès. La planche à billets fonctionne toujours. Le statut d'hyper-puissance permet aux États-Unis d'accaparer, chaque année, les deux tiers de l'épargne nouvelle dans le monde, essentiellement en provenance d'Europe ou du Japon. Les États-Unis, souverains du monde, fonctionnent selon le principe régalien de la création monétaire. Voilà une question essentielle d'économiste : qui fabrique l'argent qui nous fait vivre ? Au profit de qui ? Pour quelles activités ? De 1945 à 1976, en France, l'État fabrique l'argent au profit de la reconstruction, puis de la croissance. Et puis, après cette très brève parenthèse du capitalisme, le privé reprend ses droits.

Le système monétaire international

Europe égale monnaie forte. En 2002, les revenus de la rente représentent à nouveau une part considérable (plus de 10 %) du revenu des Français, comme à la veille de 1914. Le capital financier revient, au détriment du capital industriel. Les grandes banques de dépôt, nationalisées en 1945, sont, l'une après l'autre, privatisées. Elles échappent à la tutelle de l'État, bien médiocre il est vrai – il n'y a qu'à voir l'affaire du Crédit Lyonnais, banque nationale, que ni le ministère des Finances, ni la Banque de France, ni le Trésor public, organes de tutelle, n'ont su ou n'ont voulu contrôler. Les grandes banques de dépôt, la BNP, la Société Générale, se lancent sur les marchés internationaux. Elles émettent de la monnaie en toute indépendance, participent aux marchés monétaires internationaux « off shore », hors des territoires nationaux, financent des fonds spéculatifs. Une grande partie de leurs mouvements de fonds est « hors bilan » et échappe au contrôle public des nations. Le crédit (sauf aux États-Unis) a totalement échappé aux États.

La création de l'euro en 2001 voit triompher le modèle rentier : la Banque centrale européenne n'a aucun ordre à recevoir de quiconque, elle impose une politique économique stricte, où l'intervention publique est limitée par le « pacte de stabilité », des déficits du budget contrôlés, une inflation et un endettement faibles[12]. L'État est soumis, il est sous tutelle économique[13]... Retour à l'aube du XIXe siècle.

Le XIXe fut un siècle de paix. Entre les canons de Waterloo et ceux de la Marne, le capitalisme prospère sous le règne de l'or, monnaie des échanges internationaux. Toutes les monnaies sont convertibles en or, en argent (ou dans les deux, comme le franc). Après la Première Guerre mondiale, les besoins d'argent des États sont tellement énormes que les monnaies-crédits se substituent aux monnaies métalliques, mais il n'y a pas de monnaie véritablement supérieure : la livre, le franc, le dollar sont à égalité. La fin du deuxième conflit mondial voit la naissance du système de Bretton Woods, négocié en 1944 par les Anglais et les Américains, avec, il est vrai, la participation des Français et des Russes.[14] Keynes, membre du conseil de la Banque d'Angleterre, négocie pour les Anglais ; White, secrétaire d'État au Trésor, en fait de même pour les Américains. À Bretton Woods est mis en place un système dit de change fixe, où les parités des monnaies sont définies par les États et révisables sous de sévères conditions. Leur valeur est gagée sur l'or. Une monnaie se révèle supérieure, à cause des réserves

Jean Leon Jerome Ferris (1863-1930), *Her Weight in Gold* (Son poids en or).

[12] Le déficit budgétaire est limité à 3 %, l'inflation à 3 %, l'endettement public à 60 % du PIB.

[13] Il le veut évidemment et il exprime la volonté des puissances financières.

[14] Pierre Mendès France est assis à la table de négociation pour les Français.

d'or mais surtout à cause de l'énorme puissance économique et militaire américaine : le dollar. Une once d'or vaut environ 34 dollars. En pratique, les monnaies (le franc, la livre, la lire, le mark, la peseta, etc.) sont convertibles en dollars et le dollar est lui-même convertible en or. Les États-Unis, de fait, sont les banquiers du monde. Certaines monnaies, comme celles de l'ancien empire colonial français, sont convertibles en franc, qui lui-même est convertible en dollar, qui lui-même est convertible en or.

Tout se passe bien jusqu'en 1969. Les Américains fabriquent du dollar, et le dollar alimente la croissance mondiale. Bien entendu, l'émission de dollars est bien au-delà de la couverture or, du stock d'or de la Banque fédérale américaine entreposé à Fort Knox. Notamment parce que les États-Unis financent successivement deux guerres très coûteuses, celle de Corée et celle du Viêt-Nam. Pendant ce temps, les économies européenne et japonaise se développent et concurrencent l'économie américaine : les avions et les voitures, les téléviseurs, les médicaments s'imposent au détriment des produits américains. Les États-Unis se retrouvent dans une position inconfortable.

Imaginons deux entreprises, Renault et Peugeot, fabriquant des voitures. Elles sont en concurrence. Mais la première, Renault, non contente de fabriquer des voitures, doit alimenter la seconde en monnaie, avec tous les frais que cela comporte d'entretenir des banquiers et d'avoir une monnaie forte. Peugeot se contente de demander des crédits et de les rembourser en faisant concurrence à Renault. Renault, elle, doit payer des intérêts et des salaires à ses banquiers, prendre des risques sur le marché monétaire mondial, c'est-à-dire maintenir à tout prix une monnaie forte, c'est-à-dire des taux élevés, et en plus alimenter Peugeot qui n'a aucun souci monétaire mais qui la concurrence ! Que choisit Renault ? La banque ou l'industrie ? En 1925, le choix s'était posé pour l'Angleterre. Churchill hésita. Dévaluez ! lui conseilla Keynes. L'Angleterre choisit la finance et conserva une monnaie de réserve en rétablissant la convertibilité en or de la livre. Son activité industrielle disparut à jamais. En revanche, aujourd'hui encore, Londres est une grande place financière.[15]

---

[15] Keynes attribua à cette décision historique et catastrophique, le 28 avril 1925, l'une des causes de la Seconde Guerre mondiale, en raison de l'aggravation de la dépression.

Le dollar, monnaie du prince

En 1969, le président Nixon, génie politique, fait le bon choix : il choisit l'industrie contre la finance, se disant que, de toute façon, la puissance militaro-industrielle des États-Unis garantira le dollar. Il fait exploser le système de Bretton Woods en laissant flotter le dollar. En 1971, le dollar cesse d'être aligné sur l'or. Quel pari formidable ! Le pari que seule la signature des États-Unis, la confiance qu'ils inspirent, par leur dimension, leur puissance, suffira à garantir la valeur de leur monnaie. Pari gagné. Les États-Unis, à nouveau, peuvent émettre la quantité de monnaie qu'ils veulent et financer leur industrie. Aux autres pays maintenant de demander la conversion de leur propre monnaie en dollar sur des marchés libres des changes, tous les jours, au jour le jour. L'euro est fort ? La belle affaire ! Les exportations américaines s'envolent ! L'euro est faible ? La belle affaire ! Les capitaux affluent aux États-Unis, l'investissement et la productivité décollent ! C'est un immense retour de la fonction régalienne de la monnaie : le dollar est la monnaie supérieure, parce que les États-Unis sont la puissance supérieure, ils sont le prince de ce monde. Ils acceptent un déficit énorme, déficit qui faisait éclater de rire le prix Nobel Milton Friedman parce qu'il était libellé en dollars. Pauvre Monsieur Trichet, patron de la Banque centrale européenne, qui compte ses sous un peu comme un petit épicier de Plougastel compterait sa

Monnaie en conserve.

caisse à côté de Windows qui fait des dettes ! Magnifique, superbe et régalienne déclaration de Milton Friedman : « ce que je dois est libellé dans ma monnaie. Donc je ne dois rien. Je ne vous dois rien. »

Imaginez que vous puissiez aller chez un commerçant et payer votre dernier achat avec un papier signé : 1 000 euros-Martin (vous vous appelez Martin). Et que le commerçant accepte avec joie parce qu'il sait que vous êtes le grand Martin, le puissant Martin, le redouté Martin, le riche Martin, Martin-le-costaud plein de missiles. Peu importe qu'il ne sache pas exactement combien vous valez : vous êtes le grand Martin. C'est ça, les États-Unis ; et le Kosovo et la guerre d'Irak leur ont donné l'occasion de montrer leur puissance.

Toute l'épargne japonaise et une bonne part de l'épargne européenne rêvent d'aller se placer aux États-Unis. Vous, Martin, vous allez chez votre commerçant avec vos euros-Martin, il vous vend un ordinateur et en plus il vous supplie d'emporter avec vous un peu de son épargne ! Formidable, non ?

En 1976, sont signés les accords de la Jamaïque enterrant à jamais le rôle de l'or comme monnaie internationale de réserve. Giscard d'Estaing signe, très heureux. Il n'a pas compris que, du temps de l'or, existait quelque chose, un équivalent général, une monnaie supérieure, qui interdisait à un État de dominer les autres et ne soumettait pas les économies à une puissance dominante. Non seulement la monnaie unique n'existe plus, mais sous la monnaie dominante, le dollar, des milliers de monnaies privées ont explosé, sans que plus jamais les États n'exercent un véritable contrôle du crédit. Les banques des pays d'Europe, du Japon, d'Asie et d'Amérique se sont mises à créer leur monnaie et à l'échanger au jour le jour sur le marché monétaire international. C'est le Far West ! L'Amérique des années 1860, où 10 000 dollars bariolés circulaient ! La monnaie créée par la BNP (les lignes de crédit ouvertes par cette banque) concurrence celle créée par la Deutsche Bank (les lignes de crédit qu'elle ouvre), celle de la Société Générale, de la Citybank, du Crédit Suisse de Boston, de la Banque d'Arabie Saoudite, etc., sans que jamais les États puissent intervenir. La finance internationale est devenue totalement privée. Non seulement privée, mais largement « off shore », en dehors de tout contrôle des espaces nationaux et des pouvoirs politiques.

Cette création monétaire, privée, est-elle totalement débridée ? Non, pas entièrement. Les banquiers s'imposent quand même des garde-fous. Par exemple, la Banque des règlements internationaux, la BRI, créée à Bretton Woods en même temps que la Banque mondiale et le FMI, impose aux banques privées du monde entier le « ratio McDonough », du nom du président de la SEC, qui a succédé au ratio Cooke, du nom d'un autre banquier. Ce ratio dit : « Vous, banquiers, il faut que 8 % de vos crédits soient du liquide. Ou du quasi-liquide. Des titres que vous puissiez rapidement transformer en devises, dollars, euros, ou yens. Pour des raisons de prudence. » Mais on comprend bien que si la création de dollars, de yens et d'euros n'est pas vraiment limitée, imposer le McDonough, c'est comme imposer à une voiture de limiter sa vitesse, en augmentant simultanément les chiffres sur les panneaux limitateurs de vitesse !

L'explosion des marchés financiers, des marchés boursiers d'actions et d'obligations, et surtout des marchés dérivés (les produits d'assurance sur les fluctuations des monnaies, des taux d'intérêt) accroît le volume des signes monétaires en circulation qui n'ont pas véritablement de contreparties. Par exemple, je suis marchand d'armes français. Je veux m'assurer contre les fluctuations de l'euro face au dollar, car mon contrat est à terme libellé en dollars, et je ne sais pas trop combien vaudront les dollars quand mon acheteur arabe aura fini de me payer dans dix ans – s'il existe encore. Je prends une assurance, c'est-à-dire que je souscris à un contrat sur un marché dérivé. Mon vendeur, sur le marché dérivé, va se réassurer et donc acheter un dérivé de dérivé. Tout cela coûte cher, en intérêts, en intermédiation. Est-ce un contrat sûr, au moins ? Même pas. Un assureur s'est fait assurer par un assureur, mais qui assure vraiment le second ? Ne va-t-il pas se réassurer sur un troisième qui va se réassurer sur le premier, comme un serpent qui se mord la queue ?

À qui profite l'absence de règles ? À ceux qui ont la force. La libération des monnaies a profité à la seule monnaie qui pouvait associer la force à sa liberté : le dollar.

Il semble bien que la libération des monnaies ait donné lieu à une gigantesque bulle monétaire, qui, après la bulle des bourses, risque d'exploser. Qu'est-ce qui motive la spéculation ? L'excitation. Tout cela est très excitant...

TEXTES

MICHEL AGLIETTA ET ANDRÉ ORLÉAN

La terre, comme la monnaie, n'est pas une marchandise

On peut a contrario prendre la mesure de ce fait en considérant les efforts intenses que doit déployer une société pour faire en sorte que ces liens traditionnels se coulent dans le moule artificiel et étriqué des rapports marchands. Il s'agit d'extraire la « chose échangée » du tissu étroit et dense des relations sociales qui la constituaient traditionnellement de façon à la transformer en une marchandise inerte, sans passé, aux droits de propriété librement cessibles. C'est là un processus par nature violent puisqu'il a précisément pour objet la suppression des droits et des coutumes jusqu'alors attachés à l'échange. Il faut le dépersonnaliser, le désocialiser, rompre les liens dont il était le centre.

Cela ne va pas sans souffrance, ni sans crime. Pensons à la violence sociale qu'il a fallu exercer en Angleterre pour transformer la terre en une simple marchandise, ce qu'on a appelé « le mouvement des enclosures ». Marx l'a décrit dans le chapitre XXVII du *Capital* consacré à « l'expropriation de la population campagnarde » et Polanyi dans *La Grande Transformation*. Ils ont bien souligné que la terre n'est pas, par nature, une marchandise, c'est-à-dire un objet inerte, en l'occurrence un facteur de production pour l'agriculture, ce qu'elle est devenue aujourd'hui. Bien au contraire, dans les sociétés traditionnelles, la terre est au centre du système social : « Les droits sur la terre sont imbriqués dans l'organisation sociale : les droits supérieurs sur la terre accompagnent le pouvoir sur les hommes. » Comme l'écrit Polanyi, « la terre, élément cardinal de l'ordre féodal, était la base du système militaire, judiciaire, administratif et politique, son statut et sa fonction étant déterminés par des règles juridiques et coutumières. La question de savoir si sa possession était transférable et, si oui, à qui et avec quelles restrictions, ce que comportaient les droits de propriété : toutes ces questions étaient soustraites à l'organisation de l'achat et de la vente, et soumises à un ensemble entièrement différent de réglementations institutionnelles. » Dans la société féodale, la terre est le support privilégié d'une multitude de liens de dépendance personnels dont la destruction est apparue à la fin du Moyen Âge comme une condition indispensable au progrès et à la diffusion des rapports marchands.

Supprimer ces liens ancestraux pour faire de la terre une marchandise ne signifiait rien de moins, pour une foule de paysans, que l'expropriation pure et simple de leurs droits traditionnels.

La Monnaie, entre violence et confiance,
Odile Jacob, 2002.

ÉMILE ZOLA

Terre et argent : il pleut de l'or sur Paris

« Oh ! vois, dit Saccard, avec un rire d'enfant, il pleut des pièces de vingt francs dans Paris ! »
Angèle se mit à rire à son tour, en accusant ces pièces-là de n'être pas faciles à ramasser. Mais son mari s'était levé, et s'accoudant sur la rampe de la fenêtre :
« C'est la colonne Vendôme, n'est-ce pas, qui brille là-bas ?... Ici, plus à droite, voilà la Madeleine... Un beau quartier, où il y a beaucoup à faire... Ah ! cette fois, tout va brûler ! Vois-tu ?... On dirait que le quartier bout dans l'alambic de quelque chimiste. »
Sa voix devenait grave et émue. La comparaison qu'il avait trouvée parut le frapper beaucoup. Il avait bu du bourgogne, il s'oublia, il continua, étendant le bras pour montrer Paris à Angèle qui s'était également accoudée, à son côté :
« Oui, oui, j'ai bien dit, plus d'un quartier va fondre, et il restera de l'or aux doigts des gens qui chaufferont et remueront la cuve. Ce grand innocent de Paris ! vois donc comme il est immense et comme il s'endort doucement ! C'est bête, ces grandes villes ! Il ne se doute guère de l'armée de pioches qui l'attaquera un de ces beaux matins, et certains hôtels de la rue d'Anjou ne reluiraient pas si fort sous le soleil couchant, s'ils savaient qu'ils n'ont plus que trois ou quatre ans à vivre. »

La Curée, Gallimard, coll. Folio.

Joseph Wright of Derby,
The Alchymist, in search of the Philosopher's Stone, discovers phosphorus, (L'alchimiste, à la recherche de la pierre philosophale, découvre le phosphore), 1771.

JEAN BAUDRILLARD

« *Time is money* »

L'analogie du temps avec l'argent est par contre fondamentale pour analyser « notre temps », et ce que peut impliquer la grande coupure significative entre temps de travail et temps libre, coupure décisive, puisque c'est sur elle que se fondent les options fondamentales de la société de consommation.

Time is money : cette devise inscrite en lettres de feu sur les machines à écrire Remington l'est aussi au fronton des usines, dans le temps asservi de la quotidienneté, dans la notion de plus en plus importante de « budget-temps ». Elle régit même – et c'est ce qui nous intéresse ici – le loisir et le temps libre. C'est encore elle qui définit le temps vide et qui s'inscrit au cadran solaire des plages et sur le fronton des clubs de vacances.

Le temps est une denrée rare, précieuse, soumise aux lois de la valeur d'échange. Ceci est clair pour le temps de travail, puisqu'il est vendu et acheté. Mais de plus le temps libre lui-même doit être, pour être « consommé », directement ou indirectement acheté. Norman Mailer analyse le calcul de production opéré sur le jus d'orange, livré congelé ou liquide (en carton). Ce dernier coûte plus cher parce qu'on inclut dans le prix les deux minutes gagnées sur la préparation du produit congelé : son propre temps libre est ainsi vendu au consommateur. Et c'est logique, puisque le temps « libre » est en fait du temps « gagné », du capital rentabilisable, de la force productive virtuelle, qu'il faut donc racheter pour en disposer.

La Société de consommation, Denoël, 1970.

ALAIN COTTA

Ordre des créanciers et ordre des débiteurs

De toutes les potions keynésiennes, l'inflation fut naguère la moins recommandée mais la plus efficace. Durant et après la Seconde Guerre mondiale, elle modifia de fond en comble le paysage de la distribution des revenus. Les pays européens virent leurs rentiers euthanasiés ! Deux formes de revenus triomphèrent sur leurs décombres : le profit et le salaire. Morte la rente, semblait-il pour longtemps. Jusqu'au début des années 80, l'inflation battit son plein à des taux différents selon les pays, mais toujours élevés : près de 10 % en France où rien ne paraissait parvenir à la juguler. Le

taux d'intérêt réel était alors négatif, au grand avantage des travailleurs de l'époque, toutes catégories confondues.
La désinflation commença voici plus de vingt ans, en parfaite concomitance avec les accords de Maastricht, puis avec la création de l'euro. La stabilité monétaire – inflation zéro, ou inférieure à 2 % – est devenue un dogme inscrit dans les statuts de la Banque européenne comme, naguère, dans ceux de la Bundesbank. Avant même que l'on ne parlât d'euro fort ou faible, la focalisation des autorités de l'Europe monétaire naissante sur ce taux se justifia de l'adage selon lequel une monnaie stable serait un gage de croissance forte. Or cette justification d'une politique vigilante de la Banque centrale européenne constitue une véritable contre-vérité historique. La relation positive entre taux de croissance et taux d'inflation se vérifie constamment dans l'histoire des pays capitalistes, que ce soit sur période courte (les phases d'expansion cycliques liées aux fluctuations régulières du XIXe siècle et du premier tiers du XXe siècle), sur période plus longue (les Trente Glorieuses et les phases montantes du fameux cycle semi-séculaire dit de Kondratieff). Mais qu'importe une histoire économique qui n'est même plus enseignée aux économistes en herbe ! Les politiques peuvent dire n'importe quoi, ou plutôt ce qui les arrange, dans la mesure où personne ou presque n'est à même de donner un sens à leurs propos économiques, encore moins d'en vérifier le bien-fondé. […]

Une glorieuse stagnation, Fayard, 2003.

ALAIN COTTA

Heureuse génération du baby-boom...

Ce sont les seniors qui demeurent les mieux à même d'épargner, d'autant plus qu'ils auront été – hasards de la vie – deux fois gagnants. La première fois puisqu'ils auront, durant les Trente Glorieuses, acquis leur immobilier à moindre coût, à taux d'intérêt négatif (du fait de l'inflation) et à revenu croissant (à 6 % l'an), ce qui en aura fait les propriétaires de leur logement, donc exemptés de tout loyer (entre 10 et 15 % du revenu des actifs). La seconde fois à partir de leur mise à la retraite, au moment même où la fin de l'inflation a poussé vers des hauteurs inespérées – pour eux – les taux d'intérêt. Devenus alors propriétaires immobiliers détenteurs d'actifs financiers, ils ont vu se cumuler les avantages d'être retraités et d'avoir acquis des actifs immobiliers au bon

moment… avec une cerise sur le gâteau pour ceux qui seront morts juste avant la chute des marchés financiers !
La palme d'or de la chance financière revient à l'individu né en 1923, actif entre 1943 et 1983, ayant pris sa retraite à 60 ans, et mort à 78 ans juste avant le krach de la « nouvelle économie » en 2001 – pour peu évidemment qu'il ait acquis son logement à 35 ans, fini de rembourser ses dettes à 50, et fait des placements prudents mais néanmoins un peu plus sophistiqués que le livret de Caisse d'Épargne. S'il n'a eu qu'un seul enfant, félicitations à l'héritier, d'autant plus si celui-ci a « épousé » une héritière de même lignée (ou vice versa). Aujourd'hui, cet heureux personnage a 70 ans et s'en porte fort bien, au point, s'il est français, d'avoir le plus fort taux d'épargne du monde (si l'on exclut quelques exceptions de type saoudien appartenant à toutes lignées). Pour que nous ayons atteint un taux d'épargne global de 17 % – soit 7 % de plus qu'en Allemagne, 11 % de plus qu'au Royaume-Uni, 14 % de plus qu'aux États-Unis –, il faut que l'effort d'épargne de « notre » senior soit proche du double, soit 40 %. Nos seniors retraités épargnent aujourd'hui sans doute davantage que les bourgeois de la fin du siècle dernier. Mais ils n'en ont pas moins leur âge, auquel lesdits bourgeois aspiraient sans souvent y parvenir. Or cet âge ne les prédispose pas plus au risque qu'à la prodigalité. Leur épargne n'est consacrée que pour une infime partie (le péché ne saurait être totalement éradiqué) à des placements à risques ; il l'est avant tout à des obligations ou autres formes d'emplois garantis, assurances vie notamment – apprivoisement financier de la Mort, sans oublier son émissaire terrestre, le fisc. Encore que – il n'est pas nécessaire de les en rendre conscients – les seniors financent de la sorte un déficit budgétaire qui résiste à toute alternance politique…

Une glorieuse stagnation, Fayard, 2003.

PIERRE THUILLIER

Culte du profit, culte de l'argent

On peut certes hésiter à considérer cet acte fondateur comme strictement « religieux » : en faisant triompher l'argent, l'Occident n'a assurément pas eu conscience de réaliser un projet religieux. Mais le culte du Profit allait supplanter la foi chrétienne. Il annonçait la mort d'un Dieu et s'inscrivait donc dans l'histoire religieuse au sens où l'entendait Quinet. Aux prophètes, écrivait-il, « la mort des dieux enseignait par avance la mort des peuples ».

Il ne faut donc pas s'en tenir à cette constatation triviale : la culture des marchands a fonctionné comme une religion. Il est capital de comprendre que l'Occident s'est alors forgé une nouvelle conception globale de la vie humaine (nous n'osons dire : une nouvelle spiritualité). Pour parler comme Marcel Mauss, la conversion au culte de l'Économie a constitué un fait social total. N'était pas seulement concernée l'organisation de la production et des échanges, mais (du moins à long terme) toute la culture, y compris l'art, la morale, la politique et la métaphysique. Sans doute le drame de l'Occident a-t-il largement tenu au fait que la nouvelle classe dominante, en raison de son utilitarisme étriqué, n'a même pas pris conscience de l'influence qu'elle allait exercer dans tous les domaines de la vie sociale. C'est pourtant ce qui s'est produit. En soumettant progressivement toutes les activités et toutes les pensées des hommes à des considérations et des calculs économiques, les nouveaux maîtres (généralement sans le vouloir) ont colonisé des territoires autrefois qualifiés de « religieux » ou de « philosophiques ». En ce sens, ils ont été des éducateurs malgré eux ; et, naturellement, de bien piètres éducateurs. Qu'on pense à la manière dont ils concevaient la vie, l'amour et la mort à l'extrême fin du XXe siècle, ou encore à ce qu'ils entendaient par « réussite sociale ». Il est clair que l'Occident moderne, à la veille de la Grande Implosion, avait pratiquement atteint ce que le professeur Dupin appelait le degré zéro de la vie spirituelle.

La Grande Implosion, Fayard, 1995.

Le Petit Journal, supplément illustré, *Le veau d'or*, 1892.

PATRICK VIVERET

Le fétichisme de l'argent

Pour bien d'autres qui n'ont pas, ou peu de monnaie (3 milliards d'êtres humains par exemple n'ont pas accès au système bancaire !), la monnaie est beaucoup plus vécue comme un frein à l'échange. D'où vient ce retournement paradoxal que des êtres humains ayant à la fois la capacité et le désir d'échanger, de créer de l'activité, ne peuvent le faire par manque de moyens monétaires ? Ce paradoxe sur lequel a beaucoup réfléchi Jacques Duboin a été théorisé par Marx. Il provient de ce processus de « fétichisation » qui consiste à transférer la valeur de l'échange entre humains sur la monnaie elle-même. Fétichisation d'autant plus forte que le support de métaux précieux pouvait laisser croire, comme l'affirmait le mercantilisme dénoncé par Smith, que la monnaie était en elle-même une richesse. C'est ici qu'intervient la double face de la monnaie, celle qui se fait moins le vecteur d'un échange que d'une domination. Il s'agit alors d'une monnaie dont la rareté, artificiellement créée par les acteurs en position de domination, oblige les dominés à n'utiliser qu'une faible partie de leur potentiel d'échange et d'activité.
Ce qui, dans la monnaie classique, est de nature à tirer l'échange vers la rivalité (et l'accaparement) c'est l'intérêt. C'est pourquoi d'ailleurs la plupart des grandes religions, à commencer par le christianisme avant la Réforme, ont considéré le fait de prêter avec un intérêt excessif dépassant le strict service rendu, comme le plus grave des péchés mortels. Car la possibilité pour « l'argent de travailler tout seul » est à la fois attentatoire à Dieu, seul maître du temps (argument théologique), et aux humains (fétichisme de la monnaie-argent dévalorisant les humains).
L'autre élément porteur de domination voire de violence tient au fait que la monnaie officielle est indifférente à la nature et à la finalité de l'échange. C'est toute la question de ce qu'il est convenu d'appeler « l'argent sale » et des lieux privilégiés de sa circulation que sont les paradis fiscaux.
Le propre des monnaies affectées ou dédiées est d'agir précisément sur ces deux éléments. C'est une monnaie sans intérêt qui n'autorise pas la spéculation et c'est une monnaie qui est dédiée à un certain type d'activités ou de relations qui ont été préalablement définies comme remplissant une fonction positive pour l'individu et/ou la collectivité.

Il est essentiel de garder à l'esprit que ces deux caractéristiques sont au service de l'objectif fondamental : tirer la monnaie vers sa fonction pacificatrice. En ce sens, il ne s'agit pas de monnaies substitutives à la monnaie officielle, mais de monnaies complémentaires qui renouent avec la fonction affichée de la monnaie, celle de l'échange, et exercent une pression sur la monnaie officielle pour qu'elle soit elle-même davantage un vecteur de « doux commerce » (on dirait aujourd'hui de « commerce équitable ») plutôt qu'un vecteur de violence sociale (voire d'activités à dominante maffieuses ou terroristes).

Sortir de l'économisme, sous la direction de Philippe Merlant, René Passet, Jacques Robin, Paris, Les Éditions de l'Atelier, 2003.

JEAN-MARIE HARRIBEY

La monnaie-trompe-la-mort

Mais pourquoi suis-je atteint par cette boulimie d'avoir(s) ? Pourquoi cette soif inextinguible d'accumulation de capital qui agite l'humanité, surtout ceux qui ont déjà le plus accumulé ? La volonté de pouvoir ? Mais pourquoi ? L'hypothèse freudienne : l'angoisse de la mort. Posséder, jusqu'à satiété, biens matériels et symboles qui y sont associés rassure en procurant un ersatz d'éternité. Mais le leurre ne trompe pas longtemps les assoiffés. Aussi ne peut-il fonctionner que si la possession de capital est réservée à une frange minoritaire maintenant à distance la plèbe majoritaire. Si j'ai et que tu n'as pas, je suis (ou, du moins, je crois que je suis) plus que toi. Cette soif de capital exprime la tentative désespérée de l'homme de fuir sa condition ou de lui trouver un exutoire. Le spectre de la mort est éloigné et exorcisé par la passion de la richesse assouvie grâce à l'argent. Comme ils sont tous promis au même sort, les angoissés se détendent en prenant la substance de l'autre.

La monnaie est le reflet des antagonismes sociaux et en même temps le moyen de canaliser la violence présente dans les sociétés humaines à l'intérieur de rails à peu près supportables, c'est-à-dire vers cette soif de richesse, exutoire à l'angoisse morbide le plus accessible, et susceptible de dégénérer de façon un peu moins violente que le fanatisme religieux ou la conquête du pouvoir : la monnaie comme substitut aux rites sacrificiels, l'exploitation de l'homme par l'homme comme vestige de l'anthropophagie.

La Démence sénile du capital, Éditions du Passant, Bordeaux, 2002.

Lincoln Seligman, *Avarice.*

MICHEL AGLIETTA ET ANDRÉ ORLÉAN

À l'opposé du billet, le « *currency principle* » : la dollarisation de l'économie argentine

C'est que l'ancrage dur, ou à la limite la dollarisation complète, est un régime monétaire particulièrement nocif. L'abolition de la souveraineté monétaire veut dire la disparition du prêteur en dernier ressort. Cela augmente énormément le risque de ruées bancaires et de spéculations sur les marchés financiers intérieurs. Ou bien la liquidité bancaire est anéantie, comme cela s'est passé en Russie au mois d'août 1998. Ou bien, pour conjurer ce risque, les banques étranglent le crédit intérieur, ce qui étouffe la croissance. La fragilité est alors déplacée sur les finances publiques. Qu'elle soit bancaire ou publique, la fragilité a une origine commune. C'est l'endettement des agents résidents en dollars. Cet endettement excessif résulte de la libéralisation financière débridée, quel que soit le régime de change extrême adopté.

La crise terminale du régime de change argentin à la fin de l'année 2001 a achevé de jeter le discrédit sur les Currency Boards.

L'Argentine fournit une illustration étonnante des deux types de crises qui ont été définies théoriquement dans le chapitre III. En l'espace de dix ans, elle a connu deux destructions complètes de son système monétaire : en 1991 par l'hyperinflation qui a provoqué le rejet complet de la monnaie nationale ; en 2001 par la déflation qui a entraîné une pénurie extrême de monnaie et une paralysie des transactions intérieures. C'est la réforme monétaire instaurée pour mettre fin à l'hyperinflation et donc restaurer la confiance qui, par son extrême rigidité, a instillé la fragilité financière. Latente et invisible pendant plusieurs années de croissance où l'économie argentine a prospéré, cette fragilité s'est aggravée par les contrecoups des crises financières extérieures qui se sont succédé à partir du Mexique en 1995.
Les enchaînements qui ont mené à la crise terminale du peso en 2001 sont très simples. Mais la poursuite de la crise jusqu'à la destruction de toute l'économie dans l'explosion sociale de décembre 2001 est entièrement imputable à l'entêtement des dirigeants politiques du pays. Il eût été possible de sortir du Currency Board et d'introduire une flexibilité des changes beaucoup plus tôt. Ce sont les pièges de la confiance qui sont soulignés dans ce drame. Pour rétablir la confiance détruite par l'hyperinflation, le gouvernement argentin a défini constitutionnellement une parité prétendument immuable entre le peso et le dollar. Pour conforter les détenteurs de capitaux, la banque centrale s'est dépouillée de tout moyen de mener une politique monétaire discrétionnaire. Le Currency Board veut dire que la seule source de création monétaire par la banque centrale provient des réserves de change. Toute hémorragie de réserves entraîne donc une contraction monétaire. Toute contraction monétaire réduit la capacité de la banque centrale de venir en aide aux banques en difficulté. Pour éviter les faillites, celles-ci doivent constituer elles-mêmes des réserves et donc prêter le moins possible à l'économie nationale. L'étranglement du crédit plonge l'économie dans la récession.

La Monnaie, entre violence et confiance,
Odile Jacob, 2002.

Le joueur, dans *Le testament du docteur Mabuse* (1922), de Fritz Lang.

8

La Bourse et les marchés financiers

“Un krach aboie plus qu'il ne mord.”

PAUL ANTHONY SAMUELSON, PRIX NOBEL

“Je ne connais pas grand-chose à Wall Street, commençai-je mal à l'aise, mais pouvez-vous me dire pourquoi toutes ces actions ne cessent de grimper ? Ne devrait-il pas y avoir des liens entre les bénéfices d'une entreprise, ses dividendes, et le prix de vente des actions ? – Monsieur Marx, vous avez encore beaucoup à apprendre sur la Bourse et le marché des valeurs.”

GROUCHO MARX, *MÉMOIRES CAPITALES*

Il n'existe sans doute pas de lieu plus symbolique du capitalisme que la Bourse. En mai 1968, les manifestants mirent le feu au Palais Brongniart, où autour de la « corbeille » les agents de change offraient et demandaient les titres, ou « actifs financiers », c'est-à-dire les actions et les obligations. Dans *L'Argent* de Zola, une spéculation contre la Compagnie universelle du financier Saccard conduit à un krach mémorable, dans une terrible séance à la bourse de Paris où s'affrontent « haussiers » et « baissiers ». Quand on joue à la hausse, aujourd'hui, on est « *bullish* » ; on est « *bearish* » quand on anticipe la baisse. Il est clair que le tempérament boursier est « *bullish* ». Mais la réalité « *bearish* » peut être longue... La crise de 1929 fut payée par une génération.

La Bourse est le modèle du marché libre et concurrentiel, pour Walras. Les enchères des offreurs et des demandeurs, sous l'œil du commissaire-priseur, permettent de fixer les prix. Pour Keynes aussi, la Bourse est le lieu essentiel du capitalisme, où se construit la confiance, la perception du futur qu'ont les hommes d'affaires, même si le marché boursier est d'une nature très particulière.

Marchés d'occasion et de spéculation

Il y a autant de bourses que de marchés d'enchères bien localisés, mais quand on parle de la « Bourse », ou de Bourse des valeurs, on fait référence au marché financier, c'est-à-dire au marché des actions, des obligations, et d'autres produits dits « dérivés » (dérivés à partir des marchés primaires d'actions et d'obligations). Les actions sont des titres de propriété, des parts de capital d'entreprise ; les obligations, des reconnaissances de dettes d'entreprises, privées ou publiques, ou de collectivités publiques. Ce sont des titres de crédit ou d'emprunts.

La tendance est à la concentration des bourses. En France, au XIXe siècle, plusieurs bourses cotaient des entreprises à Paris, Lyon, Bordeaux, Toulouse. Il n'y a plus qu'une bourse localisée juridiquement à Paris comme société anonyme. Aujourd'hui devenue Euronext en association avec les bourses d'Amsterdam et de Bruxelles, elle concurrence les bourses de Londres (un peu plus grosse), de Francfort (un peu plus petite) et de Milan. À terme, il ne devrait plus exister qu'une bourse européenne. Le développement d'Internet et des communications informatiques permet de « jouer » en Bourse directement et « en temps réel » (immédiatement) sur toutes les places du monde.

La Bourse recouvre plusieurs marchés. 1) Le **premier marché** comprend les grandes entreprises françaises et étrangères ayant une certaine capitalisation boursière (la valeur en capital, le nombre de titres que représente l'entreprise multiplié par la valeur du titre)[1]. Sur ce premier marché est défini le CAC 40, indice boursier des valeurs des 40 plus grosses entreprises, supposées définir la tendance, l'évolution du marché. Sont réalisées les offres d'emprunt (d'obligations), les introduc-

[1] En 2003, cela concerne les entreprises d'au moins 750 millions d'euros, et qui proposent au moins 25 % de leur capital au public.

tions boursières (arrivée de nouvelles entreprises et augmentation de capital), les OPA (offres publiques d'achat d'une entreprise par une autre, c'est-à-dire de ses actions), les OPE (offres publiques d'échange des actions d'une entreprise contre celles d'une autre avec laquelle elle souhaite fusionner, opération dite de « fusion-acquisition »). Mais surtout, sur le premier marché, sont achetées et vendues au jour le jour les actions des entreprises cotées, ainsi que les obligations existantes. La Bourse est donc, largement, un marché d'occasion, de seconde main. 2) Le **second marché**, créé en 1983, permet l'introduction en Bourse d'entreprises plus petites (12 millions d'euros et seulement 10 % de diffusion du capital dans le public). 3) Le **nouveau marché**, inspiré du NASDAQ américain, accueille les entreprises innovantes (celles qui, notamment, firent la bulle Internet). 4) Enfin, les **marchés dérivés** permettent aux opérateurs de se couvrir sur des fluctuations de change monétaire, de variations de taux d'intérêt, de variations de valeur des actions mêmes, auprès d'« assureurs » de risques, en leur transférant ces risques de fluctuations. Ces marchés dérivés sont des marchés à terme, contrairement à la Bourse proprement dite : ils permettent de vendre des produits sans les posséder ou de les acheter sans avoir la liquidité pour les payer. Ce sont des marchés de spéculation pure. Par exemple, je spécule sur une action Renault, que je vendrai à terme à un client : je l'achète aujourd'hui, sans argent, à crédit, et je la revends dans une semaine, empochant le bénéfice et remboursant le crédit. Ce n'est pas plus compliqué que ça. Quand je spécule à la baisse, je vends aujourd'hui une action que je n'ai pas, mais que je rachèterai à bas prix pour la livrer dans une semaine.

La Bourse est un secteur très particulier du capitalisme, celui des très grosses entreprises. Il y a 250 sociétés non financières[2] cotées à Paris. Sur les 250, 85 % ont plus de 10 000 salariés. Or 99 % des entreprises privées de France ont moins de 500 salariés et représentent 90 % de l'emploi privé et à peu près autant du capital privé. Les grosses entreprises publiques, RATP, SNCF, EDF-GDF ne sont pas cotées. Le capital boursier est donc une infime partie du capital de la nation.

[2] Des entreprises *stricto sensu*, qui ne sont ni des banques, ni des compagnies d'assurances.

La Bourse ne sert pas à financer l'économie

Non, la Bourse, du moins en France, ne sert pas à financer l'économie, la croissance et l'accumulation. C'est l'autofinancement (la réaffectation des profits à l'investissement) ou l'endettement des entreprises qui les finance. Mais peut-être la France est-elle un pays « en retard », qui fait encore confiance au secteur bancaire pour financer la croissance, et non à l'appel direct à l'épargne des consommateurs par le marché boursier ? Peut-être l'Europe ne fait-elle pas comme la France ? Non. « Sur l'ensemble des marchés européens, les émissions nettes d'actions, les montants bruts d'actions émis corrigés des rachats d'actions et des dividendes versés aux actionnaires, sont négatives depuis de nombreuses années. Les dividendes atteignent un montant voisin de celui des émissions d'actions, ce qui revient à dire que les sociétés émettent des actions pour rémunérer leurs actionnaires. »[3] Cette situation n'a pas changé.

Mais aux États-Unis, tout de même, patrie du capitalisme conquérant ? Non plus. Patrick Artus, grand économiste, a étudié l'évolution des émissions nettes d'actions depuis 1985. Sauf sur la brève période 1991-1994, où il y eut une émission nette de 50 milliards de dollars par an en moyenne, soit rien du tout, la Bourse... détruit du capital. Elle retire du capital plus qu'elle n'en émet. En 2001 par exemple, en volume, les émissions d'actions ont été contrebalancées par des destructions d'actions, de sorte qu'au total l'émission nette de capital boursier était de moins 330 milliards de dollars.[4] La Bourse détruit du capital.

Pourquoi ? Parce que les entreprises rachètent fréquemment leurs actions, détruisent leur propre capital, pour faire apparaître mécaniquement plus de profits sur leurs capitaux propres. On appelle ça l'effet de « relution », par opposition à l'effet de dilution. Depuis le 1er juillet 1998, les entreprises françaises sont autorisées à racheter leurs actions. Elles peuvent détruire jusqu'à 10 % de leur propre capital. Une part de ces rachats va à des « stock-options », des options d'actions destinées aux très hauts dirigeants de l'entreprise. L'autre part sert à faire apparaître, mécaniquement, un taux de profit sur le capital propre plus important.

---

3 Dominique Plihon, citant une étude de l'Agefi du 4 janvier 1999, dans *Le Monde diplomatique* du 4 février 1999.

4 Patrick Artus, « Le pouvoir des actionnaires », *Problèmes économiques*, n° 2756, 10/04/2002.

Pour faire apparaître des taux de profit sur capitaux propres élevés et exciter les administrateurs ou les fonds de pension qui leur demandent des comptes, les analystes, les agences de notation, les entreprises s'endettent : comme leur capital propre reste constant et que leur volume d'activité augmente, mécaniquement leur profit rapporté au capital propre augmente. C'est l'effet de « levier ». Les conséquences sont provisoirement bonnes, mais terribles vis-à-vis de la vie future de l'entreprise, surtout dans un monde où l'inflation n'est pas là pour diminuer l'endettement en érodant le capital ; et terrible dans un monde où les taux d'intérêt sont élevés pour maintenir haute la valeur des monnaies, ce qui fait que le service de la dette est très élevé.[5]

C'est ainsi que la Bourse ne sert pas à la croissance. Nous nous répétons, non ? Oui, mais il faut le réitérer sans cesse. La Bourse capte de l'épargne, donc du pouvoir d'achat qui doit sortir de la consommation pour se destiner à l'investissement. Ne s'agit-il pas là d'un jeu à somme nulle ? Si je n'achète pas de voiture Renault, pour acheter des actions de Renault, n'y a-t-il pas là une contradiction ? Si, une contradiction majeure, même. Réfléchissons sur la nature du financement de l'accumulation : pour qu'il y ait croissance, il faut, nécessairement, qu'il y ait création monétaire. À stock de monnaie constant, le passage de la consommation à l'épargne ne peut pas créer de croissance. Il faut toujours qu'une opération de crédit anticipe la croissance et soit valorisée, après coup, par la réalisation de la croissance. Si je fais appel à l'épargne, moi, Renault, pour accroître la taille de l'entreprise, je fais appel en fait au crédit d'une banque, qui finance mon émission d'action. Quand Vivendi émettait des actions Vivendi pour acheter Time Warner après une offre publique d'échange, une banque garantissait l'émission ; en fait, Vivendi battait monnaie. Vivendi était (est) un grand feudataire. Elle créait de la monnaie Vivendi, garantie par la grande banque d'affaires qui couvrait l'émission. Rien à voir avec l'épargne du bon père de famille qui refuse de consommer.

Les économistes parlent d'une économie d'« endettement » pour désigner une économie comme la France, où l'accumulation est financée sans trop de dissimulation par le crédit bancaire, directement, et d'une économie de « marchés financiers » lorsque l'accumulation est financée

---

5 Petit parallèle : pour la même raison, le service de la dette de l'État est très élevé (10 % du budget) pour un faible endettement (60 % du PIB).

sur la Bourse. L'Angleterre et les États-Unis sont des économies de marchés financiers ; la France une économie d'endettement. Mais le résultat est le même. Aux États-Unis, on passe par le marché obligataire, le marché des dettes d'entreprise, ou, plus rarement, par une émission d'actions couverte par une banque, autrement dit, finalement, un crédit bancaire.

Les fonds de pension

Alors, à quoi sert la Bourse ? À rien ? Non, hélas. Elle sert à donner une philosophie économique, une doctrine aux gouvernants et à inculquer une idéologie aux citoyens. En France, depuis 1983, depuis que Pierre Bérégovoy a relancé la place de Paris, rêvant d'en faire une place aussi importante que Londres, en créant le Matif (marché à terme international de France), puis en jetant les bases du Monep (marché de négociation des options), tous deux marchés purement spéculatifs, nous vivons dans une mythologie boursière que le crash boursier de la « nouvelle économie » est en train de relativiser. Une mythologie de l'argent facile, de la fortune pour tous, de l'audace des « golden boys » et des jeunes spéculateurs, preneurs de risques, et un mépris du travail et de l'intervention publique, sauf lorsqu'elle est discrète.

Peter Saul, *San Francisco num.2*, 1966.

Cette idéologie est tellement funeste qu'on en est arrivé à croire que la Bourse protégeait les salariés par les fonds de pension. Les fonds de pension sont des stocks d'actions gérés en faveur de retraités, souvent du public. Calpers, par exemple, le plus gros, est un fonds de pension des fonctionnaires californiens. Les fonds de pension ont intérêt à ce que le capital de leurs membres prospère. Les plus-values sur le capital leur permettent de payer la retraite des fonctionnaires. À défaut, ceux-ci doivent vendre une partie de leur stock. Les fonds de pension sont le cœur de ce « capitalisme patrimonial » où l'on rêve d'une démocratie des actionnaires – allez, osons : une démocratie du capital, une démocratie où les petits actionnaires exigent de leurs dirigeants de bons dividendes. Les dirigeants des fonds de pension exigent des entreprise dont elles possèdent les actions 15 % de rendement. 15 % de profit net. Comment faire ? Comment des entreprises qui croissent à 3-4 % l'an en volume – quand tout va bien – peuvent-elles faire apparaître du 15 % de profit net ? En fusionnant avec d'autres, en éliminant une partie de leurs productions, en se spécialisant, en sous-traitant leur fabrication dans des pays où la main-d'œuvre est totalement exploitée, en délocalisant, en rachetant leurs propres actions, en donnant des signaux « forts » aux marchés boursiers pour les enflammer, par exemple en licenciant du personnel alors que les profits augmentent, comme Michelin. Bref, en faisant de l'anti-économie. En particulier, en flexibilisant le travail, en faisant de celui-ci une variable d'ajustement, jetable, sans se rendre compte que le travail flexible est peu productif. Les salariés deviennent des pions dont le sort est réglé à des milliers de kilomètres, au gré des exigences d'autres salariés (propriétaires de fonds de pension) qui n'ont pas conscience de scier la branche qui les porte. Car sans le travail, le capital est peu de chose.

Les fonds de pension ont une politique de court terme. Ils ne restent pas longtemps dans le capital d'une entreprise, toujours à l'affût de la rentabilité. Leur politique est totalement différente de celle d'un chef d'entreprise qui a besoin de temps : quand Renault s'installe au Brésil à Curitiba après avoir fermé l'usine de Vilvorde, elle construit une usine dont les murs sont censés durer plus de quinze ans, voire peut-être plus de cinquante. Et pourtant Renault a fermé Vilvorde, dont la peinture était encore fraîche, sous la pression de ses actionnaires qui voulaient du « 15 % » à tout prix, et vite. Imaginons un paysan : il achète un tracteur et entreprend de semer un verger. Et puis, tous les six mois, ou pire, tous les mois, un boursier vient lui dire : « Je m'en vais, vous n'êtes pas assez rentable ! Rendez le tracteur ! » La Bourse, toute tournée vers la spéculation et l'immédiat, a quelque chose d'anti-économique, de profondément anti-productif. Dans les années 50 et 60, alors que le capitalisme européen se portait particulièrement bien, la Bourse vivotait, ne jouait aucun rôle, baissait un peu. Et la croissance était là.

Le concours de beauté

> ***“Individuellement l'homme est un être passablement raisonnable et sensé. Dans une foule, il devient aussitôt un crétin.”***
>
> FRIEDRICH VON SCHILLER

Si la Bourse ne sert en rien la croissance, elle alimente en revanche l'opinion économique, l'ambiance. Elle est la petite musique du matin qui dit : « Attention, le capital n'est pas très heureux » ou « Hosanna, le capital va bien ». À toute heure de la journée, vous avez les cours boursiers. Vous pourriez connaître le cours du chômage, le niveau des salaires, le niveau de la pollution dans Paris ou ailleurs, le nombre d'immigrés expulsés, le nombre d'espèces animales en train de disparaître, le nombre de langues, ces trésors de l'humanité, en train de fondre faute de pratiquants (une quarantaine par jour), mais on préfère vous donner la litanie des cours boursiers, qui n'est pas sans avoir un petit côté chant grégorien, d'ailleurs : ça monte, ça baisse... Le marché d'occasion d'une toute petite partie, minuscule, du capital de la nation commande au moral du pays. C'est la petite musique des marchés, avec le cours du dollar (il monte ! Quel malheur ! Il baisse ! Quel malheur !), le cours du pétrole, et les taux d'inflation et de croissance.

Mais comment se fixent les cours boursiers ? Qui fait les marchés ? Que sont ces fameux « marchés » qui nous somment de les aimer et de leur rendre des comptes (les marchés supporteront-ils l'élection du président Lula au Brésil ? Accepteront-ils le nouveau président argentin ? Acceptent-ils la politique menée par Poutine, ou par d'autres) ? La sanction des marchés, l'humeur des marchés, la morosité des marchés, l'euphorie des marchés, la contrainte des marchés, la réponse des marchés... Personnages semblables à des dieux, insaisissables, ubiquitaires et très coléreux ou très susceptibles, tous les marchés fonctionnent à peu près comme le marché boursier, qui nourrit l'« opinion boursière », le « moral des hommes d'affaires », qui fait la confiance tout court.

Le fonctionnement a été merveilleusement décrit par Keynes dans l'un des plus célèbres chapitres de la *Théorie générale*, le chapitre XIII, « L'état de la prévision ». Comment, en tant qu'opérateur boursier, chargé d'offrir et de demander, vais-je me décider pour offrir ou demander des valeurs, des actions particulières ? Keynes imagine un concours de beauté. Les concurrents doivent choisir une jolie femme parmi des photos. Le gagnant est celui qui est le plus proche du choix

Le lauréat du prix du « Chien de l'année », le 4 février 2001 à Londres.

moyen de l'ensemble des concurrents. Le calcul devient dès lors très compliqué et stratégique. Je peux choisir en fonction de ma propre opinion (1) ; ou en fonction de ce que je crois être l'opinion des autres (2) ; ou en fonction de ce que je crois être l'opinion des autres sur ma propre opinion et celle des autres (3) ; ou faire le pari que certains feront preuve d'originalité et choisiront tel visage typé (4), etc. Conclusion, dit Keynes, « le problème du spéculateur est d'être dans la foule et de deviner ce que la foule va faire. » Si je sais que la foule va vendre demain, l'idéal est que je vende aujourd'hui, avant la chute des cours ; si je sais qu'elle va massivement acheter demain, l'idéal est que j'achète aujourd'hui, avant la hausse des cours. Mais comment prévoir les mouvements de foule, puisque je suis moi-même au milieu de la foule ?

C'est tout le paradoxe du concours de beauté. Le marché est véritablement un mouvement de foule, soumis au mimétisme, au panurgisme, à l'engouement et à la panique. Tous achètent, vendent, entrent, sortent... Rien n'est moutonnier comme un marché. C'est pourquoi, toujours selon Keynes, « la seule hypothèse que je puisse faire est d'espérer que la tendance va continuer ». Ça monte ? Espérons que ça continue à monter ! Ça baisse ? Vendons en espérant que ça continue à baisser, sinon je me serai trompé. L'idéal est donc d'anticiper ce que fait la foule pour faire le contraire, acheter au son du canon, vendre au son du clairon. Les grands gourous boursiers, George Soros et d'autres, prétendent anticiper les mouvements de foule et expliquent ainsi leur fortune. Mais outre que leur bien se défait aussi vite qu'il se fait (témoin Soros), leur position d'anticipateurs est le plus souvent une position d'initiés : ils savent ce que d'autres ne savent pas encore. Keynes était un très grand spéculateur. Il s'est enrichi, s'est ruiné, s'est enrichi à nouveau. Était-il initié du fait de sa position dans le Trésor britannique ? On espère que non. En tout cas, l'initié boursier est le gagnant du jeu, le tricheur qui a une carte de plus sous la table. Mais la grande majorité des boursiers se trouve dans la foule.

Keynes a ajouté quelque chose d'étrange : « il vaut mieux avoir tort avec la foule, que raison contre elle ». Ce qui est une autre manière de dire « il faut suivre le mouvement » et ce que des économistes modernes comme André Orléan[6] ont traduit par : « Il est rationnel d'être irrationnel. » Explication : si vous vous singularisez, jouez contre la communauté des boursiers et des spéculateurs, bref, si vous êtes le mouton noir, la communauté vous exclura. Elle ne vous supportera plus et finira par avoir votre peau (ce qui se passe pour les grands gourous qui veulent trop se marginaliser, qui sont trop initiés ou véreux : ils sont mis au ban des affaires[7]). À terme, vous, boursier, vous serez condamné à être dans la Bourse. Au milieu de la foule.

[6] André Orléan, *Le Pouvoir de la finance*, Odile Jacob, Paris, 1999.

[7] Le lecteur perspicace aura reconnu la théorie du « bouc émissaire » chère à René Girard et reprise par Michel Aglietta et André Orléan, *La Violence de la monnaie*, PUF, Paris, 1982.

100 000 analphabètes qui font les marchés

> *« Le facteur important qui contribue à l'euphorie spéculative et à l'effondrement programmé, c'est l'illusion que l'argent et l'intelligence sont liés. »*
>
> JOHN KENNETH GALBRAITH

Les choses se passent-elles ainsi, selon les règles du mimétisme ? Oui. Alain Minc évoque les « 100 000 analphabètes qui font le marché » et il a raison. 100 000 opérateurs environ sur les marchés boursiers, de change, des matières et d'autres font l'« opinion mondiale », le « sentiment », la « confiance ». Citons entièrement Alain Minc : « Le totalitarisme financier des marchés ne me réjouit pas. Mais je sais qu'il existe et je voudrais que toutes les élites le sachent. Je ne sais pas si les marchés pensent juste, mais je sais qu'on ne peut pas penser contre les marchés. Je suis comme un paysan qui n'aime pas la grêle mais qui vit avec. Les 100 000 analphabètes qui font le marché, si vous ne respectez pas un certain nombre de canons aussi rigoureux que les canons de l'Église, peuvent mettre en l'air l'économie d'un pays. Les experts sont au moins les propagandistes de cette réalité. »[8] Retenons : Église, canons de l'Église, propagande. C'est bien de la religion et du prosélytisme, de la propagande de cette religion qu'il s'agit. Quels sont ces canons ? La rigueur, la flexibilité du travail, le dégraissage de l'État, les baisses d'impôts, la force de la monnaie ? Peu importe : ils ne fonctionnent jamais. Les marchés, comme les enfants, en veulent toujours plus, toujours plus de preuves d'amour. Si l'Argentine fait preuve de rigueur, les marchés l'interpréteront comme le

Jean Dubuffet, *Activité généralisée* (n°14), 1976.

[8] *Le Débat*, mai 1995.

signe que sa situation est pire qu'ils ne l'imaginaient et la sanctionneront. Quoi que vous fassiez, vous pouvez être sanctionné. La France a été sanctionnée pendant vingt ans sur sa politique monétaire, alors qu'elle était ultra-rigoureuse, plus rigoureuse que celle de l'Allemagne. Finalement, il a fallu l'euro pour que disparaisse cette sanction qui apparaissait notamment dans des taux d'intérêt supérieurs (des « primes de risque ») exigés du franc par rapport au mark.

Plus intéressant encore est le terme « 100 000 analphabètes ». Soyons un peu plus généreux et traduisons par 100 000 aveugles, perdus au milieu de la foule. Minc ne dit pas autre chose que « le marché fonctionne sur soi, en boucle ». J'achète parce que Dupont achète. Lequel achète parce qu'il a passé un coup de fil à Durant. Or Durant venait de me passer un coup de fil et je lui disais que sans doute j'achèterais en fonction de ce que ferait Dupont… Ce bouclage du marché crée des « prophéties autoréalisatrices », phénomènes merveilleux analysés par les économistes et qui créent les bulles boursières en fonction d'événements totalement anodins au départ, la déclaration d'un homme politique, l'absence de déclaration d'un autre, l'inquiétude, l'angoisse. Je fais ce que tu fais. Or tu fais ce que je fais parce que tu sais que je fais ce que tu fais. Effet de miroir, phénomènes spéculaires, spéculation. « Les miroirs sont les objets qui réfléchissent le plus », disait à juste titre Cocteau. Plus que les spéculateurs, sans doute.

Bulles boursières

Approchons maintenant notre aiguille de ces phénomènes baptisés « bulles boursières ». Il y eut une énorme bulle en 1929, qui creva ; mais la bulle de la « nouvelle économie » – qui n'en finit pas de crever en ce moment et qui ramène les bourses mondiales à leurs niveaux de 1996, alors que leur valeur avait été multipliée par 6 entre 1982 et 1996 – a provoqué une chute encore plus importante que celle

Ralph Fiennes et Uma Thurman dans *Chapeau melon et bottes de cuir*, (*The Avengers*, 1998), de Jeremiah Chechick.

de 1929 et qui n'est pas finie. En France, une action comme celle de France Telecom valait 125 euros début 1999 et 7,82 euros en septembre 2002, et l'entreprise pouvait s'enorgueillir d'une dette de 70 milliards d'euros. L'action Vivendi valait 150 euros début 2000 et 12,50 euros en septembre 2000 (avec « seulement » une quarantaine de milliards d'euros de dettes).

Pourquoi tout le monde est entré en Bourse et a voulu s'enrichir ? Parce qu'il devenait « ringard » d'être un simple salarié dans les années 90 ? Parce que sont apparus la « nouvelle économie », Internet, Yahoo !, Amazon.com, les téléphones cellulaires avec Internet incorporé ? C'est la mode, la promesse d'argent. En Bourse, on s'enrichissait en voulant s'enrichir : on demandait des actions, la valeur des actions montait, les entreprises s'endettaient en disant : « Voyez, nous valons beaucoup, donnez-nous du liquide ! » Elles utilisaient ce liquide pour faire de la publicité pour la nouvelle économie, les gogos galopaient, achetaient des actions, etc. Jusqu'au moment où l'on s'est rendu compte que tout ça ne reposait sur rien... Que la demande de téléphonie mobile était saturée, qu'Internet ne progressait plus, que les voitures s'achetaient toujours chez le garagiste, et que d'ailleurs, malgré Internet, on ne doublait pas le nombre de voitures possédées ni le nombre de kilomètres effectués par an. C'est le phénomène « chaîne de Ponzi ».

La chaîne de Ponzi

La « chaîne de Ponzi » est essentielle pour comprendre les spéculations, les euphories, ou même le problème des retraites. Ponzi était un arnaqueur qui fit fortune par son système éponyme en profitant d'une bulle immobilière en Californie.

L'Albanie est un bon exemple de « chaîne de Ponzi ». Le pays a subi une arnaque de 1,2 milliards de dollars, soit à peu près le PIB du pays, autour de 1995. Trois escrocs géniaux l'ont organisée. Messieurs Messier, Bon et Tchuruk[9] n'ont même pas cette qualité, seulement occupés à leurs plans de stock-options et à faire monter la valeur de leurs actions en dégraissant leur entreprise. Mais revenons plutôt à nos trois escrocs, une femme et deux hommes, « la Gitane », « le Sous-officier » et « le Mécanicien ». Les lascars proposaient 100 % de taux d'intérêt sur leurs

---

9 Respectivement présidents de Vivendi, France Telecom et Alcatel, trois entreprises lessivées par la crise boursière.

prêts, contre seulement 3 % versés par la Banque d'Albanie. 100 % signifie que votre capital double : vous prêtez 100, on vous rend 200.

Un gogo vous dépose 100. Vous le remboursez avec les 200 de deux gogos qui déposent chacun 100 après lui. Ces deux gogos suivants, vous les remboursez avec les 400 des quatre gogos qui arrivent tout excités par ce que leur ont raconté les premiers gogos : « Tu peux gagner du 100 % ! Ça m'est arrivé ! » Et ainsi de suite. Il est clair que le premier gogo, éberlué d'avoir été payé, va revenir aussi à la chaîne. Si le phénomène fait boule de neige, de plus en plus de gens entrent dans la chaîne de Ponzi. La Gitane, le Sous-officier et le Mécanicien captaient bien entendu une large part de l'argent qu'ils faisaient entrer, par le biais de commissions. La chaîne dure tant que des pigeons entrent en suivant une loi exponentielle (2, 4, 8, 16...). Si la chaîne se coupe, si l'un des heureux gagnants ne revient plus, si l'épargne est asséchée, la bulle crève. Les derniers entrés sont les cocus. Une large part de l'épargne populaire albanaise, déjà bien maigre, a été complètement asséchée par la Gitane et ses compères, tout comme les Bon, Messier et Tchuruk l'ont fait pour une large part de l'épargne populaire française. Et ce ne sont pas les seuls. En Albanie, la catastrophe conduisit à un carnage : 1 600 morts et plus de 6 000 blessés, les petits épargnants réclamant, trop tard, leur épargne volée. Aux États-Unis aujourd'hui, après la crevaison de la bulle, les papys et les mamies se contentent de se remettre au travail à 70 ans.

Titanic (1997), de James Cameron.

Qui gagne ? Celui qui quitte le navire à temps[10]. C'est le syndrome Titanic. Le bateau heurte l'iceberg. Les premiers canots partent à moitié vides. Personne ne veut aller sur de frêles embarcations sur la mer glacée. La sécurité est représentée par le navire, réputé insubmersible. Puis la rumeur change : il faut fuir ! Panique, bataille, ruine des derniers à quitter le paquebot. Salut les cocus.

Les stock-options

Les rachats d'actions par les entreprises servent, pour plus de la moitié, à payer des stock-options, qui sont des revenus destinés aux hauts dirigeants. Une stock-option est une action, mais sur laquelle on peut exercer son droit dans un certain délai, cinq ans en général. L'action de mon entreprise vaut 100 aujourd'hui. J'offre une option d'action à un salarié à un prix avantageux, disons 80 euros. Le salarié ne paie rien, il a un simple droit. S'il lève l'option dans cinq ans, il ne paiera pas d'impôt sur le revenu sur cette valeur (45 à 50 % car c'est un haut salarié). Il paiera simplement l'impôt sur les plus-values (25 % si c'est aux États-Unis, 40 % en France et 25 % s'il s'agit d'actions de nouvelles entreprises). Cinq ans plus tard, l'action vaut moins de 80 euros ? Le salarié ne lève pas l'action. Si elle vaut au-delà de 80, il lève l'option et ne paye l'action que 80. Dans la période de forte hausse boursière, où la valeur des actions a été multipliée par 6 en quatorze ans, les hauts salariés et les patrons d'entreprise ont pu se constituer des fortunes grâce au système des options, tout en ne payant pas l'impôt sur le revenu. Dans les périodes de baisse boursière, on révise périodiquement les options, de plus en plus bas. Le système est totalement sans risque.

Il est pervers à double titre. D'abord, il incite les patrons d'entreprise à créer à tout prix de la « valeur » d'actions, en provoquant des fusions-acquisitions, en dégraissant, en comprimant les salaires pour faire apparaître des profits, en spécialisant leurs entreprises et en revendant une partie de leurs activités, bref, en ayant une pure activité d'ingénierie financière sans aucun lien avec leur produit ou la qualité de leur travail. Fin 1999, Alcatel (mais toutes les entreprises l'ont fait) a émis un plan d'options pour tous ses salariés (120 000) de 1,8 million d'actions. Soit un peu plus d'une action par salarié. À côté, les dirigeants se sont réservés, au même moment, un plan de 3 millions d'options, soit 1 000 par dirigeant, étant entendu qu'au-dessus les « dirigeants des dirigeants » en prenaient plutôt 100 000 que 1 000. Le système des stock-options a permis les fortunes faramineuses des dirigeants d'Enron, et de beaucoup de patrons français. Mais de nombreux cadres dits supérieurs ont pu toucher au gâteau et entrer dans la spirale de la bulle

[10] Gérard Dupuy, dans *Libération*, fit un magnifique édito pour inciter à entrer en Bourse : « C'est comme dans un train, il va à toute vitesse, entrez, profitez-en ; certes, il faudra sauter à temps ! »

boursière. L'entreprise qui distribue touche elle aussi le gâteau car ce système lui permet de verser des salaires moindres et donc de réduire ses charges sociales.

Le système des stock-options est aussi pervers car il dévalorise le salaire. Il fait dépendre le revenu de la Bourse et non du travail fourni. Désormais, la rémunération n'est plus fonction du travail et du contrat de travail, mais des profits attendus de l'entreprise. Les cadres sont eux aussi dans l'espérance du profit au même titre que les patrons. Certes, il restera toujours une majorité de cadres moyens, d'ouvriers, d'employés, de *working poors*, de smicards et autres. Mais la publicité faite autour des options dévalorise le travail au profit du revenu boursier qui devient le moyen noble de rémunération. Les stock-options, contrairement aux salaires qui sont la contrepartie d'un travail, ne coûtent rien à l'entreprise. Elles sont inscrites sur les comptes du côté des avances en capital. Une loi récente propose enfin de les compter en charges, comme des salaires, avec les charges sociales afférentes. Mais longtemps ce ne fut pas le cas.

En 1998, pour la première fois, les journaux financiers ont enfin publié des enquêtes sur les options. On a ainsi appris que chez l'Oréal, 9 dirigeants s'étaient réservés 27,4 % des options pour une plus-value individuelle de 13,37 millions d'euros. La plus-value des hauts dirigeants chez Axa s'élevait à 10,24 millions seulement, 6,51 chez Vivendi où le talent des dirigeants ruina l'entreprise et l'endetta à hauteur d'une quarantaine de milliards d'euros. Aux États-Unis, le montant des stock-options en 2000 représentait 10 % du capital boursier, soit près de 1 000 milliards de dollars. Les dix patrons les mieux payés détenaient chacun une quarantaine de milliards de dollars d'options.

En France, jusqu'en 2002, le système était totalement opaque[11]. Heureusement, la chute de la Bourse est venue provisoirement ruiner cette mécanique qui transforme le capitalisme en jeu de casino, dévalorise le travail, la classe moyenne, les petits salariés, et redéfinit les rapports du capital et du travail : désormais, le salarié fait l'avance de son travail et espère une rémunération en fonction des profits futurs de l'entreprise qui valoriseront ses actions. Historiquement, c'est une rupture : Marx et Ricardo nous ont toujours enseigné que le capitaliste fait l'avance (du fonds de salaire, le « capital circulant », disait Marx) et que le salarié fournit le travail. On pourrait aussi imaginer que le travail soit dévalorisé à un point que tout soit stock-option, tout soit espérance de profit. Réaliser des profits grâce au travail tout en dévalorisant et démoralisant celui-ci semble être une nouvelle étape du capitalisme.

Les salariés sont-ils des capitalistes ?

Ce serait tellement commode ! Plus de luttes, de conflits pour le partage du gâteau, tous unis sous la barrière du profit, et tous de même essence, propriétaires de leur capital humain et propriétaires du capital-capital. En 2000, au sommet de la bulle boursière, les entreprises ont tenté de justifier le système des stock-options en proposant des plans à tous leurs salariés : ceux-ci pouvaient poser des options, sur une, deux ou trois actions, tandis que les dirigeants en posaient sur 1 000 ou 10 000. Alcatel lança le plan de 1,8 million de stock-options déjà évoqué, Bouygues avec un plan baptisé « Bouygues confiance », Vivendi avec un plan baptisé « Pégase », Suez-Lyonnaise avec un plan « Spring », etc., firent de même. Philippe Manière, auteur d'un « Marx à la corbeille » mais peu suspect de marxisme, fustige le système : « Pour les salariés ce n'est pas un facteur d'émancipation mais d'aliénation. L'actionnariat salarié direct est dangereux. Il place les intéressés dans une position schizophrénique – ainsi on a vu les hôtesses et stewards d'United Airlines décider de leur propre éviction au nom de la survie de leur entreprise. Et surtout, les salariés risquent de tout perdre, emploi et épargne, si leur entreprise fait faillite. »[12]

Le système des stock-options abolit la lutte des classes et dénie toute responsabilité aux chefs d'entreprise dans la décision de licencier. Désormais, c'est le salarié qui se licencie lui-même. On mesure le transfert de responsabilité et de culpabilité réalisé. C'est désormais la faute du travail si ça va mal pour le travail. On connaissait l'antienne : « C'est parce que les salariés ont de trop gros salaires qu'il y a du chômage, honte à vous salariés, responsables de mettre les salariés à la porte par votre cupidité et le refus de remettre en cause vos privilèges. » On a désormais : « Vous jouez comme nous, vous perdez, ne vous en prenez qu'à vous. »

---

[11] La loi « Nouvelles régulations économiques » de 2001 oblige à publier les salaires et les plans de stock-options des principaux dirigeants.

[12] *Le Point*, 22/10/99.

Les fonds de pension, l'épargne salariale, les stock-options sonnent l'avènement d'une société au-delà du salaire, une société où il n'y a plus que des propriétaires. Tous patrons ou, plus exactement, tous rentiers. Car l'actionnaire est un propriétaire qui ne tire de revenu que de son titre de propriété. Par une merveilleuse inversion, l'exploité devient un rentier exploiteur ! Le « capitalisme patrimonial » voudrait promouvoir une démocratie de la propriété, ou une république des actionnaires, bien éloignées de la vraie république où les citoyens sont égaux. Dans le capitalisme patrimonial, « une action égale une voix » se substitue à « un citoyen égale une voix ». Si les salariés deviennent actionnaires, la question du partage, la question fondamentale de l'économie politique, ne se pose plus. Tout est partage de profit futur. La question liée de l'exploitation disparaît. Lui succèdent une auto-aliénation, une servitude consentie.

TEXTES

JOHN KENNETH GALBRAITH

Il n'y a pas d'innovations financières

Tournons-nous maintenant vers les traits spécifiques de l'épisode spéculatif.

Uniformément, dans tous les événements de ce genre, on trouve l'idée qu'il y a vraiment du nouveau dans le monde. Cela peut être, nous le verrons, bien des choses. Au XVIIe siècle, ce fut l'arrivée des tulipes en Europe occidentale, comme le relatera le prochain chapitre. Puis ce furent les apparentes merveilles de la société en commandite, qu'on appelle aujourd'hui société anonyme. Plus récemment, aux États-Unis, avant le grand krach de 1987 (qu'on appelle souvent, plus gentiment, une fusion), ce fut la prise en compte par les marchés financiers du fier dessein de Ronald Reagan en faveur de la libre entreprise, qui libérait l'économie de la pesante tutelle de l'État et de tout ce qu'elle imposait, c'est-à-dire les impôts, l'application des lois antitrusts et la réglementation. Ce qui aida aussi au processus, comme dans tous les cas antérieurs avec une régularité sans faille, fut la redécouverte du « levier » – ici, grâce au miracle des obligations à haut risque dites « pourries », les junk bonds, qui soutint les initiatives de la jeune génération des raiders et spécialistes du leveraged buy-out, le « rachat d'entreprise sur levier ».

Tout épisode spéculatif comprend toujours un élément de fierté pour une découverte apparemment nouvelle et immensément lucrative dans le domaine des instruments financiers ou des occasions d'investissement. L'individu ou l'institution qui l'a fait est considéré comme merveilleusement en avance sur le vulgaire. [...]

En matière de nouveaux instruments financiers, cependant, l'expérience établit une règle solide, et il est peu de questions économiques qui soient si importantes à comprendre et souvent, en fait, si mal comprises. La règle, c'est que les opérations financières ne se prêtent pas à l'innovation. Ce qu'on désigne et célèbre périodiquement sous ce nom est, sans aucune exception, une petite variation sur le thème traditionnel, qui ne doit son originalité qu'à la brièveté susmentionnée de la mémoire financière. Le monde de la finance acclame encore et toujours l'invention de la roue, souvent dans une version légèrement plus instable. Toute innovation financière implique, sous une forme ou sous une autre, la création d'une dette plus ou moins adéquatement garantie par des actifs réels.

Brève Histoire de l'euphorie financière, Seuil, 1992.

EMMANUEL TODD

« La nouvelle ploutocratie » crée des parasites

La hausse du taux de profit accroît les revenus des classes supérieures mais ces revenus gonflés ne constituent en aucune manière une réalité physique. La masse des profits est un agrégat financier abstrait, un amas de signes monétaires, que les possédants ne peuvent bien entendu utiliser pour leur seule consommation. Ils peuvent multiplier leurs dépenses en personnel, redistribuant vers le bas de la société, par l'achat de services, une partie du revenu accaparé. Ce mécanisme est déjà très important aux États-Unis, où le développement des services n'est plus celui d'un tertiaire moderne, mais un retour à la vieille gabegie humaine des sociétés aristocratiques du passé. Les nobles, alors détenteurs de la richesse, nourrissaient une kyrielle de dépendants, employés à des tâches domestiques ou guerrières. La nouvelle ploutocratie s'attache les services d'avocats, de comptables, de gardes privés. Les meilleurs analystes de ces mécanismes de redistribution restent sans doute les premiers économistes anglais comme Smith, qui avaient encore sous les yeux, à la fin du XVIIIe siècle, une redistribution vers le bas de la richesse par l'emploi massif de domestiques. « Un homme s'enrichit en employant une multitude d'ouvriers : il devient pauvre en entretenant une multitude de petits serviteurs. »

Après l'empire, Gallimard, 2002.

JOHN KENNETH GALBRAITH

La bulle des bulbes... ou le krach des tulipes

La demande pour les tulipes d'espèce rare augmenta tant au cours de l'année 1636 que les marchés réguliers pour leur vente furent ouverts à la Bourse d'Amsterdam, à Rotterdam, à Haarlem, à Leyde, à Alkmaar, à Hoorn et dans d'autres villes [...]. Au début, comme dans toutes ces folies du jeu, la confiance était au plus haut, et tout le monde gagnait. Les professionnels de la tulipe spéculaient sur la hausse et la baisse des stocks de tulipes, et faisaient de gros profits en achetant quand les prix tombaient et en revendant quand ils montaient. Beaucoup d'individus devinrent soudainement riches. Un appât en or massif pendait, alléchant, devant le nez des gens et, l'un après l'autre, ils se ruèrent sur les marchés aux tulipes comme des mouches sur un pot de miel. Tout le monde s'imaginait que la passion des tulipes durerait toujours, que les riches de tous les coins du monde enverraient leurs gens en Hollande et paieraient quelque prix qu'on puisse en demander. Toute la fortune de l'Europe viendrait se concentrer sur les rives du Zuiderzee, et la pauvreté serait bannie de l'heureux ciel de la Hollande. Nobles, bourgeois, paysans, mécaniciens, marins, valets de pied, femmes de chambre, même les ramoneurs et les vieilles fripières boursicotaient dans la tulipe. Des personnes de tout rang convertissaient leurs biens en argent liquide qu'ils investissaient dans les fleurs. Les maisons, les terres étaient mises en vente à des prix ridicules, ou assignées en paiement dans des affaires conclues sur le marché aux tulipes. Les étrangers furent pris de la même frénésie et l'argent afflua vers la Hollande de tous les horizons. Les prix des biens de première nécessité montèrent encore graduellement : maisons et terres, chevaux et voitures, produits de luxe de toute sorte s'apprécièrent avec eux et, pendant quelques mois, la Hollande parut l'antichambre même de Ploutos. Les opérations de ce commerce devinrent d'une telle ampleur et d'une telle complexité que l'on jugea nécessaire de rédiger un code juridique pour guider les parties [...] Dans les plus petites villes, où il n'y avait pas de Bourse, la principale taverne du lieu était généralement choisie comme « scène du spectacle », où grands et petits négociaient les tulipes et confirmaient leur marchés dans des banquets somptueux. Ces festins regroupaient parfois deux ou trois cents personnes, et de grands vases de tulipes épanouies étaient placés à intervalles réguliers sur les tables et les buffets pour le plaisir des yeux pendant le repas.

C'était merveilleux. Jamais dans leur histoire les Hollandais n'avaient semblé en position si favorable. Conformément aux règles immuables qui gouvernent ces épisodes, chaque hausse des prix persuadait plus de gens encore de prendre part à la spéculation. Cela justifiait les espérances de ceux qui y participaient déjà, pavant la voie pour encore plus de transactions et de hausses, et assurant encore plus d'enrichissements sans limite. Pour acheter, on empruntait ; les petits bulbes faisaient « levier » pour les gros prêts.

La fin arriva en 1637. Là encore, les règles de base mènent le jeu. Les sages et les nerveux commencèrent à prendre leurs distances, nul ne sait pourquoi ; d'autres les virent partir ; la ruée pour vendre se fit panique ; les prix tombèrent comme dans un précipice.

Brève Histoire de l'euphorie financière, Seuil, 1992.

Anonyme, *La vente des oignons de tulipes*, tableau hollandais du XVIIe siècle.

JOSEPH SCHUMPETER

Et si l'économie n'était que phénomènes de foule ?

Durant la deuxième moitié du XIXe siècle, les notions d'une personnalité humaine, considérée comme une unité homogène, et d'une volonté définie, en tant que premier mobile de l'action, ont constamment perdu du terrain – même avant l'époque de Théodule Ribot et de Sigmund Freud. En particulier, ces idées ont été de plus en plus discréditées auprès des théoriciens des sciences sociales qui ont prêté toujours davantage d'attention, la *Sociologie (Mind and Society)* de Pareto en fait foi, à l'influence considérable des éléments extra-rationnels et irrationnels sur notre comportement. Parmi les nombreuses sources des témoignages qui se sont accumulés contre l'hypothèse de la rationalité, je n'en mentionnerai que deux.

La première – en dépit des travaux beaucoup plus méthodiques accomplis ultérieurement – peut toujours être associée au nom de Gustave Le Bon, le fondateur ou, à tout le moins, le premier théoricien de la psychologie des foules. En faisant ressortir, bien qu'avec exagération, les réalités du comportement humain quand il est influencé par une agglomération – notamment la disparition soudaine, sous l'empire de l'excitation, des contraintes morales et des manières civilisées de penser et de sentir, l'éruption brutale des impulsions primitives, des infantilismes et des propensions criminelles – l'auteur nous a mis en face de phénomènes sinistres que chacun connaissait, mais que personne ne désirait regarder en face, et il a du même coup porté un coup sérieux à la conception de la nature humaine sur laquelle reposent la doctrine classique de la démocratie et la légende démocratique des révolutions. [...] Tout Parlement, toute commission, tout conseil de guerre où siègent une douzaine de généraux sexagénaires présentent, sous une forme d'ailleurs atténuée, certains des symptômes qui se manifestent sous un jour si cru quand la canaille descend dans la rue, notamment un sens réduit des responsabilités, un niveau inférieur d'énergie intellectuelle et une sensibilité accrue aux influences extra-logiques. En outre, ces phénomènes ne se limitent pas davantage à une « foule », au sens d'une agglomération physique de personnes nombreuses. Il est terriblement facile de transformer les lecteurs de journaux, les auditeurs de la radio, les membres d'un parti, même s'ils ne sont pas physiquement au coude à coude, en une foule psychologique et de les mettre dans un état de transe au cours duquel toute tentative d'argumentation rationnelle ne fait que surexciter les passions animales.
L'autre source de preuves décevantes que je me propose de mentionner est beaucoup plus humble – il ne s'en écoule pas du sang, mais seulement de la lymphe. S'étant mis à regarder leurs phénomènes de plus près, les économistes ont fini par découvrir que, même dans les actes les plus courants de la vie quotidienne, les consommateurs ne répondent pas tout à fait à l'idée flatteuse que s'en faisaient les manuels d'économie politique. D'une part, leurs besoins ne sont rien moins que définis et leurs réactions à ces besoins ne sont rien moins que promptes et rationnelles. D'autre part, ces consommateurs se prêtent si docilement aux influences de la publicité et d'autres méthodes de persuasion que les producteurs paraissent fréquemment dicter leurs volontés à leurs clients, plutôt que de se laisser diriger par eux. La technique

de la publicité efficace est particulièrement instructive. Certes, elle comporte presque toujours quelque appel à la raison. Mais une simple affirmation, souvent répétée, a plus de poids qu'un argument rationnel et il en va de même pour l'appel direct au subconscient qui prend la forme de tentatives visant à évoquer et cristalliser des associations d'idées plaisantes, de nature entièrement extra-rationnelle et très fréquemment sexuelle.

Capitalisme, socialisme et démocratie,
Paris, Payot, 1983.

« Les moutons de Panurge », illustration de Fernand Fau (1910) pour le *Pantagruel* de Rabelais.

ÉMILE ZOLA

« La ville folle de son or et de sa chair » ou la spéculation sur Paris

Cependant la fortune des Saccard semblait à son apogée. Elle brûlait en plein Paris comme un feu de joie colossal. C'était l'heure où la curée ardente emplit un coin de forêt de l'aboiement des chiens, du claquement des fouets, du flamboiement des torches. Les appétits lâchés se contentaient enfin, dans l'impudence du triomphe, au bruit des quartiers écroulés et des fortunes bâties en six mois. La ville n'était plus qu'une grande débauche de millions et de femmes. Le vice, venu de haut, coulait dans les ruisseaux, s'étalait dans les bassins, remontait dans les jets d'eau des jardins, pour retomber sur les toits, en pluie fine et pénétrante. Et il semblait, la nuit, lorsqu'on passait les ponts, que la Seine charriât, au milieu de la ville endormie, les ordures de la cité, miettes tombées de la table, nœuds de dentelle laissés sur les divans,

Paul Delvaux, *La ville inquiète*, 1961.

chevelures oubliées dans les fiacres, billets de banque glissés des corsages, tout ce que la brutalité du désir et le contentement immédiat de l'instinct jettent à la rue, après l'avoir brisé et souillé. Alors, dans le sommeil fiévreux de Paris, et mieux encore que dans sa quête haletante du grand jour, on sentait le détraquement cérébral, le cauchemar doré et voluptueux d'une ville folle de son or et de sa chair. Jusqu'à minuit, les violons chantaient ; puis les fenêtres s'éteignaient, et les ombres descendaient sur la ville. C'était comme une alcôve colossale où l'on aurait soufflé la dernière bougie, éteint la dernière pudeur. Il n'y avait plus, au fond des ténèbres, qu'un grand râle d'amour furieux et las ; tandis que les Tuileries, au bord de l'eau, allongeaient leurs bras dans le noir, comme pour une embrassade énorme.

La Curée, Folio, Gallimard.

Page suivante :
Pieter Brueghel l'Ancien, *Dulle Griet* (Margot l'enragée), 1564.

Le butin

Photo extraite du reportage *Huit jours en famille* de Peter Menzel, une famille américaine expose tous ses biens devant sa maison, 1998.

9

Le partage de la richesse

“Ainsi donc la richesse est tout et les hommes ne sont absolument rien ? En vérité, il ne reste plus qu'à désirer que le roi demeuré tout seul dans l'île, en tournant constamment une manivelle, fasse accomplir par des automates, tout l'ouvrage de l'Angleterre.”

LEONARD SISMONDE DE SISMONDI

“Il n'est pas au pouvoir des riches de fournir aux pauvres de l'occupation et du pain, et en conséquences les pauvres, par la nature même des choses, n'ont rien à leur demander.”

MALTHUS

Peut-être est-ce la question par laquelle nous aurions dû commencer, puisque c'est la question à laquelle ramène peu ou prou tout problème d'économie : qui prend quoi, dans le gâteau ? Qui tient le couteau ? Qui distribue les parts ? Le lion, qui se sert le premier ? Ricardo, disions-nous, pensait que la « répartition du revenu national » était la question fondamentale de l'économie politique. Il avait raison. Au fond, nous participons à l'activité économique pour fabriquer le gâteau national. Quelle sera notre part ?

Contrat ou vol

Notre part sera celle du contrat, disent les économistes de marché, orthodoxes. Et le contrat, cette forme moderne et incomparablement supérieure de partage de la richesse opposée au vol, à la razzia, la rapine, le sac, la prédation brutale sous quelque forme que ce soit (l'esclavage, par exemple, l'utilisation de la liberté d'autrui pour le travail) a cet immense avantage qu'il est un partage à somme positive. Les deux contractants gagnent au contrat. L'immense différence du marché avec toute autre forme de partage des richesses, c'est qu'il n'est pas un jeu à somme nulle. Un jeu à somme nulle est un jeu où ce que tu as, je ne l'ai pas. Lorsque je m'engage dans un contrat, je vais en profiter, et l'autre aussi. « *It takes two to tango* », disent les économistes américains. Les deux partis sont contents.

Quand Simon de Montfort pillait Béziers tandis qu'Arnaud Amaury glapissait : « Tuez-les tous ! Dieu reconnaîtra les siens ! », il s'enrichissait et appauvrissait la ville. C'est une forme un peu brutale d'enrichissement où ce que gagne l'un, l'autre le perd. Par le marché, tout le monde gagne. Pourquoi ? Parce que la taille du gâteau s'accroît. Le contrat de travail entre le capitaliste et le salarié accroît le gâteau. Ce que gagne le salarié, le patron ne le perd pas et réciproquement, parce qu'ils échangent un gâteau en perpétuelle croissance. L'économie n'est pas statique, du temps intervient dans la croissance. C'est pourquoi les deux y gagnent, la preuve : les salariés s'enrichissent, les patrons aussi, le revenu national moyen des nations croît. Cette élasticité du gâteau, répétons-le, est due à l'intervention du temps dans l'économie capitaliste, qui est une économie du détour de production, où du temps est épargné pour accroître le volume de ce que l'on produit. C'est ça, le miracle de l'accumulation : le capital est du temps cristallisé (du temps de travail cristallisé). La production exige du crédit, le crédit est infiniment élastique, ce qui accroît à l'infini la taille potentielle du gâteau. Bénie soit l'accumulation, amen !

Tout ceci n'est pas faux, à une remarque près : la croissance, le partage, se font néanmoins au couteau, de façon sanglante. Oui, au bout du compte, nous aurons un peu plus tous les deux. Mais, sur le moment, ce que tu as je ne l'ai pas. Plus que le contrat, c'est le conflit, le rapport de force, qui fait le partage. Et aujourd'hui, le moins qu'on puisse dire, c'est que le rapport de force n'est pas en faveur des salariés.

Francisco Goya, *Duelo a garrotazos* (Duel au bâton), vers 1820-1823.

Salaires, profits et rentes

Ricardo envisageait la répartition du revenu entre trois grandes catégories : les entrepreneurs (les patrons d'industrie), les propriétaires (à son époque, les propriétaires terriens) et les salariés.

Sa théorie était lumineuse : les salariés ne recevaient que de quoi survivre et se reproduire. Ils touchaient un « minimum vital social ». Pourquoi ? Parce que la pression démographique les maintenait la tête au ras de l'eau. Les capitalistes se faisaient concurrence et ne percevaient pas de profits. Ils produisaient le « fonds de salaire », ce que les salariés allaient consommer. Le système pouvait donc croître de façon équilibrée : de plus en plus de salariés à vêtir, donc de plus en plus de manufactures de textile.

Hélas, il y avait une limite terrible à la croissance, la terre (pour la nourriture et l'énergie, le charbon). La rareté ultime de la terre faisait que les propriétaires tiraient les marrons du feu : ils percevaient, du fait de cette rareté, une rente. La rente est un résidu, un reliquat. Le rentier est un parasite, il ne détient sa rente que du fait de sa naissance sur un lieu, par hasard, jamais grâce à son travail ou son intelligence. Prenons le cas d'un propriétaire de terrain dans Paris. Sachant que le prix moyen du mètre carré en France est dix fois plus faible, sur le million d'euros que lui procure la vente de son terrain, 90 % sont dus à la rente. Ricardo n'aimait pas les rentiers.

Keynes non plus. Il pensait qu'il fallait les euthanasier. Il disait qu'il fallait supprimer l'héritage, rente indue qu'ont les enfants nés avec une cuiller dorée dans la bouche et qui empêche les enfants pauvres d'accéder à quoi que ce soit. Mais le rentier de Keynes est d'une espèce beaucoup plus vaste que celui de Ricardo, simple propriétaire terrien. Le rentier de Keynes est propriétaire sans travailler, sans investir, sans imaginer, contrairement au capitaliste, à l'entrepreneur, personnage noble qui risque son bien dans les affaires. Les propriétaires d'actions, d'obligations, de terrains, d'immeubles sont des rentiers à euthanasier... Heureusement qu'on ne lit pas Keynes.

En France, à la veille de 1914, une grande partie du revenu national était constituée de rentes : loyers d'immeubles, revenus de placements en bons d'État... Plus de 12 %. En 1914, la dépense publique représentait... 8 % du revenu national ! C'est-à-dire rien. De plus, elle était, comme on s'en doute, principalement réservée à l'armée. Le seul poste civil digne de ce nom, à côté, était l'éducation. Derrière venait un poste traditionnel, qui a toujours intéressé les princes : les routes et les transports. Les guerres et l'inflation qu'elles ont occasionnée ont ruiné les rentiers.

En 2003, les rentes représentent de nouveau près de 10 % du revenu national. Les rentiers sont revenus, ce sont des propriétaires d'actions, d'obligations et d'immeubles comme toujours. Leur titre de propriété leur donne un droit sur la richesse nationale. Un peu comme le propriétaire d'un pont ou d'un gué, autrefois, captait une partie de la richesse des gens du pays qui traversaient la rivière.

Le retour des rentiers s'explique par le retour des hauts taux d'intérêt, qui maintiennent la valeur de la monnaie, interdisent l'inflation et assurent une bonne rémunération des détenteurs de crédits ou d'actions. Ce basculement s'est produit dans les années 70 et 80. En même temps, la part des salaires dans le revenu national a baissé. Les profits et les rentes représentaient 30 % du PIB en 1975, les salaires 70 % ; ceux-ci ne représentent plus que 60 % en 2003. C'est peu et, pourtant, le nombre de salariés a considérablement augmenté. Les femmes sont pour la plupart au travail. Les professions libérales, les artisans et les agriculteurs ont vu leur nombre diminuer. Il est clair qu'il y a eu un énorme transfert des revenus du travail vers les rentes et les profits (on entend par profit les « revenus » des sociétés, soumis à l'impôt sur les sociétés).

Les inégalités

> ***“Imposer davantage les riches c'est affaiblir l'investissement ; parallèlement donner davantage aux pauvres, c'est réduire leur incitation au travail.”***
>
> GEORGE GILDER

L'histoire du capitalisme montre que, laissée à elle-même, la société de marché voit les inégalités exploser. Entre 1815 et 1914, un bon siècle, le capitalisme a connu la paix. Certes il y eut la guerre de 1870, la colonisation… Mais ce furent, pour l'Occident, des conflits relativement mineurs. En un siècle de paix et de mondialisation, sous le règne de l'étalon-or, les inégalités ont explosé, non seulement au sein des nations capitalistes, mais entre nations capitalistes et pré-capitalistes. Deux guerres, des impôts énormes sur les revenus et les patrimoines, ont nivelé ces inégalités et réinventé la propriété publique. Cependant, depuis 1970-1980, le capitalisme et la mondialisation livrés à eux-mêmes ont réintroduit les inégalités. En ce début de XXIe siècle, l'Américain de base (l'ouvrier qualifié) a retrouvé le niveau de vie qui était le sien avant la Seconde Guerre. Alors que le PIB américain par habitant a crû de 36 % entre 1973 et 1995, le salaire horaire de l'ouvrier qualifié, qui constitue la majorité des emplois, a baissé de 14 %. Il est revenu à ce qu'il était cinquante ans auparavant, alors que le PIB, lui, a plus que doublé au cours de la même période[1]. En France, au début du XXIe siècle, les 2 000 familles les plus riches disposent de revenus 300 fois plus élevés que le revenu moyen. À la fin du siècle, le même groupe dispose de 50 à 60 fois le revenu moyen[2]. La guerre et l'impôt, confiscatoire parfois (jusqu'à 90 % sur les hauts revenus aux États-Unis dans les années 30), ont laminé les inégalités. Dans la période 1930-1945, celles-ci avaient eu, de nouveau, tendance à croître. Et puis est arrivée la Seconde Guerre.

---

[1] Sur la situation aux États-Unis, lire Louis Chauvel, « Le nouvel âge de la société américaine », *Revue de l'OFCE*, janvier 2001.

[2] De très nombreux ouvrages ou articles existent sur l'évolution des inégalités. Voir *Le Nouvel Âge des inégalités* de Jean-Paul Fitoussi, Seuil, 1988 ; « Les inégalités économiques », rapport du Conseil économique et social, *Documentation française*, n° 33, 2001 ; « Les inégalités », *Alternatives économiques*, n° 196, septembre 2001. Voir également la synthèse de long terme de Thomas Piketty, *Les Hauts Revenus en France au XXe siècle*, Grasset, 2001. La thèse de Piketty, assez brutale, est que les inégalités renforcent les tensions et les risques de conflit.

En France, au cours du XXe siècle, le pouvoir d'achat des salariés a été multiplié par cinq. L'inégalité, depuis la Seconde Guerre mondiale, n'a guère évolué. La France, qui était un pays beaucoup plus inégalitaire que les États-Unis et la Grande-Bretagne, est devenue de fait plus égalitaire. L'inégalité des salaires est particulièrement stable : les 10 % les mieux payés gagnent trois fois (3,2 fois exactement) ce que gagnent les 10 % les plus mal payés. L'inégalité, la hiérarchie des salaires, était passée de 3,2 à 4,2 entre 1950 et 1968, pour retomber à 3 en 1985 et ne plus guère bouger depuis.[3]

Les prélèvements obligatoires

> ***« La grandeur des impôts doit être en proportion directe avec la liberté. Ainsi dans les démocraties, ils peuvent être plus grands qu'ailleurs sans être onéreux ; parce que chaque citoyen les regarde comme un tribut qu'il se paye à lui-même. »***
>
> D'ALEMBERT

En même temps, les prélèvements obligatoires et les dépenses publiques ont explosé. Les prélèvements obligatoires étaient de 10 % en 1914. Keynes pensait que c'était une limite. Au-delà, la société virait « socialiste », vers la dictature de l'État, l'absence de liberté économique. En 1973, VGE disait que la limite socialiste était presque atteinte, à 40 %. Aujourd'hui, on en est à 45 %, après une pointe à 50 % vers 1984.

Malgré l'impôt, on assiste à une montée des travailleurs pauvres, ces travailleurs qui gagnent moins que les 2/3 du salaire médian. Le salaire médian est le salaire tel que 50 % des salariés gagnent plus et 50 %, moins. Du fait de la concentration des hauts revenus, il est plus faible que le salaire moyen. En 1980, il y avait environ 10 % de « travailleurs pauvres » en France ; en 1995, 18,4 % et en 2001, 16,6 % : la redistribution a corrigé un peu la montée de la pauvreté[4]. Même si celle-ci est peut-être sous-évaluée[5], elle est beaucoup plus faible que dans les pays libéraux. Aux États-Unis, on comptabilise 32 % de personnes de plus en dessous du seuil de pauvreté que dans l'Union européenne et 60 % de

[3] *Alternatives économiques*, hors-série, n° 54, 4e trimestre 2002, p. 15.

[4] On situe le seuil de pauvreté à la moitié du revenu médian pour une personne. On compte environ cinq millions de pauvres en France, trois fois moins qu'en Grande-Bretagne.

[5] Lire « Une pauvreté sous-évaluée », *Alternatives économiques*, n° 210, janvier 2003, p. 31.

plus qu'en France[6]. C'est à mettre à l'actif du système redistributif français : la politique du RMI et des primes à l'emploi freine le phénomène d'inégalisation. 14 % des ménages sont en dessous du seuil de pauvreté avant redistribution en France, 7 % après. La redistribution profite aux plus pauvres. Mais il est frappant de voir que, depuis 1990, le revenu moyen diminue (moins 3 %). Ceci s'explique par le fait que les classes moyennes ne bénéficient pas de la redistribution. Le phénomène de croissance des inégalités semble donc sournoisement à l'œuvre et la baisse de l'impôt sur le revenu voulue par le gouvernement Raffarin ne devrait qu'accentuer les choses.

Le revenu ne mesure qu'imparfaitement le bien-être. Il y a aussi l'accès aux soins, à l'éducation ; pour les pays du Sud, à l'eau... L'ONU ajoute le manque de nourriture et l'accès à l'information. Quand on parle des inégalités, il faudrait évoquer les inégalités Nord-Sud : 80 % des médicaments antidouleur contre le cancer sont utilisés dans 10 pays seulement. L'Afrique est décimée par le Sida (10 % de la population, 4 millions de personnes contaminées en Afrique du Sud) et le marché solvable du Sida n'y représente que 3,5 milliards de dollars contre 100 milliards de dollars en Europe et 169 milliards de dollars aux États-Unis. Le Nord consacre de moins en moins d'argent au Sud (0,2 % du PIB pour les États-Unis et 0,5 % pour la France). Mais il est vrai que lorsqu'un dollar entre en Afrique subsaharienne, 1,6 dollar en sort : l'Afrique la plus pauvre est exportatrice nette de capital[7].

Campagne d'information sur le Sida à Haïti.

Le partage est donc souvent affaire de force, de force cachée sous la loi. La « redistribution » favorise les riches ou les pauvres, les entreprises ou les salariés, les titulaires de rentes, selon des décisions politiques. Le salaire lui-même n'est plus un prix de marché : en moyenne, 30 % de ce qui est inscrit sur la feuille de paye d'un salarié provient de la redistribution, c'est-à-dire un contenu social et politique.

---

6 *Perspectives pour l'emploi*, OCDE, 2001.

7 *La Tribune*, 19/09/2001.

Le PIB est-il la richesse ?

« Je connais le prix de tout et la valeur de rien. »
ARTHUR SCHOPENHAUER

« Tout ce qui a un prix n'a pas de valeur. »
FRIEDRICH NIETZSCHE

Après la guerre, le partage du butin. Mais qu'est-ce que la richesse ? Voici l'une des questions les plus dangereuses pour un économiste. Rassurez-vous, il ne se la pose jamais, tellement elle est gênante, malsaine. Ou plutôt, il est trop évident pour un économiste que la richesse d'un homme est la quantité d'objets qu'il possède, objets évalués aux prix du marché, qu'il n'est pas la peine de s'interroger au-delà. Pour un économiste, la « richesse » d'un pays est son PIB, c'est-à-dire la somme des valeurs ajoutées chaque année par ses citoyens. La richesse d'un individu isolé est aussi sa valeur ajoutée : son salaire, plus ce qu'il a capté du travail d'autrui, c'est-à-dire les loyers de ses appartements, de ses actions, les rentes de ses obligations, bref, ses profits.

En termes de valeurs monétaires, un pays qui peut afficher 1 000 milliards de dollars de PIB est sans doute plus riche qu'un pays qui en affiche 10. Cent fois plus riche ? Qui sait ? Encore faut-il savoir ce qu'inclut le PIB, et ce qu'il n'inclut pas. Les nations sont aujourd'hui beaucoup plus riches que celles d'il y a deux siècles. Certes, elles ne voient plus le tigre de Bali, qui a disparu, mais elles voient d'autres choses, des émissions de télé par exemple. « Aujourd'hui, on peut dire que chaque Français, chaque Européen bénéficie matériellement d'un niveau de vie supérieur à celui de Louis XIV. Il naît avec une meilleure espérance de vie. Il dispose de soins, d'une alimentation, d'un confort sanitaire, de moyens de transport, de couverture contre les risques naturels, de consommations culturelles en nombre ou en qualité supérieur »[8]. Cette immense accumulation de marchandises semble traduire un plus grand bien-être d'une partie (une partie seulement) de l'humanité. Disons « bien-être » et non « bonheur ». L'eau à mon robinet, les soins de santé qui allongent le temps que je passe sur Terre, sont indiscutablement des indices de bien-être, même si je ne suis pas sûr d'être heureux. Mais laissons la question du bonheur aux philosophes[9].

---

[8] Bruno Ventelou, *Au-delà de la rareté*, Albin Michel, Paris, 2001, p. 11.

« Qu'est-ce que la richesse ? » renvoie donc à une autre question : « Qu'est-ce que la croissance ? » Quelle richesse faut-il accroître ? Même si le PIB des pays du Nord ou de l'OCDE augmente, cette croissance est très polluante. « Depuis 1990, selon le rapport de décembre 2000 du WRI (World Resources Institute), entre la moitié et les trois quarts des ressources naturelles utilisées chaque année sont rejetées dans l'environnement comme déchets dans l'année qui suit. Émission de gaz carboniques, déchets miniers, érosion des sols, boues contaminées, déchets de toute nature continuent de croître en valeur absolue. Entre 1975 et 1996 la quantité de ces rejets a crû de 28 % aux États-Unis, 24 % en Allemagne, 20 % au Japon »[10]. L'appauvrissement de la biosphère se poursuit, déforestations, « macadamisation » des sols, pollution croissante des nappes phréatiques, crise globale d'extinction des espèces. Le WWF (Fonds mondial pour la nature) estime que l'état des écosystèmes a décliné du tiers depuis moins de trente ans. On ne sait pas estimer l'effet sur les générations futures du legs nucléaire, des pesticides, de l'amiante, de la pollution de l'air, de la dioxine et autres en termes de cancers.

La croissance n'est pas une notion simple : le PIB anglais a augmenté de 20 % de 1990 à 2000, alors qu'en même temps le nombre de pauvres (personnes vivant en dessous du seuil de pauvreté, estimé à la moitié du Smic) a crû d'un million. La croissance est aussi un creusement des inégalités : la moitié de l'humanité vit avec moins de deux dollars par jour. Certes, deux dollars au Sahel ne sont pas deux dollars à Manhattan, mais l'écart entre le Nord et le Sud semble ne pas devoir se résorber. De sorte que si globalement la « richesse » de l'humanité croît, le nombre de pauvres et la souffrance croissent eux aussi. La « richesse » n'intègre jamais la pollution, alors que la pollution massive caractérise aussi les pays dits émergents comme la Chine, dont la croissance justifierait aujourd'hui le capitalisme. Réfléchissons un peu aux contenus de la richesse et de la croissance : des services d'avocat en augmentation sont-ils une nuisance forte, au même titre que le forage de pétrole dans l'Alaska ? Non, bien sûr… et pourtant ! Ces avocats ont besoin de voitures, souvent de grosses voitures. Leur consommation directe et indirecte

---

9 À défaut des politiques, « le bonheur est une idée neuve en Europe », clamait Saint-Just. Brutale était sa conception du bonheur.

10 Hervé Kempf, « La croissance, mais laquelle ? », *Le Monde*, 09/01/2001.

d'énergie est considérable. Ivan Illich s'était amusé à un petit calcul : si nous intégrons dans le prix d'une voiture toutes les heures passées à travailler pour l'acquérir, tout le temps passé à travailler pour payer les 400 euros mensuels que coûte ce bel objet, et si je divise le nombre de kilomètres que me coûte une voiture par le temps passé non seulement dans les embouteillages mais à travailler pour elle, la vitesse n'est plus une notion très évidente. Illich considérait néanmoins que l'on allait un petit peu plus vite au XXe siècle qu'au XVIIIe. À peine.

Pollution et destruction sont-elles des enrichissements ?

> « *Lorsque le dernier arbre aura été abattu, la dernière rivière polluée, le dernier poisson pêché, les hommes s'apercevront que l'argent n'était pas comestible.* »
>
> CHEF INDIEN

> « *Ce sera un jour un crime de tuer un animal comme c'est un crime de tuer un homme.* »
>
> LÉONARD DE VINCI

Parfois les hommes politiques se préoccupent d'évaluer la richesse au-delà du PIB[11]. Question : les accidents de la route enrichissent-ils les Français ? Oui, dit Patrick Viveret : « Dans la plupart des dossiers, de la vache folle à l'Erika, de l'amiante aux accidents de la route, des conséquences de la grande tempête de décembre 1999 à la crise des carburants de l'automne 2000, il y a un point commun que l'on oublie curieusement de rappeler : ces catastrophes sont des bénédictions pour notre PIB. » Est-ce exact ? Non. Certes, la hausse du carburant augmente la dépense, donc augmente mécaniquement le PIB qui est composé de deux parties : l'épargne et la consommation. Passer une heure dans un embouteillage augmente le PIB[12], ma voiture ne bouge pas, mais ma dépense augmente. Mon stress aussi, donc ma dépense de médicaments. Peu importe que le paysage soit détruit par mes gaz d'échappement. Mais prenons le cas des accidents de la route : « Les 120 milliards

[11] Ainsi Michel Rocard, Premier ministre en 1988, et Guy Hascoet, secrétaire d'État à l'Économie solidaire en 2001, l'un et l'autre confiant une mission d'évaluation à Patrick Viveret. Voir Patrick Viveret, *Reconsidérer la richesse*, Rapport au secrétaire d'État à l'Économie solidaire, janvier 2002.

[12] *Ibid.*, p. 3.

de coûts directs des accidents de la route (qui génèrent le triple en coûts indirects) contribuent à la croissance de notre PIB »[13]. C'est faux, parce qu'un homme mort, disons, à 30 ans, c'est 30 ans supplémentaires de revenus pour la collectivité évanouis avec cette disparition. Multiplions 30 par le salaire annuel et nous verrons que la perte pour la collectivité est beaucoup plus forte que la dépense occasionnée par le transport de cet homme à l'hôpital, les soins, etc. De même, pour poursuivre le raisonnement de Viveret, « les 170 milliards induits sur la santé par la pollution atmosphérique sont bons pour le PIB ». Rien n'est moins sûr, pour les mêmes raisons. Il est donc essentiel de distinguer ce qui est dépense d'investissement et dépense de consommation (destruction en contrepartie d'une utilité : la destruction des farines animales, par exemple, n'est pas une consommation mais une destruction pure, comme la destruction d'un immeuble par une bombe).

En revanche, nous ne pouvons qu'approuver le philosophe lorsqu'il dit : « Dans le même temps, toutes les activités bénévoles qui grâce en particulier aux associations loi 1901 ont permis de limiter une partie de ces catastrophes, par exemple en allant nettoyer les plages polluées ou en aidant gratuitement les handicapés, n'ont permis aucune progression de richesse et ont même contribué à faire baisser le PIB en développant des activités bénévoles plutôt que rémunérées. » Raisonnement imparable. Tout ce qui est non monétaire n'est pas comptabilisé. Or, comme nous le verrons dans le chapitre 10, le progrès vient, le plus souvent, du collectif non monétaire, de l'action collective de l'humanité ne passant pas par le marché, comme la recherche ou l'éducation par exemple.

Prenons le cas du dilemme prévention-réparation. La médecine préventive coûte très peu alors que la médecine curative est très onéreuse. Est-il exact que la première n'est pas prise en compte par la richesse nationale, contrairement à la seconde ? La prévention par l'incitation à ne pas fumer n'est pas comptabilisée dans la dépense nationale, tandis que les soins du malade à l'hôpital le sont. Cependant, par la prévention, il y a eu moins de maladies, donc le maintien en activité de certains individus. En fait, il faudrait comparer le temps de travail que coûte le malade à soigner, et le temps de travail qu'il peut fournir, bien portant, tout au long de sa vie active. Or ce travail, économisé du fait

13 *Ibid.*

de la non-maladie, est de fait bien comptabilisé dans le PIB ! Le travail de l'ouvrier ou de l'ingénieur qui n'a pas de cancer entre dans la richesse nationale. De sorte que la prévention, par ses effets indirects, est prise en compte dans le PIB. En revanche, la médecine curative est une prime à la « casse » et à la « réparation ». Une prime aux objets jetables. Il est vrai que notre société est plus une société de « casse » (où les objets se dévalorisent vite et la nature est saccagée) qu'une société de prévention et de réflexion. Cette société poubelle, focalisée sur le court terme, est sans doute plus pauvre qu'une société attentive à la durée. « Plus je casse, plus je remplace, donc plus je suis riche » est un mauvais raisonnement. Mais c'est le raisonnement économique marchand. La naissance de l'économie politique et du capitalisme est le triomphe de l'individu, du calcul – de la raison calculatrice de l'*homo œconomicus* – et des besoins individuels, moteurs de toute chose. Voilà comment le PIB est devenu une somme de « richesses individuelles », totalement détaché de ce qui pouvait être un bien commun ou collectif, comme la nature, ou encore le patrimoine des langues parlées par l'humanité.

La casse que nous évoquons est une destruction, autrement dit, une simple consommation. Lorsque l'économiste autrichien Joseph Schumpeter parle de la « destruction créatrice », il pense à l'innovation et au progrès technique, qui sont des progrès de productivité du travail liés à sa réaffectation. La destruction de certains métiers (les moissonneurs à la faux, les cardeurs, les terrassiers à la pioche...) a libéré d'immenses potentialités de travail. On assiste à une mutation du travail social humain, qui n'a rien à voir avec la « casse » précédemment évoquée, qui relève du gaspillage.

Jeau-Paul Balou,
La TV poubelle.

Les indicateurs de développement humain

Ils sont élaborés dans le cadre du PNUD (Programme des Nations unies pour le développement). Leur philosophie est de rétablir le lien entre l'économie et l'éthique. Le PNUD prend acte de ce qu'il n'existe pas de lien automatique entre croissance et développement humain. Depuis 1990 existe un indicateur composite, l'IDH (Indicateur de développement humain), qui s'efforce de prendre en compte la réduction de la pauvreté et la protection de l'environnement. Les biens ne doivent pas être considérés intrinsèquement mais comme les instruments de certaines potentialités telles que la santé, la connaissance, l'estime de soi, l'aptitude à participer activement à la vie de la communauté. Mais comment « mesurer » la connaissance ? Par le niveau des diplômes ? Et l'estime de soi ? Les IDH tiennent compte de l'espérance de vie, du niveau d'instruction et du revenu. D'autres critères portant spécifiquement sur la pauvreté ou l'inégalité entre les sexes, le logement, l'éducation, la scolarisation des femmes, la mortalité infantile, la criminalité, la violence, sont intégrés dans une approche très pragmatique. L'IDH permet de constater que la protection sociale est plutôt une bonne chose. Les pays comme la Suède et la Norvège, à forte protection sociale, obtiennent de meilleurs résultats que les pays « libéraux » comme la Grande-Bretagne et les USA.

En 1996, la Banque mondiale, un peu échaudée par ses échecs dans le tiers-monde, a renouvelé ses indicateurs traditionnels de la croissance, en ajoutant un troisième larron à coté du facteur capital et du facteur travail : le capital naturel, l'environnement. Dans cette approche, le capital monétaire ne représente plus que 16 % du total, le capital naturel 20 % et le capital humain 64 %. Avec le « Net National Welfare », l'économiste James Tobin, prix Nobel, s'efforçait de mesurer une croissance nette, ôtant du PIB les dégâts sur l'environnement. Une partie des dépenses de police, supposées venir compenser la violence engendrée par les sociétés capitalistes, étaient également ôtées du PIB. D'autres sont ajoutées, notamment les services rendus par les équipements collectifs. Plusieurs tentatives de comptabilité écologique ont vu depuis le jour, toujours sous les auspices de l'ONU. Un « PIB vert » permettrait de tenir compte de l'épuisement des actifs naturels, de l'usage du sol, de la disparition des espèces et de l'utilisation de l'environnement pour les déchets. Enfin, une équipe américaine s'est même proposé d'intégrer dans les calculs les « services » rendus par notre mère la Terre, grâce aux écosystèmes régulateurs, des systèmes climatiques aux écosystèmes alimentaires, en passant par le plaisir esthétique fourni par elle ! C'est très ambitieux. C'est probablement réduire ce que nous devons à la Terre, notamment sur le plan esthétique, mais cela traduit une bonne volonté d'aller un peu au-delà du litre d'essence consommé dans ma voiture (mon litre à moi dans ma voiture à moi) comme seul indice de la richesse.

La richesse est-elle une notion « politique » ?

Souvenons-nous de la Russie de Kroutchev : elle croissait au rythme de 8 % l'an et allait bientôt rattraper les États-Unis. Pendant ce temps-là, la mer d'Aral se vidait et les camps de l'archipel du Goulag se remplissaient. On dira que la croissance selon la Russie soviétique était barbare et productiviste, et on aura raison de se méfier d'un bonheur par calculette défini par une administration. Que penser alors du bonheur marchand ? Après tout, l'accumulation monétaire, marchande donc, sanctionnée et valorisée par le marché, version libérale de l'accumulation communiste, est un bon moyen de canaliser les passions humaines. Mieux vaut ça que le « bonheur » imposé aux populations dont elles n'ont ressenti souvent que du mal. Keynes disait : « Il vaut mieux qu'un individu exerce sa tyrannie sur son compte en banque que sur ses concitoyens. » Alfred Hirschmann approuvait : de toutes les passions, celle pour la richesse et les objets est au fond la moins funeste pour les hommes[14]. Méfions-nous des hommes qui veulent trop le bien de leurs semblables ! Souvent ils leur imposeront cruellement le bonheur. Dans les années 60, tout le monde saluait le grand barrage d'Assouan, catastrophe écologique s'il en est.

Alors ? Bonheur planifié ou bonheur marchand ? En fait, il s'agit d'un faux dilemme[15]. D'abord, le capitalisme ne s'embarrasse pas de démocratie : le lucre, la cupidité, l'accumulation de richesses ont toujours fait bon ménage avec la tyrannie[16]. Ensuite, toute définition de la richesse

14 Alfred Hirschmann, *La Passion et les intérêts*, PUF, 1984.

15 Les économistes académiques savent qu'un marché de concurrence parfaite et un système de planification parfaite donnent le même optimum : premier théorème de l'optimalité, au sens de Pareto, de l'équilibre, dit théorème de l'économie du bien-être, dit théorème d'équivalence.

16 Avec quelle célérité les bureaucrates de l'Est ont su devenir d'excellents capitalistes !

est plus ou moins sociale, toute comptabilité nationale, avons-nous vu, reflète une volonté politique : pourquoi ne pas inscrire, par cette volonté, si elle est démocratique, des préoccupations éthiques ? Les entreprises deviennent de plus en plus friandes de « chartes d'éthique » montrant qu'elles n'exploitent pas des enfants ou ne participent pas à d'autres entreprises fabriquant des mines antipersonnel. L'expérience montre que les entreprises « sociales » sont performantes. Si la comptabilité reflète une volonté politique, il est donc tout à fait logique de demander au pouvoir politique d'introduire des préoccupations éthiques dans la mesure de la croissance.

Les dépenses mondiales annuelles de publicité dans le monde, infantilisantes, bêtifiantes, représentent dix fois le montant des sommes qui seraient nécessaires pour éradiquer la faim, donner l'accès à l'eau potable à tous, combattre les grandes épidémies. L'adoption de médicaments génériques se traduit par : « la santé des hommes n'obéit pas toujours aux règles du marché ». Il est probable que les médicaments génériques, contrairement aux médicaments dont les prix sont grevés par la publicité, se révèlent au bout du compte très productifs pour l'humanité. Mais ce résultat n'est pas immédiat, contrairement à la vente d'un médicament non générique, qui gonfle immédiatement le PIB de la valeur des publicités imbéciles destinées à l'écouler, mais qui, soignant moins de gens, économisant donc moins de force de travail, grève le PIB d'aujourd'hui au détriment du PIB de demain, fourni par plus d'humains en bonne santé. Le retour de l'éthique dans l'économie est une bonne chose, mais il ne faut surtout pas défendre l'éthique au nom de l'efficacité, car dans ce cas, les nigauds à courte vue ont toujours raison. Internet n'avait aucune raison d'être, en termes d'efficacité, pas plus que l'industrie automobile en Corée du Sud. Que l'efficacité vienne en plus de l'éthique (par exemple, les esclaves sont moins productifs que les travailleurs libres), c'est possible et c'est tant mieux. Mais ce n'est pas elle qui doit déterminer les chartes éthiques qui sont non marchandes, qui n'ont aucun compte à rendre, c'est le cas de le dire, au marché. Après la guerre de 1870, les militaires français comprirent qu'une des raisons de leur défaite était que leur armée était beaucoup moins éduquée que l'armée allemande... Comme quoi, la culture peut être efficace, même pour des militaires !

La richesse est-elle la valeur ?

> *« J'ai si peu vécu que j'ai tendance à m'imaginer que je ne vais pas mourir ; il paraît invraisemblable qu'une vie humaine se réduise à si peu de choses ; on imagine malgré soi que quelque chose va tôt ou tard advenir ; profonde erreur. Une vie peut fort bien être à la fois vide et brève. »*
>
> MICHEL HOUELLEBECQ

Il est probable que la vie n'a pas de prix, mais peut-être en va-t-il de même aussi pour l'amour, l'amitié, l'honneur, quoique le « prix du sang » ou le « *precium doloris* » permettent d'en douter. Comme souvent, les hommes d'affaires et les économistes se sont emparés du mot valeur, à tel point que « faire de la valeur » (au sens de faire flamber les actions d'une entreprise à la Bourse) a été l'un des slogans les plus en vogue ces dernières années lorsque la Bourse faisait des miracles.

Jan Van Eyck,
Les époux Arnolfini, 1434.

Aucun mot n'est lourd d'humanité comme le mot « valeur », sauf peut-être celui de « richesse », qui vaut lui aussi son pesant d'or et d'humain… « Si nous pouvions en économie politique, écrit Miguel de Unamuno, *laisser de côté cette terminologie damnée de la valeur,* de la richesse, du revenu, du capital, mots si gros de vie latente mais si corrompus par le péché originel ! »[17]

[17] *L'Essence de l'Espagne,* Gallimard, Les Essais, 1967, p. 31, souligné par l'auteur.

Si l'on en croit Aristote, la valeur d'un produit dépend d'abord de l'usage qu'on peut en faire pour satisfaire un besoin ; c'est donc la « valeur d'usage » qui est au fondement de la valeur et non la « valeur d'échange ». Elle exprime les besoins humains par rapport aux choses. Il est clair que l'eau possède une très grande valeur d'usage, contrairement au diamant. En revanche, elle a une très faible valeur d'échange. Celle que boit Diogène à la source dans sa main a même une valeur nulle, du fait de son abondance, bien qu'inestimable pour lui. « Si en effet l'on n'avait besoin de rien ou si l'on avait d'autres besoins, il n'y aurait pas d'échange »[18]. Aristote préfigurait une théorie psychologique de la valeur[19], liée aux désirs humains dans la cité, au besoin et non à la substance des choses.

Fait défaut à cette théorie un étalon, un fondement intrinsèque, que les physiocrates[20] proposeront. La richesse ne vient pas du travail, selon eux : « seule l'agriculture est productive, car seule elle crée plus de richesse qu'elle n'en consomme. »[21] L'industrie, le commerce, disent-ils, sont stériles ; leur revenu brut n'excède pas leurs dépenses. La richesse, c'est la matière. Or le commerce ne crée pas de matière, le travail non plus. Le menuisier, sa table achevée, ne crée pas de bois, au contraire, il produit des copeaux, des déchets. Mais lorsque l'agriculteur sème un grain de blé, il en récolte dix. Seule la nature est productrice. Cette thèse extrême est intéressante car elle nie au travail, au commerce et à l'industrie, le pouvoir de créer quoi que ce soit. L'industrie transforme, simplement. Au fond, derrière toute activité humaine, si sophistiquée soit-elle, se trouvent Mère Nature et sa capacité à enrichir les hommes par ses cycles de reproduction. En un temps où toutes les espèces sauvages disparaissent, où la latérisation et la vitrification de la planète, sa bidonvillisation, l'empoisonnement de son air et de son eau sont à l'œuvre, il n'est peut-être pas inutile de rappeler que notre mère la Terre reste notre richesse fondamentale.

---

18 *Ibid.*, p. 27-28.

19 Voir Daniel Villey, *Petite Histoire des grandes doctrines économiques*, Litec, Paris, 1996, p. 17.

20 François Quesnay écrit en 1756, dans l'*Encyclopédie*, l'article « Fermiers » et publie en 1758 le « Tableau économique ». Autour de Quesnay, Mirabeau père, Mercier de La Rivière, Du Pont de Nemours, l'abbé Baudeau, Le Trosne.

21 Daniel Villey, *op. cit.*, p. 62.

La valeur-travail

> ***“Un homme s’enrichit s’il emploie un grand nombre d’ouvriers, mais il s’appauvrit à entretenir une multitude de domestiques.”***
>
> ADAM SMITH

L’absence de valeur de l’air, (autrefois) de l’eau et des résultats de la cueillette dans les sociétés très anciennes, tient à l’abondance des biens. Dans la mesure où l’homme ne lutte pas contre la nature mais se contente de tendre la main et de récolter ses fruits, les besoins sont satisfaits et les biens n’ont pas de valeur. Lorsque la nature se fait hostile et les biens rares, seul le travail humain permet de satisfaire les besoins : Smith, puis Ricardo, Malthus, Mill, et surtout Marx, firent du travail le fondement de la valeur des marchandises. La valeur des biens croît à peu près en proportion du travail destiné à les acquérir ou les produire. Keynes aussi, c’est très peu connu, fut un défenseur de la valeur-travail. « Nos préférences vont par conséquent à la doctrine pré-classique que c’est le travail qui **produit** toute chose, avec l’aide de l’art comme on disait autrefois ou de la technique comme on dit maintenant, avec l’aide des ressources naturelles... avec l’aide enfin des résultats du travail passé incorporés dans les biens capitaux, qui eux aussi rapportent un prix variable suivant leur rareté ou leur abondance. Il est préférable de considérer le travail, y compris bien entendu les services personnels de l’entrepreneur et de ses assistants, comme le seul facteur de production. »[22] Est-ce à dire que le travail mesure toute chose ?

Il est clair que les prix ne reflètent pas souvent les quantités relatives de travail utilisé ou fourni ! Que l’on compare les salaires mirobolants des dirigeants d’entreprise et ceux des cadres sous leurs ordres ! Comment expliquer ces différences ? Par des phénomènes de brutalité, de captation de richesse, de prédation liés à l’opacité des rapports marchands, de dol. Par des clauses léonines issues de l’échange. Marx élabora une théorie du travail étalon, le « travail socialement nécessaire » essence de tous les travaux à l’œuvre dans et pour la grande machine capitaliste, « degré social moyen d’habileté et d’intensité du travail »[23]. Ce travail unité de compte correspond à un stade historique

[22] *Théorie générale de l’emploi, de l’intérêt et de la monnaie*, Payot, Paris, 1969, p. 223, souligné par l’auteur.

[23] *Le Capital*, livre 1, coll. Quadrige, PUF, 1993, p. 42.

des besoins de la force de travail, le « minimum vital social », ce qui permet au « prolétaire » (celui qui n'a de richesse que d'enfants) de se reproduire, de perpétuer la masse des travailleurs.

À moins que la valeur n'existe que par ce que possède autrui, dans un pur désir mimétique ?[24] « L'homme est fondamentalement un animal contagieux », disait superbement Freud, rappelant que les pulsions et le panurgisme sont la clef des comportements humains. Keynes reçut ce message et l'appliqua dans sa théorie du marché boursier, sa théorie de l'argent. Qu'est-ce que la Foule, l'Opinion, sinon le Travail social de Marx ? Je m'explique : l'opinion valorise collectivement, de façon assez mystérieuse, les choses. Marx cherchait un étalon, le Travail social, étalon collectif de mesure des choses à un moment donné dans une société, fruit d'un rapport de force, barycentre de forces collectives antagonistes. Appelons-les rapports de production. Est-on si loin de l'Opinion, avec un grand O ? Si nous avions à défendre une théorie de la valeur, nous pencherions vers la psychologie collective, qui renvoie les passions vers telle ou telle marchandise, telle ou telle activité, au-dessus de la conscience des hommes.

La valeur de l'argent

L'argent a un prix et on parle du « loyer » de l'argent (le taux d'intérêt) comme s'il s'agissait d'un capital immobilier. Keynes a élaboré une théorie du taux d'intérêt comme « prix psychologique de l'incertitude », loin de la conception classique ou libérale qui voit dans le taux d'intérêt le prix de l'abstinence ou d'une renonciation à la consommation. Cette incertitude est collective et traduit une angoisse ou une confiance de la collectivité des consommateurs ou des entrepreneurs vis-à-vis de l'avenir.

Nous touchons ici à une conception sociale de la valeur, fondée sur une psychologie collective. À côté de l'étalon-travail existent l'étalon-monnaie et l'étalon-temps. Les trois définissent la valeur. Mais les deux derniers ont une relation particulière : le temps, c'est de l'argent et de l'angoisse, cette angoisse que permet de chasser la possession d'argent. « Tant que les économistes s'occupent de ce qu'on appelle la Théorie de la valeur, ils ont été habitués à enseigner que les prix sont régis par

[24] Voir sur ce point l'ensemble de l'œuvre de René Girard, en particulier *La Violence et le Sacré*, Hachette Littératures, 1998.

L'émission « Le juste prix ».

l'offre et la demande... La division entre Théorie de la Valeur et de la Distribution d'une part et Théorie de la Monnaie d'autre part nous paraît erronée. »[25] Ce qui veut dire : 1) la monnaie, lien social suprême, est bien au cœur de la valeur ; 2) au cœur de la question économique se trouvent la distribution, le taux d'intérêt.

Le « juste prix » fournit une bonne introduction à la question du taux d'intérêt. Le fait que l'argent ait un prix, le taux d'intérêt, lui donne une valeur intrinsèque qui n'est que le « prix du temps ». Or, dit la scolastique, c'est inadmissible, car le temps n'appartient qu'à Dieu. Le concile de Latran (1179) interdit aux prêtres d'accepter l'aumône des usuriers. Le Moyen Âge retrouve au-delà des Évangiles la loi de Moïse, hostile au prêt à intérêt, et la doctrine d'Aristote, répugnant à l'utilisation de l'argent comme instrument d'accumulation.

La question du prêt à intérêt et du prix du temps ouvre sur celle de la valeur du capital (bien durable) et celle du profit. Le taux d'intérêt (sur l'argent) est l'équivalent du taux de profit (sur le capital et les machines) qui définit la valeur même du capital et des créances. La scolastique élabora une doctrine économique justifiant l'interdiction de principe du taux à intérêt, extrêmement subtile et d'une grande portée, au-delà de la simple condamnation morale autour des notions de péché et de

---

[25] *Théorie générale*, p. 296-297.

charité. Demander un intérêt à l'emprunteur, lequel n'emprunte que parce qu'il est dans le besoin, c'est spéculer sur l'indigence du prochain. C'est pourquoi le profit du capitaliste, qui avance le capital et maîtrise le temps des hommes dans la production, n'est pas justifié. Et rien n'est plus condamnable que la « chrématistique » d'Aristote (l'argent qui se valorise en plus d'argent), car l'avarice n'est qu'accumulation d'argent.

Misère de la richesse

Nos arrogantes sociétés se conçoivent comme extrêmement riches, méprisant la frugalité de sociétés dites primitives, mais ignorent la destruction de la faune et de la flore, la perte irrémédiable de la biodiversité et de la diversité tout simplement, la disparition des langues, crime contre l'humanité. Elles ne comptent ni le malheur, ni le stress, ni la tristesse, globalement engloutis dans l'allongement de l'espérance de vie d'une existence désespérante. Des milliers d'activités relevant du don de soi ou de l'altruisme ne sont jamais comptabilisées (comment comptabiliser le dévouement des bénévoles dans un incendie, le travail d'une femme au foyer ? D'une mère qui apprend à lire à son enfant ?), comme s'il fallait pénaliser systématiquement tout ce qui est non marchand.

Comment évaluer une conversation amusante, la naissance d'une amitié ? Mieux : que serions-nous sans tout ce que nous a légué l'humanité depuis Homère ou depuis les chevaux de la grotte Chauvet dont le dessin est aussi pur que le trait de Velázquez ? Comment évaluer l'apport d'Homère à l'humanité ? Bill Gates, milliardaire plus riche que la totalité de la Suisse, existerait-il sans Aristote ? Le savoir est-il un luxe que l'on peut se payer ou l'une des composantes inestimables de l'âme humaine ? Estimer la valeur des découvertes de Pasteur par le chiffre d'affaires de la chimie ou celle d'une pièce de Racine par des ventes éditoriales a quelque chose d'indécent, et pour tout dire… dévalorisant.

Le jour où nous compterons nos destructions dans notre fameux PIB, nous risquons de nous retrouver bien pauvres ! Au bout du compte, la richesse et la valeur produites par nos sociétés ne se justifient que par l'allongement de cette espérance de vie que nous agitons à tout propos, mais rien ne dit que notre vie vaille d'être vécue autant que celle, plus courte, d'autres hommes, dans l'Antiquité par exemple. Et songeons à ceux dont la vie, bien longue, n'est plus que survie. Et à ceux dont l'espérance de vie diminue, en Afrique par exemple.

Textes

MICHEL HOUELLEBECQ

La sensation de l'universelle vacuité

La règle est complexe, multiforme. En dehors des heures de travail il y a les achats qu'il faut bien effectuer, les distributeurs automatiques où il faut bien retirer de l'argent (et où, si souvent, vous devez attendre). Surtout, il y a les différents règlements que vous devez faire parvenir aux organismes qui gèrent les différents aspects de votre vie. Par dessus le marché vous pouvez tomber malade, ce qui entraîne des frais, et de nouvelles formalités.

Cependant, il reste du temps libre. Que faire ? Comment l'employer ? Se consacrer au service d'autrui ? Mais, au fond, autrui ne vous intéresse guère. Écouter des disques ? C'était une solution, mais au fil des ans vous devez convenir que la musique vous émeut de moins en moins.

Le bricolage, pris dans son sens le plus étendu, peut offrir une voie. Mais rien en vérité ne peut empêcher le retour de plus en plus fréquent de ces moments où votre absolue solitude, la sensation de l'universelle vacuité, le pressentiment que votre existence se rapproche d'un désastre douloureux et définitif se conjuguent pour vous plonger dans un état de réelle souffrance.

Et, cependant, vous n'avez toujours pas envie de mourir.

Extension du domaine de la lutte, Maurice Nadeau, 1994.

Jean Seberg et Warren Beatty dans *Lilith* (1964), de Robert Rossen.

FRÉDÉRIC BEIGBEDER

Tu n'as pas voulu ce malheur artificiel

Le règne de la marchandise suppose qu'on en vende : ton boulot consiste à convaincre les consommateurs de choisir le produit qui s'usera le plus vite. Les industriels appellent cela « programmer l'obsolescence ». Tu seras prié de fermer les yeux et de garder tes états d'âme par-devers toi. Oui, comme Maurice Papon, tu pourras toujours te défendre en clamant que tu ne savais pas, ou que tu ne pouvais pas faire autrement, ou que tu as essayé de ralentir le processus, ou que tu n'étais pas obligé d'être un héros... Reste que chaque jour, pendant dix ans, tu n'as pas bronché. Sans toi les choses auraient peut-être pu se passer autrement. On aurait sans doute pu imaginer un monde sans affiches omniprésentes, des villages sans enseignes Kienlaidissentout, des coins de rue sans fast-foods, et des gens dans ces rues. Des gens qui se parlent. La vie n'était pas obligée d'être organisée ainsi. Tu n'as pas voulu tout ce malheur artificiel. Tu n'as pas fabriqué toutes ces autos immobiles (2,5 milliards de bagnoles sur Terre en 2050). Mais tu n'as rien fait pour redécorer le monde. L'un des dix commandements de la Bible dit : « Tu ne feras point d'image taillée ni de représentation... et tu ne te prosterneras pas devant elles. » Tu es donc, comme le monde entier, pris en flagrant délit de péché mortel. Et la punition divine, on la connaît : c'est l'Enfer dans lequel tu vis.

14,99 €, Grasset, 2000.

DOMINIQUE MÉDA

Qu'est-ce qu'une société riche ?

Est-ce simplement une société dont le PIB est très élevé, c'est-à-dire dans laquelle les échanges marchands sont considérablement développés, même si la consommation est extrêmement mal répartie et les écarts de revenus très importants, même si l'accès de tous aux biens premiers n'est pas assuré, même si coexistent dans l'ignorance mutuelle une petite proportion de personnes très riches et de plus en plus de pauvres, même si la violence se répand et que les riches s'enferment dans des ghettos, même si des biens et services de plus en plus nombreux sont payants et si les conditions quotidiennes de vie (le transport, le cadre de vie, la sécurité physique) deviennent de moins en moins supportables, même si la xénophobie se développe et si la simple idée d'intérêt général fait sourire ? La réponse est bien évidemment non.

Qu'est-ce que la richesse ?, Aubier, 1999.

ARMAND FARRACHI

L'automobile, moteur (*sic*) de l'accumulation

Il n'y a pas de conduite qui satisfasse mieux ce fantasme de puissance que celle d'une automobile, temple, fétiche et véhicule de l'individualisme motorisé, système de représentation plus encore que symbole. On sait pourtant quelle réalité dissimulent les chromes et les enjoliveurs. Outre du bruit et des mauvaises odeurs, l'automobile fait chaque année dans le monde 400 000 morts et 12 millions de blessés. Elle a défiguré tous les paysages et toutes les villes du monde, empoisonné l'air, détruit la couche d'ozone, modifié le climat, multiplié les maladies, disloqué les territoires et décimé la faune qui les parcourait. Ses ravages coûtent des dizaines de milliards de francs, presque autant que sa défense et que sa promotion. À cette échelle, on penserait aux effets conjugués d'une guerre mondiale, d'une catastrophe écologique et d'un naufrage financier ininterrompus. Mais comme il s'agit d'automobile, on n'entendra parler que de relance, de croissance, de progrès et de confort. L'objectif avoué des constructeurs est d'ailleurs de multiplier le « parc automobile » par la conquête de nouveaux marchés, ce qui permettra peut-être de créer un florissant commerce de l'oxygène pour les sujets à l'insuffisance respiratoire. Afin que chacun puisse se déplacer à la vitesse moyenne de 10 km/h et au prix moyen de 10 francs le kilomètre, et contribuer ainsi à l'immobilité et à la suffocation de tous, on envisage avec enthousiasme de faire courir à l'humanité et à la planète le risque d'une apocalypse qui n'a plus rien d'illusoire.

Les Ennemis de la terre, Exils, 1999.

JEAN BAUDRILLARD

La profusion et la panoplie

L'amoncellement, la profusion est évidemment le trait descriptif le plus frappant. Les grands magasins, avec leur luxuriance de conserves, de vêtements, de biens alimentaires et de confection, sont comme le paysage primaire et le lieu géométrique de l'abondance. Mais toutes les rues, avec leurs vitrines encombrées, ruisselantes (le bien le moins rare étant la lumière, sans qui la marchandise ne serait que ce qu'elle est), leurs étalages de charcuterie, toute la fête alimentaire et vestimentaire qu'elles mettent en scène, toutes stimulent la salivation féerique. Il y a quelque chose de plus dans l'amoncellement que la somme des produits : l'évidence du surplus, la négation magique et définitive de la rareté, la présomption maternelle et luxueuse du pays de Cocagne. Nos marchés, nos artères commerciales, nos Superprisunic miment ainsi une nature retrouvée, prodigieusement féconde : ce sont nos vallées de Chanaan où coulent, en fait de lait et de miel, les flots de néon sur le ketchup et le plastique, mais qu'importe ! L'espérance violente qu'il n'y en ait pas assez, mais trop, et trop pour tout le monde, est là : vous emportez la pyramide croulante d'huîtres, de viandes, de poires ou d'asperges en boîte en en achetant une parcelle. Vous achetez la partie pour le tout. Et ce discours métonymique, répétitif, de la matière consommable, de la marchandise, redevient, par une grande métaphore collective, grâce à son excès même, l'image du don, de la prodigalité inépuisable et spectaculaire qui est celle de la fête.

La Société de consommation, Denoël, 1970.

Ben Vautier, *Le magasin de Ben*, 1958-1973.

10

La croissance

Dianna Sarto,
Gerbils dilemma
(Le dilemme
du hamster), 1999.

« On dirait que l'homme est destiné à s'exterminer lui-même après avoir rendu le globe inhabitable. »

LAMARCK

« Les richesses naturelles sont inépuisables, car, sans cela, nous ne les obtiendrions pas gratuitement. Ne pouvant être multipliées ni épuisées, elles ne sont pas l'objet des sciences économiques. »

JEAN-BAPTISTE SAY

« Je pense que la logique économique qui veut que des masses de déchets toxiques soient déversées là où les salaires sont les plus bas est imparable. »

LAWRENCE SUMMERS

Beaucoup de choses échangées par les humains n'appartiennent pas à l'économie, au marché ; et pourtant elles rejaillissent sur eux et sur la croissance, et sont accaparées par eux sans vergogne. Les hommes échangent du temps, des idées, des paroles, des trouvailles. Ils pratiquent l'« apprentissage ». Ils observent l'activité d'autrui. Ils parlent, beaucoup. Les langues sont un moyen d'échange capital, gratuit, collectif. Un phénomène massif comme la langue traduit bien qu'une société n'existe pas sans institutions collectives inséca-

bles, et la langue en fait à jamais partie. À jamais ? Peut-on imaginer un jour des péages sur les mots que nous utilisons ? Cette immense gratuité de l'échange humain a des conséquences considérables sur l'économie marchande, qui, elle, n'est pas gratuite. Ce sont ces conséquences que nous examinons dans ce chapitre, autour des notions de « croissance » et de « développement ».

Le développement durable

Jean-Baptiste Say affirmait : « Les richesses naturelles sont inépuisables » ! Personne n'oserait clamer une telle chose aujourd'hui car nous savons que le Soleil lui-même s'éteindra dans quelque cinq milliards d'années. Mais on peut dire que les hommes font comme si les ressources étaient inépuisables : ils épuisent la Terre pour prix de leur « croissance ».

En 1992, autour du sommet de Rio, est apparu le concept de développement durable, défini par le rapport Bruntland (1987) : « Le développement durable est un processus de changement par lequel l'exploitation des ressources, l'orientation des investissements, les changements techniques et institutionnels se trouvent en harmonie et renforcent le potentiel actuel et futur de satisfaction des besoins des hommes. Il s'agit de satisfaire les besoins présents sans compromettre l'aptitude des générations futures à satisfaire leurs propres besoins »[1]. Le développement durable est supposé ne pas remettre en question le bien-être des générations futures. Nous sommes les débiteurs de la Terre que nous léguons à nos enfants : nous leur devons de la laisser telle que nous l'avons trouvée (comme si nous ne faisions que passer, sur la pointe des pieds).

La « soutenabilité forte » suppose que l'on laisse intacte la richesse naturelle dont nous avons hérité. Il est clair qu'une telle contrainte est trop forte pour les économistes et les marchands de voitures qui préfèrent parler de « soutenabilité faible », en faisant un pari sur le « progrès technique » qui viendra améliorer avec le temps le bien-être des générations. Dans la soutenabilité faible, on calcule la « rente d'exploitation » de la Terre : la différence entre le prix de vente des ressources naturelles et leur coût d'exploitation. On peut considérer simplement que cette

[1] Cité par René Passet, *Une économie de rêve*, Mille et une nuits, 2003, p. 111.

rente est le prix de vente de la ressource. Par exemple, la « rente » pétrolière, le prix du pétrole, est ce qui est pris en valeur à la Terre par la génération actuelle. L'ensemble de cette rente doit être systématiquement réinvesti dans du capital de substitution : la recherche, permettant notamment d'économiser ou de mettre en œuvre de nouvelles sources d'énergies.

Un pangolin est libéré de sa cage après avoir éte saisi par le département du parc naturel sauvage de Kuala Lumpur le 8 août 2002. Le département malais de la vie sauvage annonce avoir saisi 46 pangolins et arrêté 2 hommes membres d'un trafic international agissant pour des restaurateurs chinois.

Le marché du déchet

Les externalités négatives ont un bon côté : la création d'un marché de la dépollution. Le traitement du déchet est l'une des activités les plus importantes des grands groupes de l'eau (Véolia, Suez-Lyonnaise). Alors que le déchet est un bien « négatif » pour certains individus, il est synonyme de bien positif, source d'emploi et de profit pour d'autres. Par ailleurs, un système judicieux de partage de « droits à polluer » permet de répartir de façon optimale la pollution.

Supposons que des quotas d'émission de gaz à effet de serre soient établis par la France pour les entreprises du territoire français. Certaines entreprises sont sous-polluantes ; d'autres, sur-polluantes. Des consommateurs sont pollués. Des entreprises sont non polluantes. Si l'on attribue des droits d'émission à tous ces gens, et si on les laisse négocier librement, ils vont s'entendre pour se répartir efficacement, selon les principes de la loi de l'offre et de la demande, les droits à polluer. Le prix Nobel Ronald Coase découvrit ce judicieux système d'« internalisation des effets externes », autrement dit, de répartition optimale de la pollution entre pollueurs et pollués.

Le principe d'un « marché de la pollution » a des conséquences terribles sur la localisation des activités polluantes. Lawrence Summers a été membre du staff de la Banque mondiale et chef des conseillers économiques du président Clinton, avant de devenir président de l'Université de Harvard. En 1991, il écrit ceci : « Les pays sous-peuplés d'Afrique sont largement sous-pollués. La qualité de l'air y est d'un niveau inutilement élevé par rapport à Los Angeles. Il faut encourager une migration plus importante des industries polluantes vers les pays les moins avancés... et se préoccuper davantage d'un facteur aggravant les risques d'un cancer de la prostate dans un pays où les gens vivent assez vieux pour avoir cette maladie, que dans un autre pays où deux cents enfants sur mille meurent avant d'avoir l'âge de cinq ans. Je pense que la logique économique qui veut que des masses de déchets toxiques soient déversées là où les salaires sont les plus faibles est imparable. »[2] Que vaut la vie humaine ? Sa durée multipliée par son salaire annuel. Ainsi, elle vaut très peu de chose au Zimbabwe, mais beaucoup à New York. Un mort à New York coûte très cher à l'humanité, un mort à New Delhi ne coûte rien. Transférons donc les facteurs morbides du Nord au Sud.

Les négociations sur la réduction des gaz à effet de serre voient s'opposer deux types de pays : ceux d'Europe d'une part, plutôt favorables à une limitation, et les États-Unis et les pays du Sud, qui y sont défavorables – les États-Unis au nom du niveau de vie américain qui ne peut être dégradé et les pays du Sud au nom du développement qui implique bien de polluer. Après l'Europe et la révolution industrielle, chacun son tour, quoi ! Pour ces pays, le concept de développement soutenable ou durable est considéré comme un facteur de « concurrence déloyale »,

[2] Extraits cités par *The Economist*, 08/02/1992, *The Financial Times*, 10/02/1992, repris par *Courrier International*, n° 68, 20/02/1992 et *Le Monde*, 19/05/1992 (article d'Éric Fottorino).

limitant leur production. Pour les mêmes raisons, la protection sociale des travailleurs qu'on voudrait leur imposer serait un phénomène de concurrence déloyale.

Refuser la croissance ?

Certains économistes (par exemple Serge Latouche[3]), dans la tradition de la « croissance zéro » prônée par le rapport Meadows et le rapport du Club de Rome dans les années 1970, refusent la croissance, qui serait en soi une dégradation des conditions d'existence. Comment améliorer les conditions de vie ? En refusant la croissance du PIB, en refusant du « quantitatif » pour lui substituer du « qualitatif ». Galbraith partageait peu ou prou ce point de vue. Dominique Méda signale quelques coûts « cachés » de la croissance, au-delà des dommages collatéraux occasionnés à l'environnement : par exemple, le coût de la flexibilisation[4]. La renaissance du marché du travail, l'intensification des taches, l'augmentation du stress, de la souffrance au travail, de l'angoisse face aux multiples changements et à la menace du chômage, les investissements en formations inutiles, les qualifications immédiatement obsolètes, le travail « jetable », représentent des coûts sociétaux importants, que l'on peut mesurer d'ailleurs dans une importante dépense publique d'accompagnement des chômeurs et des exclus. Le président de la République fit une campagne sur le thème : « un chômeur coûte l'équivalent d'un SMIC ». C'est exact. On peut répondre que ce que perd le travailleur, le consommateur le gagne : la production en flux tendus, le zéro stock et la dégradation de l'environnement lui permettent de bénéficier de produits peu onéreux. Comme l'ouvrier-propriétaire des actions de son entreprise qui se licencie au nom de la valeur du capital, le consommateur-travailleur jouit de faibles prix dans les supermarchés croulant sous des marchandises de basse qualité, au prix d'un stress épouvantable pendant son activité. À ce pauvre schizophrène, la « croissance » propose des « innovations » sur les produits dont la durée de vie est de plus en plus brève, des produits surgelés mitonnés qui ressemblent à de la nourriture pour chat, et dont le prix, pour plus des

---

[3] *La Planète uniforme*, Climats, 2000 ; *La Planète des naufragés. Essais sur l'après-développement*, La Découverte, 1991 ; *Faut-il refuser le développement ?*, PUF, 1986.

[4] *Qu'est-ce que la richesse ?*, Flammarion, coll. Champs, p. 95 et suivantes.

2/3, recouvre des dépenses inutiles de marketing et de publicité. « On ne tombe pas amoureux d'un taux de croissance », disait un slogan de la jeunesse allemande. Hélas, si.[5] Cette croissance libère-t-elle les hommes de la nécessité ? Non. D'ailleurs, on leur demande aujourd'hui de travailler plus longtemps. Alors, faut-il refuser la croissance ? Lui substituer une croissance qualitative ?

John Stuart Mill, « la vieille dame qui sait tout »[6], était stationnariste. Il pensait que l'humanité débarrassée de la lutte pour la survie, des contraintes de la nécessité, pourrait se consacrer enfin au vrai progrès, le progrès moral et culturel. Position rêveuse et rousseauiste d'un érudit ? Sans doute. Mill disait que la rente était « *unearned increment* », un surplus non gagné, et que l'État devait confisquer les plus-values foncières. Il préconisait une limitation sévère de l'héritage. Bref, il luttait contre l'accumulation et envisageait aussi la généralisation du salariat et du système des coopératives... L'« alteréconomie » n'était pas loin.

Les facteurs de la croissance

Petit retour en arrière : oublions – très provisoirement – le contenu de la croissance et recherchons ses facteurs. Qui fait la croissance ? Réponse des économistes : le travail, le capital et le progrès technique. Le temps de labeur, les machines et l'organisation du labeur et des machines. Cette dernière fait appel à des inventions humaines extraordinaires qui vont de la comptabilité et de la monnaie scripturale connues des Babyloniens aux logiciels de traduction, en passant par Internet et les accélérateurs de particules.

Les économistes sont très mal à l'aise avec le progrès technique. D'où vient-il ? Du ciel, comme on le disait dans les modèles de croissance des années 60, en l'assimilant à la « manne céleste » ? Récemment, on a

[5] Le 6/05/03, *Les Échos* font leur couverture sur le PIB anglais supérieur au PIB français : « Le palmarès 2002 de la puissance économique. Le Royaume-Uni a encore devancé la France. » Peu importe qu'il y ait 4 millions d'enfants de moins de quatorze ans au travail en Grande-Bretagne, que le nombre de pauvres soit le double du nombre de pauvres français, que le système de santé ait disparu, au point que le ministre de la Santé britannique recommande de venir se faire soigner en France, que les salariés n'aient plus de retraite, que les trains déraillent et que l'éducation soit en piètre état : la croissance anglaise est plus forte. Cherchez l'erreur. Qu'est-ce que cette croissance ? Des produits financiers.

[6] Daniel Villey, *Petite Histoire des grandes doctrines économiques*, Litec, 2000. John Stuart Mill publie ses *Principes d'économie politique* en 1848.

tenté de l'imputer à la croissance elle-même, par un phénomène de « bouclage » : la croissance produit le progrès qui produit la croissance. Avant d'aborder cette intéressante « croissance endogène », autogénérée en quelque sorte, il faut revenir et insister sur les prémices de l'économie et de la théorie de la valeur : il n'y a d'économie que parce qu'il y a des raretés, donc des prix. Et la croissance est d'abord une **lutte contre la rareté** par la mobilisation de facteurs de production que sont le travail, le capital, la terre (la nature), la technologie.

Le progrès technique contre la rareté

L'idéologie de la rareté, autre aspect du calcul rationnel, se traduit dans le coût d'opportunité d'une décision (d'une consommation par exemple, du choix d'un travail contre un loisir...). Le coût d'opportunité est l'ensemble des autres bienfaits dont la décision nous prive. C'est un principe d'exclusion fondateur de la théorie économique : je ne peux pas avoir le beurre et l'argent du beurre.

Les économistes classiques, Ricardo, Malthus, Mill, pensaient que, du fait de la rareté de la nature (des terres en l'occurrence), l'économie finirait par s'arrêter. C'était sans compter le progrès technique. Accroissant la productivité du travail, il permettait aux humains de consommer au-delà du minimum vital, minimum qui leur permettait tout juste de se reproduire avec leurs enfants[7] et de réaliser des surplus. Ces surplus pouvaient servir à entretenir des castes apparemment inutiles, comme les scribes et les savants, mais à terme fort utiles, car porteuses de découvertes. Mais les économistes classiques ne croyaient pas aux grandes innovations. Ils pensaient que dès que l'humanité sortait un peu la tête de l'eau, elle y retournait : dès qu'elle bénéficiait d'un peu de bien-être, elle se mettait à croître et pulluler, jusqu'à ce que le rationnement, les guerres, les famines, les épidémies la ramènent au minimum vital, la tête juste au ras de l'eau.

L'histoire a montré que les économistes classiques se trompaient, jusqu'ici du moins.

7 D'où le mot « prolétaire », qui étymologiquement désigne celui qui n'a comme richesse que ses enfants.

Retransmission télévisée de la partie d'échecs entre le champion du monde Garry Kasparov et Deep Blue, le logiciel développé par IBM, gagnée par ce dernier en 19 mouvements, le 11 mai 1999 à New York.

Les cycles longs

Il faut attendre le grand économiste russe Kondratieff, mort au Goulag dans les années 30, puis l'économiste autrichien Schumpeter, pour comprendre les effets de l'innovation sur la croissance. Kondratieff considère que les rendements sont globalement croissants puis décroissants et que l'économie procède par cycles : à une phase de croissance, liée à une grande invention, succède une phase de stagnation, puis de crise et de récession. Mais celle-ci est à son tour battue en brèche par une nouvelle découverte technique qui propulse à nouveau l'économie vers l'avant. Les cycles sont de cinquante ans, soit deux générations. Kondratieff en propose trois : 1) le cycle de la machine à vapeur, 1789-1814 (croissance), 1815-1847 (décroissance) ; 2) le cycle du chemin de fer, 1847-1866 (croissance), 1867-1896 (décroissance) ; 3) le cycle de l'électricité, 1897-1920 (croissance), 1921-1940 (décroissance).

On peut ajouter le cycle de l'automobile, 1940-1980 (croissance), 1981-2005 (décroissance ou du moins stagnation relative, comparée à la forte croissance des Trente Glorieuses). Typiquement, les Trente Glorieuses ont été une phase ascendante du cycle[8]. Le prochain cycle pourrait être, une fois la bulle Internet digérée, celui de l'ordinateur, des nano-et biotechnologies. À côté des cycles de croissance existent aussi des cycles des prix de même amplitude[9].

Nous touchons ici du doigt une des explications fondamentales de la croissance économique, liée au cycle de vie des individus. Pourquoi les cinquante ans de Kondratieff ? En gros, parce que deux générations de vingt-cinq ans d'écart sont en cause. L'activité économique tient aussi à la pondération des jeunes et des vieux dans l'économie. Quand la population est majoritairement jeune, elle tend à imposer des politiques inflationnistes, afin d'acquérir facilement des actifs, immobiliers notamment. Quand elle est vieille, elle impose des politiques déflationnistes, pour protéger son patrimoine. À la dictature des débiteurs succède celle des créanciers ! « Est-ce par hasard si la révolution de 1789 est apparue à l'issue d'une déflation des prix ? De même celle de 1848, 59 ans plus tard ? »[10]

Les innovations, dit Schumpeter, entraînent des phénomènes de destruction créatrice : des industries obsolètes meurent et de nouvelles naissent. Les métiers à tisser chassent les fileuses et les canuts. Mais les innovations n'arrivent jamais seules. Elles sont le produit de moments collectifs de découverte. La relativité est autant chez de Broglie que chez Einstein, l'ordinateur chez Turing et von Neuman. Intéressante, dans la théorie de Schumpeter, est l'explication du dépassement de la rareté. En soi, l'innovation ne permet pas de lutter contre la rareté : le travail reste rare, la terre aussi. Qu'est-ce qui fait que l'innovation, la découverte peuvent propulser l'économie vers une phase supérieure ? Un facteur qui n'est jamais rare : l'argent. C'est l'abondance de crédit, de « crédit pur » dit Schumpeter, sans contrepartie visible ou naturelle comme l'or, qui porte l'innovation et permet à l'humanité d'échapper à la pénurie par un formidable accroissement de productivité. Le crédit est un pari sur l'économie de temps, sur le raccourcissement du temps. Il permet une nouvelle accumulation. Sans doute, au

[8] La période 1883-1913, connue comme la Belle Époque, est aussi une phase de croissance trentenaire. De même, les périodes 1837-1860 et 1783-1807 furent des périodes de forte croissance (voir *Le Bonheur économique*, de François-Xavier Chevallier, Albin Michel, Paris, 1998, pour une excellente description des cycles Kondratieff).

[9] *Ibid.*

[10] *Ibid.*, p. 44.

bout du compte, l'humanité ne transforme-t-elle que de l'énergie, et même la plus belle fille de la galaxie, la Terre, ne peut donner que ce qu'elle a. Mais l'innovation et le crédit sont là qui « somment » la Terre, la « commettent », comme dit Martin Heidegger, de nous fournir cette énergie.

Le génie de Keynes

Qui dit crédit, dit taux d'intérêt, prix de l'argent. Si le taux d'intérêt est fort, le crédit demandé par les entrepreneurs et les innovateurs sera faible. Le taux d'intérêt traduit un conflit : entre l'épargne et la consommation. Faites que le taux d'intérêt soit fort, disent les économistes orthodoxes, et l'épargne sera forte, et, partant, l'accumulation. En revanche, il est vrai que la consommation sera faible, mais vous n'avez pas le choix. On se heurte ici à une autre forme de rareté : la rareté du crédit par le biais du taux d'intérêt élevé. C'est une fausse rareté, dit Keynes, elle est construite et voulue par les rentiers et les épargnants.

C'est aussi une incompréhension totale du phénomène de crédit. Le crédit, ce n'est pas l'un ou l'autre, épargne ou consommation. C'est un euro qui existe affecté à la consommation, plus un euro que je crée, à partir de rien, affecté à l'investissement et à l'accumulation. Créons de la monnaie *ex nihilo* et la contradiction disparaît. Faites simplement que le taux d'intérêt soit très faible et le dilemme épargne-consommation se trouve résolu. Les entrepreneurs créeront des produits qui seront abondamment consommés. Oui, dit Keynes, l'intérêt est le prix du temps, le prix de l'impatience d'une société à consommer. Faites que le temps soit très bon marché et vous en créerez et gagnerez beaucoup.

Le génie de Keynes est d'avoir brisé la rivalité entre consommation et épargne. Il dit : consommez, ça créera de l'activité, donc du revenu, donc de l'épargne pour financer cette activité. Faites crédit et consommez. L'économie de Keynes est une économie d'abondance ; l'économie orthodoxe, une économie de rareté. Friedman dit : je retire de l'argent à la consommation pour épargner. Keynes dit : j'ajoute de l'argent à la consommation ou à l'investissement et, ce faisant, j'en ajoute aussi à l'épargne.

Très simplement, le revenu national Y se décompose entre Consommation et Investissement :

$$Y = C + I$$

La consommation est une fraction du revenu national :

$$C = cY$$

Donc le revenu est une fonction de l'investissement :

$$Y = cY + I \quad \text{soit} \quad Y = (1/1 - c)I$$

Supposons que je donne un accroissement de l'investissement *dI* aux entrepreneurs (en faisant marcher la planche à billets) :

$$dI(1/1 - c) = dY \quad \text{soit} \quad dI = (1 - c)dY$$

Mais qu'est-ce que $(1 - c)dY$? C'est $dY - cdY$, c'est-à-dire l'accroissement de revenu moins la part de cet accroissement consommée, autrement dit, c'est l'accroissement d'épargne. Conclusion : mon investissement additionnel, *dI*, financé par la planche à billets, a engendré par le biais de la hausse du revenu, *dY*, le supplément d'épargne qui permet de le financer ! Merveille ? Magie ? Non, simple logique et refus du carcan de la rareté de la monnaie, de la monnaie définie comme stock immuable. Pari de la monnaie comme traite sur le futur qui s'accomplira dans la création de richesse.

Deux prophéties autoréalisatrices

Observons deux personnages opposés, Keynes et Friedman.

Keynes fonctionne selon une idéologie optimiste de la croissance. Ludique et dépensier, il anticipe la séquence suivante : investissement fort implique activité élevée, qui implique optimisme sur le futur et qui lie la valeur de l'argent à l'activité économique, ce qui implique un taux d'intérêt bas, qui implique un investissement élevé. La boucle est bouclée.

Quant à Friedman (ou Pinay, Barre, ou quiconque), c'est un épargnant, une fourmi. Il pense qu'un sou est un sou, que l'argent doit être rare et cher, et le taux d'intérêt élevé. Il faut choisir : consommer ou épargner, chanter ou engranger. Sa séquence est la suivante : investissement faible implique activité faible, qui implique pessimisme et nécessité de garantir la valeur de l'argent, qui implique un taux d'intérêt élevé, qui implique un investissement faible. Boucle bouclée !

Friedman, Pinay, Bérégovoy et le franc fort appartiennent au second cas d'espèce. Keynes, Reagan, Clinton, Bush, l'Amérique, sont dans le premier. Les Américains ne se préoccupent pas de la valeur de leur monnaie. Ils savent qu'elle viendra de leur puissance économique. D'un côté, un équilibre bas (Pinay), de l'autre, un équilibre haut (Keynes). On retrouve les perversités du monétarisme intégriste à la Hayek ou Ricardo (il ne faut pas créer de monnaie) ou plus tempéré à la Friedman

Capital – En divisant ce billet d'un dollar, j'en fais un deuxième, ça fait donc plus d'argent, et ces deux dollars, c'est votre salaire, vous voyez ?
Travail – Mais quand je vais acheter mon pain, soudain ils n'en valent plus qu'un, donc je ne vois pas.
Inflation is as easy as lying (L'inflation, c'est simple comme mentir), caricature du XIXe siècle.

(il faut en créer, mais peu). « De fait la rareté monétaire – et la sagesse budgétaire qui est sa réciproque – se charge bien vite de réorienter les prophéties vers l'équilibre bas. »[11]

Passons à présent aux travaux pratiques. Comment se construit une nouvelle idéologie économique, que l'échec vient confirmer dans sa raison d'être ?

[11] Bruno Ventelou, *op. cit*, p. 68.

En 1980, en Europe, et particulièrement en France, du fait de fortes tensions inflationnistes, on décide de rompre avec le vieux système où de grandes banques de crédit, comme le Crédit Lyonnais ou la Société Générale, assurées de trouver de l'argent bon marché auprès de la Banque centrale, financent des entreprises. On veut que l'épargne finance les entreprises. Les taux d'intérêt augmentent et le crédit est contrôlé. On ne prête que ce qu'on a. On sort du système où l'on prête ce qu'on aura demain. L'inflation s'effondre. L'investissement se réduit. Le chômage explose. La rareté de l'argent s'impose. Conclusion émerveillée des tenants de la rareté : « Vous voyez ? L'épargne est rare ! Donc il faut une politique respectant l'épargne, cherchant à l'attirer ! Vive l'argent rare et cher ! » C'est une rareté qui est vécue presque comme « naturelle », intrinsèque, comme au temps de l'étalon-or. On ne peut prêter que ce qu'on a, pas vrai ? Et voilà comment l'économie des Trente Glorieuses a basculé vers une économie d'épargne et de chômage. « L'idéologie classique, devenue guide de politique économique, s'incarne. **Elle réussit à "renaturaliser" la relation d'endettement contre sa "dénaturalisation" voulue par les conceptions keynésiennes ou schumpétériennes**. Le pari de l'investissement n'est plus garanti par le crédit bancaire. La socialisation du risque pris par l'investisseur n'est plus assurée par des institutions à caractère collectif : banques, État ou organismes internationaux. Résultat : la part "collective" des retombées rentables des projets d'investissement est, elle aussi, inévitablement annihilée, c'est-à-dire, au premier chef, un supplément d'épargne induite qui viendrait refinancer *a posteriori* l'investissement. »[12] Et voilà comment la rareté de l'épargne, du fait de la sous-croissance, confirme elle-même le bien-fondé des théories de la rareté de l'épargne !

La croissance endogène

Dans les années 90 sont nés un certain nombre de modèles dits de « croissance endogène », en réponse à une vieille question que se posaient les statisticiens américains du NBER[13] dans les années 60, notamment l'économiste Denison, concernant le « facteur résiduel » de la croissance. En effet, observait Denison, la croissance pouvait être imputée à celle du travail, du capital, mais il restait toujours un facteur

---

[12] *Ibid.*

[13] National Bureau of Economic Research, organisme de prévision statistique.

résiduel inexplicable. L'idée de Romer[14] est d'imputer ce progrès au processus de croissance lui-même, par le biais des rendements croissants. Les « rendements croissants », forme d'externalité positive, c'est-à-dire de **relation économique ne passant pas par le marché** et engendrant du bien pour l'économie, sort des progrès d'organisation. Par exemple, une entreprise croît et son administration, informatisée, reste identique. Les rendements d'échelle de cette entreprise, liés à sa taille, sont croissants.

Les rendements croissants de Romer sont des effets de réseau, des effets externes positifs d'une entreprise à l'autre. On peut supposer par exemple que la recherche-développement d'une entreprise va profiter à d'autres, qui vont la copier, en profiter, ou chercher à la dépasser.

Prenons l'exemple d'Internet. En 1958, l'ARPA (Advanced Research Project Agency), créée par le Pentagone, finance des recherches sur les nouvelles technologies de l'information. À l'époque, il s'agit d'une subvention libre accordée aux grandes universités Carnegie-Mellon, MIT et Stanford. Cette subvention aboutit à la première liaison entre ordinateurs, expérimentation dite « ARPAnet » entre Stanford et UCLA en Californie en 1969. Les chercheurs utilisent le Net pour leurs échanges scientifiques. Internet est né, hors de toute préoccupation commerciale de base. Il est essentiel de comprendre que les rendements croissants, autrement dit, le progrès technique endogène, se réalisent hors marché. Ils sont donc des phénomènes gratuits et collectifs. Insistons sur la double qualité de gratuité et de collectivité. Ce qui ne veut pas dire charitables ! Les entreprises de la Silicon Valley, qui font profiter de leur « réseau » les nouvelles entreprises qui s'installent, n'ont rien de charitable, mais c'est ainsi, le réseau des chercheurs, des cadres, des innovateurs, des clients profite à toutes.

Internet n'avait, au départ, aucun contenu marchand. Le marché ne pouvait prévoir en 1969 ses applications mondiales futures (qui d'ailleurs conduiraient en 2000 à une catastrophique bulle boursière). Pouvait-on évaluer le gain de bien-être social dû à l'invention ? Non. En fait, la valeur réelle de l'invention a été découverte *ex post*, une fois que la communauté internationale l'avait adoptée. Une fois que la prophétie (« Internet sera un outil d'échange extraordinaire », dit la rumeur

---

[14] Paul Romer, « Increasing Returns and Long Run Growth », *Journal of Political Economy*, n° 94, 1990 ; « Endogeneous Technological Change », *Journal of Political Economy*, n° 98, 1990.

en 1969) a été réalisée ou s'est autoréalisée. La conviction de quelques-uns a emporté la conviction de la foule.

Le modèle de Lucas[15] est un autre modèle de croissance endogène, qui met l'accent sur un *feed-back* en matière d'éducation. L'accumulation de capital humain, l'acquisition de connaissances d'un individu profite à ceux qui travaillent avec lui. Plus une société est éduquée, plus elle engendre de l'éducation et de l'intelligence par l'interaction de ses membres, c'est évident.

Le modèle de Barro[16] est une autre variante, qui se concentre sur l'activité de l'État et des administrations (transport, école, armées). Le *feed-back* correspond donc au développement d'un nouveau facteur de production, les dépenses publiques, qui stimulent la productivité des facteurs de production privés. Là aussi, c'est une évidence : un État de droit, la confiance dans la justice, les institutions, la police, la paix civile sont de puissants facteurs d'attraction de la main-d'œuvre qualifiée et de puissants facteurs de production. Barro, éditorialiste dans le très libéral *BusinessWeek*, est aussi un farouche défenseur des services publics.

La croissance endogène nous offre une réflexion d'une rare profondeur sur le fonctionnement économique. L'idée est qu'il ne peut y avoir croissance marchande forte sans quelque chose qui échappe, socialement, au marché. Nous avions déjà abouti à cette conclusion à propos du dilemme du prisonnier, où la recherche de l'intérêt pur conduisait aux mauvais équilibres ou équilibres bas. Pour comprendre la croissance endogène, il faut penser à la recherche. Un chercheur travaille, seul ou en équipe, et propose ses résultats dans des congrès à d'autres chercheurs. Le principe de la recherche est la gratuité. Offrant ses résultats, il sait deux choses : 1) il ne perdra rien de ce qu'il sait, car contrairement au litre d'essence, qui appartient à Pierre et non à Paul, le théorème de Pythagore peut appartenir à plusieurs personnes ; 2) il apprendra des autres, autrement dit, il recevra d'eux. Phénomène de rendements croissants : de l'échange gratuit, tout le monde ressortira enrichi, sans rien avoir payé.

---

[15] Robert Lucas, « On the Mechanic of Economic Development », *Journal of Monetary Economics*, n° 22, 1988.

[16] Robert Barro, « Government Spending in a Simple Model of Endogeneous Growth », *Journal of Political Economy*, n° 98, 1990.

La croissance des pays s'explique donc par des phénomènes gratuits qui compensent les tendances funestes de la compétition à tirer en général les économies vers le bas. Ils introduisent des éléments qui permettent de lutter contre la rareté liée à la compétition pour les places, les biens, l'espace...

Robinson Crusoé et Vendredi

Les économistes utilisent souvent des « *toy models* » ou petits modèles pour leurs démonstrations. Ce sont des exercices de logique, sans valeur d'application, mais comme tous les exercices de logique, ils permettent de décrypter l'idéologie économique, qui, elle, se pare de la vérité scientifique. Les « robinsonnades » que nous utilisons sont empruntées au remarquable livre de Bruno Ventelou sur la croissance endogène[17]. Leur philosophie est la suivante : la compétition donne en général de moins bons résultats que la coopération. La plupart des réussites sociales sont des phénomènes de coopération occultes, comme la croissance « endogène », qui masquent les effets néfastes de la compétition.

Les Aventures de Robinson Crusoé, film de Luis Buñuel, 1952.

[17] *Op. cit.*

Observons Robinson et Vendredi. Vendredi est le manuel. Robinson, l'intellectuel, croit au progrès par les machines et en achète. Sur le graphique ci-après, d'un côté (en abscisses) le capital humain, Vendredi ; de l'autre (en ordonnées) le capital matériel. Vendredi décide de se qualifier, de se former, et Robinson d'investir, d'accumuler pour faire travailler Vendredi sur ses machines. Il existe une interaction positive entre Robinson et Vendredi ; Robinson envisage les bénéfices qu'il peut tirer de son capital technique, en faisant travailler un Vendredi de plus en plus qualifié : pour une pioche, rien, ou peu ; pour un tracteur, un conducteur ; pour un ordinateur, un ingénieur concepteur de logiciels. Plus Vendredi aura accumulé de capital humain, plus l'achat de capital par Robinson sera rentable.

Nos deux amis produisent le produit national de l'île.

Dans l'optique de Vendredi, plus la production s'accroît, plus il dépense de capital humain relativement au capital technique : le rendement « isolé » du facteur humain est décroissant, d'où la forme de sa courbe, convexe vers le bas. Inversement pour Robinson. On retrouve une vieille « loi », ou plutôt une « vieille lune » de l'économie : plus on se spécialise dans un facteur, sans faire bouger les autres, moins on est efficace. De plus en plus de travail sur un seul tracteur donne, à terme, de moins en moins d'efficacité.

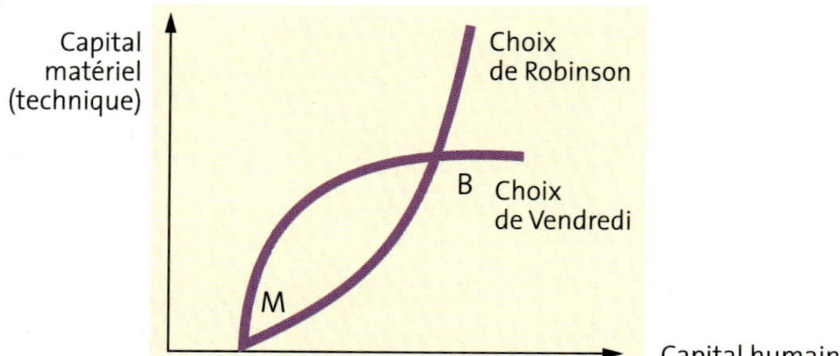

L'économie Robinson-Vendredi donne deux équilibres virtuellement possibles[18] : M. et B. En M, Vendredi travaille sans outil et sans qualification. Le produit est nul, mais Vendredi existe, son capital humain ne peut être zéro. En B, Vendredi a accumulé du capital humain et Robinson

[18] Les économistes disent « rationalisables » ; un modèle dynamique montre qu'il s'agit de deux « attracteurs ». Comment aller vers l'un ou l'autre ? *That is the question!*

du capital matériel. Chacun profite de l'investissement de l'autre, le produit de l'économie est élevé. Les deux équilibres sont également possibles : celui d'une économie sous-développée (M) et celui d'une économie développée (B). Bien entendu, le « marché » choisira comme toujours le mauvais équilibre.

L'exploitation de l'homme par l'homme

Imaginons que Robinson et Vendredi aient choisi l'un et l'autre d'accumuler, faisant le pari que leur partenaire accumulera et atteindra le point B. Maintenant, Robinson décide d'exploiter Vendredi. Il décide de prélever une partie du produit national pour investir encore plus, de façon à proposer plus de machines à mettre en œuvre pour la même quantité de travail de Vendredi, ce qui augmentera mécaniquement la productivité du travail et, dès lors, le produit national, pense-t-il. La courbe Robinson se déplace vers le haut pour le même travail fourni par Vendredi.

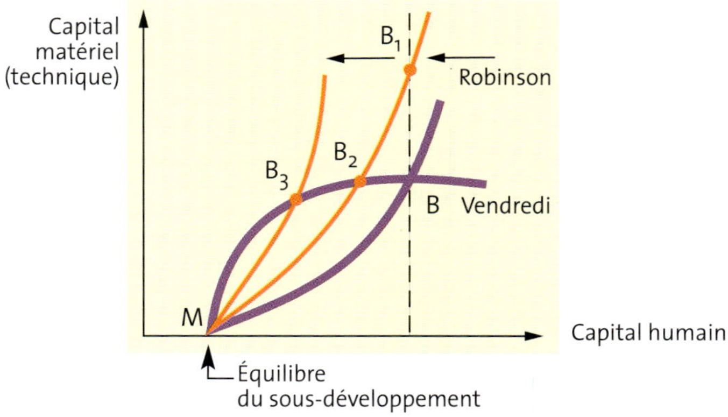

Robinson rêve du point B1. Patatras ! Ce point n'existe pas dans les calculs de Vendredi. Si on lui propose une nouvelle courbe de capital, Vendredi réagit en descendant au point B2. L'attitude égoïste (de marché) de Robinson a conduit à un équilibre plus faible. Mais on peut imaginer que Vendredi réagisse à son tour à cette agression en tentant de rouler Robinson (en baissant sa courbe de travail). « Tu m'exploites ? Eh bien, je produirai moins ! Tu rends mes conditions de travail insupportables, en me flexibilisant, en m'imposant de contrôler deux machines au lieu d'une, je travaillerai moins ! » Et maintenant Robinson, dépité, veut surexploiter Vendredi en surinvestissant encore plus, en allant vers une entreprise sans travailleurs ! Résultat de cette dynamique funeste : le point M ou équilibre de sous-développement. Voilà comment la course au profit tue le profit. Keynes connaissait bien la fable, Marx aussi. Comment sortir de cette dynamique baissière ? En trouvant un nouveau marché, un nouveau lieu public à privatiser. Ou en créant du collectif, du social. Sinon, le point de sous-développement sera irrémédiablement atteint.

Le point M est l'équilibre du marché libre, l'équilibre naturel, qui s'impose de lui-même, si l'on néglige l'existence d'un lien social entre les acteurs, un équilibre du chacun pour soi plutôt que du donnant-donnant. Comment passer de M à B ? Il faut supposer que les agents interagissent autrement que par le calcul pur, qu'ils aient d'autres liens que le lien marchand. M correspond à l'atomicité et à l'indépendance des agents. B suppose un credo social. Il faut qu'un tiers (l'État par exemple) persuade Robinson et Vendredi de la possibilité de sortir de la trappe à sous-développement pour qu'ils cessent de faire cavalier seul. Il faut les coordonner vers le pari de la croissance.

Aparté : petite histoire de la planification française

On s'est beaucoup moqué de la « planification indicative » à la française, y voyant une pâle copie du Gosplan russe, un contrôle bureaucratique de l'économie. C'était le contraire. C'était l'histoire de Robinson et Vendredi réfléchissant ensemble sur la croissance.

La planification française fut impulsée par Jean Monnet, autodidacte et capitaine d'industrie, au lendemain de la Seconde Guerre. Les plans avaient une durée de 5 ans. L'idée de la planification indicative était de faire participer les acteurs (entreprises, syndicats, chambres de commerce, associations de consommateurs et, bien entendu, ministère des Finances et ministères concernés) à la définition d'un taux de croissance par grands secteurs d'activité. On décidait donc, collectivement, d'objectifs, d'un plan et de moyens à mettre en œuvre, au moins pour les secteurs contrôlés par l'État comme l'énergie ou les transports. On fixait des objectifs de croissance du plan (très élevés en général, 5 ou 6 %). Mais l'important était le côté concertation et prophétie autoréalisatrice : les entreprises et les acteurs sociaux intégraient les objectifs dans le calcul et, *a posteriori*, ces objectifs étaient réalisés. Le sommet de la planification fut le 6e plan : 4 000 personnes participèrent à une centaine de commissions, ce qui fait beaucoup de monde. On peut imaginer que l'esprit de cette concertation se diffuse dans la société et permette la réalisation – l'autoréalisation – des prévisions.

La crise de 1973 a signifié le déclin du plan, plus ou moins sabordé par Valéry Giscard d'Estaing, qui voyait en lui un « ministère de la salive » contrairement à l'« ardente obligation » dont parlait le général de Gaulle. Petit à petit, le plan est devenu une cellule de réflexion pour prévisionnistes repliés sur eux-mêmes, associant de moins en moins de forces vives de la nation. Le premier plan, disait Jean Monnet, avait créé une « ambiance », un climat d'optimisme et d'expansion. On peut en dire autant des trois suivants, pour lesquels, il est vrai, le financement public était important. La disparition du plan et de ses prophéties autoréalisatrices positives a laissé la place à d'autres prophéties.

Arrivée du FMI. Autoréalisation de la rareté dans le discours économique classique

> *« Ce n'était pas la première fois que le FMI inspirait des émeutes, et, si ses conseils avaient été suivis plus largement, il y en aurait sûrement eu davantage. »*
>
> Joseph Stiglitz, prix Nobel d'économie

Et maintenant, faisons intervenir les pompiers pyromanes : le FMI arrive sur l'île.

Robinson a acheté une machine à crédit et a des difficultés à écouler ses produits. Crise de la balance des paiements : les capitaux répugnent à revenir vers Robinson pour lui permettre d'acheter d'autres machines. Autrement dit, les marchés financiers n'acceptent pas le déséquilibre commercial.

Et voilà les experts du FMI. Ils croient en la rareté comme principe économique de base et en la compétition. Dans leur esprit, la croissance est liée à des données « naturelles » : la démographie du pays (Robinson et sa qualification), la « technologie », sur laquelle le pays ne peut rien, acceptée comme une donnée tombant du ciel. Comment, se disent les gens du FMI, organiser un système compétitif qui permette d'exploiter au mieux la nature ? Chaque agent doit être rémunéré en fonction de sa productivité (forte productivité, tu es bien payé ; faible productivité, tu es mal payé). Or comment observer cette productivité et comment faire pour que le salaire, ou la rémunération, soit un bon indice de la productivité ? En éliminant tout système de transfert, tout système de solidarité, de redistribution sociale, de protection villageoise... Tout ça : éliminé. Ainsi, on voit bien que le travail isolé reçoit un salaire isolé.

Les économistes du FMI vont tendre la relation sociale. Robinson va mal ? Supprimons-lui les crédits. Robinson diminue ses machines ; Vendredi, son travail. L'économie tend vers l'équilibre de sous-développement, où la rémunération du capital est nulle (normal, puisque ce que fait Robinson n'est pas rentable). Alors que l'action du plan à la française aurait tendance à tirer l'économie de M vers B, l'action du FMI tend à la tirer de B vers M, pour « isoler » les facteurs de production et les rémunérer suivant leur productivité. Le FMI a détruit ce qui faisait la concertation. En Russie, les imbéciles du FMI ont laissé détruire l'énorme capital social (éducation, santé) abandonné par le régime communiste au lieu de s'appuyer sur lui. En Argentine, ce capital n'existait pas, ils n'ont eu qu'à pousser un cadavre vers la tombe. « Le plan d'ajustement structurel mis en œuvre revient donc à "tendre" la relation sociale plutôt qu'à la "détendre". Il s'agit en fait d'augmenter la lutte entre les groupes sociaux sur le partage de la valeur ajoutée plutôt que de pacifier le conflit de répartition, ceci afin que chacun prenne bien conscience de la nécessité de son effort. »[19]

Dans le PIB ne sont recensées que les variations des quantités de biens marchands, donc appartenant au marché, et par définition rares. Toutes les évolutions non marchandes, de qualité, d'interaction sociale, de culture, etc., sont oubliées. Comment mesurer les services rendus par le réseau Internet, par exemple ? Ceux rendus par la simple solidarité ? Tout se passe comme si on donnait à César-marché ce qui ne lui appartient pas. Au nom de cette restitution, qui offre l'apparence d'une croissance à laquelle il n'est pour rien ou peu, on impose la compétition et la rémunération à la productivité marginale, reposant sur l'hypothèse que les actions économiques des individus peuvent être isolées. Les prophéties du marché et de la rareté tendent à se réaliser en devenant idéologie partagée. L'idée que le social et le collectif sont nuisibles se répand. La méfiance du politique s'étend et celui-ci démissionne, laissant au « marché », à la compétition, le soin de régler le partage.

Faut-il pour autant toujours nier la concurrence ? Non, si elle favorise la bonne spécialisation : il serait peut-être absurde de produire des ananas sous serre au Groenland et du matériel de stations de ski en

---

[19] Bruno Ventelou, *op. cit.*, p. 107.

Côte d'Ivoire. Mais aujourd'hui, eu égard au contenu technologique et en travail qualifié des produits, on peut affirmer que la plupart des avantages comparatifs ne relèvent pas du cadre naturel. La Californie est bonne pour les puces et l'informatique, non en raison du sable du Pacifique, mais de sa main-d'œuvre. La France est forte pour les avions, non par la limpidité de son ciel, mais par la qualité de son travail[20]. Les premières voitures construites par la Corée du Sud, en 1970, étaient très peu compétitives. Qu'aurait dit notre expert du FMI, envoyé en Corée ? « Pffft ! Il est idiot, du point de vue de la concurrence, de produire des voitures en Corée. » À sa décharge, comment pouvait-il prévoir les rendements croissants, les effets d'apprentissage, les synergies encouragées par la manne publique ? Au vu du système de prix élevé des voitures coréennes, il aurait dit : « Absurde. Pas compétitif. » Or, une fois de plus, la création et la production ont créé leur marché. Et qu'aurait dit notre expert devant Internet en Californie, en 1969 ? « Quelle farce ! »

En Russie, les experts du FMI ont adopté le schéma de la rareté : il a fallu lutter contre l'inflation, imposer une monnaie forte pour attirer les capitaux extérieurs et, pour cela, promouvoir un taux d'intérêt élevé. Le taux d'intérêt est la perception collective du temps. Le temps du FMI est rare et cher, ce n'est que la rareté qui fonde son idéologie. Mais la rareté n'est pas neutre, elle signifie une faible croissance tournée vers la rente : c'est cela qu'est devenue la Russie, les rentiers étant les mafieux qui se sont approprié le capital public.

Les experts du FMI fonctionnent en général sur le mépris du politique « prédateur » et non producteur. L'expertise et l'économisme ont engendré un cynisme qui a probablement affaibli la politique. Pour les cyniques de l'école des choix publics (Buchanan, Stigler), les hommes politiques sont aussi des cyniques qui ne voient que leur intérêt propre et doivent être traités comme tels. Et les relations entre électeurs et hommes politiques doivent être de simples relations de marché : tu me payes (en me donnant des transferts, en allégeant mes impôts...), je vote pour toi. Et puis, faisons confiance au marché : il sélectionne les bons et détruit les mauvais.

En fait, on sait que, depuis Gresham et Akerlof, c'est le contraire. Dès qu'il y a incertitude sur la qualité, la mauvaise monnaie chasse la bonne et les « caisses pourries » prennent la place des bonnes voitures.

---

[20] *Ibid.*, p. 100 et suivantes.

Jean-Michel Basquiat, *Pyro*, 1984.

La recherche, la culture et le temps libre

> ***« Nous sommes des nains juchés sur les épaules de géants. Nous voyons ainsi davantage et plus loin qu'eux, non parce que notre vue est plus aiguë ou notre taille plus haute, mais parce qu'ils nous portent en l'air et nous élèvent de toute leur hauteur gigantesque. »***
>
> BERNARD DE CHARTRES

Chercher implique un pari sur le futur que ne feront jamais le marché, trop avide de rendement immédiat, et plus généralement les gens « raisonnables ». Quand Heinrich Schliemann, l'autodidacte, après avoir lu Homère, est parti en 1870 à la recherche des ruines de Troie, toute la communauté savante a éclaté de rire. Pourtant, Schliemann a trouvé les ruines de Troie. La recherche a un mode de fonctionnement et de pensée qui échappe viscéralement au marché. Si je cherche, c'est que je sais que j'ai une dette immense, inestimable, envers la culture de l'humanité, que je puise à pleins neurones dans le savoir accumulé par elle, depuis le théorème de Pythagore jusqu'à la géométrie de Riemann en passant par le sens esthétique que m'ont donné Goya ou Racine, et que je peux faire don de ce que je trouve, comme mes prédécesseurs l'ont fait. Sinon, je ne suis pas un chercheur.

Favoriser la recherche dans un pays, c'est évidemment favoriser la croissance et le lien social. C'est un pari sur la création d'une réalité future, qui validera, *ex post*, le pari d'aujourd'hui. Internet est un merveilleux exemple d'anticipation qui a créé une réalité, le Net, validant ce que les promoteurs d'ARPAnet n'envisageaient pas, sauf « qu'il y aurait quelque chose au terme de leur recherche ». En supprimant 30 % des crédits de la recherche en 2003 au nom de l'efficacité et autres notions mercantiles, une ministre de la Recherche donne raison au marché : la recherche va devenir inefficace et *ex post* on pourra affirmer qu'on avait bien fait de la sanctionner. Tout comme le fait de couper les crédits à des secteurs où l'incidence économique est sans doute colossale, mais difficilement mesurable – la santé par exemple –, permettra, après un mauvais fonctionnement du système de santé, de dire : « Vous voyez ? Ça marche mal ! On a bien fait de couper les crédits ! »

La recherche est typiquement un système de communication qui ne peut fonctionner selon la rivalité. Or l'orthodoxie économique refuse la coordination, promeut la rivalité, détruit le collectif, souhaite le minimum d'interactions possible et justifie après coup sa contre-productivité au nom de l'inefficacité de ce qu'elle a détruit. La concurrence, paradoxalement, produit du gaspillage, par excès d'individualisme et de cynisme. Au fond, il vaut mieux parier sur le gaspillage qui engendrera de l'efficacité (un pari sur la recherche par exemple, dépense somptuaire, pur gaspillage) dont on ne peut mesurer les conséquences, que parier sur l'efficacité qui engendrera du gaspillage (en maintenant par exemple hors du marché du travail une part importante de la main-d'œuvre).

L'économie classique, pensée unique, engendre un réel unique, le plus mauvais. Elle est, d'une certaine manière, la négation de la culture, bien éminemment collectif, insécable, commun. Le fait que je sois cultivé n'empêche jamais que tu le sois, et l'un et l'autre, nous le devons au patrimoine de l'humanité et non au brevet déposé sur telle expression de la langue française.

Textes

PIERRE THUILLIER

Écologistes, obscurantistes, rétrogrades et primitifs contre le progrès économique

Eux qui se moquaient des Églises, ils se comportaient comme des pontifes. Nous avons par exemple découvert un intéressant document devenu célèbre sous le nom d'« appel de Heidelberg ». C'était une sorte d'encyclique qui avait été diffusée à la veille du Sommet de la Terre organisé à Rio de Janeiro en juin 1992. Signé par cinquante-deux prix Nobel et toute une kyrielle d'hommes de science, cet « appel » était destiné aux chefs d'État et de gouvernement. On y apprenait que le militantisme écologique était « opposé au progrès scientifique et industriel ». Il fallait donc que l'écologie (au sens politique du mot) soit soumise au strict contrôle des hommes de science ; sinon, le pire était à craindre de cette « idéologie irrationnelle ». Pour que de telles interventions fussent possibles et considérées comme légitimes, il fallait évidemment que les sociétés dites avancées aient été longuement imprégnées d'un certain nombre de schémas mythiques. Aussi avons-nous jugé bon de nous pencher sur quelques « superstitions » propres à l'Occident moderne, et en particulier sur le mythe du Progrès.

La Grande Implosion, Fayard, 1995.

PATRICK VIVERET

La croissance n'est pas illimitée

Nicholas Georgescu-Roegen fut le premier à montrer que les lois de la thermodynamique s'appliquaient à l'économie parce que l'activité humaine s'inscrivait dans un univers soumis à la loi de l'entropie. Certes la terre n'est pas un système clos sur lui-même puisque notre planète reçoit le flux d'énergie solaire qui justement permet, malgré l'entropie, à la vie de se reconstituer et même de s'étendre. Mais Georgescu-Roegen a eu le mérite de rompre avec la vision d'un univers perçu comme quelque chose de répétitif, d'immuable, obéissant à de simples déterminismes, et d'introduire les notions d'irréversibilité et de seuil. Il s'ensuit que la croissance économique planétaire ne peut pas être illimitée.

Rapport au secrétaire d'État à l'Économie solidaire et sociale, janvier 2002.

JEAN-MICHEL HARRIBEY

Le chaos et les cahots du PIB

Je produis, le PIB augmente ;
tu produis, le PIB augmente aussi ;
il détruit, le PIB augmente ; elle répare, le PIB augmente encore ;
nous polluons, le PIB augmente ;
vous dépolluez, le PIB augmente ;
ils et elles (les économistes) calculent de combien le PIB augmente, le PIB augmente toujours.

N'est-ce pas formidable l'économie ? Il n'y a que des plus, jamais de moins. C'est bizarre et pourtant c'est logique. Le capital n'a qu'une raison d'être : croître et s'accumuler. Toute activité qui peut contribuer à l'accumulation a donc vocation à être investie par le capital : du plus matériel au plus immatériel, de l'objet au symbole, de l'alimentaire au culturel, du plus intime au collectif, du jouet à la santé, de l'éducation à la procréation, de l'eau à l'air, tout devient marchandise si le profit est au rendez-vous. Au besoin, on détruit pour avoir à reproduire, on pollue pour pouvoir dépolluer.

Mais il y a un hic. Même plusieurs. Le premier est que pour faire de l'argent en marchandisant tout, il faut d'abord produire la marchandise. Et pour ça, il faut salarier la main-d'œuvre. Le salariat ne cesse de s'étendre à l'échelle mondiale car le capital a faim du travail car moins il lui coûte, mieux il se porte. L'horreur du capital, c'est aussi celle qu'il engendre : 150 millions de chômeurs dans le monde, 700 millions de sous-employés, 1,2 milliard de personnes en dessous du seuil de pauvreté, autant qui n'ont pas accès à une eau potable ; les 1 % les plus riches disposent d'un revenu cumulé égal à celui des 57 % les plus pauvres ; les 225 plus grosses fortunes du monde équivalent au revenu annuel des 2,5 milliards de personnes les plus pauvres ; alors qu'il suffirait de moins de 80 milliards de dollars par an, soit environ 0,25 % du produit mondial, pour nourrir, vêtir, loger, éduquer, soigner convenablement tous les pauvres de la planète.

Le deuxième hic est qu'en comprimant les coûts salariaux, le capital veut dégager des profits et donc des capacités d'accumulation plus importants. Mais des crises de surproduction reviennent périodiquement : l'écoulement des marchandises ne procure plus assez de profit proportionnellement au capital accumulé. C'est exactement ce qui s'est passé en Asie en 1997.

La Démence sénile du capital, Bordeaux, Éditions du Passant, 2002.

ALBERT HIRSCHMANN

La « chrématistique » ou l'accumulation comme fin en soi

Montesquieu relèvera lui aussi l'exceptionnelle constance et persistance de la passion d'accumuler :

« Un commerce mène à l'autre ; le petit au médiocre, le médiocre au grand ; et celui qui a eu tant envie de gagner peu se met dans une situation où il n'en a pas moins de gagner beaucoup ».

L'auteur de *L'Esprit des lois* semble s'étonner ici que l'argent puisse échapper à ce que les économistes appelleront par la suite la loi de l'utilité marginale décroissante. C'est précisément cette question qui, quelque cent cinquante ans plus tard, retiendra l'attention du sociologue allemand Georg Simmel. Ses commentaires sont pénétrants. Chez l'homme, nous dit-il, l'accomplissement du désir présuppose normalement une connaissance intime de la chose ou de la sensation désirée, sous tous ses aspects. De cette familiarité découle la fameuse discordance entre désir et accomplissement, laquelle se traduit le plus souvent par un sentiment de déception. À cette règle il existe une seule exception : satisfaire le désir d'une quelconque somme d'argent ne s'accompagne d'aucune déception à condition que l'argent ne soit pas destiné à la dépense et que son accumulation devienne une fin en soi. En effet, « en tant que chose absolument dépourvue de qualités, il [l'argent] ne peut même pas apporter ce que recèle le plus pauvre objet – de quoi surprendre ou de quoi décevoir ».

Les Passions et les Intérêts, Paris, PUF, 1980.

Harald Duwe, *Sunday Afternoon*, 1956-1960.

ARMAND FARRACHI

Croissance et « thanatocratie »

En Union Soviétique, où l'on asséchait toute une mer en un clin d'œil, on creusait aussi les canaux à coups d'armes atomiques pour gagner du temps, sans avertir ni déplacer les populations. Entre 1966 et 1982, 115 bombes atomiques y ont explosé à des fins « pacifiques », c'est-à-dire contre les civils et contre la Terre. Ceaucescu, « le génie des Carpates », « le Danube et sa pensée », désinhibé par ses 60 000 victimes, se vantait officiellement d'une politique de « systématisation » consistant à détruire systématiquement les villes historiques et les campagnes pour regrouper la population dans des « agrovilles ». Au Tibet, les Chinois procèdent dans un même élan à la destruction des lamasseries, aux exécutions sommaires, à l'extermination de la faune sauvage et à la stérilisation forcée des femmes. Les grands groupes industriels aussi bien que les États bureaucratiques, pour encaisser les dividendes de la dictature, se livrent à l'économie de pillage et de vandalisme comme à une guerre, comme pour réaffirmer que l'exploitation forcenée de la nature n'a rien qui la distingue de l'oppression des hommes.

Les projets les plus déments et les plus ruineux sont aussi encouragés ou imposés par des organismes internationaux issus de pures démocraties. Il n'est pas exagéré d'affirmer que la Banque Mondiale, le Fonds Monétaire International, le GATT, l'OCDE, gourous de la mondialisation, c'est-à-dire de l'américanisation du monde, artisans de l'endettement perpétuel, gestionnaires du gâchis programmé, ont déjà fait plus de victimes que les associations de malfaiteurs privées, et apparemment sans plus de regrets. On ne voit d'ailleurs pas pourquoi des bandes déjà si peu soucieuses de préserver les vies humaines se montreraient plus respectueuses envers les arbres et les torrents, malgré les commissions qui leur donnent l'air de s'en préoccuper. Cette configuration économico-technocratique dirigée par des parrains pour qui la mort des autres n'est qu'un incident de parcours mérite bien le nom que lui a donné Michel Serres : une thanatocratie.

Les Ennemis de la terre, Paris, Exils, 1999.

JEAN BAUDRILLARD

L'autopsie de l'*homo œconomicus*

C'est un conte : « Il était une fois un Homme qui vivait dans la Rareté. Après beaucoup d'aventures et un long voyage à travers la Science Économique, il rencontra la Société d'Abondance. Ils se marièrent et ils eurent beaucoup de besoins ». « La beauté de l'Homo œconomicus, disait A. N. Whitehead, c'était que nous savions exactement ce qu'il recherchait. » Ce fossile humain de l'Âge d'Or, né à l'ère moderne de l'heureuse conjonction de la Nature Humaine et des Droits de l'Homme, est doué d'un intense principe de rationalité formelle qui le porte :

1. À rechercher sans l'ombre d'une hésitation son propre bonheur ;
2. À donner sa préférence aux objets qui lui donneront le maximum de satisfactions.

Tout le discours, profane ou savant, sur la consommation, est articulé sur cette séquence qui est celle, mythologique, d'un conte : un Homme, « doué » de besoins qui le « portent » vers des objets qui lui « donnent » satisfaction. Comme l'homme n'est quand même jamais satisfait (on le lui reproche d'ailleurs), la même histoire recommence indéfiniment, avec l'évidence défunte des vieilles fables.

Chez certains affleure la perplexité : « Les besoins sont ce qu'il y a de plus obstinément inconnu entre toutes les inconnues dont s'occupe la science économique. »

La Société de consommation,
Denoël, 1970.

Gérard Fromanger,
Chez le boucher
(série *Le désir est partout*),
1974.

MICHEL HOUELLEBECQ

Les oubliés de la croissance

Dans *Le Figaro* du 25 février, je relève d'intéressantes statistiques concernant le Pas-de-Calais. 40 % de la population y vit en dessous du seuil de pauvreté (chiffres de l'INSEE) ; six ménages sur dix y sont dispensés du paiement de l'impôt sur le revenu. Contrairement à ce qu'on pourrait croire, le Front national réalise des scores médiocres ; il est vrai que la population immigrée est en diminution constante (par contre le taux de fécondité est très bon, nettement supérieur à la moyenne nationale). En fait, le député-maire de Calais est un communiste, qui présente l'intéressante particularité d'être le seul à avoir voté contre l'abandon de la dictature du prolétariat.

Calais est une ville impressionnante. D'habitude, dans une ville de province de cette taille, il y a un centre historique, des rues piétonnes animées le samedi après-midi, etc. À Calais, rien de semblable. La ville a été rasée à 95 % lors de la Seconde Guerre mondiale ; et dans les rues, le samedi après-midi, il n'y a personne. On longe des immeubles abandonnés, d'immenses parkings déserts (c'est certainement la ville de France où il est le plus facile de se garer). Le samedi soir est un peu plus gai, mais d'une gaieté particulière. Presque tout le monde est saoul. Au milieu des troquets il y a un casino, avec des rangées de machines à sous où les Calaisiens viennent claquer leur RMI.

Interventions, Flammarion, 1998.

Charlie Chaplin et Paulette Goddard sur la route
dans *Les Temps modernes* (1936) de Charlie Chaplin.

11

L'autre économie

> « *Le vice de notre système social est de ne pas savoir mener de front les plaisirs et l'industrie.* »
>
> CHARLES FOURIER

Nous voilà arrivés au terme de notre étude de l'économie capitaliste. Citons contre elle notre témoin à charge dont les remontrances sont nombreuses.

Le productivisme acharné de l'économie capitaliste entraîne des pollutions grandissantes, accroît l'effet de serre, perturbe les climats, transforme la Terre en vaste bidonville, favorise la diffusion des virus, des épidémies.

Les inégalités s'accroissent de façon monstrueuse. Pauvreté et chômage de masse cohabitent avec une richesse extrême.

La compétition et la marchandisation de tous les rapports humains, de la famille, de l'éducation, du sport, de la culture détruisent tout lien social. Les individus manipulés par la publicité, soumis à l'abrutissement médiatique, aliénés dans le stress et l'alcoolisme du travail pour les plus heureux, passent à côté de leur vie.

La corruption généralisée s'installe, les mafias et les tribus dominent, les vieilles figures de l'honneur, du désintéressement, de la noblesse disparaissent au profit de la cupidité et de la vénalité généralisées.

Et la liste serait encore longue...

La parole à la défense

« L'espérance de vie augmente dans tous les pays. La culture est mieux diffusée, la santé meilleure qu'autrefois. L'analphabétisme disparaît. Certes, certains pays sont mieux dotés que d'autres : mais l'émergence de pays comme l'Inde ou la Chine, l'Inde notamment qui a pratiquement résolu son problème endémique de malnutrition, laisse augurer de lendemains qui chantent. »

Oui, le capitalisme détruit, et souvent de façon irréversible. Mais la disparition des ours et des loups n'est-elle pas compensée par l'allongement de l'espérance de vie des hommes ? Et que signifie la disparition des espèces animales ou végétales, quand la quasi-totalité de ces espèces (dont une grande partie vit en Amazonie) est encore totalement ignorée ? Qu'était la flore sous-marine pour nos ancêtres incapables d'aller sous l'eau ? Certes, le climat se dégrade, mais le progrès corrigera toujours ses propres dégâts. Regardez, le trou d'ozone est en train de se résorber, grâce à une politique vigoureuse[1]. Enfin, vous dites que le capitalisme engendre la violence et la solitude : croyez-vous que la société romaine n'était pas violente ? Avez-vous entendu parler de la croisade des Albigeois ? De l'extermination des Perses par Alexandre ? De la Saint-Barthélemy ? Pensez-vous que l'extermination des Indiens de Cuba et des Antilles par les Espagnols fut le fait de « capitalistes » ?

Heureusement, notre témoin à charge ajoute un autre argument, imparable : « Le progrès, le savoir, la culture, les inventions, l'art, la civilisation sont la part gratuite de l'humanité. C'est parce que l'humanité réagit gratuitement aux destructions marchandes qu'elle progresse. C'est parce qu'elle invente la prophylaxie après la peste de 1720 à Marseille, parce qu'elle nettoie les plages polluées après le naufrage de l'Erika... »

« Heureusement, dans la dialectique marchand-gratuit, le gratuit finit par triompher ». Mais sommes-nous condamnés éternellement à réparer, puis dépasser les dégâts liés à la cupidité ?

Beaucoup de penseurs se sont penchés sur la question d'une meilleure organisation de l'économie. Ce sont les socialistes utopiques (Fourier, Saint-Simon, Bazard, Enfantin, Proudhon, Silvio Gesell, Jacques Duboin). Leur lecture est autrement passionnante que celle des

[1] D'après Hubert Reeves.

Friedman ou des Buchanan. Ils ont parfois proposé des « utopies », des « meilleurs des mondes ». Méfions-nous des « meilleurs des mondes » car ce sont des prisons. Lorsque Fukuyama dit que le marché est indépassable, il pense : vous êtes à jamais en prison. Vous n'aurez jamais l'espoir d'aller au-delà du marché.

Mais nous n'avons pas la prétention de réfléchir au « meilleur des mondes ». Laissons cela aux concepteurs de panoptiques. Simplement, ayant pris acte de la grande puissance du modèle libéral et des forces collectives qui le limitent, réfléchissons à la viabilité de formes économiques autres que marchande, et pouvant cohabiter avec elle. Après, tout est question de morale : à chacun de savoir s'il achète des objets produits à la sueur d'enfants martyrisés, de la nourriture empoisonnée par des agriculteurs, s'il préfère se déplacer à vélo ou en 4x4 en plein centre ville.

L'autre économie

Ainsi l'humanité laisserait la proie de la vie pour l'ombre du capital, l'être pour l'avoir... Est-il vrai, comme le pensaient Horkheimer et Adorno[2], que, croulant sous les biens matériels, elle sombrerait dans une autre forme de barbarie, marquée par un abrutissement généralisé, le grand fournisseur de drogue quotidienne étant la télévision à travers l'« *entertainment* », cocktail d'abrutissements – le « Loft », les *soap movies,* les sitcoms aux rires forcés, la guerre du Golfe vue à travers l'état-major américain et autres merveilleuses émissions – coulant en continu du sein de la folle du logis ? Existe-t-il une autre économie ? Une économie alternative à l'économie de marché tournée vers l'accumulation éternelle ? Depuis que la science économique existe, des philosophes (Marx), des autodidactes (Fourier), des ingénieurs ou des hommes d'affaires (Saint-Simon, Gesell) ont essayé d'imaginer une autre économie. Parfois, ils ont tenté de la mettre en œuvre dans des phalanstères, ou des Sels. « Le monde n'est pas une marchandise », le slogan des altermondialistes réunis à Seattle ou Gênes est déjà un programme : refuser de soumettre la vie au diktat des marchands et particulièrement des multinationales, qui creusent le monde comme par une vis sans fin pour en extraire une illusoire valeur, au prix même de la vie. La seule

[2] Max Horkheimer, Theodor Adorno, *La Dialectique de la raison*, Gallimard, coll. « Tel », 1983.

alternative économique au libéralisme dura soixante-dix ans, de 1917, révolution d'Octobre, à 1991, chute du mur de Berlin. Elle implosa dans un ultralibéralisme sauvage et mafieux… Retour à la case moins que départ.

Carlo Carra, *Manifestation interventionniste*, 1914.

Tant qu'on se situe au plan des idées, celles des altermondialistes ou des alter-économistes sont merveilleuses. Ainsi « reconnaître le caractère diversifié des activités humaines », c'est accepter qu'il y ait d'autres activités que le travail et que celui-ci ne soit plus l'aune de toute activité, l'étalon de toute façon de vivre. Par exemple, les retraités sont entretenus par les actifs, les travailleurs. Leur vie ne vaut que le temps de travail que les actifs acceptent de leur céder. « La vie est action, non production », dit Dominique Méda en citant Aristote, et ajoute, s'inspirant cette fois de Hannah Arendt et de Jürgen Habermas : « Il y a quatre activités : les activités amicales, familiales, amoureuses ; les activités productives, qui permettent la reproduction élargie des conditions de vie individuelles et sociales ; les activités culturelles, la formation de soi à titre gratuit, l'apprentissage ; et les activités politiques. »[3] Pourquoi ne pas mettre sur le même plan différentes utilisations du temps de vie ? L'acceptation de différentes activités, aussi nobles les unes que les autres, suppose qu'il n'y ait pas qu'une raison, dominante, ubiquitaire, la raison économique calculatrice, mécanique

[3] Dominique Méda, *op. cit.*, p. 153.

et que le raisonnable prenne le pas sur la rationalité[4]. C'est parce qu'ils étaient considérés comme économiquement parasitaires que le clergé et la noblesse ont été éliminés par la révolution bourgeoise. Ceux qui ne veulent pas se soumettre à la raison économique ne sont-ils pas considérés aujourd'hui comme les « nouveaux parasites », tels ces fonctionnaires, policiers, juges, enseignants, dont la rémunération répond encore à un statut et non à un marché ? Cet ultra-individualisme calculateur auquel nous soumet la raison marchande est sans doute le contraire de l'épanouissement individuel, la mort de toute liberté, de tout hasard, la soumission de chacun à la musique éternelle des prix, des marques, des slogans d'achat, tandis que nous tournons comme des hamsters dans la petite roue de notre « vie active », à tuer le temps en le transformant en marchandise.

L'économie n'est-elle que du « divertissement » pascalien, le moyen d'oublier la mort ? Le 11 septembre, dans le World Trade Center, avant de mourir, les victimes ne passaient pas des ordres de vente mais téléphonaient à leurs proches pour leur exprimer leur amour. « Face à la mort, les deux passions les plus puissantes ne sont pas la richesse et la puissance mais le sens (et la connaissance) et l'amour (ou la reconnaissance)... Face à l'épreuve, c'est le don qui exprime le mieux la solidarité interhumaine ». L'économie semble avoir pour fonction d'éliminer le don, de grignoter sans cesse cette notion fondamentale de l'anthropologie.

L'autre économie est l'économie solidaire. Elle peut cohabiter avec l'économie de marché (ce qu'elle fait aujourd'hui, dans les associations par exemple, les Sels...) mais elle a vocation à la supplanter au fur et à mesure que le désir d'être se substituera au désir d'avoir. Elle vit fort bien, en revanche, à côté de l'économie publique. Elle peut, pour reprendre la formule de Polanyi, formule que l'on retrouve très fréquemment chez les alter-économistes, chercher à remettre l'économie à sa place, à la réencastrer dans le social.

Le commerce équitable, par exemple, est un commerce qui respecte le droit du travail dans tous les pays. Il refuse les bananes produites dans des plantations où on arrose les travailleurs aussi bien que les arbres d'insecticides, tout comme les textiles produits par des enfants. Il s'efforce, sur une base collective et mutualiste, d'encourager les artisans,

---

4 Serge Latouche, *La Déraison de la raison économique*, Albin Michel, 2001.

les associations, les coopératives, les associations de services sociaux (soins, santé, services aux personnes âgées). Mais l'autre économie doit s'attaquer à la monnaie, à la répartition et à la propriété.

La monnaie « fondante » et les Sels

Les Sels (systèmes d'échanges locaux, *Lets* dans les pays anglo-saxons, « *local exchange trade system* »), les banques du temps italiennes, les réseaux latino-américains de troc multiréciproque, sont en marge de la société marchande. En France, on compte environ 320 Sels, regroupant quelque 30 000 personnes. Les Sels sont des associations, souvent de fait, dont les membres mettent des biens et services en commun. Un catalogue des offres et des demandes est publié et mis à jour. Dans les Sels, une monnaie est créée par leurs membres, qui permet de mettre en branle des activités qui n'auraient pas existé sans elle : garde d'enfant, travaux de réparation ou travaux des champs... En général, l'étalon de cette monnaie est l'heure de travail. L'Italie compte 300 banques du temps où quelques dizaines de personnes s'inscrivent sur un fichier central et décrivent leurs compétences et leurs besoins. Aux États-Unis, le système du *time-dollar* permet à une personne d'obtenir un « crédit-temps » sur d'autres en leur fournissant aujourd'hui un service. En Argentine, la crise a engendré la création de nombreuses monnaies locales dans des communautés fonctionnant selon les principes du Sel, et près de 8 000 clubs de troc.

Cette création monétaire n'est pas très bien vue par les autorités monétaires, comme la Banque de France, qui considère qu'il s'agit d'une forme de faux-monnayage, mais en général laisse faire, vu la faiblesse des échanges. Mais cette monnaie est très particulière : c'est une pure monnaie d'échange, une « monnaie fondante », qui ne peut servir qu'à l'échange. Elle ne peut être accumulée et ne peut donc pas produire d'intérêt, servir au prêt et à l'exploitation du travail. Fondamentalement, le Sel se réfère à une simplification d'échange, au-delà du bilatéralisme du simple troc. Cette monnaie fondante limite considérablement la croissance, ce qui est une bonne chose. Elle anime un potentiel déjà existant sur un espace assez limité, sans susciter d'accumulation par une frénésie de labeur. Les Sels évitent un gaspillage. Comme le soulignait Jacques Duboin, rien n'est plus absurde qu'une situation où il existe un désir de produire et d'échanger, des matériaux pour le faire, des techniques pour le réaliser et que tout cela soit impossible en raison de l'absence de crédits. La rareté de la monnaie, le refus de l'affecter à certains gens estimés trop pauvres ou peu dignes de confiance, donnent naissance à ce crédit de proximité.

Les monnaies affectées

Les monnaies « dédiées » ou « affectées » regroupent la totalité des moyens de paiement affectés à des usages spécifiques, comme les tickets-restaurants, les chèques-loisirs, les titres emploi-service, les cartes de téléphone... Ces monnaies ont en général une durée d'usage limitée (un an par exemple pour les tickets-restaurants) et ne peuvent faire l'objet de thésaurisation ou de spéculation. La monnaie affectée semble avoir un grand avenir dans l'économie sociale. Patrick Viveret[5] suggère de généraliser ce type de monnaies et même de créer une carte à puce permettant de faire des transactions affectées. Le contenu de la carte serait défini localement, dans des budgets participatifs votés par quartier, par exemple... Mais on peut aussi envisager des monnaies affectées circulant par le biais d'Internet, « permettant l'accès à des produits ou à des services du commerce équitable, d'économie sociale et solidaire »[6]. Le projet Sol est né d'un groupe de travail associant des mutuelles de santé et d'assurance et des acteurs de l'économie solidaire. Concrètement, un citoyen recevrait des Sols en achetant certains biens et produits de l'économie sociale et solidaire et du commerce équitable, ou en ayant un comportement civique tendant à réduire les destructions. Le Sol fonctionnerait en économie fermée et serait inconvertible.

Les idées de Jacques Robin vont dans le même sens, lui qui définit trois types de monnaies permettant d'aller vers une autre économie. Une monnaie thésaurisable, à péremption longue, resterait l'instrument d'échange et d'investissement du secteur marchand (l'euro, soumis à de sérieuses conditions de régulation financière). Ensuite, une monnaie non thésaurisable, de péremption courte, autrement dit, de consommation immédiate, aurait pour objectif d'assurer à chacun une vie décente et combinerait les avantages respectifs de l'allocation univer-

5 « La pluralité des moyens d'échange et de paiement », par Philippe Merlant et Patrick Viveret, in *Sortir de l'économisme*, Éditions de l'Atelier, Paris, 2003, p. 149-154.

6 Viveret, Pré-Rapport, *op. cit.*, p. 33.

selle et des « revenus de citoyenneté »[7]. Enfin, une monnaie de l'économie solidaire, monnaie destinée au « secteur de production de l'homme » ou de « production de biens relationnels ».

Le revenu minimum universel

Après la monnaie, la répartition ! L'autre économie pense qu'il faut « assurer la distribution inconditionnelle d'un revenu minimum pour tous »[8]. Sur cette question de l'allocation universelle ou du « revenu universel », les idées sont très partagées. Une partie de l'autre économie, dont André Gorz, la soutient. Cette idée a aussi les faveurs de philosophes libéraux, comme John Rawls ou Philippe Van Parijs. Pour d'autres économistes de « gauche », l'idée d'un revenu universel est insupportable, car elle exclurait de fait une partie de l'humanité du travail et de la société. La position d'André Gorz est particulièrement intéressante car, longtemps hostile au revenu d'existence inconditionnel, il y est devenu favorable.

Son hostilité s'expliquait par le caractère « socialisant » du travail. Le travail nous tire de la solitude, il est une dimension de la citoyenneté, il donne le sentiment d'être capable de faire ce dont la société a besoin. Il possède une forte dimension collective. Cependant, non seulement la quantité de travail fournie diminue, mais le travail mesure de plus en plus difficilement la valeur, du fait de son contenu fortement immatériel, non « chronométrable ». Le travail-emploi continu et payé au temps régresse. Néanmoins, l'idée d'un droit inconditionnel à un revenu de base suffisant, afin de permettre d'exercer ce que Rawls appelle les libertés fondamentales (éducation, culture, logement, santé, sécurité), soulève une grave objection. Ce droit ne va-t-il pas produire une masse d'oisifs vivant du travail des autres ? Ces autres devraient au moins exiger que l'oisiveté soit interdite et que le revenu minimum soit assorti d'une obligation civile minimale, un *workfare* d'utilité sociale. Quel contenu, alors, donner à ce travail obligatoire ? On peut imaginer un travail d'intérêt général type « TUC » dans la sphère publique. L'intérêt des TUC, c'est que leur rémunération s'apparente à celle de chèques type commerce équitable. On paye quelqu'un, mais pour qu'il fasse

---

7 Merlant, Viveret, *op. cit.*, p. 151.

8 Voir Jacques Robin, in *Sortir de l'économisme*, sous la direction de Philippe Merlant, René Passet, Jacques Robin, Éditions de l'Atelier, Paris, 2003, p. 29.

quelque chose d'utilité collective ou prioritaire. Si l'on veut que l'allocation universelle serve au développement d'activités bénévoles, artistiques, culturelles, familiales, il faut qu'elle soit garantie inconditionnellement à tous. Typiquement, la retraite par répartition est une « allocation universelle » puisqu'elle est garantie à tous, sans contrepartie.

L'allocation universelle est la mieux adaptée à une évolution qui fait, pour reprendre la phrase de Marx, « du niveau général des connaissances, la force productive principale », et réduit le temps de travail immédiat à peu de chose, eu égard à tout ce qui constitue les détours de production, les investissements matériels et intellectuels accroissant la productivité du temps. « Pour chaque heure de travail immédiat, combien faut-il de semaines ou d'années, à l'échelle de la société, pour la formation initiale, continue, la formation de formateurs... Dans l'économie de l'immatériel, le travailleur est à la fois la force de travail et celui qui la commande. »[9] Impossible de la détacher de sa personne, comme l'énergie peut l'être de l'animal de trait. L'allocation universelle correspond à notre économie, où un volume croissant de « richesse » immatérielle est produit avec un volume décroissant de travail. Dans cette société, le pouvoir d'achat d'une partie croissante de la population diminue. Le chômage, la pauvreté, se répandent. Au fond, on n'a pas le choix : de plus en plus de

Juan Miró,
Personnages dans la nuit, 1942.

[9] Gorz, *op. cit.*, p. 130.

richesse, de moins en moins de travail, de plus en plus d'exclus... L'allocation universelle permettra de détacher définitivement le travail du salaire. En fait, elle prendra acte de la fin du travail et distribuera des droits à consommer sur le volume des richesses socialement produites. C'était déjà l'idée de Jacques Duboin, qui parlait de « revenu social ». Ce revenu n'avait plus rien à voir avec la « valeur » propre du travail (le minimum vital, les produits nécessaires à la reproduction de la force de travail dont parlaient Marx et Ricardo), mais correspondait aux besoins, désirs et aspirations que la société se donnait les moyens de satisfaire. Ce revenu social supposait, selon Duboin, la création d'une monnaie de consommation, non thésaurisable, ensemble de droits sur les biens que l'on devait immédiatement exercer.

L'allocation universelle n'a rien à voir avec un impôt négatif s'ajoutant au RMI, ou avec la « prime à l'emploi » inventée par le gouvernement Jospin. En effet, cette prime, destinée aux Rmistes pour se substituer à de faibles revenus de redistribution (allocations familiales, de logement, de maladie) qui n'étaient pas cumulables avec ce RMI, avait pour fonction de forcer les chômeurs à accepter des emplois au rabais, pénibles, déconsidérés. C'est la fonction actuelle du RMA (le Revenu minimum d'activité) qui ajoute le paiement de 20 heures de salaire par semaine au RMI et crée de fait un sous-Smic. Le RMA est une notion libérale : le chômage est dû à ce que de nombreux emplois de faible qualification ne sont pas rentables quand ils sont normalement payés. On subventionne ces emplois en permettant le cumul d'un revenu social de base insuffisant pour vivre avec un revenu du travail également insuffisant. Au fond, on reprend d'une main le Smic qu'on donne de l'autre. « On crée de la sorte un deuxième marché du travail, protégé contre la concurrence des pays à bas salaire, mais aussi contre les dispositions du droit du travail... »[10] Le RMA est une prime à la flexibilité, à la croissance des *working poors*, à la précarisation. En fait, « on stigmatise les chômeurs comme des incapables ou des fainéants que la société contraint au travail pour leur propre bien. La société se rassure sur la cause du chômage : la cause, c'est les chômeurs eux-mêmes. » Qu'est-ce que le RMA, sinon une subvention aux employeurs ?

---

[10] *Ibid.*, p. 132.

L'allocation universelle est à l'opposé. Elle veut affranchir les citoyens des contraintes du marché du travail. Elle doit permettre à chacun de choisir son temps. Elle ne peut se comprendre sans un double système : des biens fondamentaux comme l'éducation, la culture, la santé, qui me sont attribués par une monnaie affectée, des chèques culture par exemple, et des biens autres, disons superflus ou de luxe, que je choisis d'acquérir en vendant mon temps.

La propriété

> *« La propriété c'est le vol. »*
>
> Pierre Joseph Proudhon

Dernier pilier du système à ébranler : la propriété. Internet a permis la progression de phénomènes comme Napster (logiciel de partage de fichiers musicaux) qui sont de véritables atteintes au droit de propriété (comme la photocopie est une atteinte aux droits d'auteur et d'éditeur), et surtout de phénomènes comme le logiciel libre, totalement inadmissibles et incompréhensibles par l'économie capitaliste.

Les défenseurs du logiciel libre (comme Linux) sont dans l'autre économie. Au départ, des informaticiens passionnés, des *geeks,* lancent un projet sur le Net, pour échapper au diktat de Microsoft qui fonctionne selon la vieille économie : rareté et péage. L'amélioration du logiciel est menée par une communauté d'utilisateurs potentiels éparpillés dans le monde, qui fonctionne selon le principe du plaisir et du don. Chacun apporte sa pierre au logiciel. Au total, celui-ci se révèle bien plus efficace que le logiciel concocté dans le secret et protégé par un brevet, Microsoft, à tel point que de grands groupes comme IBM l'ont adopté.

Le logiciel libre retrouve une vieille lune de l'anticapitalisme : la société coopérative. Des ouvriers, des artisans, unissent leurs efforts pour produire un bien en se redistribuant les profits.

L'information semble être un « bien », une dimension de l'humanité, inépuisable, non polluante et susceptible de croître à l'infini. Elle peut être fournie par les uns sans qu'ils s'appauvrissent, chose qui est inadmissible pour l'économie de marché, fondée sur la rareté et l'exclusion. Elle recèle l'abondance et la propriété collective...

TEXTES

JACQUES DUBOIN

Trois principes d'un « revenu social »

Réduisons l'ambition à tenter de nous mettre d'accord sur quelques principes généraux, puis à examiner s'ils pourraient servir de base à une économie rationnellement organisée. Voici quel pourrait être le premier :

• L'homme possède le droit à la vie, car il le tient des lois de la nature. Il a donc droit à sa part dans les richesses du monde. Grâce à son travail, il pourrait se procurer cette part et ainsi gagner sa vie. Il le pourra désormais de moins en moins, car son travail est progressivement éliminé par un gigantesque appareil de production qui rend tous les jours le labeur humain un peu moins nécessaire. Cependant les progrès techniques qui se succèdent, en libérant de plus en plus l'homme de ses occupations matérielles, ne doivent pas le priver des biens créés sous prétexte que son travail n'a pas été nécessaire.
En effet, si l'homme est dénué de moyen d'existence, son droit à la vie devient un leurre. Mais si l'homme a inventé la machine pour travailler à sa place, n'est-il pas juste qu'elle travaille pour lui ? [...]
La fortune des hommes de notre temps réside dans l'efficience des techniques qui permettent de créer ces richesses. Nous avons donc tous le droit de profiter des découvertes de nos devanciers ; d'où ce deuxième principe :

• L'homme est l'héritier d'un immense patrimoine culturel qu'il trouve aujourd'hui en naissant, car l'équipement agricole et industriel n'est qu'une œuvre collective poursuivie pendant des siècles par une foule innombrable de chercheurs et de travailleurs, tacitement associés pour l'amélioration continuelle de la condition humaine. Cependant, si l'homme est l'héritier de ce prodigieux patrimoine, il n'est que l'usufruitier des richesses qu'il permet de créer. Sous quelle forme pourrait-il en percevoir sa part ? Écartons la fameuse prise au tas, qui se concilie mal avec l'ordre qui doit régner dans une économie rationnelle. [...] Dans le monde moderne, la part d'usufruit ne se conçoit que sous la forme de pouvoir d'achat, donc de monnaie, puisqu'elle ne constitue plus qu'un titre de créance. Il faut que tout le monde possède de l'argent pour vivre, comme tout le monde a de l'air pour respirer ; d'où ce troisième principe :

• Les droits politiques ne suffisent plus à assurer la liberté des hommes, car, pour vivre, il faut avoir de quoi vivre. Les droits du citoyen doivent se compléter des droits économiques du consommateur, concrétisés par un « revenu social » auquel il aura droit du berceau au tombeau.

Les Yeux ouverts, Geheber, 1955.

RAOUL VANEIGEM

Perdre sa vie à la gagner

Le travail a été ce que l'homme a trouvé de mieux pour ne rien faire de sa vie. Il a mécanisé où il s'agissait d'inventer une constante vivacité. Il a privilégié l'espèce aux dépens de l'individu comme s'il fallait, pour perpétuer le genre humain, renoncer à la jouissance de soi et du monde et produire sa propre inhumanité.
L'état de délabrement planétaire, auquel a mené la transformation de la nature en une matière morte, mériterait d'illustrer dans les futurs musées de la barbarie archaïque l'avertissement salutaire : « Apprenez à créer, ne travaillez jamais ! »
L'aristocratie des anciens régimes tenait pour ignoble l'activité laborieuse. C'était à juste titre et pour de mauvaises raisons.
Affublés de titres seigneuriaux qu'ils imputaient à quelque mandat céleste, les rois, princes, sacerdoces et hobereaux se prémunissaient de la sorte du sentiment d'être ni plus ni moins que des propriétaires travaillant à faire besogner leurs terres, des laborieux de l'esprit régnant sur le corps, des pions disposés sur l'échiquier de l'ordre et du désordre économiques en position privilégiée de tâcheron intellectuel.
La bourgeoisie, affranchie du mépris dont l'accablait la prétendue noblesse, auréola le travail d'une gloire que le prolétariat – ou du moins ses représentants – s'empressa de revendiquer alors qu'il en était la plus infortunée des victimes. Un tel malentendu fut sans doute moins étranger qu'on ne le croit à la longue résignation des travailleurs.

Nous qui désirons sans fin, Paris, Le Cherche Midi, 1996.

JEAN BAUDRILLARD

« Nous qui sommes devenus l'excrément du temps »

Le temps libre, c'est peut-être toute l'activité ludique dont on le remplit, mais c'est d'abord la liberté de perdre son temps, de le « tuer » éventuellement, de le dépenser en pure perte (c'est pourquoi dire que le loisir est « aliéné » parce qu'il n'est que le temps nécessaire à la reconstitution de la force de travail – est insuffisant. L'« aliénation » du loisir est plus profonde : elle ne tient pas à sa subordination directe au temps de travail, elle est liée à L'IMPOSSIBILITÉ MÊME DE PERDRE SON TEMPS). [...]
Sisyphe, Tantale, Prométhée : tous les mythes existentiels de l'« absurde liberté » caractérisent assez bien l'estivant dans son décor, tous ses efforts désespérés pour mimer une « vacance », une gratuité, une dépossession totale, un vide, une perte de lui-même et de son temps qu'il NE PEUT PAS atteindre – objet pris qu'il est dans une dimension définitivement objectivée du temps.
Nous sommes à une époque où les hommes n'arriveront jamais à perdre assez de temps pour conjurer cette fatalité de passer leur vie à en gagner. Mais on ne se débarrasse pas du temps comme d'un sous-vêtement. On ne peut plus ni le tuer ni le perdre, pas plus que l'argent, car ils sont tous deux l'expression même du système de la valeur d'échange. Dans la dimension symbolique, l'argent, l'or sont de l'excrément. Il en est de même pour le temps objectivé. Mais en fait, il est très rare, et, dans le système actuel, logiquement impossible de rendre ni l'argent ni le temps à leur fonction « archaïque » et sacrificielle d'excrément. Ce qui serait vraiment s'en délivrer sur le mode symbolique. Dans l'ordre du calcul et du capital, c'est d'une certaine façon précisément l'inverse : objectivés par lui, manipulés par lui comme valeur d'échange, c'est nous qui sommes devenus l'excrément de l'argent, c'est nous qui sommes devenus l'excrément du temps.

La Société de consommation, Denoël, 1970.

MICHEL AGLIETTA ET ANDRÉ ORLÉAN

La rareté n'est pas une fatalité, et moins encore « une donnée naturelle »

Il faut bien comprendre que la rareté n'est aucunement une donnée naturelle qu'on pourrait mesurer à l'aide d'indicateurs objectifs comme, par exemple, le niveau de vie moyen de la population considérée. De même, on commettrait une méprise totale en disant que plus une société est prospère, moins la rareté y est présente. Il en est tout autrement. La rareté désigne une forme d'organisation spécifique, instituée par le marché, qui fait dépendre, dans des proportions inconnues des autres sociétés, l'existence de chacun de sa seule capacité à acquérir des objets sans qu'il puisse attendre un secours d'autrui. Apparaît ici le fait que la liberté et l'indépendance par rapport aux autres qu'institue si puissamment la séparation marchande peut tout aussi bien prendre la forme de la solitude et de l'exclusion. Le manque, la pénurie ou la famine pour certains alors que d'autres bénéficient de plus qu'ils n'ont besoin, loin d'être considérés comme des scandales, y sont analysés comme l'expression de régulations sociales tout à fait légitimes. C'est une réalité profondément étonnante, et même scandaleuse, aux yeux des peuples antérieurs, habitués à valoriser l'identité sociale des êtres.

Marshall Sahlins le décrit merveilleusement dans un ouvrage admirable. Étudiant les peuples de chasseurs-cueilleurs, c'est-à-dire une des sociétés les plus anciennes du globe puisqu'elle remonte au paléolithique, il montre que ces sociétés, paradoxalement, connaissent l'abondance. Certes, le niveau de vie y est très modeste mais personne n'y meurt de faim, car la coutume du partage et de l'entraide y domine la vie sociale. Dans ces sociétés, « aucune relation entre l'accumulation de biens matériels et le statut social n'a été instituée ». On peut même dire que toute l'organisation communautaire vise à « limiter la propriété des biens matériels ». C'est dans nos sociétés que la rareté s'impose comme une puissance autonome, sans appel, qui règle la vie des individus, sans considération pour leur dignité sociale : « C'est nous et nous seuls qui avons été condamnés aux travaux forcés à perpétuité. La rareté est la sentence portée par notre économie, et c'est aussi l'axiome de notre économie politique… L'homo œconomicus est une invention bourgeoise ; il n'est « pas derrière nous, disait Mauss, mais devant nous comme l'homme moral ». Les chasseurs-collecteurs n'ont pas bridé leurs instincts matérialistes ; ils n'en ont simplement pas fait une institution.

La Monnaie, entre violence et confiance, Paris, Odile Jacob, 2002.

JOHN MAYNARD KEYNES

La liberté naît quand l'économie meurt

On connaît l'épitaphe traditionnelle qu'une vieille femme de ménage avait fait inscrire sur sa tombe :

« Ne vous lamentez pas sur moi, amis, ne me pleurez jamais,

Car je m'en vais me reposer à jamais pour l'éternité. »

Tel était son paradis. Comme d'autres qui aspirent au loisir, elle s'imaginait combien il serait agréable de passer le temps à écouter secrètement de la musique, car son poème comportait un autre couplet :

« Les cieux résonneront de psaumes et de douces mélopées,

Mais je n'aurai pas même la peine de chanter. »

Et pourtant cette vie ne sera tolérable que pour ceux qui prendront part au chant – et combien peu d'entre nous savent chanter ! Ainsi, pour la première fois depuis sa création, l'homme sera confronté à son problème véritable et permanent : quel usage faire de sa liberté, une fois dégagé de l'emprise des préoccupations économiques ? Comment occuper les loisirs que la science et l'intérêt composé auront conquis pour lui, comment vivre sagement, agréablement et bien ?

« Théorie générale de l'emploi », trad. Nicolas Postel, *La Pauvreté dans l'abondance*, Gallimard, coll. « Tel », 2003.

Vanessa Bell, *The Memoir Club*, 1943. Keynes en compagnie de membres du Bloomsbury group, dont E. M. Forster et Virginia Woolf (portrait au mur).

RAOUL VANEIGEM

Quand le vivant ne créera plus que de la vie…

Issu d'un accouplement entre la surconsommation de produits nuls et non avenus et l'agencement officieux du besoin de les acheter, l'engrossement du secteur tertiaire a enfanté d'une bureaucratie parasitant la société active, la tétanisant par ses ponctions financières.

Porcs.

Une réaction en sens contraire prescrit d'en revenir au secteur primaire, traditionnellement affecté à l'entretien de la survie et que démantèlent les intérêts d'un capitalisme usuraire.
L'essentiel, cependant, ne suffit plus à l'existence. Non seulement le confort et l'aisance grâce auxquels la survie escomptait tromper son ennui ont déçu les espérances, mais il est né de la richesse factice dont s'affublait le quotidien un sentiment de pauvreté vécue que rien ne pourra effacer si ce n'est la vie redécouverte et recréée.

Le minimum vital ne se borne plus dès maintenant aux moyens de se loger, de se nourrir, de se vêtir, de se déplacer, de s'instruire, de se rencontrer. Il entre dans les contingences du néocapitalisme de nous combler sur l'accessoire. Il nous rendra la fraîcheur des légumes et des fruits en place des cultures chimiques, la saveur du bœuf en pâture au lieu des vaches martyrisées dans ces élevages concentrationnaires qui servent de modèle à l'ordonnancement des banlieues et des écoles. Il extirpera des paysages les tumeurs bétonnées dont les affligèrent les intérêts immobiliers et réinventera l'art d'habiter. Il épurera l'air des nuisances chimiques et nucléaires. Il ralliera à lui ceux qui n'ont pas résolu de mourir avec un monde qui se meurt. Mais de tous ces bienfaits il ne restera qu'un immense désenchantement si nous n'apprenons pas dès maintenant à prélever dans ce que l'économie nous lègue de plus aimable et de plus redoutable de quoi affiner sans trêve nos désirs d'une vie plus humaine. Jusqu'à cet état de grâce où le vivant ne crée partout que la vie.

Nous qui désirons sans fin, Paris,
Le Cherche Midi, 1996.

MICHEL HOUELLEBECQ

Incapacité du socialisme et du capitalisme à une morale altruiste

L'anecdote est peut-être apocryphe, mais je l'aime beaucoup : ce serait Robespierre qui aurait insisté pour ajouter le mot « fraternité » à la devise de la République. Comme s'il avait senti, dans une intuition fulgurante, que la liberté et l'égalité étaient deux termes antinomiques ; qu'un troisième terme était absolument indispensable. Même intuition dans les derniers temps lorsqu'il tente d'engager le combat contre l'athéisme, de promouvoir le culte de l'Être Suprême (ceci en plein milieu des périls, de la disette, de la guerre extérieure et civile) ; on peut y voir une préfiguration du concept comtien de Grand Être. Plus généralement, je crois peu vraisemblable qu'une civilisation puisse subsister longtemps sans religion quelconque (en précisant bien qu'une religion peut être athée, comme l'est par exemple le bouddhisme). La conciliation raisonnée des égoïsmes, erreur du siècle des Lumières à laquelle les libéraux continuent à se référer dans leur incurable niaiserie (à moins que ce ne soit un cynisme, qui d'ailleurs, reviendrait au même) me paraît une base d'une dérisoire fragilité. Dans l'entretien dont vous parlez, je me décrivais comme « communiste mais non marxiste » ; l'erreur du marxisme a été de s'imaginer qu'il suffisait de changer les structures économiques, que le reste suivrait. Le reste, on l'a vu, n'a pas suivi. Si par exemple les jeunes Russes se sont si rapidement adaptés à l'ambiance répugnante d'un capitalisme mafieux, c'est que le régime précédent s'était montré incapable de promouvoir l'altruisme. S'il n'y est pas parvenu, c'est que le matérialisme dialectique, basé sur les mêmes prémisses philosophiques erronées que le libéralisme, est par construction incapable d'aboutir à une morale altruiste.

Interventions, Flammarion, 1998.

Conclusion

Éloge de la gratuité

Nous avions commencé avec la question de la rareté et du partage, nous terminons avec une note d'optimisme concernant l'abondance : celle de la culture et de la connaissance. Difficile de parler d'abondance quand plus d'un milliard d'humains n'a pas d'accès direct à l'eau ! La question de l'eau, précisément, montre que le problème économique est loin d'être résolu.

Et pourtant, il faudra bien un jour que l'humanité lutte pour ce qu'elle peut avoir en abondance – donc ne lutte plus, car on ne lutte pas pour ce qui est abondant – et non plus pour ce que l'activité économique raréfie de façon dramatique. Le capitalisme organise la rareté, le besoin et la frustration. Les générations passent, s'« enrichissent » (accumulent des objets et des déchets), mais leur frustration, leur peur de l'avenir et du manque ne paraît pas diminuer. Aujourd'hui, la hausse des taux d'épargne en France est le fait de générations vieillissantes, apeurées par les réformes de la retraite. Les économistes racontent que le fonctionnement des sociétés est naturel, que l'échange marchand est primordial et naturel, que la compétition est, elle aussi, quelque chose de naturel, qu'on ne peut avoir raison contre les marchés. Si, par marchés, on entend la « ronde des puissants » (analystes, experts, multinationales, banques d'affaires, agences de notation, journalistes financiers, hommes politiques), c'est vrai. Mais rien n'est moins naturel qu'un marché, organisé, créé, institutionnalisé au profit d'intérêts très particuliers, et rien n'est moins efficace non plus. L'histoire, la genèse des marchés, des produits, des inventions, leurs relations avec la sociologie, l'anthropologie, les mœurs, la psychologie, la géographie, la politique : telle devrait être la bonne analyse économique, privilégiant l'histoire des faits. Tout le reste n'est qu'idéologie ou, au mieux, mauvaise psychologie. Laissons les interminables arguties sur la rationalité aux psychologues et aux philosophes. Ils en parlent beaucoup mieux que les économistes coincés dans leur pauvre analyse « coûts-bénéfices ».

Pour comprendre les phénomènes économiques, rien de tel qu'une plongée dans une discipline comme l'histoire, qui n'a pas de prétention à la fabrication de lois. Afin de saisir pourquoi la fécondité s'est effondrée dans les pays occidentaux, on peut lire le prix Nobel Gary Becker et ses délires sur le calcul économique des couples choisissant entre la qualité et la quantité des enfants (je jure que je n'invente rien) ou le merveilleux Philippe Ariès[1] qui a eu la patience d'étudier le lent mouvement de contrôle des naissances en France. La mise en relief des problèmes économiques par l'appel à l'anthropologie ou à l'histoire est toujours fructueuse. Pour comprendre la Sécurité sociale, le chômage ou le travail aujourd'hui, rien de tel qu'une plongée dans l'histoire de la protection, de la pauvreté et des corporations.

Le grand débat était, en filigrane de ce livre, celui du « marchand » et du « gratuit ». L'homme n'est ni cupide, ni généreux, il est les deux, et beaucoup plus encore. L'économie a réussi à accaparer de nombreux mythes : la liberté (le marché libre), l'égalité (l'égalité des consommateurs, des actionnaires, l'égalité du salarié qui choisit son patron autant que le patron choisit son salarié), le bien-être sans doute, le bonheur. Mais deux mythes lui sont à jamais interdits : la gratuité et la solidarité.

[1] *L'Homme devant la mort*, Seuil, Points, 1985, *Essai sur l'histoire de la mort en Occident*, Seuil, Points, 1975.

Et pourtant, il doit paraître clair au terme de cet *Antimanuel,* que la gratuité et la solidarité font la croissance, l'invention, la richesse, malgré la concurrence, essentiellement inefficace. L'économie marchande accapare ce qu'elle n'a pas le droit de s'approprier : l'esprit de gratuité de la recherche et de solidarité qui explique la synergie et les rendements croissants. Elle en tire des profits monétaires et symboliques auxquels elle ne peut prétendre. Comme des tribus du désert utilisent abusivement le sous-sol des pays qui, par le plus grand des hasards, les a vues naître, le capitalisme accapare le savoir passé, l'esprit d'invention et de recherche, l'esprit d'équipe, la solidarité en cas de difficultés, le don.

« Le capitalisme n'a pu fonctionner que parce qu'il a hérité d'une série de types anthropologiques qu'il n'a pas créés et n'aurait pu créer lui-même : des juges incorruptibles, des fonctionnaires intègres et wébériens, des éducateurs qui se consacrent à leur vocation, des ouvriers qui ont un minimum de conscience professionnelle, etc. Ces types ne surgissent pas et ne peuvent surgir d'eux-mêmes, ils ont été créés dans des périodes historiques antérieures, par référence à des valeurs alors consacrées et incontestables : l'honnêteté, le service de l'État, la transmission du savoir, la belle ouvrage, etc. Or nous vivons dans des sociétés où ces valeurs sont, de notoriété publique, devenues dérisoires, où seuls comptent la quantité d'argent que vous avez empochée, peu importe comment, et le nombre de fois où vous êtes apparus à la télévision »[2]. Le système marchand ne survit que parce qu'il phagocyte tout ce qui relève de la gratuité et de la solidarité. Il accapare les biens publics et pose des péages. Il profite du service public. Un service public intègre est beaucoup plus efficace qu'un service public corrompu. Et pourtant, en termes de valeurs marchandes et de calcul économique, en termes de comptabilité nationale même, c'est le fonctionnaire corrompu ou tricheur qui a théoriquement raison. Des vertus comme l'honneur, la fidélité, le respect d'autrui, la morale, n'ont aucun intérêt pour l'économiste, sauf à être affublées d'un coefficient du genre : « ça me rapporte combien d'être honnête ? » Il nous faut démasquer inlassablement les rapports de pouvoir derrière les « évidences » économiques, refuser impitoyablement toutes les fausses lois (« les profits d'aujourd'hui sont les emplois de demain », « le commerce enrichit », « la Bourse tire la

[2] Cornélius Castoriadis, « La montée de l'insignifiance », tome 4, in *Les Carrefours du labyrinthe*, Seuil, 1996, p. 68.

croissance ») et toutes les fausses évidences (« les États-Unis sont un pays libéral » ; au contraire, ils sont nationalistes, interventionnistes et font un énorme appel, en matière de recherche notamment, aux fonds publics).

La gratuité et la solidarité laissent augurer de ce que pourra être la société de demain, lorsque le problème économique aura disparu. Il se peut que l'idéologie économique règne jusqu'à la fin des temps : Orwell, Huxley ont raconté la fin de l'histoire et l'éternité de l'horreur économique bien avant Fukuyama.

Mais faisons un rêve : lorsque l'économie et les économistes auront disparu, ou du moins auront rejoint l'« arrière-plan », auront aussi disparu le travail sans fin, la servitude volontaire et l'exploitation des humains. Régneront alors l'art, le temps choisi, la liberté. Qui rêvait ainsi ? Keynes, le plus grand des économistes.

Pablo Picasso, *La joie de vivre* (*Antipolis*), 1946.

Index des noms cités

Les textes présentés dans l'ouvrage sont signalés par un numéro de page en **gras**.

A

B

C

D

E

F

G

H

I

J

K

L

M

N

O

P

Q

R

S

T

U

V

W

Z

Index des notions

A

B

C

D

E

F

G

H

I

L

M

N

O

P

R

S

T

U

V

W

CRÉDITS PHOTOGRAPHIQUES

14 : Photo RMN-Gérard Blot / ADAGP, Paris 2003 ; 17 : Bridgeman Art Library / Coll. privée ; 21 : © David Cumming, Eye Ubiquitous / Corbis ; 22 : Photos12.com-ARJ / G. De Chirico © ADAGP, Paris, 2003 ; 26-27 : Cameraphoto / AKG-images ; 29 : Bridgeman Art Library / S. Dalí © Salvador Dalí, Fondation Gala-Salvador Dalí / ADAGP, Paris, 2003 ; 33 : AKG-images ; 37 : Photos12.com / ARJ ; 45 : Bridgeman Art Library © ADAGP, Paris 2003 ; 49 : Collection GROB / Kharbine Tapabor © ADAGP, Paris 2003 ; 51 : Peter Willi / Bridgeman Art Library ; 53 : AKG-images ; 54 : JSS / Keystone ; 55 : Coll. partic. / Bridgeman Art Library ; 61 : Photos12.com-Collection Cinéma ; 66 : Photos12.com-Collection Cinéma ; 69 : AKG-images © Succession Marcel Duchamp / ADAGP, Paris, 2003 ; 71 : Photos12.com-Collection Cinéma ; 75 : Photothèque R. Magritte-ADAGP, Paris 2003 ; 78 : Erich Lessing / AKG-images ; 81 : Bridgeman Art Library / Alinari / A. Warhol © ADAGP, Paris, 2003 ; 87 : AKG-images ; 93 : Photos12.com-Collection Cinéma ; 95 : Alain Nozay / Bios ; 98 : Boule & Bill © Dargaud-Benelux (Dargaud-Lombard), J. Roba, 2003 ; 99 : Rabatti-Domingie / Akg-images © ADAGP, Paris 2003 ; 101 : AKG-images ; 104-105 : IMA.G.ICO ; 107 : Bridgeman Art Library / Coll. privée ; 111 : Bridgeman Art Library ; 114 : Private Collection / Bridgeman Art Library / A. Calder © ADAGP, Paris, 2003 ; 117 b. : Micha Bar-Am / Magnum ; 117 h. : Leonard Freed / Magnum ; 123 : Bibl. Fornay / IMA.G.ICO ; 126 : F. Polking / WWF / Bios ; 132 : Doolittle / P. Arnold / Bios ; 134 : Cahiers du Cinéma ; 137 : Photos12.com-ARJ / W. Kandisky © ADAGP, Paris, 2003 ; 141 : Victor Vasenin / AFP ; 147 : Giraudon / Bridgeman Art Library ; 151 : AKG-images ; 155 : AKG-images ; 162 : New York Historical Society, New York, USA / Bridgeman Art Library ; 170 : Gunther Michel / Bios ; 174 : Stephen Shaver / STF / AFP ; 176 : AKG-images ; 181 : Photos12.com-ARJ ; 183 : Zefa / Hoa-Qui ; 186 : Photo RMN ; 191 : Bridgeman Art Library / P.-J. Caulfield © ADAGP, Paris, 2003 ; 195 : Photo RMN-P. Bernard ; 197 : AKG-images / R. Magritte © ADAGP, Paris, 2003 ; 200 : Lauros / Giraudon / Bridgeman Art Library / J. Béraud © ADAGP, Paris, 2003 ; 202-203 : Giraudon / Bridgeman Art Library ; 205 : Cahiers du Cinéma ; 209 : Jean-Louis Nou / AKG-images ; 216 : Cahiers du Cinéma ; 219 : Wojazer / STF / AFP ; 224 : Christies Images / Bridgeman Art Library ; 226 : Verpoorten / Reporters-REA ; 230 : AKG-images ; 234 : Coll. Kharbine Tapabor ; 237 : Private Collection / Bridgeman Art Library ; 239 : Photos12.com-Collection Cinéma ; 245 : Giraudon / Bridgeman Art Library ; 248 : Odd Andersen-STF / AFP ; 250 : Erich Lessing / AKG-images / J. Dubuffet © ADAGP, Paris 2003 ; 251 : Photos12.com-Collection Cinéma ; 253 : Cahiers du Cinéma ; 261 : Musée des Beaux-Arts, Rennes ; 263 : Collection GROB / Kharbine Tapabor ; 264 : IMA.G.ICO © Fondation Paul Delvaux, St Idesbald, Belgique / ADAGP, Paris 2003 ; 266-267 : Bridgeman Art Library ; 269 : Peter Menzel / Cosmos ; 272 : Lauros / Giraudon / Bridgeman Art Library ; 276 : G. Boutin / Hoa-Qui ; 281 : Photos12.com-P. Fourny ; 285 : Photos12.com-ARJ ; 289 : TF1 / TF1-Chognard / Sipa ; 291 : Photos12.com-Collection Cinéma ; 294 : Photo CNAC / MNAM, dist. RMN © ADAGP, Paris 2003 ; 295 : Dianna Sarto / Corbis ; 298 : AFP / Jimin Lai / STF ; 303 : Stan honda / PIG / AFP ; 307 : IMA.G.ICO ; 311 : Collection Kharbine Tapabor ; 318 : Private Collection / Bridgeman Art Library / J.-M. Basquiat © ADAGP, Paris, 2003 ; 322 : Hamburg Kunsthalle, Hamburg, Germany / Bridgeman Art Library / H. Duwe © ADAGP, Paris, 2003 ; 324 : Coll. partic. / Bridgeman Art Library ; 327 : Photos12.com-Collection Cinéma ; 331 : G. Mayer / Corbis © ADAGP, Paris 2003 ; 336 : Giraudon / Bridgeman Art Library / J. Miró © Successió Miró – ADAGP, Paris, 2003 ; 343 : © Estate Vanessa Bell 1961, reproduit avec l'aimable autorisation de Mme Henrietta Garnett ; 344 : © Olivier Hoslet / Van Parys / Corbis Sygma ; 350 : Musée Picasso, Antibes, France / Bridgeman Art Library.

Imprimé en France par I.M.E. - 25110 Baume-les-Dames
Dépôt légal : Décembre 2006
4151401/10

CHATT

04.

08. JAN 03.

CW01618932

Cambridgeshire Libraries

C0000 00142 3901

ARRIVAL PRESS

FALLEN HEROES

Edited

By

TIM SHARP

CAMBRIDGESHIRE LIBRARIES
- OCT 2002
AND HERITAGE

821.008
1215757

First published in Great Britain in 1997 by
ARRIVAL PRESS
1 - 2 Wainman Road, Woodston,
Peterborough, PE2 7BU

All Rights Reserved

Copyright Contributors 1996

HB ISBN 1 85786 590 1
SB ISBN 1 85786 585 5

Foreword

On the 11th November 1918, World War I finally ceased. Church bells rang all around the country lead by Big Ben - the first time it had rang for more than four years.

'Fallen Heroes' is a celebration of the end of the war and a special dedication to those who lost their lives for our freedom.

This thought-provoking collection of verse has been written by those who have lost loved ones or friends, as well as people who take part in the two minute silence each year to pay their respects.

I hope that this anthology will be a pleasure to read, and help you to realise what sacrifices were made for the freedom that we have today.

Tim Sharp
Editor

CONTENTS

REMEMBRANCE DAY

A day to remember the people who died
The friends, the family, the relatives lost
The people who sacrificed their lives for us
The people whose blood was shed

A day to honour those who fought for us
Who suffered and yet somehow survived
Whose lives are scared by the horrors they saw
And all that they endured

For each tiny poppy a memory
A person who died or was injured
A reminder of all the blood and tears shed
The victims, the heroes, the survivors

A symbol of peace
Of ghosts laid to rest
Of heroes and others alike
A symbol of eternal remembrance.

Lynsey Bessent

SUNSET

Sunset sounds as the night grows dark
To honour the ones we lost,
We the ones who can still grow old
Must live on to count the cost.

Sunset sounds as the night grows dark
For loved ones, far and wide,
In poppy fields, far away,
For fathers and sons who died.

For king and country they had died
Buried neath a blanket of stone,
Not forgotten, but remembered with pride,
The unknown soldier who lies alone.

Listen to the silence the day is done
Heroes they died, the battle won,
Some came home, some would remain,
In poppy fields, poppy fields, never again.

George R Green

WE WILL REMEMBER

Age shall not weary, nor the years
condemn,
At the going down of the sun,
we will remember them.
They died, that we might live,
before their time,
Many in their twenties, not yet reached
their prime.
Wear your poppy with pride,
purely then for those,
Whose death in war, was not the path
they chose,
But they had wives and daughters -
mothers to protect . . .
With lives the so called *Fuhrer,*
could have wrecked,
And so they gave their all, to
keep us free -
Such a priceless sacrifice, for you and me
A gift, one which though we never can repay
We can at least remember them
on their remembrance day.
We will remember.

Chris Coulton

SINCE NINETEEN TWENTY-ONE

A dawning day shrouded in grey
Cloud-shed tears on wind-swept hair,
The bullying breeze hustles down the
Long tree-lined avenues of remembrance,
Gusting into the parade square of
Memories and dreams.

It tugs lustily at the few lingering
Leaves, clutching tightly to their
Tree of life, like
Little pennants pinned to the autumn branches
Defying the grip of the burly gutsy wind;
Those remaining fluttering few.

The dreary sombre grey passes by
Still attempting to release
The stubborn ones, who
Whipped by a twisting spiral of
Dust and grime, are eventually carried off
High above the quiet bowed heads
Standing silently in line.

Blown into the corners of
A hectic modern life
To turn a mouldy brown they
Forgotten and untouched lie,
Having shed their stark bare bones at the end
To history's impassive sky.

So few, still withering away
But with the poppies of Remembrance Day
Their flame-red hearts keep with us bright,
Like the youthful fire in young men
Thank god memories stay alight.

Darren Griffen

SONG OF THE YOUNG PEOPLE

Remembrance? Not for us, they said,
So turn the disco music on
Two minutes quiet is just too long
To waste on memories of the dead.

So Yeah! Yeah! Yeah! They went to war.
And dooby doo - what's that to us?
They're gone, they're dead, so why the fuss?
We're youth, and youth is all we're living for.

Our fathers and our fathers' friends
Fought in the sky, the sand, the mud,
But we're not guilty of their blood
Our means owe nothing to their ends.

Freedom and honour, faith and love
Are fading fairy tales for fools,
So do not judge us by your rules
Or by your ways, our ways reprove.

So make the music loud and free,
The rhythm beat commands our breath,
The beat that batters thought to death
And blinds our eyes - for fear we see

The white boned Cenotaph, that gleams
With poppies bleeding on its pall,
Accusing finger to reveal
The fading hopes and broken dreams

Of those who once were young as we,
Who did not live to share our scorn
This brittle bright November morn
But died in youth, to keep us free.

Barbara Denny

I REMEMBER (IT'S NOT TOO LATE)

Can your heart search for the ray of hope
That you dreamed of long ago?
There's no ending to the rainbow you just follow as you go.
Not to worry, someday you'll see it through,
Never sorry, the soldier fights for you.

Can a preacher stand alone on trial to reason his ordeal?
Can a vision of the future lie in children born again?
When your lonely heart breaks, there is no pride,
And when you're lonely, there's no-one special by your side.

Tomorrow, seems so very far away.
One day, when the troubles fade away.
All will be revealed in time I know . . . so they say.

I was lost when I was found, my life erased on no-mans land,
There's no ending to the heartache you just mellow as you go.
I remember, the silent prayers and why?
Come November, the answer do or die.

Midnight, can you hear the Lord is calling?
Startlight, only distant memories.
All will be over in time I know . . . I heard someone say.

Any way the wind blows, poppy seeds in times shows;
Man can learn to live as one and make war no more;
I remember it's not too late.

D W Barnes

REMEMBRANCE DAY

Remembrance Day is to remember those who ne'er came back
From wars so far and wide.
Remembrance Day is to remember the ones they loved
And the way they cried.
Remembrance Day is to remember those who did not come back
Maimed in mind and limb.
Remembrance Day for you to remember who did come back
In reasonable nick.
Remembrance Day is for you to remember to give succour
To the lame and to the sick.

E J Hollingsworth

THE POPPY SELLER

No place for her to shelter from the rain
Unless to hide away from doing good.
Allegiance was her taskmaster again;
In yet one more November pall she stood;
Some, galled by rising prices, hurried by,
A trifle selfish, shall we say, but then,
As storm clouds fumed, like monsters, in the sky,
Her sacrifice revealed some good in men,
In women too, as it was poppy day.
So many minds recalled the sombre years,
With sons and fathers fighting far away;
Her laughter broke - an antidote for tears;
Though pray to thoughts she never would forget,
She glowed in scarlet there - just getting wet.

Ruth Daviat

THEIR SACRIFICE

On the poppy fields of Flanders so very long ago,
Young men of generations were sent to fight a foe.
'Your king and country needs you' was the popular disguise,
Inviting them to offer their service and their lives.

Young men from many walks of life went off to fight the Hun,
Yet, when all was fought and so very cruelly done,
No one had really won the wars because in terms of life,
Whole generations were lost to fear and strife.

The Hurricanes: The Spitfires: forces on land and sea,
Sacrificed, so that others, very like you and me
Might have a chance of freedom, in a future free of strife,
For that they laid aside, their future and their lives.

The Campaign of the Falklands: the *Sheffields's* sad bequest,
Gave their queen, their country of their very best.
The anguish - the broken hearts - the pain and misery too,
All were given for the likes of me and you.

So, for those who fought for freedom, our peace and yes -
our lives,

'Lest we forget' - those of us left
Should offer heartfelt thanks and pray,
For all those who gave their all for us - and remember
them today!

Anne Cheetham

REMEMBRANCE

The poppies grew in Flanders field
As red as fresh spilled blood
They numbered in their thousands
Looking like a crimson flood
They billowed in the wind within the silence all around
The living must continue though the dead are in the ground.

In battle they are fallen
It was theirs to do or die
They perished from the metal hail
Erupting from the sky
Or face to face with bayonets and terror in their stare
Then anguish and confusion at the fellow human there.

To those who gave their lives
We are forever in their debt
Whenever we remember them
We do so with regret
That mothers, fathers, sisters, wives should suffer such a loss
Their young men with so much to give now lay beneath a cross.

The poppies waved and billowed
Unaware of what had passed
That many souls had perished
Many men had breathed their last
And many hearts were broken as they learned the dreadful fate
The waiting was in vain, they knew for some it was too late.

An emptiness remains
Amid the passing of the years
A sorrow almost tangible
Caressed with many tears
And though it's far away in time, we never will forget
The cruelty, the carnage of the wound that's not healed yet.

Fiona Grant

REMEMBRANCE

The blood red poppy still blooms in Flanders Field
The emblem of all lives to fulfil.
We should once a year bow our heads and say
We won't ever forget you come what may.
Marching feet, old comrades meet,
As they march in homage in so many streets
Carrying their standards, flying high
Still trying to remember as years gone by.
The Lord bless them all and what they gave for us.
Just for our freedom they knew they must.
So buy a poppy, wear it with pride
Don't be afraid of tears you try to hide.
Just remember the huge debt we all owe,
For all the brave men that faced the foe.

Patsy Pope

FIELDS OF STONE

First there was mud,
then there was blood.

First there was humanity,
then there was profanity.

First there was dialect,
then there was conflict.

Later re-evaluation,
on the destruction of a nation.

Later from the flesh and bone,
grew the sterile fields of stone.

Later in St Dunstan's garden,
they bumped and jostled, 'I beg your pardon . . .'

Last, were heroes one and all,
with selfless wit before they fall.

Last a medal from the grave,
remembrance of a son so brave.

Last, not least, the armistice came,
never again shall they die in vain.

Shall they . . .

Brian Wood

POPPY FIELDS

Flanders fields are silent now,
No more the whining of the shell,
The agony and bravery
Engendered in that living hell;
And where men fell, the poppies grew;
Each cherished soul, their life-blood shed,
Now symbolised for evermore,
Encaptured in a poppy red.
And when the eleventh hour comes,
In silence, on remembrance day,
The scarlet petals cascade down,
And gently, Flanders poppies sway.

Iris Coventry

REMEMBRANCE

They all stood round in remembrance there.
Of the great and glorious dead.
Around the Cenotaph so bare,
And by music and singing led.

The young and old, and babes in arms,
Singing their songs of victory,
And thinking of their loved ones dear,
Who all had died to set us free.

Then they in silence two minutes stood
With sad thoughts on every breath,
But thinking of our Saviour
Who their loved ones had met in death.

Then wreaths of bright poppies they laid,
All around that Cenotaph there,
As all the names of many thousands
Were remembered in heartfelt prayer.

For they had died to set us free.
Then as we stood in solemn mood
I saw a squirrel sit in a tree,
Listening as though he understood.

Eunice C Squire

THE SOMME

Dark skies
On the battlefield.
Pained cries as
Bayonets the weary
Soldiers wield.

Grey skies
On the foreign shores.
Brave men's lives
Lost by the score.

Bright skies
There must be.
Life goes on.
God bless the fathers
And the sons, who
Lost their lives
At the Somme.

Margaret Duke

POPPIES

From farm and village they went
Answering the call
The holly and the ivy saw their beginnings
Buttercups golden as they grew
Cottage gardens
With larkspur and hollyhocks
Crimson peonies bursting
And a rose climbing over the old shed
Sweet peas growing in a cloud of perfume
The syringa filling the dusk with its scent
Marigolds as brilliant as the sun
That set too soon
On young lives
That will not bloom again
In the years ahead
Gone forever
Will they in their rest
Remember these sights and scents of England
Or will their souls
Only remember the poppy fields . . .

John M Eyles

WAR HEROES

We stand for hours waiting to pass by,
The Cenotaph with wreaths it makes me cry,
Poppies of bright red cover the base,
There to remember everyone whatever their race.

Suffering and pain brought home by some,
In wheelchairs they sit, proud and not glum,
Medals cover their chest with pride,
Smiles on their faces, but sadness they hide.

They remember their friends that didn't come back,
For all those that fought, bravery they did not lack,
The trenches of stench and filth that they sat in,
Many died, for them a prayer was said and sung a hymn.

Remember, remember all those men that were killed,
whether it be in aeroplanes or in the field,
In ships or submarines their lives were lost,
They fought in all sorts of weather even frost.

So to remember, poppies are sold every year,
The money goes to ex-sevicemen charities to try
to bring a little cheer,
When you see people standing in the street or they knock
at your door,
Give generously as from standing and walking their feet are
sore.
Please, please, remember remembrance Sunday.

Ali Ashley

ELEVENTH HOUR

Remembrance is the trait of those
Who see the bride go past.
Although the bridegroom lies long gone
That day was not his last.

All gold has flown from Ethiop
And crossed the northern land:
No payment for some rescue aid
But dust of desert sand.

It comes to where the wedding guests
In thousands yearly pose:
Poppies on breasts, although of red
Are not certain rose.

Entrenched is everyone stood here
Like armies set for war.
And even generations on
They realise all the more.

- That this marriage has come about
While nations join in tears
That washed the sand that veiled the eyes
Of guests with muffled ears.

Richard B Callum

LOVED AND LOST

During the first world war,
my cousin Tom joined the Navy.
He looked really smart in his Navy uniform,
with his jet black hair, and dark eyes,
he was quite handsome.
On board his ship a destroyer.
He worked his way up to become a lieutenant.
When they were on the high seas,
the ship was torpedoed by a German submarine.
All the lights were blown out, one chap went berserk.
Tom had to slap his face to bring him to his senses,
however, he thanked him afterwards.
Tom was fortunate he came home safe and sound.

Tom's brother Henry, was like Tom only a bit more plump.
He joined the Army, and was in the thick of it immediately.
Henry had his two feet blown off,
and not realising what had happened,
kept on running, minus his two feet, until he collapsed,
he died two weeks later, delirious with pain.
Henry was Ted's cousin, who had been taken to the same hospital,
after he'd been blinded with mustard gas,
but not being able to see couldn't recognise him,
it was when he returned home, he discovered it was Henry.
Ted was devastated.
Warfare is a traumatic experience,
the older generation know only too well,
The horrors, stress and anxiety, brought on them to bear.
So I keep a bunch of poppies in the corner of my heart,
In remembrance of them for ever, of which I'll never part.

Peggy Johnson

REMEMBERING

It was the injustice of circumstance
Which characterised his moment of death:
First, spinning again his new bride in dance
With light-headed reverie which caught his breath,
Then leading out his village team to bat
Like he had just been lead into action.
'You expect a better innings than that,'
Would be the angry chaplain's reaction.

He heard once more his new-born's wakening cry
And watched the other scenes from life flash by
Till, cradled himself as a child again,
A trusted embrace released him from pain.

This single poppy on Remembrance Day
Marks the moment when that man passed away.

Peter Taylor

NARVIK CEMETERY

Battles over, these men lie beneath their markers
United in orderly timeless rest in a tranquil park.
The horrors of their passing screams from the trim turf
In futile warning to those who come to look.

We pray for you who rest in this Arctic field,
Trygve, Herman, Tom, Pierre, Jan and all the rest.
Pray for those who came after you
And who have yet to heed the warning your markers represent.

Brian MacDonald

TO MY FATHER WHO DIED LAST NOVEMBER 1995

Let us remember them.
Yes, I remember.
He played the Last Post,
For the last time.
By the cold stone Cenotaph
He conducted the village band.
It was his left arm that hurt
Yet b flat cornet and all
He cycled home.
In agony, call the doctor,
Make that an ambulance
Panic!
Let us remember them,
Yes, I remember.
Rushed into hospital.
His last post.
Survivor of wars
Of traumas and strife,
Like the poppies he faded and died
But the seeds are scattered
And we live on to cherish his memory.

Mary Cooper

AND IN THE MORNING . . .

Damp the air of yellow-leaved November,
With sadness I stand and silent, remember -
Remember my Grandfather gassed on the Somme,
The Dunkirk uncle maimed by a bomb,
The crump of shells and shrapnel flying,
The Burma railway, the sick, beaten, dying,
Molten metal, blood, tears, flame
All part of warfare's deadly game.
The Russian convoys iced to hell
Depth charges, blizzards they knew so well.
In the sky and above the unforgiving sea
The Spitfire faced the deadly flak
The flares so bright, the night so black.
This hell made glory nothing worth,
But death in Christ gave freedom birth.
I stand, remembering the dead with awe,
I'll remember their sacrifice ever more.

C Pearson

POPPY TIME

Poppy day is here again.
When we remember those who suffer in pain.
For those who died that we might live.
Their all in all they did give.

We prayed the Lord would be with thee.
For those who served on land, air and sea;
For we did dearly count the cost;
For dads, sons and daughters who were lost.

When our war did finally cease;
We wondered how long we would have peace.
For those who served at his majesty's will;
At this time of year in silence stand still.

For at the Cenotaph world-wide;
We remember those we loved that died;
Around the Cenotaph poppies are laid.
On this day the armistice was made.

For Jesus died that all might live;
He died for us his life to give;
And one day he will come;
And take all of the redeemed home.

David Reynoldson

THE POPPY

The poppy seems to say it all
We must be brave we must stand tall
Though lives were lost but not in vain
As from the rubble we rose again

The tears and the heartaches of wartime days
And the search light's silver rays
The two minute silence is all we can give
For those who fought so we could live.

D M Gray

WORN WITH PRIDE

Remembrance day is a sad day
Yet we should be so proud
As those we have lost are remembered
Not just here, but the world all around.

Yes I will buy a poppy
And put it in a frame
Along with all the others
And there it shall remain

Those poppies all remind me
Of brave men, and women too
Who fought for peace and happiness
For people like me, and you.

And so for all those heroes
We say a silent prayer
To thank them for our happiness
So they will know we care.

They gave their lives so we could live
in a world where there is peace
And this we will remember
As the poppies are released

A poppy for all those who died
So buy one now, wear yours with pride
It's the very least that we can do
They gave their lives, for me and you.

Sylvia Robson

WEBBY - TANGLETOE

And the infantry march into friendly crossfire
each with pride in hand,
but they never let the bullets hit them
they sharpen and dodge and swerve and then
a drop to the ground where they lie
on a blood pitted, dark sand.
The sides split to unceasing laughter
that tears a strip in the ageing rafter.
The failing stream that's washed me through
can't make the hill tonight.

Such solace makes a hollow durge
which satisfies the loneliest urge.

Purple mixture that faints at the touch,
or the heat of no-one's sight -
Can you hide the knowledge away inside,
where on fallowed land they fought and died.

Andy McPheat

LEST WE FORGET

Don't just buy your poppy
without a thought of what it cost
the pain so many suffered
and all the young lives that were lost

How much they had to go through
the shattered limbs, the rats, the lice
in stinking mud-filled trenches
paying such a terrible price

Remember too their sadness
at leaving loved-ones all alone
their loneliness and inward fear
of knowing they may never come home

They fought and killed to stay alive
and prayed that war would cease
How can we know what they endured
who've lived our lives in peace?

So when you buy your poppy
be generous in your giving
remember those who gave their lives
for the freedom you are living.

Yvonne Portch

DARKNESS FOR MILLIONS

Dark clouds hang,
Smoke clings grey.
Flashes of fire,
Fear won't go away.

Booming sounds,
Crack around a head.
Sobbing and weeping,
Amongst the dead.

Gases fall and sting,
Tears plead.
Pain and anguish,
Soldiers bleed.

Blood stains earth,
A nightmare lives.
Blood colours petals,
Peace, poppy gives.

Lee Brewin

POPPY FIELDS

It is good to remember,
Remembrance Sunday, the 10th of November,
For those that were in battle, through the terrible wars of
blood shed,
To remember those heroes, that fought for our country, through
those times of dread,
Especially, the last world war two, I am sure a lot of people are
still living,
And perhaps remembering, the special Sunday, when the poppies
are selling,
These poppies are sold for a good cause, in a splendid way,
For the remembrance for those dreadful wars, times and days,

Maybe these true stories are told by dads or grandads, indeed.
Maybe through the future to come, God knows, never to forget
those times for our need
For everyone should know what happened through those times of dread.
So, keep those poppies selling for future years, ahead.

If it hadn't been for those heroes, that fought for our country,
The Germans would have taken over, this country would never
be free,
Especially the second world war, it would be a terrible mess, and a
worse state,
Than it is now, although, this country should be run properly at
any rate,
With shops, hospital closing down, a deepened distress,
But, if it hadn't been for those heroes, I wouldn't like to guess,
What ever would happen to England and the English, today,
So keep the poppies selling, such a good cause, each year in
this way,

Never to forget, those two world wars, past,
For all those heroes, through those terrible years, and the
loved ones lost

So, keep the Remembrance day going, on the 10th of November,
And keep the poppy fields active, for all to remember.

Jean P McGovern

POPPIES FOR REMEMBRANCE

R ed are the poppies that flourished where they laid,
E ternal the gratitude for the price they paid,
M emories of loved ones never to be forgotten,
E ver in broken hearts, the youth they surrendered,
M any survived but lived dismembered,
B eauty of the field clothed corpses as they rottened.
R ed are the poppies that remind eighty years on,
A nother war since then has been and gone,
N o-one accepts the futility of it all.
C an a memorial be erected now to worldly peace,
E nsuring that conflicts ever more will cease,
As once again red poppies silently fall.

Pat Heppel

REMEMBRANCE DAY

Today the skies of Britain weep
For her countrymen long dead,
Who so bravely fought
To keep their beloved homeland safe.
Since then they've slept
In the earth of foreign lands
Far from family and friends
Today as Big Ben strikes eleven
We will remember them.

Ann Tilt

THE POPPY FIELDS

A generation of young men, eager to do their bit for
England and mankind
Leaving behind the shores of this small island off
they went
Their hopes and inspirations that belonged to another
time
Love ones wept and waved a brave goodbye,
Trying to put fear from their hearts with a smile that
could not be held, no matter how hard they tried.

The shore of France loomed through the early morning mist
Reality now sunk in, eyes closed still savouring their
last farewell kiss
Over the side lads, give it your all,
For many the brief glimpse of the shore was the last
thing they saw.

They fought with everything they had,
an unrelenting battery hailed down on a world
that had gone mad.
With their dying breath sweet names came to mind
Au revoir my darling, another place, another time.

We will always remember our brave sons of England
from the Somme to the second world war
Pray God on our lifetime we will know no more
From blood spilt on those foreign shores, sprang a
million red poppies scattered where death and guns
roared, every petal is some brave soul, someone's
man, son or dad.
We will never forget the sacrifices made.
Every year we say thank you for the life we
might not have had.

Carol Irving

POPPY FIELDS

Red, black and green a field
so vast
Comes into bloom reminds us of our past.

Fields of death, blood red, bodies
Piled higher
In hearts and minds these memories
must never tire.

Young, in prime of life, our fighting
youth
Fought for freedom, fairness and
the truth

Wives, mothers sons and daughters
left
Lives so empty, whole families
are bereft.

Walking wounded, also scarred
in mind
Carry themselves with a dignity that's
hard to find.

To these old soldiers we owe
a debt
Please donate for a poppy
Lest we forget!

Paula Smith

UNKNOWN WARRIOR

They brought him home with pageantry,
An unknown name, who's destiny
Was written on the soil of Somme.
Someone's husband, brother, father,
Or a well beloved son.
War extracts the final price,
Within the abbey church he lies.
Joining the highest in the land,
To represent the thousands
Who never would come home.

M L Dawson

POPPY FIELDS

Blood-red in the summer sunshine
Flanders poppies fill your sight,
Miles and miles of pulsing scarlet
Countless petals, blazing bright.

Reminding us of countless soldiers
Who marched towards those fields with pride
Too soon the land was filled with weeping
For every mother's son who died
In fervent hope of peace forever
When men would take up arms no more,
And everyone would understand
The real futility of war.

Poppies in the summer sunshine
Growing on a blood-soaked field
Draw their vibrant, blazing colour
From the wounds that never healed.

Edna Cosby

POPPY DAY MEMORIES

We did as brothers do,
I followed him about.
I did the things he did.
We fought and played and grew.

He was the brightest one,
An honour graduate.
I was his constant shadow,
He was the shining sun.

His call to duty came.
He trained two years and more.
He learned to use Morse Code
And how to take an aim.

Three months in England, thence
He sailed towards destiny.
Mid-winter battles raged;
He fought beside his friends.

Details they didn't divulge,
But he did not survive.
Was wounded, later died.
The Battle of the Bulge.

'Tis over fifty years
We talked on his last leave.
Whene're these thoughts flood in,
I can't hold back the tears.

Dale Galbraith

REMEMBRANCE

Rememberance Sunday looms again,
images of trench and rain.
Cold November, and poppy wreaths,
will war perpetual, ever cease?

Can memories of those who died,
ever be coldly cast aside?
Will hospitals replace the fields,
in which the bleeding now congeals?

Can tyrants ever be suppressed?
Will people always be oppressed?
Gather now, at Cenotaph,
remember Hitler, and his wrath.

Think of those who died in vain,
as Remembrance Sunday looms again.
Pageantry, and thoughts of glory,
was ever battlefield so gory?

Remember them and give thanks to the Lord,
take the terror, and the pain on board.
bruising battles, unheard cries,
later silence, filled with sighs.

The sighs of the dying, in the air,
think about them, lying there.
No-one to lend a helping hand,
and no-one there to understand.

Raise their standards, let them fly,
Remember those, in times gone by.
Who sacrificed, so we might live,
with everything, they had to give!

Andrew Dickson

WHY?

Those who die in war
Are heroes
Those who die in peace
Are victims
Death is death
No matter what the cause
What justifies a life cut short
Those who mourn
There is no comfort
Whether hero victim be
They are no more
That is the truth
Empty arms reach out
A longing that cries out
Never an answer
What is the question
Why?

Susan McLeod

REMEMBER ME

Will they ever remember me,
As into the darkness I try to see,
In these trenches with mud and blood all around,
It seems like forever we've been holding this
Ground,
Will they ever remember me.

The screams of the bullets and cannon over-head,
As I look at the bleeding the dying the dead,
The cries of the wounded as they look to the
skies,
Some of them staring with un-moving eyes,
Will they ever remember me.

And then a command to go over the top,
There's no going back there's no time to stop,
So we climb out those trenches,
Then we charge at the foe,
Into battle, it's onward we go.

A searing of pain, as I clutch at my side,
The anger I felt, I just could not hide,
I lay there, my life it was ebbing away,
I would not see another day,
Will they ever remember me.

And if you should walk through those fields
Lush and green,
Just think of those soldiers, and picture the
scene,
Then think of the many that answered the call,
Don't just remember me,
Remember them all.

John Bendle

POPPY FIELDS

Scarlet poppies, covered the land,
Where hand to hand fighting, man to man,
Was seen in Flanders muddy fields.
Poppies blossom by the score,
Over fields and meadows and moor,
One for every man that was killed, and,
For unknown graves, they were filled, *with poppies!*
Dancing red, they blow in the wind,
Unlike the graves, whose dead were in,
For two World Wars, had been fought, and,
Many, many, lives so dearly bought.
Poppies are *Remembrance* flowers, for
Men, who could not while away the hours
Of balmy inheritance!
To stop a tyrant in his tracks, which,
Is why, so many men, never came back!
Yet, in gay profusion, the *poppies* still bloom,
In fields and gardens, they find room, to grow.
Will we ever, to be able, to forgive, and forget,
These scenes in our memories, we remember yet
Off men, who fought for our lives, to be free!
Still, still, the *poppies* blow, and,
Scattered by winds, seeds fall and grow.
Continuous as the stars that shine,
Poppies dance in a line, of forgetfulness?
War drives families apart, of companionship,
Many feel a draught, husband, father, brother, and son,
Sister, mother, daughter, aunt, uncle, and many more.
Missing many a life-long friend, and still,
Still the *poppies* bloom, *will these wars, Never End?*

Rosemary Peach

CRIMSON PEACE

Fiery crimson sun bled, scarlet and red,
across golden waves of corn,
Ox-eyed daisies, cornflowers, thistles,
A poppy field was born.

Hostile bitter guns cracked, mortar racked,
across golden waves of corn,
Fear, blood, maiming, killing,

Heroes

Through these Peace was surely born?

Jill Isaac

REMEMBRANCE SUNDAY

It is a time to remember
The amount of lives we had to pay,
The tragedy and sadness
Which they were told about each day.

Every year we think about those horrible times.
And poppies are sold and wreaths are laid,
We pray for those poor soldiers
But the memories shall never fade.

There were some soldiers who survived
And some are still around today
Most join in the memorial services.
And think of their friends who tragically
Passed away.

Laura Keightley (14)

THE ROAD

If you can't do someone a good turn.
As you live each passing day
Then don't do them a bad one,
I heard my teacher say.

The road through life is a lonely road,
And rough along the way.
So try holding out a helping hand,
As you pass each weary stray.

As we proceed from year to year,
We never see the danger,
So always heed the flashing lights,
And warnings, from a stranger.

Sometimes the road is easy.
Sometimes, it's very bad,
So don't look back along the road.
It only makes you sad.

Which ever way you travel it,
There's one thing to be sure,
What ever ills beset you,
Only you can find a cure.

There's always a haven of some sort,
At the end of every road.
But unless you are sure of a welcome
Be certain to follow the code.

There's much to see as you journey along
To love, and appreciate,
So make the most of every mile
For time and tide, don't wait.

Now if you don't need, my advice,
And good luck walks with you
Then please give me a helping hand,
I'd do the same for you.

Edna Hunt

WAR

What is it? Why should it be?
An unknown quantity to me.
A subject far from my thoughts -
Even though many lives were bought.

Until one day I met a man -
If you want someone to tell you he sure can,
About the wars, about the Somme,
He honours all the men who've gone.

He writes his poems, he reads his books,
He visits the graveyards, and he looks.
In Belgium on Poppy Day that's where he'll be,
With his pal from a Lancaster - you will see.

He comes back home and returns to the grind,
But his thoughts remain there - all in his mind.
Within a few weeks his thoughts turn to words -
Another poem is added to his works.

My thoughts are with him while he's there.
The poppies fall down - coming from where?
I read the articles, I watch the TV
And think of what Poppy Day now means to me!

Lena Heath

THE UNIVERSAL SOLDIER

I heard the muffled roll of drums and then a male voice choir,
Saw wild birds looking down from upon a spire, voices all around
incandescent with anger.
The blood and bones of trench warfare as human thoughts meander.

It could have been in Mametz wood or even Isandhlwana, Flanders Fields
or Rorkes Drift the jungles of Botswana.
Cambrai, Loos, Ypres, Verdun who cares where it begun here am I far from
home away from wife and son.

Perpetual, rumbling guns, screams of dying men, constant thunder, artillery,
poppies with long stem, butterflies buzzing bees spiders are all present
carcasses and dying horse tonight the moon's a crescent.

Dark rays in waves along the ground where unknown soldiers fall. Nothing
seen nothing heard, only Angel of Death's faint call, as sadness steals upon me
my feet have turned to chalk, rusted shards of shrapnel will hinder if
I walk.

Dawn has broken quietly I slowly drift away my body's weak and legs are
numb I close my eyes and pray. No sound can yet compensate, this unnatural
sense of stillness, darkness, death, bestowed upon me without a single illness.

Soft undulating rolls of land scarcely a blade of grass, brown and lunar
landscape, covered with bronze and brass, bereft of any beauty bleached of
feature or soul. The flowers of England's youth lay peppered in watery hole.

Christopher C Jarvis

ARMISTICE DAY

The ardent young pacifist, striving after peace,
Said: 'Christian priority is to join in the search.'
On Remembrance Sunday he watched the British Legion
With their band and their banner as they marched to church.
And he thought with contempt on the scene that he saw,
That old soldiers and the clergy should glorify war.

The preacher was old, and remembered the shambles
Of total war, and impressions made.
In fighting the horrors of Hitler's aggression
Men said: 'We are fighting a Christian crusade.'
But he could not connect such a self-righteous aim
With the methods employed to accomplish the same.

Now some of those present remembered the loved ones
Who lost their lives fighting in various wars;
And some could re-live the heroic self-sacrifice,
The comradeship enjoyed by those united in a cause.

The preacher wrestled much in prayer to sort these matters out,
And asked the Lord to tell him what he thought it all about.

'I don't take sides in nations' wars by methods that you mention,
Nor sit advising generals who pay me no attention;
For good and evil fight not so - your wars are not the whole.
My battleground is cosmic - and involves the human soul.

'Yet you do well to recollect the horror and the blame,
For I was in the suffering as I was in the shame.
But I'm against the cause of war: the hatred and the greed.
Why don't you fight them with me, wheresoe'er you see the need?
It's love and sacrifice, not guns we use and, what is more
The comradeship, endurance and the discipline of war.'

Simon Peterson

POPPIES

They found you holding fast;
Dead, in the attempt to retain
A land not even yours to regain
You did not go past.

The soil which, to the last
You fought to recapture for others.
A land - not yours nor your brother's.
Death has your home there cast.

Death had you found there last.
And, as you died, did you poppies see?
Or found you there where martyrs be
And so, you held on fast?

But now, you live where are cast
Long shadows of crosses in a row;
Of the purest white - love can bestow -
So as to remember you passed.

Lloyd Carley-West

BRITISH SAILORS' LAMENT

My grave is on the bed of every ocean;
My bones are in the depths of every sea;
My country, though you found all of my devotion -
Yet I lost all I had, and loved, for liberty.

I sailed 'neath ensigns, proud, of white and red and blue;
Young jack - old salt - bright eyed - a jolly British tar;
Prepared to give my best, perchance to die, it's true -
Without much thought of if, or how, I'd cross the bar.

Sloop, battleship or 'sweeper - freighter laden low?
Cruiser or destroyer - in convoy or in fleet?
Corvette, frigate, carrier - on look-out for the foe?
There at *Action Stations* - the enemy to meet!

The U-boat lurking, close abeam, like wolf at bay?
The demon Stuka, hiding, just above the cloud?
The mine - the charge - that threatened all my onward way?
-Each with the power to turn a ship into a shroud!

Did depth charge fall upon that friendly sub' below?
Torpedoes, bombs and mines hit merchantmen as well?
Did my fine warship sink? No time for me to know?
- But Heaven, surely, saw that death this way was Hell!

My cries were overwhelmed, by gales and mighty seas;
My sobs and sighs left in the doldrums and the gloam;
My Britain, you could never know my agonies -
Or dying prayers, and fears, for cherished ones at home.

The winds - they are the moans of every sailor
Who gave this precious life at sea, in times of war.
The rains - they are the tears of every failure
To reach a port of home, and loving kin, once more.

Unlike the soldier on the battlefield who fell,
Or airman buried by the scene of his last flight,
There stands no cross my name and resting place to tell -
The all engulfing sea has now consumed me quite.

When at your cenotaph on cold November morns
You pause, awhile, for those who died to keep you free,
Think of the world's wide ocean beds where no light dawns -
And then, my friend, remember me - *remember me.*

James R B Hinton

AFTER THE BATTLE

The troops were away from the fighting now,
The noise of the guns had ceased.
The dead lay behind, the battle was over.
What horrors they faced to gain peace.

He stopped in his tracks to wonder
If he was alive or dead.
Could this be Heaven, this tranquil place
Away from that awful bloodshed.

A field of poppies appeared in his vision,
All around complete silence and peace.
No-one would believe that a war had raged,
Mortal combat, sordid passion release.

The field of poppies, reminiscently tragic,
Red as the blood that had flowed
When the many brave youths of yesterday
Were slain by those they opposed.

He thought of his long lost comrades,
Cut down in the prime of life.
To satisfy the greed and the passion
Of others creating the strife.

When the war was finally over,
They were forgotten as time went by,
Except for their mothers and brothers,
Who carry on, and silently cry.

Rhoda Glanville

POPPY FIELDS

Waving back and forth,
Their red petals waving in the wind.
The sight of them nowadays
What do they remind you of?
Cornfields waiting the be combined?
Their gay profusion waiting to be picked,
To an older generation they mean more.
Maybe of Flanders, grandads long gone,
The Somme and other battles still remembered,
My children's great-grandfather much loved,
Lost and arm in one of the battles.
Think of the pain he must have felt,
Then a lifetime of having just one arm.
Yet he went to work to make a living,
When it was cold he could feel the arm as though it was still there.
On November 11 he will be remembered,
Along with all the thousands of others.
It was to be the Last War, wasn't it?
Yet once again men marched forward,
To make a better world, they said
Again and again men dragged their feet through mud and water.
Dunkirk is a reminder of all that,
But are we any better off for all of that?
Sometimes there is destruction in our own towns
Old people knocked down and hurt, windows smashed.
'Life must go on' they say, but what a cost.
Let's all buy a poppy on November 11
And go to church and pray ' No more Flanders.'

Margaret Pearce

PASSING FLANDERS' FIELD

We passed by Flanders' field one day
And pointing to thousands of crosses,
Poignant stories the courier told
Of allied and enemy losses.
Of young boys dying in bravery,
A madman's cause to suit.
This poem a soldier wrote,
Ghost-written for the young recruit.
In Flanders' field in Flanders' field
Foes buried 'neath the sod.
Both lying in some foreign field
Both prayed to the same god.
On Flanders' field on Flanders' field,
Guns of war have ceased,
The dead of many nations
Tormented souls released.
On Flanders' field on Flanders' field
Bloodstained earth around,
Where lay the dead of battle,
Red poppies now are found.
In Flanders' field in Flanders' field
The son of man there lie,
Dust of war now settled,
Their honour satisfied.
How can the ghost-writer,
Flanders' field pass by,
Without questioning all men,
Does war ever justify?

Ron Grantham

REMEMBER ME WITH PEACE

I was barely in my teens
I died in a foreign land
I lie crippled in the mud
My rifle dropped from my young hand
No-one now remembers
If I was fair of face
My loved ones now all gone
All memory's been erased
But my name is carved
On stone in my home town
In the month of November
They scrub and wash it down
Children stand and fidget
Youthful faces stare quite bland
Old men bow their heads
As they shuffle into rank
That's how I am remembered
For a moment they'll be still
I who now lie sleeping
Under this pleasant grassy hill
The politicians made mistakes
The ultimate price I paid
Do not spare a thought for me
As the poppy wreath is laid
Think of future chapters
A husband, father, brother, son
That they may never give their lives
No more battles to be won
Play the bugle softly
Soldier sounding the last post
Look to a peaceful future
Not wars once won or lost.

Winifred Smith

FLANDERS' BRIDES

Old they are and weary,
        So weary of their lonely part,
For the years have dealt unkindly
        With the wounded of the heart.

These are the wounded
        That no-one talks about.
The brides of slaughtered millions
        Whose lives were not lived out.

The young men marched in thousands
        To the battlefields and died;
While mothers, wives and sweethearts
        In despair, stayed home and cried.

And for many lonely maidens
        There were just no men to wed!
So through all the long, long years
        Theirs was the single bed.

Echoes of unborn children
        Rang down the empty years
As they nursed their ageing parents
        And wiped other children's tears.

But now they are old and weary -
        And no-one ever weeps
For the unknown brides and sweethearts
        Of the men who fell at Ypres.

Jean M White

REMEMBERING

Some see the days of glory gone
Where poppies bloom beneath the sun
In memory of days gone by
When men would fight
And men would die
In fields where poppies bloom
Death and destruction once spread its gloom
Today we stand with heads bowed low
Remembering friend and also foe
With prayers we pray so loud
Remembering the fallen on Poppy Day
Give up this futile thing called war
Give us peace for evermore.

John Edney

FOR KING AND COUNTRY

A day to remember the heroes of the land
Who fought, suffered and lost their lives.
Brave men who fought to keep Britain free
For the sake of future generations - you and me

The horrors that they faced someone from every family lost
This nation so proud into a war was tossed
Exchanging the plough and factory floor for guns
Away to a foreign land they went with a smile and a song

The war would soon be over the government told them so
On these poor simple souls - how were they to know
The nightmares and the horrors, the torment to the brain
Those who would return home would never be the same

So we must remember even those of us as yet unborn
How for us and our children
That for our peace and hope, and country
The lives of our soldiers, and families were shattered and torn

The poppy is the symbol of their undying sacrifice
A parade for those brave hearts who paid the price
Makes a carpet of red as the blood of our men
Flowing over the battlefields where England's heroes fell.

Elizabeth Amery

WE WILL REMEMBER

The fields of Flanders
where men stood and lost their lives,
comes to life each summer,
when poppies bloom again.

Fields soaked in blood
come to life each summer
when poppies bloom again

Fields of red poppies stand in lines
like soldiers on parade each summer,
when poppies bloom again

Lives where taken,
but life returns each summer in Flanders' fields,
when poppies bloom again.

The young men never age,
but come to life each summer in Flanders' fields,
when poppies bloom again.

G F Snook

THOUGHTS BY A WAR GRAVE

Do they hear the surf still breaking
As they storm a foreign strand
Do they smell the reek of cordite
Lying in this foreign land,
Do they hear the noise of battle
As it echoes all around
Do they hear the planes above them
Or thunder, as the great guns pound
Do their spirits tread these acres
In the stillness of the night,
Alert, and ever watchful
Ready to resume our fight?
Brave young men from Britain's counties
Their own lives they scorned to save
They - who sacrificed their living
And to the subjected peoples gave
Freedom which had been denied them,
Their bequest to mankind - from the grave.
When proud banners are paraded
In remembrance at the Albert Hall
Will they see the poppies falling
Will they hear the bugle call?
Oft times as I lonely wander
As in country lanes I roam
They are with me in my thinking
I salute them, and I'm grateful
For I am one who did come home.

Owen Jones

REMEMBERING THE WAR DEAD

I walk through the cemetery
          and stare at the war graves
men from different forces
          just lying there
they stand in rows
          like soldiers on parade
they gave so much
          it's shame that they are there
some as young as eighteen
          who had no life of their own
war is so bloody
          it's a pity they couldn't
just stay at home
          with their wives and their kids
husbands, sons and brothers
          that are sadly lost
but we shall remember them
          that's how much the war cost.

Anthony Clarke

REMEMBRANCE

Oh yes! We must remember,
And *never* to forget,
Carnage of the First World War,
The worst encounter yet.

The verdant fields of Flanders
As the venue for the fight,
Where the bloodiest of all battles
Produced an awesome sight.

Like a 'tug of war' from side to side
Ground was lost and gained,
Vicious clashes of fit young men,
With *thousands* killed and maimed.

In autumn red with poppies
Like a carpet spread before,
Derived the symbol of hopeful peace,
The plea for a *final* war!

On the eleventh of November,
At the eleventh hour,
Remember the moment peace was signed,
And wear your poppy flower.

I shall remember!

Reg Curwen

NORMANDY - REVISITED

Dutiful mind hold treason at bay, such feelings
I harbour still fresh this day.
Sweat covered brow stout heart once cold fear,
O tearful eye young lion fought here.

Steel-spitting cannon cruel thrusts from the foe,
deafening noise from where one didn't know.
On sands of destruction where castles once spread,
all reason was lost to the wounded and dead.

I heard them cry I saw them fall,
I cursed in vain at the damn of it all.
A thankless task the doing of others,
in the eye of cruel fate, burnt anger, weeping mothers.

Was peace to be found was victory there,
was someone above was there someone to care?
What brought us here was it man's vanity,
can he be so insane would we ever be free?

Beware of false passion wielding promise to be free,
to rule with devil's potion what people they be.
To fight their intolerance, rekindle humanity,
this lion stood firm on the beach at Normandy.

T E Griffiths

FLANDERS' POPPIES

Sleepy villages,
Strange-sounding names,
Soon to become famous,
Associated with death,
Fields steeped in blood,
Where only poppies grew,
Some say from the blood,
Now used for remembrance,
Blood-red poppies.
Symbolic around the world,
Remembering all the fallen,
Never so many,
As upon the fields of Flanders.

Andrew Pratt

NORFOLK POPPIES

Norfolk coastal defences are falling away:
Beneath crumbling cliffs, rotting minefields once lay,
No early-warning response from empty *radar* station
The technology has transformed war's new generation.
Grey pill box abandoned, the barbed wire is gone,
This derelict cliff-top looks strangely forlorn.
No guard duty or comrade, no post or alarm:
Now tractor and plough have returned to this farm.
On broad cornfields of gold, the splash of red poppy thrives
Flowering in remembrance for the sacrifice of lives.

Laura May

CORNFIELD POPPIES

The fields are full of golden corn
Basked in sunlight since early dawn
Under a cloudless sky of blue
See the poppies - a scarlet hue,
A brilliant array of wild flowers
Bright and fresh after the showers
Delicate petals of scarlet red
High on stems in the cornfield beds
When wind blows fields in motion
Alike the sea's tidal ocean,
Waves of red and gold appear
Vibrant colours bright and clear.
Poppies appear every summertime
Where corn grows and days are fine.
There are poppies too on Remembrance Day
For old soldiers who have passed away,
Soldiers too whose war was won
Many years ago since 1921
Scarlet poppies worn with pride
With memories they cannot hide,
Pretty flowers wild and free -
May you now live in peace and harmony.

Sheila Waller

SOME MOTHER'S SON

1914-1918
The killing fields along the Somme
With bursting shells - exploding bomb
In dire straits each soldier waits
Bent double like beggars - Owen states
Tormenting wounds - Gassed! They died
Some mother's son - grief multiplied

1939-1945
Sharp shifting sand - takes their sight
Brave Monty's troops - grim desert fight
Bomb-made craters - for their last abode
Scorching sun - makes the brains explode
Hurtling shells - resound like thunder
Some mother's son - in the devil's plunder

1991
The 'Desert Storm' was much the same
Sunburn bitten - their limbs went lame
Super-Jets send the missiles flying
Booby trapped - limbless men lay dying
Mortar bombs hit the hearts so brave
Some mother's son - in that living grave

Lest we forget - all those others killed
Dog-fights - Britain's skies were filled
Pilots and crew - that did not get back
Seamen in boats - that torpedoes crack
Europe - Korea -Falklands they served
Those armed forces - medals deserved
Jungle warfare - the carnage raged
Some mother's son - with lives encaged

R Jennings-McCormick

REMEMBER

Remember them this solemn day,
Those who fought far away,
They were young, in their prime,
Their memory stands the test of time.

On this day comrades reunite
With their medals shining bright,
We'll never forget those who are gone
In our hearts they'll live on and on.

In distant lands across the sea
They fought with honour and bravery.
They battled to turn the evil tide,
Their victory swells our hearts with pride.

It is our duty that we never forget,
Remember with pride and regret
Those who did not return,
Memories of them will forever burn.

They should be held in the greatest esteem,
They were part of England's dream,
Speak their names with pride and glee
For they are the reason that we are free.

Michael Howe

THEY GATHER ROUND THE CENOTAPH

They gather round the Cenotaph,
Medals glinting in the sun.
Each proud of the distinction,
Of the brave things they have done.
One shot down half the Luftwaffe,
One reduced Dresden to rubble.
In spite of all their efforts
Is our world now free of trouble?

Are our streets safe to walk along?
And is this a happy time?
Do people anywhere feel safe,
Is anywhere free of crime?
Is anybody really free?
Have all dictators gone?
Many battles ended in victory
But no war has yet been won.

David South

POPPY FIELDS

I love to see a field of poppies dancing in the breeze
They tell a story of their own
Of treasured memories

Of Flanders' fields and men at war
Who gave their lives for peace
And that very special November day
When our feelings we release.

I'll proudly wear my poppy
On that sad November morn
For feelings of pride joy and sadness
Greet the day that I was born.

Doris Moss

THE POPPY

They march into the arena,
with solemnity unusual to their years.
Old men, pride in their fallen comrades holding them erect,
march in with dignity at their appointed hour.
She watches the screen - a young wife then
but alone and elderly now.

Royalty, pomp, emotions to the fore,
banners and servicemen, churchmen, cross and choir:
with brave feats of endeavour, voices raised in praise.
hopes for tomorrow built on sacrifice;
and silently she wipes away a bitter tear
for she, too, paid the price.

And now the vast hall is stilled,
the famous lines are read and heads are bowed.
That most poignant moment of remembrance
occurs in silence, as from high those poppies of blood red
are gently released to flutter down,
one to recall each one whose blood was shed.

Her eyes fix on one flower on its release,
quietly, gently floating with its fellows,
remembering the gentle man, the few short years
of laughter shared, of holding hands;
and for those plans for a future, never to be theirs,
the tears flow as the poppy lands.

Brenda Heath

SPRING FLOWERS

To our gallant comrades, fallen and yet
Safe in our hearts that will never forget
The selfless, the brave, their glory, its price,
Built upon blood and their sacrifice . . .
Yes we must always . . . always remember
Those springtime flowers . . . not meant for
November.

Anthony Hilton

REMEMBRANCE SUNDAY

The colour of blood is the poppy bloom
Recalling Flanders' fields' doom.
A symbol today of sacrifice true
Saving freedom for me and you.

United against the 'common foe',
All were ready to 'have a go'.
On active service or at home
Each one prayed for peace to come.

Sadly creation is so slow to learn,
And people still watch their homes burn.
Differences of race, colour or creed
Are enough to inflame man's greed.

Let us all recall with pride
The men and women who died.
Today we still hope for 'peace on earth'
And await Messiah's second birth.

A Toley

AS POPPIES FELL

The poppies drifted
Down
And mingled
With my
Heart . . .
A part of which
Began
To cry . . .
And others
Standing near me
Rubbed their
Eyes,
Their ramrod
Stiffened
Backs
Stood proud . . .
The cloud
Above
Deep coloured
Red . . .
Fell softly
From the
Skies . . .

William Paul McDermott

FOR WHY?

For king and country he fought,
watching his mates being bullet bought,
a hell of a lesson to be taught.

For he was told that war was his
birthright,
so he joined up before his sixteenth
year night,
then stolen to France to join his
comrades and their plight.

But before it was all over,
he had learned such a lot.
And some can hear his wisdom from
his Flanders plot,
where his body does rot,
in that lead lined coffin and cradle
cot.

Chris Harrison

IN MEMORY

Old Soldiers march erect and proud,
Sergeant's orders given loud,
Medals polished, faces grim.
Let Remembrance Day begin.

Poppy wreaths on cenotaphs,
Crowds of people line the paths.
Buglers strike up the Last Post
Reminding us of what was lost.

For just one Sunday in November
The nation pauses to remember.
A silent moment when all are one
Recalling when the War was done.

They shall not grow old, as are we
Who have been here to live lives free,
And at the going down of the sun
We must now thank them, every one.

Elizabeth Read

REMEMBRANCE

Words cannot express the debt we owe to thee
Nor time can ever compensate the life you've sacrificed
The years have sadly let you down so lay your weary head
Only peace can ever compromise the life laid down for us

The unknown soldier asked the day when peace would reign the world
The morning never answered thus his question cannot rest
Honour sought salvation pinning poppies onto hearts
Was death a noble sacrifice or a wasted last goodbye?

Your courage built the temples, your souls did bless the land
Your blood hewed all the rivers where democracy doth flow
The cross is your cathedral and wherever you may sleep
The legions born of freedom will congregate round your throne

The altar is remembrance and amidst the crowning wreath
Your children held the moment to speak with silent tears
Our silence touched the eleventh hour where memories still cry
And a simple thank you will live forever in our prayers.

David Bridgewater

POPPY FIELDS

Poppy fields, Poppy Day,
I can only recall it thinking this way
Brought up to respect Remembrance Sunday
One minute of silence, then off to play

A little bit older, being a Girl Guide
March in the parade with the flag by my side
One could sense the emotion, yet not understand
The great loss to the people with tissues in hand

As a young adult, I knew from my mother
Such tragic cost with the loss of her brother
Made so aware it's still happening today
Wishing, praying, please wars go away

Married now, my husband would save
A poppy each year, I was so naive
28 poppies the year that he died
How precious a poppy for those who tried

Remembrance Sunday, so different today
In my own heart it's not so far away
A harsh reality that's part of a life
Simply being my husband's wife . . .

Jean Tennent Mitchell

YES WE MUST REMEMBER

Oh! How we must remember
The men who gave their lives
And stand in total silence
It's Remembrance Day again.

The swathe of red bobbing heads,
In fields now tranquil calm,
In remembrance of the blood and pain
And carnage that must not be again.

Oh! Well we must remember
The men who lost their lives,
With the wearing of red poppies
On each Remembrance Day.

Markina

THE FIELD OF SORROWS

The women and the old men gaze
Across the field of sorrows
Where young men fell before the foe
Deprived of their tomorrows.

Husband, brother, father, son,
A poppy grows for every one.

Daughters, sisters, widows, stand
With those who once returned
Leaving comrades, friends, behind.
Are lessons ever learned?

Husband, brother, father, son,
A poppy grows for every one.

Wave on wave of scarlet flowers
Stretch before their eyes.
The poppies hide the scars of war
And blur both truth and lies.

Husband, brother, father, son,
A poppy grows for every one.

Hidden in their hearts and minds
Sorrow, grief and pain
For men and boys who sleep in death
And won't come home again.

Husband, brother,
Friend or lover,
Father, son,
All are gone,
And where they fell
A poppy grows
A poppy grows
For every one.

Maureen C Bell

REMEMBER THEM

Brave and victorious, were British men who fell,
going to war, coming face to face with hell.
Bogged down in mud, peering over the trench,
smell of corpses gave off a terrible stench.

Bodies of young and old, lay bent and twisted,
all because the earth beneath them, had shifted.
Exploding grenades, shrapnel flying high,
shot down planes, falling from the sky.

19,000 men's lives, taken in just one day,
to gain a few hundred yards, was the price to pay.
Crouched in terror, as whistling shells go by,
always wondering if they'd be next to die.

The pounding guns, the deafening noise,
no matter what side, they're all someone's boys.
Fields full of poppies, as red as blood,
misery of war, does no-one no good.

Rows on neat graves, are all that's left,
names on plates, and thousands bereft.
They must never be forgotten, the men who fought,
on Remembrance Day, they all deserve a thought.

Susan Edmondson

POPPY, SIR?

'Poppy, sir?' asked the veteran,
to the well-dressed passer-by.
'Sorry, mate, I'm already late,'
but they both know it's a lie.
'Good day then, sir,' said the old timer,
as he shook his tin once more.
And blessed the Sunday shoppers,
with their gaze fixed on the floor.
He stands so proud in shop doorways,
bright medals on his chest.
And as he shakes his tin, it comforts him,
while he puts us to the test.
Should we pass by, nor catch his eye,
pretend he isn't there?
Or should we pause, to part with change,
to show we really care?

Terry Dare

THE FLOWERS OF SACRIFICE
1914-18 AND AFTER

Round War Memorials blood-red poppies glow
        - Blood of those who died so long ago;
Who gave their all for us on Flanders' fields.
        Will they have died in vain? Death wields
His cruel scythe on man and boy
        Taking away their hopes - their loves - their joy;

Left their bodies red as the poppies blowing
        As swift into the earth their blood was flowing.
'Remember us, who died for you' they sigh.
        But nowadays the careless passers-by
See not the names deep-graven in the stone.
        The poppies blow for memories alone.

Far more essential in these bustling days
        To go our own important, selfish ways . . .
And never heed the poppies in the fields.

Marjorie Piggins

HOPE ETERNAL

Poppies in remembrance of the dead of futile wars
The countless losses, the misery that these losses cause
Everyone was someone's son, husband, father, brother, lover.
So many broken bodies, broken hearts and all for what?
Because there's always someone not content with what they've got.
The sadness reaches out across the years when we live on
And memories are all we have of those now dead and gone.
They'll never be forgotten but their deaths *will* be in vain
If wars go on and bring yet more destruction, grief and pain
If only peoples of the world would unite in one last fight
To banish evils - above all greed
And reach out in friendship to those in need.
Those poppies ever will recall the millions who did sadly fall
We cannot let it be in vain -
Hope must live on with eternal flame.

Kathleen Jarrold

IN MEMORY OF A WREN

I am alive,
The sun shines
And rain falls on me.
Love surrounds me
While small hands hold mine trustingly.
Life, full and overflowing
Has been mine
Since a draft declared me
'Vice *Buckler*'.
Young and unthinking
I, at eighteen,
Took her broken body's place;
Flew in planes,
Headphones ringing in my ears;
Landed, 'homed' lost pilots
And lived life to the full
'Vice *Buckler*'.
The years have brought their sweetness
And the years have brought their sadness,
But for her a naval funeral,
Flag-draped coffin
And comrades to follow
To the grave
At eighteen.

J M Moore

POPPY TIME

Poppies for remembrance
are red amongst the gold.
See there in the cornfield
standing tall and bold.

Trembling in the breeze now
gently nodding heads.
Smiling in the sunlight
see the wispy threads.

We see common poppies
also in the verge.
Maybe in the garden
and borders they merge.

Some may have dark centres
and five petals fine.
Oriental poppies
bright scarlet they shine.

Margaret Jackson

THE CENOTAPH

The Cenotaph is the focal point
for those who choose to remember
the events that happened so long ago
one day in November
but that was all long before I was born
when the heart of Europe was torn apart
and even now I forget what caused
the First World War to start
still I think it's important we remember
those events of long ago
the lives lost in the trenches
when humanity sunk so low
that twenty-one years later
the bloody fields forgot
warfare started up again
as blue as a forget-me-not
but red as blood is a poppy
in the fields of Flanders grown
which is a symbol by which we remember
those men we have never known.

Julie Ashpool

SO CLOSE TO HOME

Frail narcotic flowers
Dipped in a sea of blood,
Float on the flat Norman plains.
Each a poppy soul
Lost, face down in the mud
So close to home.

Legions of strong heroes.
Souls of fathers and brothers.
Armies of our young sons,
Our blue eyed lovers,
Sway in those battlefields
So close to home.

Bright poppy souls,
Still revered, still loved,
Still the colour of blood, fanned
Out across the empty plains.
Remembered in this foreign land
So close to home.

Helena M Ball

WAVES OF RED

In a field - in shades of red
that waves gently in the breeze
what happened here - in bygone days
is hard today - to be believed.
Oh it's true enough - although why
sent to fight - by land - sea - and sky
each poppy petal is a heart
of each and every lad - that fell in conflict
young lives cut down - a lost generation
their names etched forever
on cenotaphs throughout the world to read
their souls still walk - in the fields of red.

David Charles

WHERE WE FOREVER LIE

As you stand and stare, do not pass us by;
Spare us a while for memories we shared,
As each stark cross marks where we forever lie.

Frowning, you try to fathom why,
Like sheep to the bloody battlefield we dared;
For home and country, friend and family.

Try to explain to your little ones again;
Grandpa's sacrifice, for freedom we dared;
In a field of white crosses, and sad rain;

Blood red poppies stand bowed in shame
Dying now, upon the grass they bleed ensnared;
The rain of sorrow too much to claim.

As you stand and stare, do not pass us by;
Past pain not forgotten, victory now shared;
As each stark cross marks where we forever lie.

Bea Wiltshire

POPPY FIELDS FOREVER

Pay homage to the servicemen of two world wars
By attending church on Remembrance Day
They gave their lives so that we might live
Now far from home on foreign soil they lay.

They will never grow old like you or I
A cross marks the lonely grave they sleep beneath.
Still forever young they will always stay
Let us remember them, with a red poppy wreath.

It has taken two world wars to save our nation
These men are all heroes, show respect to the dead
With prayers to remind us, they never died in vain
We lived to see a new dawn, they fell with wounds and bled.

When the poppy fields are ablaze with brilliant colour
In silence we will mourn our dead
As the beautiful red poppies blow gently in the breeze
Soft petals fall, covering the ground like the blood shed.

Brenda Colvin

POPPY FIELDS

Poppy fields,
fields of red.
A blanket of colour,
colour of blood.
Blood 'twas given
by, so many, so fast,
it was real, although now
well into the past.
Down they went,
line after line.
No thought of themselves,
marching on,
as if blind.
Blood was spilled for miles and miles.
When smoking guns had stopped,
soldiers had died.
But from blood-soaked seeds
bright red poppies grew.
Returning them,
remembering them,
making them anew.

Andrea Edwards

THE POPPIES OF REMEMBRANCE

Just a run out through the country brings the past
so very near
to see the fields of corn poppies growing up
so fair
Masses of red poppies growing up so tall
A reminder of the Flanders fields
Where our soldiers gave their all.

Each flower holds a memory as our boys fell
one by one
Fighting for our freedom as they faced the
enemy gun

The redness of those poppies shows the pain and
blood they shed
'Oh, God, please make us worthy as we life's pathway
tread.
Help us to live their memory and spread joy and
peace around
May we never ever send our boys to be shot down
on the ground.

Let us never forget the sacrifice and the awful
price they paid
Of the courage of our soldier boys as in those
fields they laid

But may their memory stay with us not only in
November
But every day that we have life,

May we in love remember.'

Joyce Berry

REMEMBRANCE

Time passes
As the season
Changing
Clock upon the landing
Ticking
Marking progress
Seconds casting
Minutes, hours,
Time surpassing.
Oldest losing.
Youngest gaining.
Seldom stopping.
Not explaining.
Time to be born.
Time to be free.
Time to be blind.
Time to see.
Time to live.
Time to die.
But never time
To reason why?

Janice L Williams

REMEMBER

I remember. I remember.
The young men by my side.
I remember. I remember.
The days they almost died.
They came back home in pieces,
Shaken, shot and gassed
Emerging from the conflict
From the horrors slow to pass.
I see them march, the ones who can
As the parade proudly goes ahead
Their medals shine like starlight
On the spirits of the dead.
I watch them, passing thru' me
Unknowing as they go
Toward the rows of poppies
Where I lie buried, marked *Unknown*.
So still, I sleep beneath the earth
To wake in cold November,
I grieve not, any more, Sir.
But I always will remember.

A L Griffin

REMEMBER

The poppy, symbol of the blood,
The lice, the rain and filthy mud,
The gas, the death, the gasping breath,
Remember.

The convoys sailing on the foam,
The sailors who did not come home,
They gave their lives for our supplies,
Remember.

Constant bombardment from the air,
Death and destruction everywhere,
Homes were lost and families too,
Remember.

We pay our homage once a year
With silence and maybe a tear,
But what's the point if all the year we don't
Remember?

B C Watts

REMEMBRANCE DAY

I went down to the town today
        And saw a big parade
Of ageing men and women.
        I stopped a while and stayed
To watch as they passed by.

Some of their steps were hesitant
        And many backs were bowed
With many medals on their chests
        And I was very proud
To watch as they passed by.

What memories linger in their heads?
        What hurts within their hearts
Of their friends, young dead
        Who fought and played their parts?
So I could watch as they passed by.

I saw a tear in one man's eye
        Which he quickly wiped away,
Another stumbled, nearly fell
        But his comrade's hand would stay
The fall, as they passed by.

Military pride was in their step
        Dignity in their bearing.
Remembrance Day, to honour their dead
        With the poppies they were wearing,
And I wept, as they passed by.

For I know that I owe my liberty
        And all that is safe and good
To those men who gave a life for me
        And are buried in foreign mud.
Remembrance? Well, at least I'll try!

Millicent Judson

LEST WE FORGET . . .

Amidst a field of poppies a young man lies asleep
His gentle smile is fixed for evermore;
He never knew, never felt the shell that took his life
Nor heard his screams above the cannon roar.

His time on earth was short, he was only seventeen
He'd lied about his age when he'd enrolled;
His mother wept, as mothers do, she was so proud of him
Held back her thoughts and smiled, when she'd been told.

His friend crawls up to him as the shells are raining down
Ignoring all the carnage lying there;
Bits and pieces all around of men and horses too
And rotting corpses with their sightless stare.

'Dying is for others, not for you and me!' he sobs
'Come on Jim!' and he gently shakes his mate;
Cradled in his arms like his new-born baby son
'Bloody Huns!' he screams, his eyes all filled with hate.

Jim didn't hear him as his life-blood seeped away
And stained the crimson flowers redder still;
He'll soon join the others in their narrow beds of clay
In the graves marked with white stones on the hill.

Life is stilled forever, no more kisses from the girls,
No more love, no more dreams of getting wed;
No more dashes for the train when going home on leave
For now he lies among the fallen dead.

His epitaph is short underneath his name and rank
But still it's there for all who go to see;
For he who died upon these battlefields
Gone but not forgotten, he will be . . .

Joanne White

I WILL REMEMBER YOU

In my mind I see you soldier,
Standing by your grave,
I know that you were,
But one of the many brave.

I see the Sergeant's stripes,
Worn proudly on your sleeve,
I see your uniform ripple,
In the gentle morning breeze.

Fighting for king and country,
And also for unborn me,
You fought so hard, for so long,
To make sure that I'd be free.

You gave up so very much,
Your homes and dreams and wives,
Children that would never know you,
You gave your precious lives.

And when my son says to me,
'But Mum, it was a long time ago'
I gently try to remind him,
Of the cost we will never know.

Then, as it slowly dawns on him,
He falls silent, eyes losing their scorn,
Without all our brave forces,
He may never have been born.

And I for one will not forget,
Yet I will never fully know
Of all the many gifts you gave,
Yes, I will remember you,
Standing by your grave.

Debbie McQuiston

REMEMBER

Will men never live in peace
Will the fighting never cease
Always somewhere a firing gun
Every death a mother's son
Why can't we see what went before
And learn the lessons taught by war
Kill and maim, burn and destroy
Every woman, man and boy
For power and greed we fight to kill
Wanting more and more until
One day this world will cease to be
A place where people can be free
So remember the horrors, the deaths and the pain
Then two world wars will not be in vain
Glory the peace and stand side by side
Glory the poppy and wear it with pride.

Jackie Johnson

REMEMBER

A time to remember
wear your poppy with pride
for the many brave people
who fought side by side
a moment of silence
just once a year
a time of emotion
to shed a tear,

a time to remember
reflect on the cost
on the perils of war
young lives lost
rows and rows of poppies
by unmarked graves
remind us of soldiers
and young lives they gave.

Petals of poppies
fall to the ground
one minute of silence
no other sound.

Andrea Hazeldine

MEMORIES

The bitterness of war has passed on,
Peace to celebrate, future happiness to plan.
A time to remember brave men who are gone
Gather together and greet all the clan.

Every year as November comes by
We all spend the time to silently think
Even so long after, a tear dims our eye
Time stands still, today the past years link.

Poppies are the colour of men's blood spilt
On the battlefields our loved ones gave all
Monuments in distant lands are built
But memories live on, distant voices still call.

We saw them go away full of life and grace
In many cases come back looking old and bent,
All the cares and dangers furrowed in their face
Wondering what all this sacrifice really meant.

So buy a poppy, wear it with pride
Think only of peace in the years ahead
Be grateful to have a loved one at your side
Remember with love, all those long since dead.

Bessie Groves

OLD SOLDIER

As poppies tumble to the
ground
There's not a whisper, not
a sound.
Tears in your eyes, you have
seen it all.
Proud to serve, when your
country called.

A young gentle man, thoughtful
and kind.
Five years of memories flash
back in your mind.
One of many, fighting in the
mud and heat.
Pals lay dying, near your
feet.

Let everyone thank and respect
you, so it should always be.
For you gave up your youth
so we could all be free.

Kathleen Price

NEVER FORGET

Remember them with sadness
Their death was premature
The wars have taken so many
And such hardship they did endure

Remember their face so young
Behind the metal of guns
Them killing their foes in battle
They too were someone's son

Never will we see them smile
Nor will they walk the earth
Nor feel the warmth of a blazing fire
From their chair in front of the hearth

Never again will they know
Just how their children grow
Or age with their loving wife
'Til the sun sets on their life

Wear a poppy in remembrance of them
From the fields where they were slain
Unknown to us are some who have fallen
But with our memories they'll ne'er be forgotten

Margaret Fleming

THE FALLEN

Fields of green where poppies flower
Where life is so serene
And gone the frantic tumult
That once was on the scene

Where young men gave their very all
To fight their country's foe
The sacrifice they gave for us
Some will never even know

Over the top into the fray
When life was living hell
Brave young men full of hope and life
And on the field they fell

The nightmare's past the hell is gone
They're just a memory
But pause a while and think again
It was for you and me

B Kern

FLANDERS' FIELDS

Flanders' fields,
A United States military cemetery,
Near Waragen Belgium
Where 368 members of armed forces are buried,
In World War I, 1914 to 1918.
White crosses, row by row.
Flanders' fields where poppies grow
Brave men who fought for our freedom years ago.
Sleep in Flanders' field
Where the red, red poppies grow.

At the going down of the sun,
And in the morning,
We will remember them.
Victims of Ulster's troubles remembered
With the dead of two world wars.
Remembered with pride,
Poppies, red poppies.
Symbol of love and sacrifice.

Frances Gibson

TWO MINUTES

In the mourning of the eleventh month
In silence . . . silence for brave hearts -
Give them your love
They, who gave you your life.

Down into the valley of death go our thoughts,
Did they fear no evil? Our heroes when they lost *all*?
- For us, remember, for us!

We give thanks for our freedom -
Salute the dead, at rest,
Bow humble before them,
In undying honour, to their dying fields.

Bright, the red poppy, in the grey of the morning,
Brighten our souls like red blood anew,
Scarlet of dying, scarlet for grief,
Scarlet spilt over -
For me and for you.

Angela Vanes

THE MAN AT THE BACK

He was old and wrinkled
His frame strong yet frail
He had his reasons to come
His memories hadn't paled.

He wore no medals
Just a sad face
Regret was in his eyes
From a far-off place.

As he sang
I heard his sorrow
It echoed in his voice
And will stay for all tomorrows.

The lone bugle played
He knew it well
It saddened him deeply
He hid it, but you could tell.

His teared voice
Spoke in prayer
His memories passed by
For he still cared

Though a long time
Had passed by
He was still woken
By the dying's cries

He would never forget
Friends lost along the way
So he remembered
Every year every day

He wanted no fuss
Didn't look for praise
As the last word was spoken
He upped and slipped away.

Jeanna Edgell

THEY WENT TO WAR

They went to war, it was for us,
We should remember them with pride.
For kin and country they did die,
The poppy being so bright and red,
Each one grows for a soldier dead.
The price they paid was far too high,
They never said their last goodbye,
Some were lucky they returned,
This day in history should not be spurned.
The eleventh month the day of ten,
Two minutes' silence for our brave men.
We've honoured them for seventy years and more,
They should be remembered forever more.

Doreen Fraser

POPPIES

Brilliant, scarlet poppies
in a cornfield, gold,
Adding radiant colour
for the viewer to behold.

See their silky petals
swaying in the breeze,
Hear the glad birds singing
high up in the trees.

In a world of darkness
there is always light
Like the glow of cornfield,
moon and stars by night.

So the bright red poppies
of each Remembrance Day
Remind us of the ones who gave
their lives, for peace, today.

As the scarlet poppies
with their radiant hue
Gleam there in the sunshine,
bringing hope anew.

Joan Heybourn

THE SOMME REMEMBERED '96

Safely ensconced, forty miles
behind the front line,
Field Marshal Haig,
fought the Somme battles
in his mind!

He ordered the squaddies
to leave their trenches,
and go over the top
through the barbed
wire fences!

In the first hour,
twenty thousand
were slaughtered,
mowed down by
machine guns and mortars!

There was even worse
to follow,
thousands more gave
their today,
for our tomorrow!

Eighty years on we still
remember these men,
but in the minds of some,
regretfully, wars
can still begin!

John F Taylor

THE BLOODY FIELDS OF RED

(In dedication to Sylvia, my wife, my life)

When I was naught but a boy I joined the army
The Great War had started, and I wanted to do my bit
In the front line I could not believe my eyes.
Shells whining overhead
The cries of men in pain
I saw the carnage at the Somme Ypres and Passchendale
The flower of youth cut down in seconds
In a living hell we carried on
But I never really knew *why.*

I saw veterans cry with pain and desperation
Rotten food, and teeming rain, that was a normal day
Assaults across muddy fields, and barbed wire to cross
For what purpose, if you could count the loss
This was the war to end all wars
Then again in nineteen thirty nine, it started up once more
And I was in the thick of it another useless war
El Alamein, France, Italy and in Burma too
Conditions a little better to stop the Nazi horde
I saw things that made me very sick
The politicians told us, there would be homes for heroes, enough for all
But if any man believed them, he was just a fool
For six years this war went on, I saw my comrades die
I even caught a bullet, but couldn't rest for long
Thousands upon thousands, gave their lives, to regain peace
I finally got wounded, a bad one this time
Australians, New Zealanders, Canadians, and Johnny Gurkha too
When the war was over at last I wept for joy
But one thing I know, if our leaders had to fight
And suffer like we did maybe there would be no more wars.

Prince Rhan of Kathari

POPPY FIELDS

We all should try to remember
And give our prayers in November
And think of all the soldiers gone
When it all started in 1921
What they all gave, and had to give
So we, the people, could have peace and live
It's no good getting stroppy
When asked to donate for a poppy
OK so it was a long time ago
When our soldiers went to fight the foe
But look what now we have all around
And they are buried in unknown ground
We must never forget the brave
When we look on a soldier's grave.

Jean Linney

REMEMBER ME?

Remember me? Remember me?
I lie here in this foreign field,
Red poppies cover where I sleep,
Song-birds sing now guns are stilled.
My friends and I we were so young,
We all fought hard though we were scared,
We fought to give our country peace,
And its freedom for those war spared.
But sadly we all feel betrayed,
For you young are destroying your lives,
Committing crimes for drug abuse,
While we lie here through sacrifice.
What was the point of giving you peace?
Why do you waste your lives away?
My friends and I weren't given the choice
To see in another day.
We were your age, so full of life,
Now here we lie in the mud,
We'd feel at peace, and satisfied,
If we felt that by shedding our blood
We'd made our country free and proud,
Giving you peace through all tomorrows.
Please. Remember me, and change your lives,
Make me happy in this field of sorrows.

Beryl Kearns

A SOLDIER AND HIS HORSE

My horse was hit and dying, and I cried out in despair,
Amidst the broken cartwheels, and bodies lying there.
I placed his head upon my knee and said 'Don't die my friend,'
He rubbed the tears from off my face as if to say - this is the end.
I dressed his wounds with loving care, and ran my fingers through his hair,
His eyes were glazed, but even so, he knew that I was there.
He licked my face, and a tear ran down my cheek,
I gave him one last kiss, and he appeared to fall asleep.
The shells were falling all around, I could not leave him there,
So with a broken heart I dug a grave, and buried him with care.
Bullets were still flying round, I thought this might be the end.
But whatever happens now, I will stand and say a prayer for my friend.

Leonard Smith & Malcolm Staves

CONVOY TO MURMANSK

The jaws of death
Were opened wide
And many fell prey
As they sailed inside

To a twilight world
With neither dusk or dawn
Under the constant threat
Of an enemy's scorn

Travelling blind
They could only feel
The way to a nation
Under an oppressor's heel

Carrying supplies
So badly in need
To turn the tide
Of the oppressor's greed

But their losses were great
The debt can never be repaid
To those that perished
Under the icy waves

John Evans

POPPY FIELDS

Thus I lie in discontent
My youth, my hour cheaply spent
In international argument.
Red flowers for my grave.

This is my unrestful rest
Against the pestilential hest
Of foe to foes' contentious jest:
A haven for the brave.

Great words that shattered greater peace
Indistinctly heard beneath
This Flemish shroud, this stark headpiece.
I would hear the rave

Of tomorrow's angry sons
Rant against these shrapnelled bones
Scorned, embarrassing, unknown,
Not knowing how I gave

My hopes, my awkward youthful dreams,
Abandoned loves now unredeemed
By politicians promising,
'The world is yours to save!'

The earth above me trembles now
Not to cordite but to plough.
It is enough. Falling petals sough
The peacefulness I crave.

Come, dry your tear of sweet regret;
Your heritage is better yet
For our dear blood. Do not forget,
'Tis we who first forgave.

Eric Green

SYMBOL OF PEACE

'They shall not grow old'
The famous poem says,
That dying young's a privilege
- That they should sacrifice their days
To slaughter on the battlefield,
When they could live and love?
Just give them half a chance
And they would love to have grown old,
Looked back to youth
And watched their life of happiness unfold.
What, poet, not grow old?
Get married, have a family -
A house, a garden patch,
A pint of beer, and Saturday
Go to a football match? Just give them half a chance
From what alternative?
To leave their bones in France?
They'd like to have grown old, poet -
Given half a chance.
Then came peace! But - tragically -
Politics, ineptitude and greed
Fresh conflict quickly spawned
And very soon it was quite plain,
As war clouds rolled across
The slowly healing lands
Another generation would not grow old again.
Around the world they gave their lives,
Remembered by the poppies sad
From those first killing fields of France.
So we must learn from that; and keep the peace,
If costly ruffled it may be at times.

And in the coming century,
Tho' feelings for our dead will never cease,
Let poppies bright now symbolise for us
High summer blooming in the fields of peace.

D Mitchell

MEMORIES OF LIVING

It's that day in the year once again,
A normal day for most other people,
But for me it's more than that,
It unlocks a door leading into the past,
And allows me to relive the memories.

Memories of warmth and good health,
Times of loving and fun,
When two people shared life together,
Instead of the lonesome one.

When young we would run in the garden,
We would play till the shadows grew long,
We had lost our sense of time and place,
And laughter ran so free.

Then came those terrible years,
When life had seemed to stop.
Gunfire echoed through streets and minds,
War tore homes into fragments,
Leaving us to gather the pieces.

They said those times were finished,
Now we could start up again,
Start to look all around us,
And notice what was gone.

It's that day in the year once again,
A normal day for most other people,
But for me it's more than that,
It unlocks the door leading into the past,
And allows me to relive the memories.

So as each year goes by,
and the memories come and go,
As I stand by his grave in the churchyard,
I weep at what might have been.

Isabel Tredinnick

DOES THE WORLD REMEMBER?

Silence,
And a wreath of poppies.
But,
Does the world remember?

The wailing of the sirens
And the aircraft drone.
The bombs, the wreckage,
Dropping,
On the world below
Bringing death, destruction
And the fires aglow.
The nights spent
In the shelters,
Evacuees;
Blackouts, gas-masks, coupons,
Churchills Victory Vs.
Women doing men's work
Queuing,
Ration books in hand,
Sons, fathers, husbands
Brothers,
In a far off distant land,
Fighting for their country,
Some never to return,
On some battlefields, lying;
In fields of poppies,
Dying.

But,
Does the world remember?

Tessa A Meetham

THE POPPY

A barren field
Where blood was shed
Into the earth did flow
The sod was broken
As were the hearts
Of people's lives whose
Souls did part
A field of red
Waved in the wind
A flower for all who fell
The poppy.
A simple and poignant symbol
A sign that life flows on.

Sue Turner

THE FALLEN

I did not see them bleed on foreign field
Or listen to the dying soldier yield.
For me no memories of a Fuhrer's hail
No D Day, Arnhem bridge or Burmah rail
They did not happen in my years
Those first and second wars of tears.

But I have seen them fight the foe within
The cruel hand that slew my kin
The terrorist who stalks our pleasant land
To mutilate the innocent, his plan.
An enemy that murders in the night
Our fallen ones left all to fight.

For me the memories are of ambushed friend,
Lamenting piper calls the soldier's end,
Workmen murdered on their homeward way,
A hidden bomb on a poppy day,
Young lives brought to a sudden stop,
The twisted rubble of a Shankhill shop.

If death was met in bomber's sudden blast
Or when the sniper's view was cast
If they perished across the sea on desert sand
Or if the reaper met by neighbour's hand
It was a hope for better things that led
And for us all these valiant have bled.

So when bright poppies worn each grey November
Their names we will always remember.

King Anderson

POPPY FIELDS

Another year - another day
When we look back, on yesterday
The yesterdays of human sorrow
For those denied - a new tomorrow
Loved ones! Lost on a foreign field
Where! Every year - the Poppy yield
Bears witness, to a sacrifice
Alas! For many - the ultimate price
Let's! Spare a thought, for the dwindling few
Who! Against all odds - did pull through
Promised a future - for their valour
Which turned out, rather pale and pallor
Victims - of the greed machine
Neglected now, and treated mean
Our pensioners - no longer strong
Those in power - have done them wrong
Our vanquished foe, of yesterday
Are much better off - in every way
There's a moral, to this tale of sorrow
Brit's Bugle call - was a sham, and hollow.

Ernie Martin

POPPY FIELDS

Remembrance Sunday each year
        We stand our heads bowed in prayer,
Listening to the service our thoughts of
the sacrifice of lives those that came
back in shell-shock or without a limb
        What their lives could have been
Giving thanks for our liberty they fought
        in 1914 to eighteen.
Stories passed to the next generation
The horrors the courage the things they had seen.

The fields of Flanders barren destroyed and yet
        the poppy still grew.
As if in sympathy petals shining red
Becoming a symbol of all the blood shed.
30 yrs on again the call to save our country came.
This time not slogging in the trenches but
With modern guns tanks ships subs and aeroplanes,
The courage the sacrifice the loss of life
        the pain was the same.
So each year buy a poppy remember Flanders fields
Remember also not only the dead
but those who now age weary
Fight for good pension good care
To them we owe our freedom
Give them a fair deal.

Jayne West

LET'S NOT FORGET

The war that ended a long time ago,
With guns now silent against the foe,
They gave their lives, when duty called
Those fine brave men - remembered all.

With their dignity, courage, and grace,
They left our shores, for the enemy race,
Their thoughts of loved ones, left behind,
Embedded, so clearly on their minds.

Young, and old, fought alongside together,
In dirt filled trenches, and foul weather,
With little food, and not much sleep,
Shells, and bullets, no time to weep.

They fell while in the search for peace,
With families left in so much grief,
Each one, a hero, to remember,
On poppy day in November.

The nation will as always remember,
That poppy day in November
As a mark of respect to all those brave men,
Who in God's hands, will live again, and again.

Michael John Swain

NOVEMBER THE ELEVENTH

Guns were firing in the November dawn
Became silent at eleven on armistice morn.
Troops thanked God, the slaughter was ended
Feeling grief and sadness for pals remembered.

The armies existed in sodden desolation
Caused by the onslaught of Nation upon Nation
Near the copse was a trench where twenty fell
Half a platoon slain by a single shell

There, in the mud, stood a lone wooden cross
An unknown hand having carved with care
The words 'Here lies a British Soldier'
Somewhere, a loving family as yet unaware

Battalion after battalion had crossed this ground
The fallen marked by a cross on mound after mound
Over the rise they lay, just where death came
Buried by Comrades who etched each name

On a misty November morning, people assemble
Wearing the red poppy, the eternal symbol
The assembly hush, as Buglers sound the Last Post
And in silence, remember the fallen host.

W H Amos

JUST A DAY

Remembrance Day
A day that never ends.
While we seek in peace
What was short won in war.
Remembrance Day,
When poppies *still* our pride.
Supported by a land army,
For equal lives.
Remembrance Day
Conscientiously objects.
To not forget
Yet do not remember
Never let our hate dismember.

Julie Whitworth

POPPIES FOR PEACE

One hundred thousand poppies
Falling from the sky
Remembering all our dear, brave soldiers
Who sadly had to die.

Many men and women
Who fought to save our land
The Privates to the Captains
The ones who held command.

People torn apart
By the loss of family and friends
They share Remembrance Day together
And the message that it sends.

Learn to live together
And love each other dear
So that we can all live in peace
Year after year.

Petra Trippass

WHEN THE RED PETALS FALL

The summer fields of corn
wave their heavy yellow heads,
here and there we can see
the flowers with petals red.

In the Remembrance service, the hall
with congregation stand
when the red petals fall
for every man in this land.

For us they died
so we may live
and for each day
with thanks we give.

So many fell
too many to be numbered
but because of them
we live on to tell the story.

With the summer poppy fields
another harvest yields,
and we will bow our heads
in prayer
and remember them.

Rosemary Medland

BATTLE OF BRITAIN REMEMBRANCE

They all flew for us
And they saved us well
The young and the handsome and brave
They belonged to the 'few'
And let no-one suspect
They were first and the last of the waves.
They laid the foundation for winning the war
Involved in a huge game of bluff
They laughed and they joked
As they flew through the air
And they died before life was enough
They were brave and courageous
Unwearied of life
It was those that they left here who cried
No present, no future was left for those men
So that we in this country survived.

Carol Rickard

REMEMBRANCE

I never knew my grandfather
He died before I was born.
He died upon a battlefield
One cold and misty morn.
No-one will ever really know
How my grandad felt that day,
Did he think of his young family,
Did he have the time to pray.
Did he feel any terror
When he heard the cannons roar,
Did he really think about
The death he had in store.
The battle was in Flanders,
A far and distant place,
And if you should ever visit it
Of him there is no trace.
Just a field of blood red poppies,
In the air they gaily wave,
As just a small remembrance
Of the life he gave.

J Stephens

THE POPPY FIELDS

Silence now we ask you all
Remember where the brave did fall
To bring a peace and harmony
For the likes of you and me
They fought a battle against the odds
And so were left to face the Gods
To give us freedom, to make us proud
Laid down a life, for this they vowed
Looked the Devil straight in the eye
And said my friends the dammed don't cry
To buy a poppy is thank for my chance
As you lay where the Angels dance.

Jacqueline Griffiths

FRAGILE

With hope in their hearts
And great courage in their minds
The innocent young soldiers
Marched through the scarlet flowers
Into battle.

Weary from hunger
Cold and tired,
In knee deep mud
They set down camp by the tender plants
And stood their ground.

The enemy bombarded
From every angle
With bullets and shells and mortars.
Beside the newly bustling buds
They challenged the force
And fought bravely on.

That evening, the guns stopped.

The fighting had ceased.
Their voices were silent.
No sound was present.
Their hearts were calm.
No wind swayed the stems.
All was at peace.

But morning dawned to see a different sight

Crushed like the fragile poppies,
Flattened by a heavy boot
Their young limbs lay still.
Blending with the fallen petals,
The price they paid for freedom
Was immeasurable.

Tina Watkin

MY MATE BERT

My mate Bert bought it yesterday,
meaning he was shot, he died where he fell,
out there in the mud.
You can see him, he's still lying there today
and no doubt he'll still be lying there tomorrow.

As I say, Bert *was* my best mate,
but his death doesn't bother me so much,
whilst I've been here, I've had lots of best mates.
After four long years in this hell hole,
I've used up all my compassion and sorrow.

I know I'll see him every day,
slowly sinking further into the muddy ground.
But . . . so what!
Just look up and down these trenches,
hundreds more 'Berts' are easily found.
(Both dead and alive).

If this war ever ends and they declare peace,
I'll be able to go back to being a man.
But to do that!
I'll have to regain my heart and soul,
it will be bloody hard, but I will if I can.

If I can't retrieve them,
there will be other 'Berts' who'll suffer
and other 'Berts' who'll die.
And without my heart and soul,
All I'll be able to do is stare,
with cold blank eyes.
I won't even be bothered to cry.

R Marshall-Regan

WE WILL ALWAYS REMEMBER THEM

Those famous poppy fields of Flanders, resemble a massive sea of red
A constant reminder of two world wars, and loved ones who are dead,
Those round red flower with stamens of black, and little leaves of green,
Are made into wreaths for the Cenotaph, yearly one is laid by the Queen.

The eleventh hour of the eleventh day, we shall always remember them,
Those brave unselfish people, from armed forces of women and men,
Each year we see those veterans, honouring comrades who gave their lives,
And on those remembrance day parades, we see fallen heroes' aged wives.

The people of this country, wear their poppies with so much pride,
Young and old know it was for them, that those brave people died,
We congregate at war memorials, in cities, or small towns in the fen,
Heads bowed in two minutes' silence; for we will always remember them.

Wenn The Penn

POPPY FIELDS

(In memory of a young Airman called Johnny)

Poppies rippling in a gentle breeze,
Scarlet petals, kissed by bees,
White clouds in a sky of blue
Remind me of a love I knew.

Oh Johnny, Oh Johnny I'll never forget
The sound of your laughter it's haunting me yet,
Swift like a bird you would fly through the air,
Oh Johnny, Oh Johnny you hadn't a care.

Oh Johnny, Oh Johnny, you'll never grow old
Like we who are left in the dark and the cold . . .
Still like a bird you can fly through the sphere,
Oh Johnny, Oh Johnny, you'll always be dear.

Poppies dancing, poppies bright
Poppies swaying, day and night,
Bring to mind a love so true,
An Airforce boy with eyes of blue.

Pearl Walmer

RED PETALS

Red petals.
Hundreds and thousands of red petals
falling from above.
Lives.
Hundreds and thousands of lives
represented by red petals.

Old men marching.
Fewer and fewer old men marching.
Marching in remembrance.
Marching in thankfulness
that they are not represented
by one of the red petals.

Their marching is proud
upright
tearful
and not quite as brisk
as before.

Young people.
Hundreds and thousands of young people.
Walking, not marching
not understanding
not realising the sacrifices
not knowing how awful
it was.
But feeling the sadness
feeling the atmosphere
feeling its importance.

Marching
Remembering
Gathering together.

A nation united in remembrance of
hundreds and thousands of lives
represented by
red petals.

Heather J Mason

SYMBOL OF SLAUGHTERED YOUTH

The early days of September, summer's on the wane,
Along the abundant hedgerows, spring seems to have come again.
Among the withered leaves and shrubs, the poppy can be seen,
Raising its blood red head, to catch every autumn gleam.
The poppy is the symbol, of when in days of yore,
The Empire's youth was slaughtered, on the inhospitable Gallipoli shore.

Its blood red petals represent, the blood that was spilled to save us all.

When war was finally over, and we honoured the noble dead,
The blood red poppy was the symbol, causing many grief and shame.
Shame for having slaughtered, those whose innocent youth,
Was vanquished in consuming hate, for what was gained, forsooth.
Nought that really mattered, as was proved when once again,
Men faced a foe beyond the realms, of this country's domain.

Its blood red petals represent, the blood that was spilled to save us all.

Jane Dyson

THE EMBRACE

Oblivious - now - to the thick, bloody stench -
In a hastily dug out, cold and dank trench
Two soldiers found -
Dead - on red, sticky, ground.

They were locked - stiff - together, in fearsome embrace,
for each had seen death in the other's drawn face.

Little more than children, friends from the start,
Buried together,
          for none would them pa . . . rt.

Sue Millward

FADE AWAY

I will never forget the men that fell and died -
they all gave their lives that others may use that
gift that's given from the act of birth - sad to say
time and thoughts pass away - and the events end
up recorded in our history books to read - yes
lives that lay lost and the reasons fade away from view -
mankind's honest emotions are strong at the time of
the event - with all that said and done - we can only
hope that mankind will stop spilling his blood of
life that's hidden by the earth - yet the eyes of -
Heaven see every drop that soaks away - man
must stop his warring ways - and then we will
have no need of reasons that fade away with the -
passing of the years - we will remember them - or
will the God of Heaven never forget.

R P Scannell

AT THE ELEVENTH HOUR

On the eleventh hour of the eleventh month
on the eleventh day of November
Let us show that we will not forget
that always we will remember.

Let us never forget the debt we owe
to those brave lads of yore
Let us never forget what they gave for us
in that dreadful killing war.

On land and sea and in the air
In town and country too
the many folk who lost their life
to get peace for me and you.

Let us always remember, those that paid the price
that ended their life on Earth
That gave to us our freedom
more than two minutes worth.

Danny Pyle

THE UNKNOWN SOLDIER

The unknown soldier stands in concrete grey
Eyes cast down in head bowed stare
Over night and day he keeps this baleful watch
at death's grim door, his prayer.

No more he'll hear the trumpets blare
No more the battle cry
Just silent as the comrade's tear
caught in his sightless eye

And steadfast in his duty
in death as once in life
The soldier keeps his sentry
on fallen fellow's strife

And though the war is over
and battle long since past
recall the unknown soldier
he will not be the last

For still the world's divided
and blood runs cold regret
Behold the unknown soldier
lest we should forget

Susan Allen

POPPY FIELDS

Lying here, beneath the earth, so deep,
remember me, but please, do not weep.
Think of me and all those before
who gave their lives in tragic war.

Blood stained battlefields have faded away.
Cries of anguish, a long past yesterday.
We fought with pride and with valour.
Hoping to bring our country honour.

I was proud to hold my gun in my hand.
To defend my home and Fatherland.
I am now in a long and peaceful sleep
having given my soul to God to keep.

Please wear a poppy upon your chest
in memorial of those now at rest.
Pray for the future and world-wide peace.
Maybe one day, the bloodshed will cease.

Just hold me in your mind and in your heart.
I promise, then, we will never be apart.

Alison M Ree

POPPY FIELDS

Just pause, and take time to remember
During the mists of November
The names of folks you'll never know
Who left their homes and friends to go

To war to save our precious land
They were a dedicated band
Who hardly stopped to think of fear
And families who were so dear.

For some the war meant shattered dreams,
An abrupt end to all their schemes.
While others saw their hopes destroyed,
No more would they be well employed

To do the jobs they once enjoyed,
Their former work they would avoid.
Their wives and mothers soon would see,
The character that they would be.

Whene'er I see a poppy field,
It makes me pause and makes me yield,
My thoughts to folk I never knew,
Who gave their lives to save the few,

Loved ones they left so far away,
And their offspring they'd ne'er hear say,
Why did they go? What made them fight?
Their bodies were an awful sight.

Again I look at poppies red,
And think of all the blood they shed,
Each flower represents a man,
Who died in order that we can
Now live our lives in harmony
And wonder at each red poppy.

Catherine Craft

THE FLOWER OF GOD

To see a field of poppies
Gently swaying in the breeze
Reminds me of those brave lads
Cruelly killed in war with ease
To see a field of poppies
Their colour so red
Reminds me of those wasted lives
So young and yet so dead
To see a field of poppies
Like a woven carpet of silk
Reminds me of those battlefields
Where life's blood is always spilt
To see a field of poppies
Where petals fall around
Reminds me of the wealth that was
Lying buried underground
To see a field of poppies
With heads drooping in a storm
Reminds me of the child of life
That never will be born
To see a field of poppies
Makes my heart fill with despair
Reminds me of the love we lost
When they were no longer there
To see a field of poppies
Always makes me think of war
Reminds me of this wish I have
To make it a flower of God, once more.

Frederick Jolly

WE REMEMBER

As we sit here in warmth and peace
        with all our dearest friends,
We take for granted that we're free
        to pursue whatever trends
In work and play and teachings too
        and to travel where we may;
But do we ever thank the ones,
        the ones who paved the way,
The ones who gave their lives and all
        to keep our country free,
The ones who fought our enemies
        on land, in air, on sea;
It's at this special time of year
        when people far and near,
Assemble to give thanks to those
        who conquered all their fears,
To fight and save this land of ours
        so we could live in peace,
So let us link in grateful thanks
        to Father God above,
For those brave souls who gave their lives
        Those souls whom we all love.

Francis A Watson

CRIMSON SNOW

They live on in our hearts, forever young.
Time cannot dim their courage, though it might ease the pain.
Their all too fleeting song of life too swiftly sung,
On blood-drenched poppy fields their souls will meet again.
In death's dark shadowlands, they soldier on
To the staccato beat of a far-distant drum
Whilst we, on earth, commemorate forever more
That sacrifice they made to give us *home*.

Dream on, brave hearts, for we will ne'er forget
That precious debt which all mankind does surely owe
To you who perished in our woeful wars,
Whose rich life's blood shrouded the earth in crimson snow.

Rosemary Thomson

POPPIES (NOV 11TH)

Little poppy, so gay and red
Lifting high your silky head
In Flanders field - where softly tread
Grey shadows of a bygone war.
These are they who've gone before
Who our burdens proudly bare -
Yesterday.

Long ago tall poppies waved
O'er our men who toiled and slaved
That this world of ours be saved.
Tho' on that field our sons were slain
Let us not say 'They died in vain'
For surely they shall rise again -
Today.

Scarlet poppies worn this day
Lest we forget in work, in play,
To pause a while to pray.
Only our spirits shall silence keep
With them who for time must sleep
What they have sown, so shall we reap -
Tomorrow.

Ferne Watson

THE POPPY AND THE BLOOD

Each year we buy our poppies
for the dead of two world wars,
each year the petals fall like rain
but who among us keeps the scores.

They gave their lives so valiantly
there uniforms they wore with pride,
yet poppy petals are all the reward
we bestow on those who died.

What comfort is this to there next of kin
who grieve for their loved ones so young,
what peace can comfort their broken hearts
each year when church bells are rung.

But the poppy is a reminder
of the blood that flowed away,
and stained the soil for miles around
upon that fatal day.

Years may come and years may go
life always follows death,
war and peace will never cease
so long as the human race draws breath.

Victor Robert Allen Day

WILL YOU REMEMBER

Once more the time of year draws near
When for a moment we should pause
To reflect on how we've made our lives
And have we built a worthwhile cause
Have we used well the time allowed to us
And if the story of our lives one day be read
Would we be proud that the readers were
The spirits of brave fighting men now dead

Brave men that died on battlefields
In strange far away and hostile lands
Fighting far away for the right for us all
To have peace, and make future plans
Where children could be raised in joy
And the aged live out their tranquil days
Would they say yes! Our sacrifice
Is a worthy price a soldier pays

Or would they read with disbelief our stories
And look at the problems of world today
And say no! Nothing has changed at all
For nothing we threw our young lives away
So on the tenth, that special November Sunday
Wear your poppy for them and the world to see
That yes they did, help make a better world
When they proudly died for you and me

Don Woods

THE POPPY FIELDS

It's not in November but in June
For me to hear a mournful tune
Seeing poppies blooming in their glory
Then I remember a sad story.
Looking back to the Great War
Young men knowing not what was in store
They left home with smiling faces
Marching upright with great paces
Did they realise what was to be
It's easy now for us to see,
Young lads not long from school
Soon to join a dreadful pool
A pool of blood running from their veins
A wasted loss with no gains.

So what do poppies reveal to me
Is it to celebrate victory
No, the red petals remind me of the blood shed
The black centres of the dead:-
That's when I am in a pensive mood
For it must be understood
Poppies make a beautiful scene
So fresh, so bright so clean
Like those men far away
In their hey-day.
Poppy petals will blow away
Seeds in the ground will stay
They will bloom again next year
And I will offer my gentle prayer
To those brave soldiers wherever they be
Who gave their lives for you and me.

Gladys C'Ailceta

REMEMBRANCE

Let's turn our thoughts to long ago,
'Mid Flanders fields where poppies grow
As we think of gallant men
And promised to remember them.

That flower reminds of those we knew
The seamen, soldiers and those who flew.
They gave their all for you and me
To free this world of tyranny.

Their deeds are always in our minds
As we think of those they left behind.
The memory goes steadfastly on
From the first Poppy Day, nineteen twenty-one.

R W Jebbett

POPPY FIELDS

New morning mist shroud
melts away
respectfully
in memory . . .
allowing warm sun's rays
to set poppy petals on fire . . .
annually
symbolically . . .
like an Olympian pyre
eternally
burning . . .
New morning,
new sun nurturing infinite sweet memories
of sons too brave to grow old . . .

Ishebel Stuart

IN FLANDERS FIELDS AGAIN

In Flanders fields the poppies grow,
that's what they told us years ago,
when we were young.
But now no trace is there to tell,
to mark the place where heroes fell,
their praise unsung.

The years roll on, as memories pass,
no trace of blood to stain the grass,
as time goes by,
No signs but history to tell,
how man and beast together fell,
to bleed and die.

'Three scores and ten', the records show
since where those Flanders poppies blow,
the guns fell still,
But many more have died since then,
because it seems the roll of men,
Is just to kill.

So, heed the words of we who pass,
whose comrades blood has fed the grass,
in days of war,
That greed and strife in time shall cease
and all mankind shall live in peace,
For ever more . . .

D K Brough

FROM AN OLD SOLDIER

From an old soldier and the price he had to pay,
to help us stay free today in each and every way.

The sacrifices they had to pay,
So that we might live in peace today.
And that all our children may live in harmony, peace and joy,
for every girl and boy.

Please remember us on the 10th November,
Please don't forget us and the price we had to pay.
There's nothing more I can say the rest is up to you.
Please remember me and my friends on the special November day.

James R B McCurdie

HOPE

The battle field is all around,
with bodies lying on the ground.
I sit and stare the noise has gone,
nothing left everyone gone.
Then amongst the carnage and the quiet,
a tiny flower appears in the mud on the ground.
Its bright red petals stand out on the soil on the ground.
The only living thing is this hell all around.
Maybe there is hope, and we'll not all drowned,
in this sea of bodies all around on the ground.

Marion Lee

IN THE TRENCHES

Convinced you stand a soul alone
As the cold cuts to the bone;
Slimy mud that saps your fire
A lost spirit in the mire.

Where hope is lost no-one to tell
What faith survives this bloody hell;
My God your limits truly reached
Your ship of fate is bogged and beached.

You can't escape this nothing choice
You cannot raise a puny voice;
The powers that rule can never see
Despair is the final enemy.

Each shell burst now a silent sound
Inside your head no brain is found;
You've died inside and closed your mind
But life goes on its cuts unkind.

Each dawn brings back the haunting fear
At night you count each drooping tear;
Will this terror never end
Death distinctly seems a friend.

John F McCartney

POPPIES

Poppies blowing in the breeze,
Red blood spilt on hills and fields,
Indiscriminate slaughter, all in vain,
Children fatherless, what a shame!

Fight to save other small nations,
King and country, a poor man's station
To sacrifice all for high ideals,
Generals pontificate, politicians do deals.

But the men in the field were left to fight,
Ill-equipped, lacking guidance, with only God's light
To lead them to death in a land far away
From the green fields of home,

Poppies mark the foreign clay
Where they fell and were trampled
By horses and guns, in their
Efforts to stop the march of the Huns.

Nothing stops war, savagery or greed,
'Tis still the same today in other battlefields,
So when you wear a poppy on Remembrance Sunday morn
Think first of those who are dead and then of those who mourn.

Those killed in Ypres, Flanders, the Somme, the Shankhill,
Bosnia and Belfast, the killing goes on still,
Fields of poppies, red and bright, swaying in the summer light,
Peace must come, dear Lord stop the fight, leaders, peoples of
the world unite.

Aileen Atcheson

THE FEW

They flew;
Like birds into the sun,
Carving a graceful arc across the sky,
Until death,
Speeding from the reeking barrel of a gun
Tossed the twisted metal
Back to Earth.

They fought;
Outnumbered by their foe,
Seeking freedom in that vast
And restless sky,
For their loved ones far below
And others not yet born . . .
You and I.

They died;
Because they believed
That life is ours and ours alone to choose,
They live;
In memory no longer grieved,
For did they not bestow the greatest gift
Anyone can give.

Donald Ferguson

POPPY DAY

The first Remembrance Day took place
In Nineteen Twenty One.
Poppies were chosen as the theme
And thankful hymns were sung.
Flanders poppies brightly red
The colour of the lifeblood shed.

Such heavy hearts there must have been
As victory hymns were sung.
Tears choking throats that tried to sing
While peals of bells were rung.
A war to end all wars, they said,
To justify so many dead.

Yet twenty years had barely passed
And Britain faced another war.
Those folk bereft and grieving still
Knew they had seen it all before.
Losses there were throughout the land
But the Reaper reaped with lighter hand.

Three quarters of a century
since that first Poppy day.
Few living can remember it
They all have passed away.
The call for *Peace* can still be heard
But is it just an empty word?

Gillian Young

ARMISTICE

Red poppies, grow in foreign lands
White stone
That is cherished,
and touched by loving hands
no barrier of class, or creed.
is lying here,
along those rows of stone,
every flag flies there.
Man is born of love
hate is only taught
Underneath, we're brothers
of the 'enemy' we fought
as we stand to honour them
I seem to hear them say
Learn from past mistakes
and live in peace today.

G Gayler

PEACE CRIES

It's easy to forget
how short fifty years is.
The war that
destroyed so much
is within lives today,
its survivors scarred forever.
Easier to ignore
their surviving
painful memories.

Time to accept
the echoes of the
blood-soaked fields
and remember the
wasted lives and
countless tragedies.

Perhaps it
would be nicer
to forget that
war still
brings hate and
takes life.

Listen to the
suffering echoing
here. Remember
and weep.
Listen to the half-forgotten
heroes and their living
cried for peace.
Remember death.
Remember peace.

Laura Stamps

REMEMBRANCE DAY THOUGHTS

Remember those who died in battle
In the air, on land or at sea
Gave their all that in the future
We might live at liberty
Do we really know how much we owe
To those who seek to stand
For what they feel is right and true
When called to defend our land

Each year the poppy leaves falling
At the service in the Albert Hall
Remind us of thousands who give their lives
When answering the nation's call

May we value all that we have each day
So much at so great a cost
Say a prayer for the children
Whose love of a father is lost
Of the mother whose heart has been broken
Of the family torn apart
Dear Lord come and comfort as only you can
The sad and broken heart

Kay Wythe

POPPY DAY

The eleventh hour, the eleventh day,
Eleven funeral bells
That lead to silence;
And so we are to pray -
Strange, that the rude cannon's bark
Should mark our remembrance
Of their sleep.

Two minutes now
In which to ponder, and
Among the snowflake patterns of our thoughts,
Listen -
To the disrespectful laughter
Of the child at play,
And the stray dog, yapping.

Warrior, it is not for you I pray,
Though noble be your cause.
It is easy to die -
Only a moment's regret,
Before the brave, and not so brave,
Must rest.

So, beneath your crosses
Dream your dreams, and
From time to time
Honour in your thoughts
These, my champions -
Your loved ones who are left behind,
To grieve.

A P Dixon

SONNET OF REMEMBRANCE

Last past has come a little late for me
In silent contemplation I will stand
The memories flood back too easily
I kissed you as you died and held your hand
A flower of England blessed that war-torn mud
You smiled and gently passed away with grace
My soul was drowned in sacrificial blood
But I survive, still haunted by your face
The bugle sounds - a nightmare to my ears
Torn flesh invades my mind with deathly screams
That trench could never bury all my fears
Nor Heaven, nor Hell wipe out my ghostly dreams
Now poppies grow where last you laid your head
But I am I standing here to mourn the dead?

J Dewey

REMEMBRANCE

If you care to look
In your history book,
Battles raged far away,
In the mists of yesterday.

Great men are remembered,
Hero-worshipped and numbered,
For the nation's greater glory,
Even to enhance a story.

A scarlet poppy is the symbol,
Of the innocent blood that fell.
Graveyards on a distant shore,
Can you tell me what they died for?

Memorials are nation wide,
In town or village, every side.
Every year in November,
The nation will remember.

A photo beside her chair,
The widow's memories rest there.
No need to recall her soldier tall,
Who bravely answered the call.

On a memorial is his name,
But can it ease the widow's pain?
For the many left behind,
The details etched on their mind.

Let us then join in remembrance,
Even hold a moments silence,
Not that war be glorified,
But in gratitude for those who died.

Jean Everest

REMEMBRANCE DAY

The flags around the Cenotaph
move slowly in the breeze
The last gold leaves of autumn
fall gently from the trees

Old gentlemen and ladies
well wrapped against the cold
All with memories of someone
who never did grow old

They shuffle, whisper as they wait
on the appointed hour
When Big Ben chimes eleven o'clock
from out his mighty tower

The troops come to attention
as smart as days of old
Two minutes silence now before
the mighty bell is tolled.

Some say 'It should be over now
those days are dead and gone'
But there's an old old lady
who's remembering her son

Two minutes isn't much to give
for those who gave much more
They lie beneath the ocean waves
and on some distant shore

Long may they march these veterans
- or those that still remain
Have you noticed on Remembrance Day?
- it never seems to rain.

Harry Crofton Footitt

CHILDHOOD INCIDENT

The air raid siren stayed silent
That dinner time. The teachers sent
Us home as usual. The air was clear
And quiet. Just my footsteps on the sunny pavement.

As I turned the corner, thinking of food,
A plane gunned its way through the warm light
Toward me at rooftop height.

Fear forced my legs to carry me homeward now,
Crouching beside the garden walls so low.
Another turning to cross; its gravely finger
Stretching into the distance, compelling me to linger.

In that split second as I stood
I saw the neighbouring school in that road
Disappear in a white smoke shroud.
I ran on, clutching that photograph in my mind, afraid
Of what I had dared to see.

My Dad was at the corner, swept me into his arms and tore
Down our road. We tumbled through the door
As two more planes flew past. Were they the last
That would rend the peaceful air that day?

The face of the pilot I saw,
Goggled and hard; was that the face of war
That killed innocent children?

We shut the door against those planes that day,
That sunny winter's day.
But even now I cannot shut the door of my mind
Against the memory that crowds in from time to time.
Will it ever fade?

Michael J Burrell

REALITY

Remembrance is not the muffled beat,
Piper's lament, funeral volley,
Best uniforms, shining feet,
Bunting looking very jolly.
No! Remembrance is the lonely hour,
Anxious days waiting news;
Anniversaries turning sour,
Fighting for your pension dues.
Skeletal half humans out of camps
Reduced to basest instinct.
Grown men needing night lamps,
To lay ghosts fading, indistinct.
Mere boys laughing as they died;
Degrading squalor of the trenches.
Deadly gas that crept and sighed,
Survivors coughing on pub benches.
Remembrance is the jungle sore
Eating down to the bone,
Shakes as malaria comes once more,
As mules and men together groan.
Remembrance is the choking oil
Burning lungs and freezing sea,
Royal and Merchant relentless toil
To feed their land and keep it free.
Remembrance is the cloud that hides,
The lurking bandit in the sky;
The pirouetting, whining slides,
No safety net to stop them die.
You who survived, shout it again;
Join with those whom death divide -
God, pray that it was not in vain . . .
In vain all this, for which they died.

Di Bagshawe

REMEMBERING POPPY

Poppy
Spread a blooming red carpet,
Flower over wars memories sleeping
beneath,
Resting in peace
Remember how the battlefield, you now
cover, lost colour,
How the earth absorbed the war's blood,
Too ashamed, life's spilt fluid would
Stain - forever.

Poppy
The flower of remembrance
Each petal, a courageous soul,
Stem of spirited strengths,
Deeply rooted, like the memories we hold,
And for them you must grow.

Lisamaria Miller

ODE TO . . . ?

Poppy days are here again
Relieving age relieving pain
Victims of the wars gone by
Remembering them and wondering why?

In fields of rest so far and wide
Unknown numbers fought and died
In freedom's name their lives they gave
On fields of mud with unmarked grave.

So little life killed in their prime
Flower of youth in their spring time
Against the foe they stood and fought
As like one victory sought.

As time goes by the memory fades
Far away the dead comrades
Survivors to they fade away
Like summer's day under clouds of grey.

Widows weep for ages past
Timeless thoughts of memories last
Mists of time a floating curtain
Their final years seem so uncertain.

The price they paid the debt we owe
What we give is far too low
A price on life we cannot give
Their sacrifice our lives to live.

L J Draper

WHY THE POPPY?

From a myriad of countless blossoms,
why the modest, unpretentious poppy
to symbolise the legions of the dead
who enrich the fields of Flanders?
In the wasted, pock-marked plain of death
the blood-red flowers profusely grew
to augur carnage yet to come.
Shrapnel-torn warriors, dying undignified
in green-slimed, shell-holes,
saw with fading bitterness the paradox
of poppies midst the corn-gold fields
of harvest home in memory's eye.
They died with fading gaze on crushed,
crimson patches in the waste of no man's land.

From a myriad of countless blossoms,
why the modest, unpretentious poppy
to engender seeds which turn to powdered death?
Grown where indigence makes peasants
labour to nourish this curse for their own survival
in hard won clearings, bent and prematurely aged,
with bodies worn with toiling for unseen barons
who reap ill-gotten gains of smuggling to the teeming
city life, making a thousand fold harvest from as
many drug-hooked victims, craving for a fix to
take trips to the horrors of the twilight world of
friends and death . . . why should the humble poppy
be twice thus crushed?

D L Jennings

THE BATTLEFIELD

Upon the empty stretches,
sandbagged still in trenches
deeply cut,
the battlements are scarred by years,
where the blood of dying men
stained the weathered stones.
In those fields the poppies grow
watered by a nation's tears,
where lying in the crossfire smoke
the soldiers dreamed of home.

Above, the endless skies
look uncaring down
upon the lonely scene
peopled by forgotten men of war.
Not all the blood shed by the valiant dead,
or heaven's rains,
could wash away the crime,
or dilute the bravery they showed.
They had their golden hour -
their names can never be destroyed by time.

Ann Rutherford

REMEMBRANCE

We wear our poppies now with pride
Our feelings we no longer hide.
We think of he who lost his life
In the years of war and strife.
The boys we knew who grew to men
Who had to fight, 'twas not their yen.
On sea, on land and in the sky
There was no choice, they had to die.
In foreign fields they mostly lie,
Now all we ask, is why, oh why?
Those lost at sea have no known grave
But all we know, they were so brave.
Fathers first, and then their sons
They all were fodder for the guns.
So many lie in fields of France
For them there was no second chance.
No grave, no name and no white cross
Beside the Somme, there was such loss.
Each year we must remember them
And trust there is no more mayhem.
Two minutes silence now we give
And pray to God that all may live.

Brenda Dawson

REMEMBERING WAR

Remembering war, we thank the dead for life
And with each mother, sister, sweetheart, wife
We honour those who richly paid the price:
Their lives for hours, a costly sacrifice.

They fought for country, family and friend,
Each for his own, courageous to the end.
But who would for an enemy have died
As when the precious Lord was crucified?

For when against our God we went to war.
Determined rebels, challenging His law,
Careless that sin could only end in death
And heedless of the One that gave us breath:

Then, in his marvellous, all-embracing love
He sent His only Son from heav'n above.
The Prince of Peace came to this world of strife,
Called us His friends and died to give us life!

Remembering Christ, we do not thank the dead.
No wooden cross marks out His fallen head.
For He defied the grave itself, and we,
Believing this, shall real death *never* see.

Pat Wray

NO MORE WAR!

Like quiet meadows where scarlet flowers lie scattered by the rain,
The world's battlefields are soaked in the innocent blood of the slain.
They did not ask to die.
Their lives were blotted out in an instant,
With so much promise unfulfilled.
And for their grieving families
Countless precious hopes killed.

For the millions who have suffered
And given their lives in vain,
For the millions too who mourn them
We must shout at the savage God of War!
Never, never must this happen again!

Ron Delacruz

POPPIES BLOOM

She stood and watched her son walk away
Down the familiar road they used each day.
She stood and watched until she could no longer see
The figure of the man she once hugged on her knee

He was leaving home as never before,
Very young to fight in the war
Your Country Needs You
The pointing finger said
As he walked along the poppies were red

He fought for freedom in foreign fields
He did not wear a battle shield
Now poppies bloom bright, blood red.
Where he lies, a white cross marks his head.

Irene Beckwith

BLOOD RED POPPIES

Those red poppies I picked
So long ago
Which stained my hands -
How could I know
That the hands of humanity
Are stained with the blood
Of Christ the King
Of the brotherhood
Of man?

Nicky Cooper

THE POPPY FIELDS

The rolling fields of crimson, swaying in the breeze;
They hide a shameful secret, lest we feel ill at ease.
Tranquillity was broken upon that fateful day,
When many of the good souls were lost along the way.

A symbol of our shame; their innocence standing proud,
The blood of many men was lost within their crimson shroud.
But once again it's peaceful, serene to all who'd view;
Reminding of much darker days when no more sun shone through.

Reborn and cleansed and pure once more, they wave a cheerful sight;
No longer bent or broken down, no longer in the fight.
Those darker days now long since passed and gone for ever more,
With hope and prayer that peace will last in the poppy fields for sure!

Beverley Hill

REMEMBRANCE

The blood red poppies wave their heads,
As they acknowledge . . . fallen dead;
From First World War across the Somme,
To those in Britain killed by bombs.

To John Macrae we owe great debt,
He left his poem for world to vet;
We stood beside his grave to pray,
As poppies waved down Flanders way.

As we walked, through rows of graves,
With headstones bearing names of brave,
Our minds were fixed with bloody mud,
On Flanders fields with poppy buds.

The Legion in their well known way,
Chose poppies to remember the day,
When after years of death and gore,
The Armistice brought end of war.

Although our folk in Flanders lie,
So near the place where they did die,
For us at home who think and pray,
We wear our poppy Remembrance Day.

John Paulley

FINAL REQUIEM!

November morn; cold, bright early dawn!
Cenotaph; centre town, surrounded of lawn.
Early poppy emblem, represented flower;
Marked the day and coming hour!
Dew ran down, on memorial stone;
Liken to teardrops, in stone;
Solitary mourner; eyes so sad!
Reflected memories, not good, but bad!
Concluding thought, from within;
Self combat, could end, this sin!
Conquer the inner foe, never surrender!
Finest day; one to remember!

Robert Denham

ON THE SOMME

The poppies fell,
The petals died,
Blood-red the hell
And all men cried
For the lives we lost
And for all it cost.
A field of stones
To shield their bones,
Mud covers all,
Their only pall.

Wendy Elson

REMEMBERING THE HORRORS OF WAR

Remembering with sadness those young lives lost
In wars that were won at terrible cost
Victor or vanquished; many suffered the pain
Of familiar faces ne'er seen again

A girl who'd not seen her father since birth
A Mother who'd lived through her own Hell on Earth
No brothers or sisters for this lonely heir
Just photographs seen of a father not there

Despite such pain, war is still waged on this Earth
Some children deprived of both parents from birth
Have we learned nothing from wars of the past?
Or must each war be more cruel than the last?

Yvonne V Smith

POPPY FIELDS

You remember
The day at the seaside
The wonderful smile
The shiny shoes
So neat and tidy
Why do we have to wait
For so much time to pass
To realise what Dad did for us
Times were not easy
Even so they were always there for us
Coming along Crowndale Road early in the morning
With his post-bag
Always smiling
Never a word
About the rats, lice, barbed wire
In the trenches
In the first World war
Or the near misses
In the Second World war
Sometimes when he was tired
Sitting at home
Looking into the flames
Of a roaring fire
He would become uneasy
Remembering
The visions
The stench
The gas
The cries
The poppy fields where his friends had died
Dad

Thomas Hampson

FLANDERS FIELDS - 80 YEARS ON

I went to Passchendaele to find my uncle last week.
There was no grave, just a name on a large stone wall.
The enormity of the graves and names left me unable to speak,
Thinking of the massacre and death, on them to befall.

Thousands and thousands of little white crosses,
Thousands and thousands of names on a wall.
With a nation it seems buried in all those losses,
Will bitterness and hurt ever begin to pall!

These sons were fodder for the enemies guns,
They didn't want to go and fight for their lives.
The bullets were fired at them by the ton,
Nobody thought about mothers and wives.

A war it was said to end all wars, by whom!
By men of course who were both safe and sound,
Warm, well fed and secure in their room.
Never a gun, bullet or mud to be found.

The dug outs, trenches and craters remain,
Inhumanity, degradation that had to be borne.
The tears, the outrage, unhappiness and pain,
Stretching on endlessly from morn to morn.

The graves are tended and kept very smart,
But the sight of the crosses just breaks the heart.

A Hall

GOD BLESS THEM

The grey faced figures gather in the rain
Around the Cenotaph they have come again
At the eleventh hour, on the eleventh day, of the eleventh month
Below the bronze figures each on a plinth

There's admirals, air marshals, generals, other ranks
Paying their last respects, to the fallen, buried in grassy banks
I've been there and seen it on television too
There's hardly a dry eye, only, a few

The poppy fields they fell in
Are well fertilised now
Once where men battled and died
There are only a few cow

God bless them and keep them, we humbly pray
Close by your side this Remembrance Sunday
Let us not forget how they laid down their lives
For father, for mother, children, husbands and wives

When you see the old soldier selling a poppy
Buy one, for he'll be really happy
God love him, he's some son of a mother
And after all he is your brother.

J D Devlin

REMEMBER ME

A lion once, no hate or scorn,
I walked the streets where I was born,
Touched hearts and loved and laughed and cried,
In endless games as child I died,
In conflicts trust, a lowly pawn,
Now I am dead - and gone.

Beside me grow some poppies red,
Beneath they form a crimson bed,
Above the sky of black and grey,
Where orange flame and starburst play,
Around an epitaph from hell,
As cannons roar and soldiers yell,

In conflicts fate, a lowly pawn,
Now I am dead - and gone.
Remember me,
For I am you,
When you are dead - and gone.

John Rew

WE WILL REMEMBER THEM . . .

Enshrined in history of late,
the strong, the brave, noble and great,
so many people lost their lives,
a bloody war of guns and knives.

Heroes' graves stand to attention,
their loyalty demands a mention,
on poppy day, our prayers are said,
as we remember all the dead.

One cannot gauge the costly fight,
nor reconstruct their tortured plight,
the tide of blood we need to stem,
we will, we will remember them . . .

John Fuller

INFORMATION

We hope you have enjoyed reading this book - and that you will continue to enjoy it in the coming years.

If you like reading and writing poetry drop us a line, or give us a call, and we'll send you a free information pack.

Write to

Arrival Press Information
1-2 Wainman Road
Woodston
Peterborough
PE2 7BU